EUROPA-FACHBUCHREIHE
für wirtschaftliche Bildung

Lernfeld 3

Aufträge kundenorientiert bearbeiten

Arbeitsheft mit Lernarrangements für eine digitale Bearbeitungskompetenz

1. Auflage

Brämer · Aubertin · Bach

VERLAG EUROPA-LEHRMITTEL
Nourney, Vollmer GmbH & Co. KG
Düsselberger Straße 23
42781 Haan-Gruiten

Europa-Nr.: 27429

Autoren:
Ulrike Brämer
Barbara Aubertin
Bärbel Bach

1. Auflage 2019

Druck 5 4 3 2 1

Alle Drucke derselben Auflage sind parallel einsetzbar, da bis auf die Behebung von Druckfehlern untereinander unverändert.

ISBN 978-3-8085-2742-9

http://www.europa-lehrmittel.de

Layout, Grafik, Satz: Punkt für Punkt GmbH · Mediendesign, 40549 Düsseldorf
Umschlagkonzept: tiff.any GmbH, 10609 Berlin
Umschlagfoto: © peshkova – stock.adobe.com
Druck: Himmer GmbH, 86167 Augsburg

Handhabung des Arbeitsbuches

Lernsituation	Das Arbeitsbuch enthält vier Lernsituationen, die aus mehrere Lernaufgaben bestehen.
Warm-up	Die Lernsituation startet mit einem Warm-up. Dabei werden die in der Lernsituation angestrebten Kompetenzen grafisch dargestellt, sodass Sie einen strukturierten Überblick bekommen, was Sie in den nächsten Unterrichtsstunden erwartet. Sie sollen den Lernstoff im Kontext sehen und neue Informationen in Ihr bestehendes Wissen integrieren. Sie erhalten schnell einen Überblick, welches Vorwissen Sie aktivieren müssen, um den Lernstoff möglichst effizient zu bearbeiten. Sie integrieren somit leichter neue Informationen in bestehendes Wissen.
Lernarrangement	Zu Beginn jeder **Lernaufgabe** steht eine authentische Situation, die Sie zunächst lesen und anschließend mit eigenen Worten konkretisieren.
	Aus der Situation heraus bilden Sie eine **Leitfrage**, an der Sie sich beim Erledigen des Arbeitsauftrages orientieren sollten. Bei der abschließenden Präsentation ist die Leitfrage ausführlich zu beantworten.
	Der **Arbeitsauftrag** ist methodisch nach dem Modell der vollständigen Handlung (informieren – planen – entscheiden – ausführen – kontrollieren – auswerten) konzipiert. Sie werden an die systematische Informationsbeschaffung und -verarbeitung herangeführt. Zu allen farbigen Begriffen informieren Sie sich in den integrierten Manualen (Theorieteil, Methoden, TV-Funktionen) – die Seitenzahlen erleichtern Ihnen das Nachschlagen. Nachdem Sie neue Informationen erhalten und sich gedanklich damit auseinandergesetzt haben (Ich-Phase), tauschen Sie sich kooperativ aus, planen verschiedene Umsetzungskonzepte und entscheiden sich für einen Lösungsweg (Du-Phase). In der Regel führen Sie Aktionen alleine aus (Ich-Phase) und kontrollieren mit einem Partner die Umsetzung Ihres Lösungsansatzes (Du-Phase). Im Plenum kontrollieren Sie Ihr Handlungsprodukt und werten Ihren Lernprozess aus. Hier soll nun konstruktiv das erarbeitete Produkt oder der Vortrag beurteilt werden (Wir-Phase). Nach der Präsentation eines oder mehrerer Handlungsprodukte sollten Sie dann ggf. Ihr eigenes Handlungsprodukt optimieren bzw. die eigenen Schlüsse daraus ziehen (Ich-Phase). Während bzw. nach der Bearbeitung der Lernaufgaben steuern Sie mithilfe des Kompetenzrasters eigenverantwortlich Ihren Lernprozess. Durch Ihre Einschätzung des Levels sehen Sie Ihren Lernbedarf.
	In der letzten Lernaufgabe der Lernsituation reflektieren Sie schriftlich Ihre erworbenen Kompetenzfelder und Lernstrategien. Einerseits setzen Sie sich noch einmal intensiv mit fachlichen Inhalten auseinander und andererseits reflektieren Sie Ihren Lernprozess.
Manual	Zur Unterstützung des selbstorganisierten Lernens stehen Ihnen in den Manualen Informationen zur Bewältigung der Arbeitsaufträge zur Verfügung.

Vorwort

In dem Lernfeld „Arbeitsaufträge bearbeiten" werden Sie in den Kompetenzen Anfragen beantworten, Angebote erstellen und Aufträge annehmen sowie störungsfreie Prozesse fachgerecht ausführen, gefördert.

In den vier Lernsituationen des Arbeitsbuches werden Sie in den Büroalltag der Büromöbel Hauser & Schulte GmbH versetzt. Sie erledigen typische Büroprozesse, um sich in diesen Kompetenzen für Ihren Ausbildungsberuf zu qualifizieren.

In jeder Lernaufgabe werden Sie zu selbstständigem Planen, Durchführen und Beurteilen von Handlungsprodukten bzw. Büroprodukten befähigt. So beginnt jede Lernaufgabe mit einer Situation, die für die Berufsausübung bedeutsam ist. Sie lernen in vollständigen Handlungen – möglichst selbst ausgeführt oder zumindest gedanklich nachvollzogen.

In den berufsbezogenen Lernsituationen erwerben Sie durch die eigenverantwortliche Bearbeitung der Aufgaben nicht nur Fachkompetenz, sondern wenden mithilfe der erreichten Sozial-, Kommunikations-, Handlungs- oder Selbstkompetenz gezielt Lern- und Arbeitsstrategien an. Lern- und Arbeitsstrategien sind z. B. das Verarbeiten von Informationen, die Motivation und Konzentration über einen längeren Zeitraum, der Umgang mit der Zeit, das Arbeiten und Lernen in Gruppen, das Präsentieren, die Selbstkontrolle/Selbstreflexion.

Sie führen in jeder Lernaufgabe zur Lösung der Lernsituationen eine vollständige Handlung durch und erstellen ein Handlungsprodukt.

Eine vollständige Handlung bedeutet, dass Sie ...

- sich zur Lösung einer beruflichen Situation oder eines Problems fachlich informieren,
- die weitere Vorgehensweise alleine, mit einem Partner (Tandem) oder in der Gruppe planen,
- alleine oder gemeinsam entscheiden, wie Sie die Handlungssituation lösen bzw. wie Ihr Handlungsprodukt/Büroprodukt gestaltet sein soll,
- Ihr Handlungsprodukt erstellen,
- präsentieren und
- Ihr Handlungsprodukt selbst, in der Gruppe oder im Plenum reflektieren.

Sie haben dabei immer einen Handlungsspielraum, den Sie zur Entfaltung Ihrer Kreativität benötigen und um Ihre Persönlichkeit weiterzuentwickeln.

Aufbau der Lernsituationen

Jede Lernsituation ist nach dem gleichen Schema aufgebaut. Zu Beginn finden Sie einen Überblick über die zu erreichenden Kompetenzen, Inhalte, Handlungsprodukte für das Portfolio und einen ungefähren Zeitansatz. Die Lernsituation beginnt mit einem Warm-up. Mithilfe der grafischen Darstellungen, Fachbegriffe usw. wird im Plenumsgespräch bekanntes Fachwissen abgerufen. Die Lernaufgaben beginnen zunächst mit einem berufsorientierten Einstiegsszenario, aus welchem sich eine Leitfrage ergibt. In dem anschließenden Arbeitsauftrag werden kooperativ die Phasen Informieren – Planen – Entscheiden – Durchführen – Präsentieren und Reflektieren durchlaufen.

In der Informationsphase erarbeiten Sie sich mithilfe der entsprechenden Theorie neues Fachwissen, in der Planungs- und Entscheidungsphase überlegen Sie sich Wege, um die Aufgabenstellung zu lösen, in der Durchführungsphase fertigen Sie das Handlungsprodukt. In der Präsentationsphase stellen Sie das Handlungsprodukt mit Ihrem neu erworbenen Fachwissen vor. Ihre Mitschüler werden Ihre Präsentation mithilfe von Bewertungskriterien besprechen und beurteilen. Ihre Lehrkraft lenkt die Besprechung durch anregende Impulse; falls Fehler, Lücken oder Unstimmigkeiten auftreten, steht sie Ihnen hilfreich zur Seite.

Durch die Vielfalt der unterschiedlichen Handlungsprodukte innerhalb Ihrer Klasse erhalten Sie neue Ideen und Anregungen. Dadurch werden Sie inspiriert, Ihre eigenen Ergebnisse zu optimieren. Sammeln Sie Ihre Handlungsprodukte in einer sogenannten Portfolio-Mappe bzw. speichern Sie Ihre Handlungsprodukte systematisch nach Lernfeldern – Lernsituationen – Lernaufgaben in eine Ordnerstruktur ab.

Damit haben Sie die Umsetzung der fachlichen Themen auf eine kaufmännische Handlung festgehalten. Wichtig für den Lernprozess ist es aber auch, über den Lernprozess nachzudenken. Dazu werden Sie im letzten Arbeitsauftrag jeder Lernsituation aufgefordert. Sie reflektieren schriftlich Ihren Lernzuwachs. Hier fassen Sie noch einmal die Weiterentwicklung der Fachkompetenz zusammen und äußern sich umfangreich über den vergangenen Lernprozess, Lernbehinderungen und zukünftige Ziele. Durch diese intensive Auseinandersetzung mit dem Lernstoff erfolgt eine weitere Steigerung bzw. Verinnerlichung des Lernzuwachses.

Mithilfe Ihrer Portfolio-Mappe können Sie sehr gut ein Gespräch mit Ihrer Lehrkraft führen, ob Ihre Selbsteinschätzung mit der Fremdeinschätzung übereinstimmt. Ebenso können Sie bei späteren Vorbereitungen auf Prüfungen oder im Berufsalltag auf Ihre Mappe zurückgreifen.

Wir hoffen, dass Sie mit dem Arbeitsbuch Ihre berufsbezogenen Kompetenzen und Ihr eigenständiges Lernen entwickeln, viel Spaß bei der Arbeit haben und durch die regelmäßigen Partner- und Gruppenarbeiten Ihre Sozialkompetenz stärken.

Ihr Feedback ist uns wichtig

Wenn Sie mithelfen möchten, dieses Buch für die kommenden Auflagen zu verbessern, schreiben Sie uns unter lektorat@europa-lehrmittel.de
Ihre Hinweise und Verbesserungsvorschläge nehmen wir gerne auf.

Frühjahr 2019 Ulrike Brämer, Barbara Aubertin und Bärbel Bach

Inhaltsverzeichnis

Modellunternehmen Büromöbel Hauser & Schulte GmbH XIII

Firmenporträt ... XIII

Organigramm ... XIV

Kundenverzeichnis (Auszug) ... XV

Lieferantenverzeichnis (Auszug) ... XVI

Produktliste (Auszug) ... XVII

Allgemeine Geschäftsbedingungen (AGB) ... XVIII

„Büromöbel Hauser & Schulte GmbH“ ... XVIII

Lernsituation 1: Kundenaufträge rationell bearbeiten 1

1.1 **Lernaufgabe** ... 2

Wie erstelle ich einen kundenfreundlichen und normgerechten Geschäftsbrief? ... 2

1.2 **Lernaufgabe** ... 4

Wie beantworte ich eine Anfrage unter Verwendung des Geschäftsvordruckes? ... 4

1.3 **Lernaufgabe** ... 7

Wie schreibe ich eine Bestellungsannahme bzw. Auftragsbestätigung per E-Mail? ... 7

1.4 **Lernaufgabe** ... 10

Wie erstelle ich ein verlangtes Angebot rechtlich korrekt? ... 10

1.5 **Lernaufgabe** ... 12

Wie erstelle ich einen Lieferschein sowie eine Rechnung mithilfe von Excel? ... 12

1.6 **Lernaufgabe – Reflexion des Lernzuwachses** ... 14

Welche Möglichkeiten habe ich, einen Kundenauftrag rationell zu bearbeiten? ... 14

Lernsituation 2: Verträge abschließen und bearbeiten 15

2.1 **Lernaufgabe** ... 16

Wie kommt ein rechtsgültiger Vertrag zustande? ... 16

2.2 **Lernaufgabe** ... 18

Wer ist berechtigt, einen rechtsgültigen Vertrag abzuschließen? ... 18

2.3 **Lernaufgabe** ... 20

Welche gesetzlichen Besonderheiten beachte ich im Online-Vertrieb? ... 20

2.4 **Lernaufgabe** ... 22

Wie errechne ich den Verkaufspreis einer Ware? ... 22

2.5 **Lernaufgabe – Reflexion des Lernzuwachses** ... 24

Welche Bedingungen beachte ich beim Abschluss eines rechtsgültigen Kaufvertrages insbesondere im Online-Vertrieb? ... 24

Lernsituation 3: Versand- und Zahlungsmöglichkeiten kundenorientiert auswählen 25

3.1 **Lernaufgabe** ... 26

Wie organisiere ich den Versand der im Online-Shop bestellten Ware ökonomisch und ökologisch korrekt? ... 26

3.2 **Lernaufgabe** ... 29

Welche Zahlungs- und Finanzierungsmöglichkeiten bieten sich für den Online-Vertrieb der Büromöbel Hauser & Schulte GmbH? ... 29

3.3 **Lernaufgabe – Reflexion des Lernzuwachses** ... 31

Welche Vor- und Nachteile erkenne ich im Online-Vertrieb? ... 31

Lernsituation 4: Störungen bei der Vertragserfüllung kundengerecht bearbeiten 32

4.1 Lernaufgabe 33
Wie reagiere ich kundenorientiert bei Nicht-Rechtzeitig-Zahlung und Annahmeverzug? 33

4.2 Lernaufgabe 36
Wie reagiere ich kundenorientiert bei mangelhafter Lieferung durch die Büromöbel Hauser & Schulte GmbH? 36

4.3 Lernaufgabe 38
Wie läuft ein kundenorientiertes Beschwerdemanagement ab? 38

4.4 Lernaufgabe – Reflexion des Lernzuwachses 40
Wie reagiere ich kundenfreundlich und zugleich rechtlich korrekt auf Störungen bei der Vertragserfüllung? 40

5 Manual: Aufträge kundenorientiert bearbeiten 41

Geschäftsbrief nach DIN 5008:2011 41
Aufbau des Geschäfsbriefes (LA 1.1) 41
Normgerechte Gestaltung des Geschäftsbriefes (LA 1.2) 42
Briefe mit Folgeseiten 51
Manueller Seitenwechsel 51
Weitere werbewirksame Anhänge (werbliche Elemente) 51

Briefe kundenorientiert formulieren 52
Natürliche Lesekurve eines Briefes 52
10 Tipps zur Briefformulierung 53
Briefe inhaltlich gliedern/strukturieren 54
Briefe kurz und prägnant formulieren 55

Kaufmännische Rechenarten (LA 1.2) 56
Dreisatz 56
Prozentrechnen 57

E-Mail 60
Aufbau einer E-Mail 60
Elektronische Signatur 61
E-Mail-Netiquette 61

Auftragsbearbeitung 63
Anfrage (LA 1.2) 63
Bestellungsannahme (Auftragsbestätigung – LA 1.3) 63
Angebot und seine Mindestbestandteile (LA 1.4) 66
Lieferschein (LA 1.5) 72
Rechnung (LA 1.5) 72

Verträge rechtsgültig abschließen 75
Rechtsgeschäft und Willenserklärung (LA 2.1) 75
Zustandekommen von Verträgen (LA 2.1) 76
Rechte und Pflichten aus einem Vertrag (LA 2.1) 76
Vertragsarten und ihre Bestandteile (LA 2.1) 77
Vertragspartner (LA 2.1) 78

Vertragspartner – Möglichkeiten Verträge zu schließen (LA 2.2) 79
Rechtssubjekte und ihre Rechtsfähigkeit (LA 2.2) 79
Rechts- und Geschäftsfähigkeit (LA 2.2) 79
Stufen der Geschäftsfähigkeit (LA 2.2) 80

Besonderheiten bei Kaufverträgen im Online-Vertrieb (LA 2.3) ... 80
Fernabsatzvertrag (LA 2.3) ... 81
Informationspflichten (LA 2.3) ... 81
Widerrufsrecht (§ 312 g BGB und §§ 355 ff BGB) (LA 2.3) ... 82
Wertersatz durch Verbrauchernutzung (§ 357 Absatz 7 BGB) ... 83
Besondere Pflichten im elektronischen Geschäftsverkehr (§ 312 j BGB) ... 83

Allgemeine Geschäftsbedingungen (AGB) (§§ 305–310 BGB) (LA 2.3) ... 84

Nettoverkaufspreis – Warenhandelskalkulation (LA 2.4) ... 85
Der Bezugspreis ... 85
Der Selbstkostenpreis ... 85
Der Barverkaufspreis ... 86
Der Zielverkaufspreis ... 87
Der Nettoverkaufspreis ... 87

Geeignete Transportmittel sowie Versandalternativen im Online-Vertrieb (LA 3.1) ... 89
Transportmittel ... 89
Versand organisieren – ökonomisch (LA 3.1) ... 90
Versand organisieren – ökologisch (LA 3.1) ... 91
Transportverpackung (LA 3.1) ... 93

Finanzierungs- und Zahlungsmöglichkeiten im Online-Vertrieb (LA 3.2) ... 94
Unbare Zahlungsmöglichkeiten ... 94
Vorauskasse ... 94
Einzugsermächtigung ... 95
Kauf auf Rechnung ... 95
Sofortüberweisung ... 95
PayPal ... 97
Kreditkartenzahlung ... 98

Finanzierungsmöglichkeiten (LA 3.2) ... 100
Ratenkauf (Abzahlungskauf, Teilzahlungskauf – § 510 f BGB) ... 100
Finanzkauf ... 100

Kaufvertragsstörungen (Schlechtleistung) durch den Käufer (LA 4.1) ... 103
Nicht-Rechtzeitig Zahlung (LA 4.1) ... 103
Annahmeverzug (LA 4.1) ... 105
Gerichtliches und außergerichtliches (kaufmännisches) Mahnverfahren (LA 4.1) ... 106
Private Überschuldung (LA 4.1) ... 108

Kaufvertragsstörungen (Schlechtleistung) durch den Verkäufer ... 109
Mängelarten der Schlechtleistung (LA 4.2) ... 109
Rechte und Pflichten aus einer Schlechtleistung (LA 4.2) ... 109
Verjährung (LA 4.2) ... 110

Alternativen der Rückabwicklung (LA 4.3) ... 113
Reklamation ... 113
Beschwerde ... 113
Umtausch ... 114
Widerruf ... 114
Rücktritt, Minderung bzw. Schadensersatz ... 114

Kompetentes Beschwerdemanagement (LA 4.3) ... 115
1. Impuls zur Beschwerde einfach gestalten ... 115
2. Annahme der Beschwerde ... 116
3. Bearbeitung der Beschwerde ... 116
4. Reaktion auf die Beschwerde ... 117

6 Manual: Methoden und Techniken 118

Lern- und Arbeitstechniken ... 118
Texte markieren ... 118
Inhalte strukturieren und visualisieren ... 119
MindMaps erstellen (LA 1.2) ... 120
Checklistentechnik anwenden (LA 1.2) ... 122
Informationsblätter erstellen (LA 1.1) ... 123
Lernzuwachs reflektieren ... 124

Kreativitätstechniken einsetzen ... 125
Brainstorming organisieren ... 125
Kartenabfrage arrangieren ... 126
Clustering im Team durchführen ... 126
Placemat ... 127

Medien gestalten ... 128
Plakate gestalten ... 128
Dokumente gestalten und projizieren ... 129

Professionell präsentieren ... 130
Präsentation planen ... 130
Wer sitzt im Publikum ... 131
Inhalte gekonnt aufbereiten ... 132
Präsentation gestalten ... 132
Unterstützen Sie mit Schrift, Farbe und Layout ... 133
Aus Texten mehr machen ... 134
Präsentationsmöglichkeiten nutzen ... 135
Präsentation vorbereiten ... 136
Nonverbale Kommunikation ... 137
Stimme ... 138
Andere optische Zeichen ... 138
Sei immer du selbst ... 138
Ohne Lampenfieber geht es nicht ... 139
Den Auftritt vorbereiten ... 140
Präsentation nachbereiten ... 141
Reflexion der Teilnehmer ... 141
Gestaltungsregeln für digitale Präsentationen ... 142
Kugellager ... 144
Gruppenpuzzle ... 145
Leittextmethode ... 145

7 Manual: Word-Funktionen 147

Dokument vorbereiten ... 147
Startbildschirm ... 147
Menüband ... 147

Backstage-Ansicht ... 147
Statuszeile ... 148
Symbolleiste für den Schnellzugriff ... 148
Seite einrichten ... 149
Rechtschreibprogramm ... 149
Silbentrennung aktivieren ... 150
Kopf- und Fußzeilen gestalten ... 151
Dokumentvorlagen erstellen ... 154
Formatvorlagen einrichten ... 155
Seitenzahl einfügen ... 158
Datei speichern ... 158

Datei erstellen ... 159
Text erfassen ... 159
Neue Seite einfügen ... 159
Neuer Abschnitt ... 159
Befehle rückgängig machen ... 159
Ausschneiden von Texten ... 160
Kopieren von Texten ... 160
Einfügen von Texten ... 160
Text suchen ... 161

Dokument gestalten ... 162
Texte ersetzen ... 162
Mathematische Formeln einfügen ... 163
Zeichenformatierung ... 164
Absatzformatierung ... 164
Spaltenformatierung ... 164
Format übertragen ... 165
Initial einfügen ... 165
Symbole einfügen ... 165
Schattierung einstellen ... 166
Schattierung einstellen ... 166
Seitenrand gestalten ... 166
Aufzählung bzw. Nummerierung einfügen ... 167
Liste mit mehreren Ebenen ... 168
Tabstopp setzen ... 169
Tabellen gestalten ... 170
Tabelle positionieren ... 171
Formulare gestalten ... 172
Loch- und Falzmarke einfügen ... 173
Grafiken und Bilder einfügen ... 174
Bildgröße verändern ... 175
Screenshot erstellen ... 175
Schaubilder erstellen ... 175
Abbildungen einfügen ... 176
Datei einfügen ... 177
Objekt einfügen ... 177
Abbildungen beschriften ... 178
Logo erstellen ... 178

Dokument rationell erstellen ... 179
Bausteine erstellen ... 179
Seriendruck ... 181
Seriendruck – Bedingungsfeld ... 183
Seriendruck – Filtern von Daten ... 183
Inhaltsverzeichnis ... 184
Abbildungsverzeichnis ... 185
Index erstellen ... 185
Dokumente überprüfen ... 186
Kommentar einfügen ... 187
Dokument Drucken ... 188
Drucken ... 188
PDF-Datei erstellen ... 188

8 Manual: Excel-Funktionen 189

Excel-Funktionen ... 189
Excel-Bildschirm ... 189
Anwendungsfenster ... 190
Daten eingeben ... 191
Zelleninhalte löschen ... 191
Markieren von Zellen ... 192
AutoAusfüllen von Zellen ... 193
Formatierungsmöglichkeiten ... 194
Zellen formatieren ... 194
Texte formatieren ... 194
Zahlen formatieren ... 194
Hintergrundfarben ... 195
Zellausrichtung ... 195
Befehl Wiederholen/Rückgängig machen ... 195
Zellen mit Prozent formatieren ... 196
Format übertragen ... 196
Rechnen mit Excel ... 196
Grundrechenarten, Prozent und Potenz ... 196
Rationelles Arbeiten mit Excel (LA 3.2.4) ... 197
Kopieren von Formeln ... 197
Relative Adressierung (Zellbezüge) ... 197
Absolute Adressierung (Zellbezüge) ... 197
Syntax von Excel-Funktionen ... 198
Funktionen ... 199
SUMME, MAX, MIN, MITTELWERT ... 199
Auf- und Abrunden, Ganzzahl und Kürzen ... 199
ANZAHL und ANZAHL2 ... 200
Daten sortieren ... 200
Bereichsnamen vergeben ... 200
Einfache WENN-Funktion ... 201
Verschachtelte WENN-Funktion ... 201
Erweiterte WENN-Funktion ... 202

Funktionsassistent 202
WENN-UND-Funktion 202
WENN-ODER-Funktion 202
WENN-NICHT-Funktion 203
ZÄHLENWENN-Funktion 203
SUMMEWENN-Funktion 203
RANG-Funktion 203
SVERWEIS 204
WVERWEIS 204
Diagramm 204
Drucken 206

Literaturverzeichnis 207

Index 209

Firmenporträt

Anschrift	**Büromöbel Hauser & Schulte GmbH** Hausanschrift Balduinstraße 15 54296 Trier Postanschrift Postfach 123 54207 Trier
Kommunikation	Telefon: 0651 487-0 (Zentrale) Freecall: 0800 428737 Telefax: 0651 487-1345 E-Mail: info@hauser-schulte.de Internet: www.hauser-schulte.de
Gesellschafter	Nadine Hauser Joachim Schulte
Rechtsform	Gesellschaft mit beschränkter Haftung (GmbH)
Gründungsjahr	1997
Handelsregister	Amtsgericht Trier, HR B 40392
Umsatzsteuer-Identifikationsnummer (gemäß § 27 a Umsatzsteuergesetz):	10/201/0204/5 USt-ID DE 190453342
Mitarbeiter(innen)	50 Mitarbeiter(innen)
Jahresumsatz	12 Mio. €
Bankverbindung	Sparkasse Trier IBAN DE67 2630 0000 0923 5487 00 BIC: RLade21NOH
Abteilungen	■ Einkauf/Beschaffung ■ Produktion ■ Lager/Versand ■ Verkauf/Marketing ■ Verwaltung ■ Personal
Büromöbel (Fertigung)	■ Schreibtische in unterschiedlichen Ausführungen ■ Konferenztische ■ Aktenablage ■ Rollcontainer ■ Stellwände zur Gestaltung von Bürolandschaften ■ Besucherstühle ■ Drehstühle ■ Konferenzstühle
Bürobedarf (Handelsware)	■ Schreibtischlampen ■ Aktenvernichter ■ Papierkörbe ■ FlipChart, FlipChart-Schreiber und FlipChart-Blöcke ■ Moderationsmaterialien ■ Schreibtischzubehör ■ Schreibutensilien ■ Drucker, Kopierer, Scanner

Organigramm

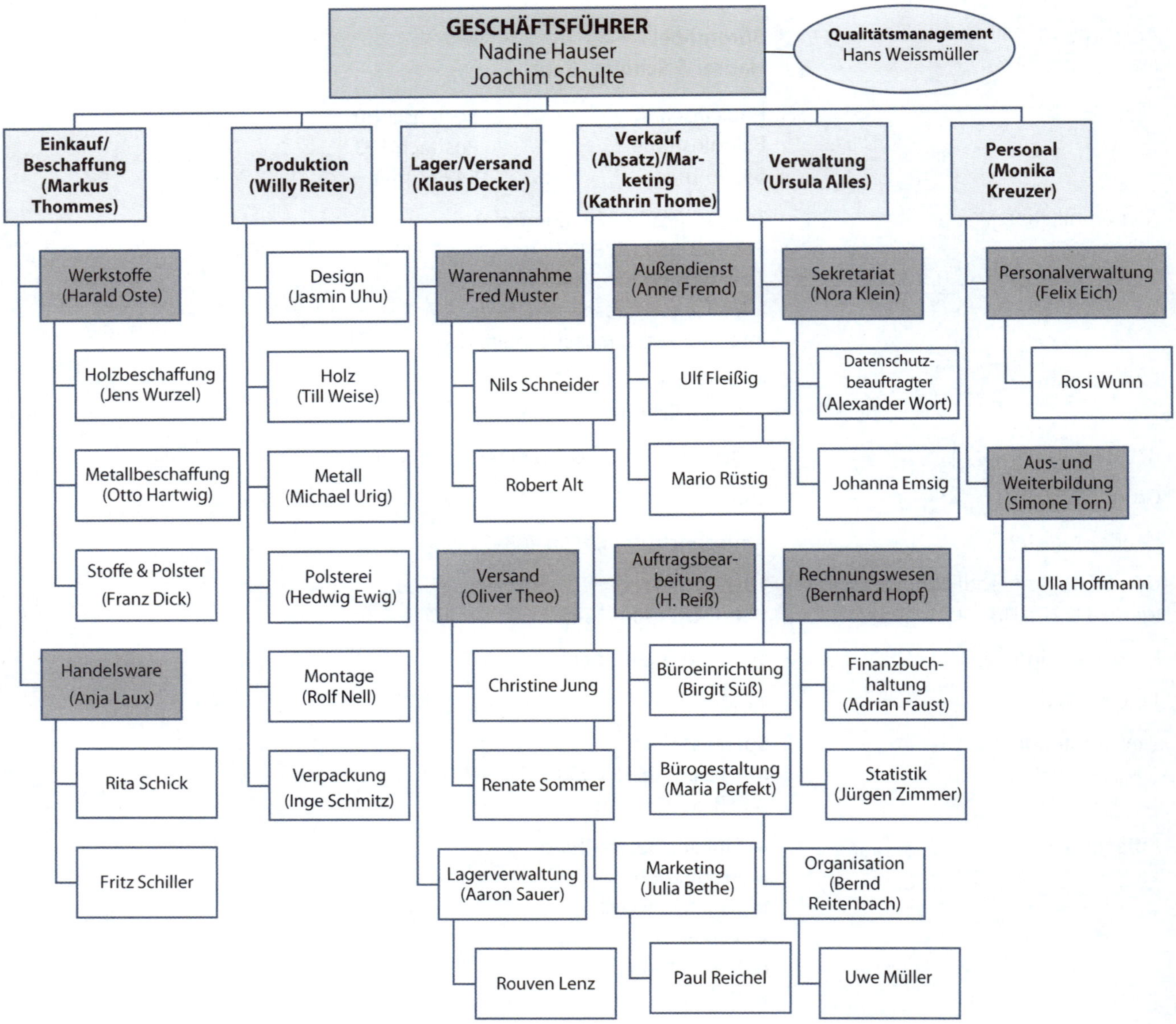

Kundenverzeichnis (Auszug)

Kd.-Nr.	Firma Anschrift	Ansprechpartner	Bankverbindung	Rabatt	Bemerkungen
14130	Rothenberg & Baumann GmbH Im Blegel 28 60328 Frankfurt	Paul Weber Tel. 069 66100-10 Fax 069 66100-99 E-Mail: weber@rothenberg-baumann.de	Commerzbank Frankfurt IBAN DE89 4664 0018 0371 0556 49	25 %	Vorjahresumsatz: ca. 80.000 € Zahlungsmoral: gut
14131	Fortbildungsinstitut Gruber Am Hauptbahnhof 5 54290 Trier	Marianne Mondschein Tel. 0651 25890-12 Fax 0651 25890-20 E-Mail: mondschein@wb-gruber.de	Sparkasse Trier IBAN DE60 5855 0130 0000 4467 88	15 %	Vorjahresumsatz: ca. 40.000 € Zahlungsmoral: gut
14201	Allday office supplies Sinfin Central Business Park Unit 4a Derby UNITED KIINGDOM	Victor Brown Tel. +44 9352 90535-90 Fax +44 9352 90535-99 E-Mail: sales@allday.co.uk	Barclays Bank PLC London SWIFT: BARCGB22 Sort Code: 20-57-06 IBAN GB84 BARC 2057 0683 1363 11	10 %	Vorjahresumsatz: ca. 90.000 € Zahlungsmoral: befriedigend
14302	Steuerberatungsbüro Kirsten Kapellenstr. 14 54439 Saarburg	Ute Kirsten Tel. 06581 589323 Fax 06581 589324 E-Mail: ukirsten@t-online.de	Deutsche Bank IBAN DE07 7585 7002 4004 0582 95	10 %	Vorjahresumsatz: ca. 25.000 € Zahlungsmoral: gut
14303	Bellissimo Anne-Frank-Str. 77 82538 Geretsried	Martin Gunnesch Tel. 08171 2353923 Fax 08171 9935352 E-Mail: bellissimo@gmx.eu	HypoVereinsbank Geretsried IBAN DE54 7002 0270 0010 1139 85	20 %	Vorjahresumsatz: ca. 80.000 € Zahlungsmoral: schleppend
14304	DRK-Sozialwerk Bernkastel-Wittlich gGmbH Wittlicher Str. 3 54470 Bernkastel-Kues	Günther Frings Tel. 06531 3535-20 Fax 06531 3535-99 E-Mail: drk@sozialwerk.de	Sparkasse Mittelmosel IBAN DE54 5875 1230 0000 1311 76	10 %	Vorjahresumsatz: ca. 150.000 € Zahlungsmoral: gut
14312	Conipa Bürosysteme GmbH Potsdamer Weg 8–10 // 4. Stock 13127 Berlin	Rüdiger Kubis Tel. 030 486523532 Fax 030 500239523 E-Mail: kontakt@conipa-online.de	Berliner Sparkasse IBAN DE23 1005 0000 1823 5339 43	25 %	Vorjahresumsatz: ca. 35.000 € Zahlungsmoral: gut
14315	Elektrosysteme Schwarz e. K. Rue de Cessange 312 1321 Luxembourg	Daniela Winter Tel. 00352 4291574 Fax 00352 5353532 E-Mail: win@elektroschwarz.lu	Banque et Caisse d'Espargne de l'Etat Luxembourg IBAN LU31 0019 0181 6243 5350 00 SWIFT-BIC BCEELULL	20 %	Vorjahresumsatz: ca. 250.000 € Zahlungsmoral: sehr gut
14322	Kinderarztpraxis Dr. Benjamin Sonne Friedrich-Ebert-Str. 4 76437 Rastatt	Dr. Benjamin Sonne Silke Weiler (Med. Fachang.) Tel. 07222 901088 Fax 07222 901089 E-Mail: sonne@t-online.de	Volksbank Baden-Baden/Rastatt IBAN DE12 6629 0000 3088 2300 44	15 %	Vorjahresumsatz: ca. 130.000 € Zahlungsmoral: gut
14328	Bildungs- und Medienzentrum OHG Am Riff 25 a 04651 Bad Lausick	Anne Liebetrau Tel. 034345 7235-53 Fax 034345 7235-25 E-Mail: a.liebetrau@bmz.de	Sparkasse Muldental IBAN DE43 6464 0964 3940 0034 23	25 %	Vorjahresumsatz: ca. 60.000 € Zahlungsmoral: gut

Lieferantenverzeichnis (Auszug)

Liefe-rer-Nr.	Firma Anschrift	Ansprechpartner	Kd.-Nr.	Bankverbindung
60001	Schreinerei Leo Mock e. K. Am Riff 25 a 51147 Köln	Leo Mock Sabine Weinreich Tel. 02203 955353 Fax 02203 955343 E-Mail: weinreich@web.de	39273/09	Stadtsparkasse Köln IBAN DE45 3704 0198 1103 9923 34
50101	Broy Lichttechnik GmbH Gewerbegebiet Saarufer 54439 Saarburg	Manfred Elsen Tel. 06581 9494-34 Fax 06581 9494-39 E-Mail: manfred.elsen@ broy.de	HS 353	Sparkasse Trier IBAN DE60 2535 0930 3053 5350 39
70102	Bürohandel Crummenauer Am Sägeweg 54338 Schweich	Ina Eckert Tel. 06502 345235 Fax 06502 363953 E-Mail: ieckert@arcor.de	H 903	Volksbank Trier IBAN DE67 2395 3050 3500 0000 33
70103	Bürotechnik Salm GmbH Simeonstraße 2 54290 Trier	Jean-Paul Gemp Tel. 0651 395902 Fax 0651 903532 E-Mail: gemp@salm.de	09325	Commerzbank AG Trier IBAN DE68 5856 5024 7535 2330 00
70201	Saartec Kommunikation e. K. Graf-Siegfried-Str. 3 66343 Saarbrücken	Olaf Brünicke Tel. 0681 999092 Fax 0681 9990233 E-Mail: bruenicke@ yahoo.com	24993	Sparkasse Saarbrücken IBAN DE66 5309 2030 3053 3002 98
70212	Büroshop Schnell und direkt GmbH Birnbaumstraße 23 55252 Mainz	Olaf Brenner Hotline 0800 1118883 Fax 0800 1118889 E-Mail: kundenservice@ bueroshopsud.de	09092	Postbank IBAN DE56 8353 2030 3000 3301 56
80301	Logo-Quick Bert Höll e. K. Postfach 3 59 38104 Braunschweig	Tanja Morscheit Tel. 0531 708-2305 Fax 0531 708-5959 E-Mail: info@logoquick.de	124-7	Deutsche Bank Hannover IBAN DE82 2505 0953 2003 3992 09
80302	Druckhaus Neu GmbH Hochhäuser Str. 3 97941 Tauberbischofsheim	Thomas Schmitt Tel. 09341 38530 Fax 09341 39593 E-Mail: thschmitt72@aol. com	660646	Sparkasse Tauberfranken IBAN DE32 6735 2565 2003 3005 30
50401	Elektro Kugel GmbH Wilhelmsfelder St. 1 a 16278 Angermünde	Nicola Reyther Tel. 03331 30102535 Fax 03331 905239 E-Mail: info@ elektrokugel.de	46/12	Volksbank Uckermark IBAN DE09 1509 1704 2050 2003 58
60402	Möbeltischlerei UNIKAT e. K. Lindenstr. 30 47012 Duisburg	Kristina Eiden Tel. 0203 347-16 Fax 0203 347-99 E-Mail: k.eiden@unikat.de	636-01	Sparkasse Duisburg IBAN DE78 3002 0900 4064 9000 92

Produktliste (Auszug)

Art.-Nr.	Artikelbezeichnung	Artikelbeschreibung	Verkaufspreis	
54 39822	Schreibtisch Kalova	höhenverstellbar, zweistufig, elektrisch 1200–2000 mm	260,50	
54 28716	Schreibtisch Kalova Basic	Breite 800 mm	160,80	
54 06985	Schreibtisch Kalova Basic	Breite 1000 mm	180,80	
53 98721	Stahlrohr-Tisch	1600 x 800 mm	75,60	
15 44677	Schreibtischlampe Flux	Energiespar-Tischleuchte, blendfreies Licht, Tischklemme bis 60 mm	299,75	
14 13111	Tischleuchte Beugel	Tischleuchte, 1-flg.-LED mit Touchschalter Ausladung: 390 mm 1 LED 3000 K 1 x 280 lm 1 x 3,5 W Maße: B 108 x H 580 x L 165 mm Diese Leuchte enthält eingebaute LED-Lampen	42,65	
14 85724	Schreibtischzubehör „System"	Schreibtisch-Butler Compakt	6,95	
62 98989	Bürostuhl „Ergo"	Bürostuhl NET MOTION, mit Armlehnen, Synchronmechanik	160,45	
62 41597	Bürostuhl Ergo speziel	Bürostuhl ErgoTop, mit Armlehnen, ergonomische Lehne, breite Sitzfläche	240,80	
65894	Bürostuhl „Smart"		248,00	
83 58791	Rollcontainer 5871	Rollcontainer 1233, 4 Schübe, runde Griffe, B 435 x T 765 x H 577 mm	125,50	
83 65237	Rollcontainer 6975	Rollcontainer, 3 Schübe	85,40	
85 65741	Hochcontainer	Der Hochcontainer eignet sich mit 1296 mm Höhe ideal für die elektrisch höhenverstellbaren Schreibtische. Mit 435 mm Breite und 800 mm Tiefe bietet der Hochcontainer viel Stauraum.	480,00	
97 26574	Regal „Zeder WOOD"	6 OH, Höhe inkl. Gleiter, Sockel (optional)	249,00	
97 65716	Regal „Mitzo"	6 Ordnerhöhen, 5 Fachböden, B 800 mm	180,50	
102 89541	Etagenordner	5 Etagen Ordner-Drehsäule für 40 DIN-A4-Ordner	240,80	
	...			

Allgemeine Geschäftsbedingungen (AGB) „Büromöbel Hauser & Schulte GmbH"

Balduinstraße 15
54296 Trier
Deutschland

Telefon:	0651 487-0 (Zentrale)
Fax:	0651 487-1345
Freecall:	0800 42 87 37
E-Mail:	info@hauser-schulte.de
Internet:	www.hauser-schulte.de
Handelsregister:	Amtsgericht Trier, HR B 40392
Umsatzsteuer-Identifikationsnummer (gemäß § 27 a Umsatzsteuergesetz):	DE 190453342
Vertreten durch die Gesellschafter:	Nadine Hauser und Joachim Schulte

§ 1	**Geltungsbereich**
	Die nachstehenden Allgemeinen Geschäftsbedingungen (AGB) gelten für alle Bestellungen des Online-Shops der Büromöbel Hauser & Schulte GmbH. Zusätzliche Allgemeine Geschäftsbedingungen unserer Kunden erkennen wir nicht an.
§ 2	**Vertragspartner und Vertragsschluss**
	Der im Online-Shop geschlossene Kaufvertrag kommt zustande mit der Büromöbel Hauser & Schulte GmbH. Die für den Kaufvertrag zur Verfügung stehende Sprache ist Deutsch. Der Vertragstext des entstehenden Kaufvertrages wird von der Büromöbel Hauser & Schulte GmbH nicht gespeichert. Die im Online-Shop dargestellten Produkte stellen kein rechtlich bindendes Angebot dar, sondern einen unverbindlichen Online-Katalog. Zunächst haben Sie die Möglichkeit unsere Ware in den Warenkorb zu legen. Ihre Eingaben können Sie vor Absenden Ihrer verbindlichen Bestellung korrigieren. Hierfür haben Sie im Bestellablauf die Möglichkeit die Korrekturhilfen, wie „Löschen" zu nutzen. Durch Anklicken des Buttons „Zahlungspflichtig bestellen" geben Sie eine verbindliche Bestellung der zu diesem Zeitpunkt im Warenkorb enthaltenen Waren ab. Der Eingang Ihrer Bestellung erfolgt unmittelbar per E-Mail nachdem Sie Ihre Bestellung abgesandt haben. Diese E-Mail stellt keine Vertragsannahme dar. Innerhalb von zwei Werktagen können wir Ihnen entweder in einer separaten E-Mail oder durch Auslieferung der Ware das Zustandekommen des Kaufvertrages bestätigen. Ein Kaufvertrag kommt lediglich bei der Zahlungsart „Paypal" zum Zeitpunkt der Bestätigung Ihrer Zahlungsanweisung an Paypal zustande.
§ 3	**Warenverfügbarkeit**
	Ist bestellte Ware zum Zeitpunkt der Bestellung nicht verfügbar, behält sich die Büromöbel Hauser & Schulte GmbH vor, die Bestellung der Ware nicht anzunehmen. Es kommt kein Vertrag zustande. Hierüber werden Sie per E-Mail informiert. Bereits geleistete Zahlungen werden Ihnen unverzüglich rückerstattet
§ 4	**Lieferbedingungen**
	Zu den angegebenen Produktpreisen können Versandkosten anfallen. Die genauen Versandkosten sind dem jeweiligen Angebot (Anpreisung) zu entnehmen. Die Lieferung der Ware erfolgt ausschließlich innerhalb der Bundesrepublik Deutschland mit „DHL". Wir liefern nicht an Packstationen. Eine Selbstabholung der Ware ist ausgeschlossen.
§ 5	**Bezahlungsarten**
	Alle Preise auf www.hauser-schulte.de sind in Euro und verstehen sich einschließlich der jeweils gültigen gesetzlichen Mehrwertsteuer. Bei Abschluss eines Kaufvertrages im Online-Shop der Büromöbel Hauser & Schulte GmbH stehen Ihnen die nachstehenden Zahlungsalternativen zur Verfügung:

§ 5	**Bezahlungsarten**
	Paypal: Den anfallenden Rechnungsbetrag zahlen Sie über den Anbieter „Paypal". Dazu müssen Sie bei „Paypal" registriert sein oder sich zunächst registrieren. Detaillierte Hinweise erhalten Sie beim Bestellvorgang. **SOFORT Überweisung:** Bei der Bezahlart SOFORT Überweisung stellen Sie noch während Ihrer Bestellung bequem eine Überweisung über den jeweiligen Betrag in Ihr Online-Banking-Konto ein. **Kauf auf Rechnung:** Ein Überweisungsträger liegt Ihrer Lieferung bei. Das Zahlungsziel beträgt 14 Tage. Bank: Sparkasse, Trier, IBAN DE67 2630 0000 0923 5487 00, BIC: RLade21NOH. **Vorkasse:** In der Auftragsbestätigung nennen wir Ihnen unsere Bankverbindung und liefern unsere Ware nach Zahlungseingang.
§ 6	**Eigentumsvorbehalt**
	Die an Sie ausgelieferte Ware bleibt bis zur vollständigen Bezahlung unser Eigentum.
§ 7	**Gewerbliche Abnehmer**
	Die im Online-Shop der Büromöbel Hauser & Schulte GmbH angebotene Ware wird lediglich an Verbraucher und Unternehmen als Endverbraucher verkauft. Die gewerbliche Weiterveräußerung von Ware ist nicht gestattet. Bei im Online-Shop abgegebenen Angeboten, die den Anschein erwecken, zum Zwecke des gewerblichen Weiterverkaufs getätigt worden zu sein, behält sich die Büromöbel Hauser & Schulte GmbH vor, das Angebot abzulehnen.
§ 8	**Widerrufsrecht des Verbrauchers**
	Ist der Kunde ein Verbraucher, d. h. eine natürliche Person, die ein Rechtsgeschäft zu einem Zweck abschließt, der überwiegend weder ihrer gewerblichen noch ihrer selbstständigen beruflichen Tätigkeit zugerechnet werden kann, steht dem Kunden ein Widerrufsrecht gemäß § 312g i. V. m. § 355 BGB zu. **Bei Kaufverträgen gilt:** Sie haben das Recht, binnen vierzehn Tagen ohne Angabe von Gründen diesen Vertrag zu widerrufen. Die Widerrufsfrist beträgt bei einem Kaufvertrag vierzehn Tage ab dem Tag, an dem Sie oder ein von Ihnen benannter Dritter, der nicht der Beförderer ist, die Waren in Besitz genommen haben bzw. hat. Im Falle eines Vertrags über mehrere Waren, die Sie im Rahmen einer einheitlichen Bestellung bestellt haben und die getrennt geliefert werden, beträgt die Widerrufsfrist vierzehn Tage ab dem Tag, an dem Sie oder ein von Ihnen benannter Dritter, der nicht der Beförderer ist, die letzte Ware in Besitz genommen haben bzw. hat. Im Falle eines Vertrags über die Lieferung einer Ware in mehreren Teilsendungen oder Stücken, beträgt die Widerrufsfrist vierzehn Tage ab dem Tag, an dem Sie oder ein von Ihnen benannter Dritter, der nicht der Beförderer ist, die letzte Teilsendung oder das letzte Stück in Besitz genommen haben bzw. hat. Im Falle eines Vertrags zur regelmäßigen Lieferung von Waren über einen festgelegten Zeitraum hinweg beträgt die Widerrufsfrist vierzehn Tage ab dem Tag, an dem Sie oder ein von Ihnen benannter Dritter, der nicht der Beförderer ist, die erste Ware in Besitz genommen haben bzw. hat. Um Ihr Widerrufsrecht auszuüben, müssen Sie uns – Büromöbel Hauser & Schulte GmbH, Balduinstraße 15, 54296 Trier, Telefon 0651 487-0, Fax: 0651 487-1345, E-Mail info@hauser-schulte.de, – mittels einer eindeutigen Erklärung (z. B. per Post, Telefax oder E-Mail) über Ihren Entschluss, diesen Vertrag zu widerrufen, informieren. Sie können dafür das beigefügte Muster-Widerrufsformular verwenden, das jedoch nicht vorgeschrieben ist. Zur Wahrung der Widerrufsfrist reicht es aus, dass Sie die Mitteilung über die Ausübung des Widerrufsrechts vor Ablauf der Widerrufsfrist absenden. Widerrufen Sie diesen Vertrag, so haben wir Ihnen alle Zahlungen, die wir von Ihnen erhalten haben, einschließlich der Lieferkosten unverzüglich und spätestens binnen vierzehn Tagen ab dem Tag zurückzuzahlen, an dem die Mitteilung über Ihren Widerruf dieses Vertrags bei uns eingegangen ist. Die Lieferkosten beziehen sich auf die von uns angebotene, günstige Standardlieferung, zusätzliche Kosten, die sich aus der Lieferung ergeben, tragen wir nicht. Für diese Rückzahlung verwenden wir dasselbe Zahlungsmittel, das Sie bei der ursprünglichen Transaktion eingesetzt haben, es sei denn, mit Ihnen wurde ausdrücklich etwas anderes vereinbart. Entgelte werden Ihnen wegen der Rückzahlung keine berechnet. Im Falle eines Widerrufes haben Sie die Waren unverzüglich und in jedem Fall spätestens binnen vierzehn Tagen ab dem Tag, an dem Sie uns über den Widerruf dieses Vertrags unterrichten, an – „Büromöbel Hauser & Schulte GmbH, Balduinstraße 15, 54296 Trier" – zurückzusenden. Die Frist ist gewahrt, wenn Sie die Waren vor Ablauf der Frist von vierzehn Tagen absenden. Für einen eventuellen Wertverlust müssen Sie aufkommen, wenn der Wertverlust auf einen zur Prüfung der Beschaffenheit, Eigenschaften und Funktionsweise der Waren nicht notwendigen Umgang zurückzuführen ist. Für diese Rückzahlung verwenden wir dasselbe Zahlungsmittel, das Sie bei der ursprünglichen Transaktion eingesetzt haben, es sei denn, mit Ihnen wurde ausdrücklich etwas anderes vereinbart; in keinem Fall werden Ihnen wegen dieser Rückzahlung Entgelte berechnet.

§ 8	Widerrufsrecht des Verbrauchers
	Möchten Sie einen Vertrag widerrufen, füllen Sie bitte das nachstehende Musterformular aus und senden Sie es an: Büromöbel Hauser & Schulte GmbH Balduinstraße 15 54296 Trier Fax: 0651 487-1345 E-Mail: info@hauser-schulte.de Hiermit widerrufe(n) ich/wir (*) den von mir/uns (*) abgeschlossenen Vertrag über den Kauf der folgenden Waren (*)/die Erbringung der folgenden Dienstleistung (*): __________ Bestellt am (*) /erhalten am (*) Name des/der Verbraucher(s) Anschrift des/der Verbraucher(s) Unterschrift des/der Verbraucher(s) (nur bei Mitteilung auf Papier) Datum (*) Unzutreffendes streichen.
§ 9	Transportschäden
	Bei Lieferung von Waren mit offensichtlichen Transportschäden reklamieren Sie bitte sofort beim Zusteller und kontaktieren uns (Büromöbel Hauser & Schulte GmbH) unverzüglich. Versäumen Sie eine Reklamation oder Kontaktaufnahme, wirkt sich dies nicht negativ auf Ihre gesetzlichen Ansprüche und deren Durchsetzung, insbesondere auf Ihre Gewährleistungsrechte aus. Reagieren Sie unverzüglich und nterstützen Sie uns dabei, unsere Ansprüche gegenüber dem Frachtführer bzw. der Transportversicherung geltend zu machen.
§ 10	Gewährleistung und Garantien
	Für alle unsere Waren gilt das gesetzliche Mängelhaftungsrecht. Zusätzliche Garantien und deren genaue Bedingungen finden Sie beim jeweiligen Produkt. Die jeweilige Garantie wird vom Produkthersteller übernommen. Nicht von der Büromöbel Hauser & Schulte GmbH.
§ 11	Gerichtsstand und Erfüllungsort
	Gerichtsstand sowie Erfüllungsort ist Trier.
§ 12	Beschwerdeverfahren
	Zur Online-Streitbeilegung stellt die Europäische Kommission eine Plattform zur Verfügung. Diese ist abrufbar unter: https://ec.europa.eu/consumers/odr/main/index.cfm?event=main.home2.show&lng=DE. Zur Teilnahme an einem Streitbeilegungsverfahren vor einer Verbraucherschlichtungsstelle sind wir nicht verpflichtet und grundsätzlich nicht bereit.
§ 13	Verhaltenskodex
	Die Büromöbel Hauser & Schulte GmbH fühlt sich freiwillig dem Ehrenkodex der PBS (Unternehmen der Papier-, Büro- und Schreibwaren) verpflichtet. Die entsprechenden Verhaltenskodizes sind abrufbar unter: http://www.pbs-ehrenkodex.de/
§ 14	Schlussbestimmungen
	Diese Allgemeinen Geschäftsbedingungen unterliegen dem Recht der Bundesrepublik Deutschland. Der Vertragstext wird nach Vertragsschluss vom Händler nicht gespeichert und ist für den Kunden nicht zugänglich. Einzelne Transaktionen findet der Kunde im Bereich „Mein Konto".

Arbeitsplan

Kompetenzen	■ Geschäftsvordruck einschließlich Corporate Design gestalten ■ Geschäftsbriefe normgerecht schreiben und kundenorientiert formulieren ■ Kaufmännische Rechenarten (auch mittels Excel) anwenden ■ Eingehende Kundenanfragen und -aufträge sachgerecht bearbeiten ■ Auftragsabwicklung effizient organisieren ■ Kaufmännischen Schriftverkehr mittels eines Textverarbeitungsprogramms effizient, rechtskonform und rationell abwickeln ■ Formulare konzipieren und gestalten
Inhalte	■ Geschäftsbrief mit seinen Bestandteilen ■ Word-Vorlage ■ Arten der Anfrage ■ Bestellungsannahme (Auftragsbestätigung) ■ Angebot mit seinen Bestandteilen ■ Lieferschein und Rechnung ■ Kaufmännische Rechenarten ■ E-Mail sowie E-Mail-Netiquette ■ Formulargestaltung
Portfolio	■ Geschäftsvordruck ■ normgerechter Geschäftsbrief (un- und verlangtes Angebot) ■ Bestandsabfrage (Online-Formular) im Lager ■ Bestellungsannahme (Auftragsbestätigung) als E-Mail ■ Lieferschein und Rechnung mittels Excel
Zeit	ca. 40 Stunden

Warm-up

Nachstehend erhalten Sie einige Begriffe zur Auftragsbearbeitung bei Abschluss eines Kaufvertrages. Bringen Sie diese in eine sinnvolle Struktur und begründen Sie Ihr Schema.

Kaufvertrag abschließen
Anfrage bearbeiten
Corporate Design
Kunden
Angebot schreiben
Auftragsbestätigung verfassen
effektiv
Rechtliche Aspekte berücksichtigen
Rechnung erstellen
rationell
Kundenverzeichnis
Kundenauftrag prüfen

1.1 Lernaufgabe

Tag für Tag gehen in der Abteilung „Verkauf/Marketing" neue Kundenanfragen bzw. -aufträge ein. Aufgabe der Mitarbeiter ist es, diese kundenorientiert, zeitnah und korrekt zu bearbeiten. Die notwendigen Arbeitsschritte sind eng miteinander verbunden, sodass eine Art Kreislauf vom ersten Kundenkontakt bis zur vollständigen Auftragsabwicklung entsteht. Diesen lerne ich während meiner Zeit in der Verkaufsabteilung kennen. Neue Informationen halte ich in meiner Portfolio-Mappe bzw. im Wiki (Glossar) fest.

Die Auftragslage der Büromöbel Hauser & Schulte GmbH ist gut, sodass es sich anbietet mit Vordrucken zu arbeiten. Zudem ist ein einheitliches Erscheinungsbild im Umgang mit Kunden wichtig, denn der Empfänger nimmt die optische Gestaltung eines Briefes war, bevor er mit dem Lesen beginnt und sich auf den Inhalt konzentriert. Frau Thome, Leiterin der Verkaufsabteilung, beauftragt mich deshalb den Geschäftsvordruck nach dem Corporate Design (Seite 123) des Unternehmens neu zu gestalten.

Wie erstelle ich einen kundenfreundlichen und normgerechten Geschäftsbrief?

Arbeitsauftrag

Einzelarbeit

1. **Erschließen** Sie das Thema Aufbau des Geschäftsbriefes (Seite 41).

Partnerarbeit

2. **Informieren** Sie sich über das Firmenporträt (Seite XIII) der Büromobel Hauser & Schulte GmbH.
3. **Gestalten** Sie zwei Briefmasken für Büromobel Hauser & Schulte GmbH, und zwar einen Vordruck mit Standardinformationsblock (Seite 41) und integrierter Rücksendeangabe und einen mit gestaltetem Informationsblock (Seite 46) und Rücksendeangabe über dem Anschriftfeld. Entscheiden Sie sich für die Form A (hochgestelltes Anschriftfeld) oder Form B (tiefgestelltes Anschriftfeld). Fügen Sie ein Firmenlogo ein.
4. **Speichern** Sie Ihren Vordruck „Büromöbel Hauser & Schulte GmbH" unter dem Dateinamen „Geschäftsvordruck_Standard" bzw. „Geschäftsvordruck_gestaltet" ab.

Plenum

5. **Präsentieren** und **analysieren** Sie das Ergebnis hinsichtlich:
   - der Bestandteile eines Geschäftsvordruckes (Form, Rücksendeangabe, Infoblock)
   - der Arbeitsschritte bei der Vordruckgestaltung
   - der Optik (wahlweise)

Partnerarbeit

6. **Überarbeiten** Sie ggf. Ihre Geschäftsvordrucke und speichern Sie die Vordrucke als Word-Vorlage ab, um die in den nächsten Lernaufgaben folgenden Geschäftsvorgänge der Büromöbel Hauser & Schulte GmbH bearbeiten zu können.

7. **Schätzen** Sie Ihre Kompetenzen zum normgerechten Geschäftsvordruck erstellen ein. Bedenken Sie, dass erst mit vermehrter Übung das 4. Level erreicht wird.

Kompetenzen	Normgerechten Geschäftsvordruck erstellen	Level
Informieren	*Ich kann den Aufbau eines Geschäftsbriefs-Vordruckes erklären.*	▢▢▢▢
Planen	*Ich kann einen Vordruck mit Standardinformationsblock und integrierter Rücksendeangabe von einem gestalteten Informationsblock und Rücksendeangabe über dem Anschriftfeld unterscheiden und die Einsatzmöglichkeiten für Form A bzw. Form B erläutern.*	▢▢▢▢
Entscheiden	*Ich kann entscheiden, welche Firmendaten für den Vordruck des Geschäftsbriefes relevant sind.*	▢▢▢▢
Durchführen	*Ich kann einen Geschäftsvordruck normgerecht erstellen und fachgerecht abspeichern.*	▢▢▢▢
Kontrollieren	*Ich kann die Vollständigkeit der beiden möglichen Geschäftsvordrucke überprüfen.*	▢▢▢▢
Bewerten	*Ich kann situationsbezogen beurteilen, welche Form des Geschäftsvordruckes eingesetzt wird.*	▢▢▢▢

Notizen

1.2 Lernaufgabe

Mein Briefvordruck hat Frau Thome gut gefallen, sodass ich nun die eingegangene Kundenanfrage der Rothenberg & Baumann GmbH beantworten darf. Um dies korrekt zu erledigen, informiere ich mich zunächst über das Thema „Kundenanfrage". Danach setze ich mich mit den Schreib- und Gestaltungsregeln eines Geschäftsbriefes (DIN 5008) auseinander.

Wie beantworte ich eine Anfrage unter Verwendung des Geschäftsvordruckes?

Arbeitsauftrag

Einzelarbeit

1. **Erschließen** Sie den Informationstext Anfrage (Seite 63). Erstellen Sie für das Wiki eine aussagekräftige Information zu den Arten der Anfrage.

Stammgruppenarbeit

2. **Informieren** Sie sich mithilfe der Informationsblätter über die normgerechte Gestaltung eines Geschäftsbriefes (Seite 42).
3. **Schicken** Sie Ihre Stammgruppen-Mitglieder in die jeweilige Expertengruppe

   A = Anschriftfeld (Seite 45),

   B = Informationsblock (Seite 45),

   C = Briefabschluss(Seite 50).

Expertengruppe

4. **Überlegen** Sie gemeinsam, wie Sie Ihren Teammitgliedern die Regeln zu Ihrem Thema vermitteln können.
5. **Erstellen** Sie einen Notizzettel, damit Sie die Regeln Ihren Teammitgliedern erläutern können.
6. **Erstellen** Sie mindestens eine Übungsaufgabe, mit der Sie die Kenntnisse Ihrer Teammitglieder überprüfen können.
7. **Probieren** Sie die Übungsaufgabe in Ihrer Expertenrunde.

Stammgruppenarbeit

8. **Geben** Sie Ihr Wissen über das Gestalten eines Anschriftfeldes, eines Informationsblocks bzw. eines Briefabschlusses geschickt und effektiv an Ihre Teammitglieder weiter. Jeder Experte hat etwa fünf Minuten Zeit.
9. **Kontrollieren** Sie mithilfe Ihrer Übungsaufgabe, ob Ihre Teammitglieder das Thema verstanden haben und ob sie für den abschließenden Test fit sind.

Einzelarbeit

10. **Bearbeiten** Sie die nachfolgende Anfrage der Rothenberg & Baumann GmbH.

Rothenberg & Baumann GmbH

Rothenberg & Baumann GmbH - Im Blegel 28 - 60328 Frankfurt

¶
¶
¶
Büromöbel
Hauser·&·Schulte·GmbH
Balduinstr.·15
54290·Trier

Ihr·Zeichen:
Ihre·Nachricht·vom:
¶
Unser·Zeichen:·pe-ku
Unsere·Nachricht·vom:
¶
Name:·Herr·Paul·Weber
Telefon:·069·66100-10
Telefax:·069·66100-99
E-Mail:·weber@rothenberg-baumann.de
Internet:·www.rothenberg-baumann.de
¶
Datum:·04.05.20..¶

¶
¶
Anfrage·über·Bürostühle¶
¶
¶
Sehr·geehrte·Damen·und Herren,¶
¶
im·Herbst·d.·J.·statten·wir·einige·unserer·Büros·mit·neuen·Bürostühlen·aus,·Ihre·Büroeinrichtung·haben·wir·aus·vergangenen·Geschäftsbeziehungen·in·angenehmer·Erinnerung,·da·Sie·uns·schnell·und·zuverlässig·bedient·haben.¶
¶
Wir·sind·an·Ihrem·aktuellen·Sortiment·sehr·interessiert.·Haben·Sie·einen·neuen·Katalog·über·Bürostühle,·den·Sie·uns·so·bald·wie·möglich·zuschicken·können?·Unsere·Kundennummer·lautet·14130.
¶
Freundliche·Grüße¶
¶
Rothenberg·&·Baumann·GmbH¶
¶
i. A.¶
¶
Paul·Weber

11. **Öffnen** Sie die Briefmaske „Büromöbel Hauser & Schulte GmbH".

12. **Beantworten** Sie mit Datum 05.05.20XX die Anfrage der Rothenberg & Baumann GmbH normgerecht. Als Briefschreiber verwenden Sie als Kurzzeichen die Anfangsbuchstaben Ihres Vor- und Nachnamens. Frau Thome (th) hat die Telefondurchwahl 0651 487-1343, die Telefaxdurchwahl 0651 487-1345 und die E-Mail-Adresse: thome@hauser-schulte.de. Das Unternehmen ist im Internet unter www.hauser-schulte.de präsent. Sie schicken den Brief vorab per Fax.

13. **Gestalten** Sie den Betreff und die Anrede selbstständig – legen Sie Frau Thome den Brief zur Unterschrift vor. Weil es Ihr erster Geschäftsbrief ist, hat Frau Thome Ihnen den Brieftext diktiert:

„Wir freuen uns, dass Sie unseren aktuellen Katalog über Bürostühle angefordert haben. Viele unserer Kunden haben schon auf ihn gewartet. Nun liegt er vor und Sie können ihn in aller Ruhe durchblättern. Auf 76 Seiten finden Sie das umfangreiche Angebot unserer neuesten Bürostühle, die wir auf Wunsch innerhalb von 3 Wochen ausliefern können. Wir gewähren Ihnen – wie schon in den vergangenen Jahren – einen

Preisnachlass von 25 % auf alle Stühle. Bei Zahlung innerhalb von 14 Tagen gewähren wir Ihnen zusätzlich 3 % Skonto, Zahlungsziel 30 Tage. Die Lieferkosten werden wie immer von uns übernommen (frei Haus). Unsere Preise verstehen sich zuzüglich der gesetzlichen Mehrwertsteuer. Wenn Sie nähere Informationen wünschen, rufen Sie uns gerne an."

14. **Überprüfen** Sie Ihr Anschriftfeld, den Informationsblock und den Briefschluss im Hinblick auf das vorhin Erlernte.
15. **Kontrollieren** Sie den Geschäftsbrief auf eventuelle Fehler (Rechtschreibung, DIN-Fehler), damit Ihr Team viele Punkte erhält, und speichern Sie den Brief unter Ihrem Namen und Ihrer Team-Nummer ab.

Plenum (Auswertung)

16. **Hängen** Sie alle Ergebnisse – sortiert nach Stammgruppen – auf und kontrollieren Sie sich gegenseitig, d. h., jede Stammgruppe streicht die Fehler (Tipp- und Norm-Fehler) in den Geschäftsbriefen einer anderen Stammgruppe an.

Einzelarbeit

17. **Korrigieren** Sie Ihren Brief.
18. **Bereiten** Sie sich auf eine Präsentation vor, indem Sie einerseits mithilfe ihrer Informationen die inhaltlichen Aspekte (Art der Anfrage der Rothenberg & Baumann GmbH) und andererseits die formalen Aspekte (DIN 5008) kommentieren.

Plenum

19. **Präsentieren** Sie informativ und lassen Sie sich vom Plenum ein konstruktives Feedback geben.
20. **Schätzen** Sie Ihre Kompetenzen zu Kundenanfrage mithilfe eines Geschäftsbriefes (unbestimmtes Angebot) bearbeiten ein.

Kompetenzen	Kundenanfrage mithilfe eines Geschäftsbriefes (unbestimmtes Angebot) bearbeiten	Level
Informieren	*Ich kann die Bestandteile eines Geschäftsbriefes erläutern.*	☐☐☐☐
Planen	*Ich kann mithilfe der bekannten Daten (Empfänger, Infoblock, Briefabschluss) einen normgerechten Geschäftsbrief erstellen.*	☐☐☐☐
Entscheiden	*Ich kann entscheiden, welche Daten und Inhalte für die Beantwortung der Anfrage von Rothenberg & Baumann relevant sind.*	☐☐☐☐
Durchführen	*Ich kann die Anfrage an Rothenberg & Baumann in einem Geschäftsbrief-Vordruck beantworten und normgerecht erfassen.*	☐☐☐☐
Kontrollieren	*Ich kann meine Anfrage zu den inhaltlichen und den formalen Aspekte (DIN 5008) überprüfen und auch meinen Mitschülern (zu ihren Ergebnissen) konstruktives Feedback geben.*	☐☐☐☐
Bewerten	*Ich kann beurteilen, welchen Stellenwert inhaltlich korrekte und normgerechte Geschäftsbriefe für ein Unternehmen einnehmen.*	☐☐☐☐

1.3 Lernaufgabe

Ich habe der „Rothenberg & Baumann GmbH" einen Geschäftsbrief mit Katalog zugesandt. Als Reaktion auf dieses unbestimmte Angebot geht einige Tage später folgende Bestellung per E-Mail ein:

Von	07.05.20XX 10:12 **Rothenberg & Baumann GmbH (info@rothenberg-baumann.de)**
Betreff	Bestellung über 16 Bürostühle, Kundennummer 14130

Sehr geehrte Frau Thome,

herzlichen Dank für die Zusendung Ihres Kataloges. Wir bestellen gemäß der von Ihnen unterbreiteten Konditionen.

Menge	**Artikelnummer**	**Artikel**	**Einzelpreis in EUR**
16 Stück	65894	Bürostühle „Smart"	248,50

Wir bitten um eine Lieferung in den nächsten 3 Wochen.

Mit freundlichen Grüßen

i. A. Paul Weber

Rothenberg & Baumann GmbH
Im Blegel 28
60328 Frankfurt

Telefon: 069·66100-10
Telefax: 069·66100-99
E-Mail: weber@rothenberg-baumann.de

Frau Thome beauftragt mich, den Auftrag vollständig zu bearbeiten. Sie bittet mich, eine Bestellungsannahme bzw. Auftragsbestätigung per E-Mail zu verfassen und vorab an sie persönlich zu senden.

Zunächst muss ich prüfen, ob die Ware lieferbar ist. Dazu suche ich im Intranet nach einem entsprechenden Formular für das Lager. Ich finde keines, sodass ich selbst ins Lager gehe. Die Ware ist vorrätig, der Kundenauftrag kann realisiert werden. Ich nehme mir vor das benötigte Formular zu erstellen.

Im nächsten Arbeitsschritt errechne ich den Verkaufspreis mit den gegebenen Konditionen. Der bisherige Schriftverkehr mit der „Rothenberg & Baumann GmbH" sowie die Informationen aus den Kundenstammdaten helfen mir dabei eine Bestellungsannahme zu verfassen:

Wie schreibe ich eine Bestellungsannahme bzw. Auftragsbestätigung per E-Mail?

Arbeitsauftrag

Einzelarbeit

1. **Erschließen** Sie den Text zur Bestellungsannahme – Auftragsbestätigung (Seite 63).
2. **Erstellen** Sie für das Wiki eine aussagekräftige Information zur Bestellungsannahme.

Partnerarbeit

3. **Stellen** Sie sich gegenseitig Ihre Informationen vor.
4. **Frischen** Sie die (kaufmännischen) Rechenarten aus Ihrer Schulzeit auf und erläutern Sie sich gegenseitig den Informationstext Kaufmännische Rechenarten (Seite 56).

Einzelarbeit

5. **Erstellen** Sie ein Formular für eine Auftragsbestätigung (Seite 65) (konservatives Muster mit den Mindestbestandteilen). Bringen Sie dabei Ihr Design für die Büromöbel Hauser & Schulte GmbH ein. Gestalten Sie modern und ansprechend. Speichern Sie das Formular als Word-Vorlage (Seite 154) ab.
6. **Schreiben** Sie eine Auftragsbestätigung an Rothenberg & Baumann. Verwenden Sie zur Berechnung der einzelnen Positionen (MwSt., Rabatt, Skonto usw.) die entsprechenden Rechenarten.

Partnerarbeit

7. **Erläutern** Sie sich Ihre Ergebnisse und korrigieren Sie ggf. Speichern Sie das Dokument unter der Kundennummer und dem Firmennamen als PDF ab, da Sie es als E-Mail-Anlage versenden.
8. **Erschließen** bzw. wiederholen Sie arbeitsteilig die Themen E-Mail (Seite 60) und E-Mail-Netiquette (Seite 61).

Einzelarbeit

9. **Formulieren** Sie eine professionelle E-Mail an die Rothenberg & Baumann GmbH. Als Anlage fügen Sie die PDF-Datei bei. Senden Sie die E-Mail zur Vorlage an Frau Thome (Ihre Lehrkraft).

Ich bin ein bisschen stolz auf mich, weil ich diese komplexe Aufgabe gelöst habe. Frau Thome hat mich gelobt. Für die Auftragsabwicklung wäre es einfacher, wenn es für das Lager eine digitale Bestandsanfrage im Intranet gäbe. Ein solches Formular möchte ich nun erstellen:

Partnerarbeit

10. **Informieren** Sie sich über Formulare gestalten (Seite 172).
11. **Entwerfen** Sie auf einem Blatt Papier ein Formular für eine digitale Bestandsanfrage im Lager – überlegen Sie, welche Kriterien für Sie bzw. für das Lager wichtig sind.

12. **Erstellen** Sie ein Online-Formular. Verwenden Sie dabei Textfelder, Kontrollkästchen und Dropdownfelder.

13. **Bereiten** Sie sich gemeinsam auf die Präsentation vor, indem Sie die wesentlichen Informationen vorstellen, die für die Bestellungsannahme und den Versand notwendig sind. Nutzen Sie ein praktisches Beispiel für Ihre Präsentation. Begründen Sie außerdem die Vorteile einer digitalen Bestandsanfrage für das Lager sowie die Vorgehensweise bei der Erstellung eines solchen Online-Formulares.

Plenum

14. **Präsentieren** Sie überzeugend und informativ Ihre Ergebnisse zur Bestellungsannahme (Auftragsbestätigung) und lassen sich vom Plenum ein Feedback geben.

15. **Schätzen** Sie Ihre Kompetenzen zu Bestellungsannahme (Auftragsbestätigung) in Form einer E-Mail erstellen ein.

Kompetenzen	Bestellungsannahme (Auftragsbestätigung) in Form einer E-Mail erstellen	Level
Informieren	*Ich kann die wesentlichen Informationen zur Bestellungsannahme und der digitalen Bestandsanfrage erläutern.*	▢▢▢▢
Planen	*Ich kann mithilfe der Bestellung von Rothenberg & Baumann für eine Auftragsbestätigung die notwendigen Daten zusammenstellen.*	▢▢▢▢
Entscheiden	*Ich kann entscheiden, welche kaufmännische Rechenart ich für die Auftragsbestätigung an Rothenberg & Baumann GmbH anwende.*	▢▢▢▢
Durchführen	*Ich kann ein (Online-)Formular für die Auftragsbestätigung und für die digitale Bestandsanfrage im Lager mithilfe der Steuerelemente erstellen und es mit den erforderlichen Bestelldaten unter Verwendung des Dreisatzes und der Prozentrechnung kaufmännisch korrekt ausfüllen und per E-Mail versenden.*	▢▢▢▢
Kontrollieren	*Ich kann meine Auftragsbestätigung und meine digitale Bestandsanfrage überprüfen und konstruktives Feedback geben.*	▢▢▢▢
Bewerten	*Ich kann beurteilen, welchen Stellenwert fehlerfreie Auftragsbestätigungen und digitale Bestandsanfrage im Lager für ein Unternehmen einnehmen.*	▢▢▢▢

1.4 Lernaufgabe

Frau Mondschein, vom Fortbildungsinstitut Gruber (Am Hauptbahnhof 5, 54290 Trier), hat telefonisch bei Frau Thome ein Angebot über nachstehende Artikel angefordert:

- Artikel 35023: 20 Einheiten selbstklebende Moderationskarten zu 30,95 €/Stück
- Artikel 35465: 3 Moderationskoffer zu 275,00 €/Stück
- Artikel 35511: 6 Einheiten FlipChart-Blocks zu 20 Blatt zu 22,90 €/Stück

Alle Materialien sollen sofort und ohne Aufpreis ins Institut geliefert werden.

Frau Thome ist mit meinen Leistungen zufrieden, sodass sie mich damit beauftragt, das verlangte Angebot auf einem Briefvordruck von Büromöbel Hauser & Schulte zu erstellen. Alle Artikel sind im Lager vorrätig. Als Hilfestellung gibt mir Frau Thome den Text eines alten Angebotes, damit ich alle Mindestbestandteile kenne. Die Zahlungsbedingungen für das Angebot an das Fortbildungsinstitut Gruber soll ich aus dem Muster entnehmen.

Musterangebot:

Angebot über Laserdrucker XXL-3/S

Sehr geehrter Herr Weber,

wir bedanken uns für Ihre E-Mail und Ihr Interesse an unseren Druckern. Wir freuen uns Ihnen unverbindlich nachstehendes Angebot zu unterbreiten:

Unsere Laserdrucker XXL-3/S (Artikelnummer LDR-2398) liefern wir Ihnen zu dem Vorteilspreis von 176,00 EUR/Stück.

Sie erhalten die Ware ohne Kosten für Verpackung und Versand. Sie erhalten einen Kundenrabatt von 15 %. Die Lieferung erfolgt innerhalb von 8 Tagen nach Bestellungseingang. Aufgrund unserer langjährigen Geschäftsbeziehung räumen wir Ihnen ein Zahlungsziel von 30 Tagen ein, bei Zahlung innerhalb von 14 Tagen gewähren wir 3 % Skonto. Ihre Rechnung begleichen Sie bitte per Überweisung. Die Ware bleibt bis zur vollständigen Bezahlung unser Eigentum.

Gerne bearbeiten wir Ihre Bestellung und verbleiben bis dahin

Ich mache mich sofort an die Arbeit, dabei hilft mir die Frage:

Wie erstelle ich ein verlangtes Angebot rechtlich korrekt?

Arbeitsauftrag

Einzelarbeit

1. **Erschließen** Sie sich den Informationstext über Angebot und seine Mindestbestandteile (Seite 66). Legen Sie das Musterangebot neben sich. Beschriften Sie das Musterangebot mit den im Text benannten Mindestinhalten.
2. **Schreiben** Sie ein kundenorientiertes Angebot an das Fortbildungsinstitut Gruber. Achten Sie darauf, dass alle Mindestbestandteile enthalten sind. Speichern Sie Ihr Arbeitsergebnis sinnvoll ab, z. B. Gruber_Angebot; Kundennummer_Angebot oder Datum_Kunde_Angebot ab.

Partnerarbeit

3. **Vergleichen** Sie sowohl Ihre markierten Mindestbestandteile als auch Ihre Angebote. Korrigieren Sie eventuelle Fehler bzw. Lücken.
4. **Bereiten** Sie sich auf eine gemeinsame Präsentation vor. Jeder agiert.

Plenum

5. **Präsentieren** Sie Ihre Arbeitsergebnisse und beantworten Sie Rückfragen. Verwenden Sie für das Feedback Ich-Formulierungen.

Einzelarbeit

6. **Halten** Sie Ihre Arbeitsergebnisse in Ihrer Portfolio-Mappe fest.
7. **Schätzen** Sie Ihre Kompetenzen zu Verlangtes Angebot schreiben ein.

Kompetenzen	Verlangtes Angebot schreiben	Level
Informieren	*Ich kann die Mindestbestandteile eines Angebotes erläutern.*	○○○○
Planen	*Ich kann die Mindestbestandteile in einem Angebot zuordnen.*	○○○○
Entscheiden	*Ich kann entscheiden, welche Inhalte und Daten das Angebot für das Fortbildungsinstitut Gruber enthalten muss.*	○○○○
Durchführen	*Ich kann das Angebot an das Fortbildungsinstitut Gruber rechtlich korrekt erstellen.*	○○○○
Kontrollieren	*Ich kann überprüfen, ob das Angebot an das Fortbildungsinstitut Gruber alle Mindestbestandteile enthält.*	○○○○
Bewerten	*Ich kann die Qualität meines verlangten Angebotes einschätzen und künftig ggf. verbessern.*	○○○○

1.5 Lernaufgabe

Aufgrund meines Angebotes hat Frau Mondschein die Ware bestellt. Die Lieferung erfolgt direkt an das Fortbildungsinstitut Gruber, sodass der Lieferung sowohl der Lieferschein als auch die Rechnung beigefügt werden soll. Mittlerweile habe ich bereits Erfahrung und darf den Entwurf für den Lieferschein sowie die Rechnung erstellen.

Wie erstelle ich einen Lieferschein sowie eine Rechnung mithilfe von Excel?

Arbeitsauftrag

Partnerarbeit

1. **Erfassen** Sie in Excel folgendes Schema und geben Sie die bestellten Artikel ein.
2. **Achten** Sie bei der Eingabe auf das Kapitel Formatierungsmöglichkeiten.

Position	Artikel-nummer	Artikelbezeichnung	Einheit	Menge	Preis je Einheit	Mengen-rabatt in %	Kunden-rabatt in %	Gesamt-preis in EUR
1	35023	Moderationskarten (selbstklebend)	100 Stck	20 Stck	30,95 €	%	%	€
						Warenwert netto		
Versandkosten in EUR		Summe netto	MwSt. in %		MwSt. in EUR	Summe brutto in EUR		
			19 %					

3. **Errechnen** Sie die fehlenden Daten. (ggf. Informieren Sie sich dazu unter Grundrechenarten (Seite 56) in Excel bzw. vermehrter/verminderter Prozentwert im Kapitel Prozentrechnen (Seite 57).
4. **Verwenden** Sie je nachdem die relativen bzw. absoluten Zellbezüge, informieren Sie sich dazu im Kapitel Rationelles Arbeiten mit Excel (Seite 197).
5. **Formatieren** Sie Ihr Tabellenblatt ansprechend und bereiten Sie sich auf eine gemeinsame Präsentation vor, indem Sie auch auf die Excelfunktionen eingehen.

Plenum

6. **Stellen** Sie Ihre Übersicht vor und erläutern Sie die Besonderheiten.

Einzelarbeit

7. **Schreiben** Sie den Lieferschein (Seite 72 und Seite 73) und die Rechnung (Seite 74). Arbeiten Sie rationell, fügen Sie Ihr Kalkulationsschema nach Bedarf ein. Informieren Sie sich dazu im Kapitel Verknüpfungen mit Excel und anderen Objekten.

Partnerarbeit

8. **Vergleichen** Sie Ihre Schriftstücke, korrigieren Sie ggf.

Plenum

9. **Stellen** Sie Ihre Schriftstücke vor und erläutern Sie evtl. Schwierigkeiten.
10. **Besprechen** Sie die einzelnen Dokumente (Geschäftsbrief, Auftragsbestätigung/Bestellungsannahme, Angebot, Lieferschein, Rechnung), die zu einer kundenfreundlichen und rationellen Auftragsbearbeitung notwendig sind.
11. **Schätzen** Sie Ihre Kompetenzen zu Lieferschein und Rechnung mittels Excel erstellen ein.

Kompetenzen	Lieferschein und Rechnung mittels Excel erstellen	Level
Informieren	*Ich kann das Vorgehen für die Berechnung des verminderten/vermehrten Prozentwertes und die relativen bzw. absoluten Zellbezüge in Excel erläutern.*	
Planen	*Ich kann das Kalkulationsschema in Excel für die spätere Verknüpfung mit dem Lieferschein bzw. der Rechnung vorbereiten.*	
Entscheiden	*Ich kann entscheiden, mit welchen Excelformeln ich die Kalkulation durchführe.*	
Durchführen	*Ich kann die Kalkulation in Excel erstellen und mit dem Lieferschein und der Rechnung an das Fortbildungsinstitut Gruber verknüpfen.*	
Kontrollieren	*Ich kann überprüfen, ob die Kalkulation rationell mit Excel erstellt wurde und ob Lieferschein sowie Rechnung korrekt sind.*	
Bewerten	*Ich kann einschätzen, welche Bedeutung die kundenfreundliche und rationelle Auftragsbearbeitung für ein Unternehmen hat.*	

Notizen

1.6 Lernaufgabe – Reflexion des Lernzuwachses

Die erste Lernsituation ist abgeschlossen. Ich möchte meine persönlichen Kompetenzfelder reflektieren und nehme meine Handlungsprodukte (Vordruck, Geschäftsbrief, Online-Formular, Bestellungsannahme als E-Mail, verlangtes Angebot, Lieferschein und Rechnung per Excel) zu Hilfe. Ebenso helfen mir die Kerninhalte und die Kompetenzraster der einzelnen Lernaufgaben dieser Lernsituation:

- Anfrage als Geschäftsbrief erstellen
- Bestellungsannahme in Form einer E-Mail versenden
- Kundenorientiertes, verlangtes Angebot mit Mindestinhalten formulieren und erstellen
- Lieferschein sowie Rechnung mithilfe von Excel erstellen

Welche Möglichkeiten habe ich, einen Kundenauftrag rationell zu bearbeiten?

Arbeitsauftrag

Einzelarbeit

1. **Informieren** Sie sich über das Thema „Lernzuwachs reflektieren" (Seite 124).

   Nehmen Sie Stellung zu Ihren Erfahrungen aus der vergangenen Lernsituation.

   Orientieren Sie sich an den Kompetenzrastern der vergangenen Lernaufgaben. Als weitere Hilfsmittel nutzen Sie Ihre Handlungsprodukte: Geschäftsvordruck der Büromöbel Hauser & Schulte GmbH, Anfrage als Geschäftsbrief, Bestellungsannahme (Auftragsbestätigung) als Formular zum E-Mail-Versand, Online-Formular zur digitalen Bestandsanfrage, verlangtes Angebot, Lieferschein und Rechnung.
2. **Halten** Sie in der Einleitung fest, womit Sie sich in dieser Lernsituation beschäftigt haben. Stellen Sie im Hauptteil ihre erworbenen Kompetenzen, Lernwege sowie Lernerfolge und -schwierigkeiten dar. Ziehen Sie ein abschließendes Fazit und formulieren Ziele für die künftige Lernsituation bzw. ihre Arbeitsweise.
3. **Gestalten** Sie Ihr Portfolio leserfreundlich, indem Sie Name, Datum, ... in die Kopfzeile eintragen, Ihre Gedanken in Abschnitte gliedern und mit passenden Abschnittsüberschriften versehen.

Jour fix

4. **Erläutern** Sie anhand des Kompetenz-Portfolios (Handlungsprodukte und Lernjournal) Ihre persönliche Entwicklung.

Arbeitsplan

Kompetenzen	▪ Rechtsgültige Verträge unter Beachtung von Rechts- und Geschäftsfähigkeit abschließen ▪ Rechte und Pflichten aus geschlossenen Verträgen wahrnehmen ▪ Besonderheiten bei Kaufverträgen im Online-Vertrieb kennen und anwenden ▪ Zwischen Gewährleistung, Garantie und Kulanz unterscheiden ▪ Allgemeine Geschäftsbedingungen mit ihren Vor- und Nachteilen bei Vertragsabschluss beachten ▪ Sach- und marktgerechte Warenhandelskalkulation durchführen
Inhalte	▪ Rechtsgeschäft und Willenserklärung ▪ Zustandekommen von Verträgen ▪ Rechte und Pflichten aus einem Vertrag ▪ Vertragsarten und ihre Bestandteile ▪ Rechtssubjekte (natürliche und juristische Personen) ▪ Rechts- und Geschäftsfähigkeit ▪ Fernabsatzvertrag ▪ Allgemeine Geschäftsbedingungen (AGB) ▪ Nettoverkaufspreisermittlung (Warenhandelskalkulation)
Portfolio	▪ Glossar ▪ Strukturbilder – Verträge ▪ Tabelle – Vertragsarten ▪ Organigramm – Rechtssubjekte und ihre Rechtsfähigkeit ▪ Szenisches Spiel – Geschäftsfähigkeit ▪ Mitarbeiterinformation zu Kaufverträge im Online-Vertrieb
Zeit	ca. 45 Stunden

Warm-up

Betrachten Sie die Abbildungen. Diskutieren Sie anhand dieser, wie sich das Kaufverhalten in den letzten Jahren verändert hat. Welche Vor- und Nachteile erkennen Sie?

© pusteflower9024 – stock.adobe.com

© Nickolay Khoroshkov – stock.adobe.com

© GreenOptix – stock.adobe.com

© Thomas Reimer – stock.adobe.com

© caftor – stock.adobe.com

© vegefox.com – stock.adobe.com

2.1 Lernaufgabe

Einmal in der Woche nimmt sich Frau Thome Zeit für mich. Wir unterhalten uns über meine Arbeitsweise, die Zusammenarbeit mit den Kollegen usw. Frau Thome interessiert sich immer dafür, ob ich Fragen habe bzw. Schwierigkeiten aufgetreten sind oder im Alltagstrubel Dinge vernachlässigt wurden. Seit ich den Auftrag des Fortbildungsinstituts Gruber bearbeitet habe – Angebot sowie Lieferschein und Rechnung geschrieben – frage ich mich, ob diese Vorgehensweise korrekt war. Folgt auf ein Angebot immer sofort die Lieferung bzw. die Rechnungserstellung? Wieso musste das Fortbildungsinstitut Gruber bzw. Frau Mondschein keinen Vertrag unterschreiben?

Frau Thome erklärt mir, dass Sie mich gerne jederzeit unterstützt, sie jedoch davon überzeugt sei, dass ich mir meine Fragen besser eigenständig beantworte und fasst die in folgender Frage knapp zusammen:

Wie kommt ein rechtsgültiger Vertrag zustande?

Arbeitsauftrag

Einzelarbeit

1. **Informieren** Sie sich darüber, wie Verträge rechtsgültig abgeschlossen werden. Konkret über das Thema Rechtsgeschäft und Willenserklärung (Seite 75).
2. **Erstellen** Sie ein Glossar (zweispaltige Tabelle – links den Fachbegriff und rechts die Erläuterung) über die verwendeten Fachbegriffe und Erklärungen.

Tandem

3. **Tauschen** Sie mit Ihrem Partner die Glossare. Überprüfen Sie sich und korrigieren Sie ggf.
4. **Gehen** Sie ab jetzt arbeitsteilig vor. Ein Partner (Partner A) informiert sich sowohl über das Zustandekommen von Verträgen (Seite 76) als auch die Rechte und Pflichten aus einem Vertrag (Seite 76). Der andere (Partner B) erarbeitet die Vertragsarten und ihre Bestandteile (Seite 77) und verschafft sich einen Überblick über die beteiligten Vertragspartner (Seite 78).

Einzelarbeit

5. **Erweitern** Sie Ihr Glossar um die neuen Fachbegriffe einschließlich der Erklärungen.

Tandem

6. **Informieren** Sie sich gegenseitig über die neu erlernten Fachbegriffe. Erklären Sie Ihrem Tandempartner die Begriffe und beantworten Sie Fragen fachlich korrekt.
7. **Ergänzen** Sie Ihre jeweiligen Glossare um die Fachbegriffe des Partners.

Einzelarbeit

8. **Strukturieren** Sie Ihr Wissen, indem Partner A grafisch darstellt, wie Verträge rechtsgültig zustande kommen, und er ein Strukturbild darüber entwickelt, welche Rechte und Pflichten sich aus ein- bzw. mehrseitigen Rechtsgeschäften (Manual: Rechte und Pflichten aus einem Vertrag) ergeben.

9. **Erstellen** Sie als Partner B jeweils eine tabellarische Übersicht zum Themenbereich der Vertragsarten und der rechtlichen Stellung der Vertragspartner.

Tabelle gestalten (Seite 170)

Tandem

10. **Stellen** Sie sich gegenseitig Ihre unterschiedlichen Arbeitsergebnisse vor. Beantworten Sie die Fragen Ihres Partners fachlich korrekt und ergänzen Sie jeweils Ihre Unterlagen um die fehlenden Informationen.

Sechser-Gruppe

11. **Stellen** Sie sich gegenseitig ihre Handlungsprodukte (Strukturbild: Zustandekommen von Verträgen, Strukturbild: Rechte und Pflichten aus einem Vertrag, tabellarische Übersicht: Vertragsarten und ihre Bestandteile sowie rechtliche Stellung der Vertragspartner) vor und optimieren Sie ein gemeinsames Ergebnis.

Professionell präsentieren (Seite 130)

12. **Bereiten** Sie sich gewissenhaft auf eine lebendige Präsentation vor – jeder übernimmt einen Part, z. B. Zustandekommen von Verträgen (Antrag – Annahme), wesentliche Bestandteile, Arten von Verträgen bzw. Vertragspartnern. Verwenden Sie viele Beispiele. Stellen Sie dem Publikum zielführende Fragen.

Plenum

13. **Präsentieren** Sie anschaulich und informativ.

14. **Bringen** Sie Ihre Handlungsprodukte (Glossar: Rechtsgeschäft und Willenserklärung, Zustandekommen von Verträgen, Rechte und Pflichten aus einem Vertrag, Vertragsarten und ihre Bestandteile sowie Vertragspartner einschließlich der jeweiligen Strukturbilder) in eine optisch ansprechende Form.

15. **Schätzen** Sie Ihre Kompetenzen zu Verträge rechtsgültig abschließen ein.

Kompetenzen	Verträge rechtsgültig abschließen	Level
Informieren	*Ich kann das Thema Rechtsgeschäft und Willenserklärung erschließen und das Fachvokabular erläutern.*	▢▢▢▢
Planen	*Ich kann die Informationen zum Thema Rechtsgeschäft und Willenserklärung für verschiedene Strukturbilder zusammenstellen.*	▢▢▢▢
Entscheiden	*Ich kann entscheiden, welche Informationen des Themas Rechtsgeschäft und Willenserklärung für ein besseres Verständnis geeignet sind.*	▢▢▢▢
Durchführen	*Ich kann die Strukturbilder zu den Themengebieten Zustandekommen von Verträgen sowie Rechte und Pflichten aus einem Vertrag, Vertragsarten und ihre Bestandteile sowie rechtliche Stellung der Vertragspartner erstellen und fachlich korrekt erläutern und Fragen beantworten.*	▢▢▢▢
Kontrollieren	*Ich kann überprüfen, ob die Strukturbilder zum leichteren Verständnis beigetragen haben.*	▢▢▢▢
Bewerten	*Ich kann die Qualität meiner Strukturbilder und die Vorteile solcher Darstellungen einschätzen und künftig diese Technik für komplexe Themen einsetzen.*	▢▢▢▢

2.2 Lernaufgabe

Nachdem ich nun weiß, wie ein Vertrag zustande kommt und welche Vertragsarten es gibt, fühle ich mich schon sicherer. Dürfte ich einen solchen Vertrag auch abschließen oder mache ich das nicht bereits täglich, wenn ich beispielsweise beim Bäcker einkaufe? Wie schließt eine Unternehmung Verträge ab usw. Um auch hier Sicherheit zu erhalten, setze ich mich mit der nachstehenden Frage auseinander:

Wer ist berechtigt, einen rechtsgültigen Vertrag abzuschließen?

Arbeitsauftrag

Einzelarbeit

1. **Erschließen** Sie den Text Vertragspartner – Möglichkeiten Verträge zu schließen (Seite 79) und ergänzen Sie Ihr Glossar um die verwendeten Rechtsbegriffe.

Tandem

Organigramm erstellen (Seite 119)

2. **Erklären** Sie sich gegenseitig die verschiedenen Rechtssubjekte.
3. **Erstellen** Sie ein Organigramm über die Rechtssubjekte und ihre Rechtsfähigkeit (Seite 79). Schließen Sie Ihr Organigramm mit konkreten Beispielen ab.

Einzelarbeit

4. **Erschließen** Sie den Text Stufen der Geschäftsfähigkeit (Seite 80) und ergänzen Sie Ihr Glossar.

Zweier-Tandem

Nonverbale Kommunikation (Seite 137)

5. **Tauschen** Sie sich über die neuen Fachbegriffe aus.
6. **Entwickeln** Sie zum Thema Geschäftsfähigkeit ein kleines szenisches Spiel, binden Sie möglichst viele Fachbegriffe aus Ihrem Glossar ein. Wählen Sie zwei konkrete Beispiele zu unterschiedlichen Stufen der Geschäftsfähigkeit aus (Ihre Mitschüler sollen die Stufen der Geschäftsfähigkeit bestimmen). Halten Sie den Ablauf Ihres Spiels mit den entsprechenden Fachbegriffen auf einem Handzettel fest.
7. **Üben** Sie das szenische Spiel – jeder spielt mit.

Plenum

8. **Stellen** Sie Ihr szenisches Spiel vor.
9. **Lassen** Sie die Stufen der Geschäftsfähigkeit vom Plenum bestimmen und sich ein Feedback geben, ob Ihr Beispiel korrekt ausgewählt war und Sie treffende Fachbegriffe verwendet haben.

Einzelarbeit

10. **Gestalten** Sie zum besseren Verständnis einen Zeitstrahl zu den Stufen der Geschäftsfähigkeit. Notieren Sie so, dass dieser im Plenum vorgestellt werden kann.

SmartArt-Grafik
(Seite 176)

Plenum

11. **Vergleichen** Sie im Plenum Ihre Darstellungen. Korrigieren Sie eventuell.

Einzelarbeit

12. **Bereiten** Sie Ihre Ergebnisse aus dieser Lernaufgabe (Erweiterung des Glossars, Organigramm über Rechtssubjekte, Handzettel zum szenischen Spiel, Zeitstrahl zu den „Stufen der Geschäftsfähigkeit") optisch auf und heften Sie sie in Ihrer Portfolio-Mappe ab.

13. **Schätzen** Sie Ihre Kompetenzen zu Geschäftsfähigkeit der Vertragspartner feststellen ein.

Kompetenzen	Geschäftsfähigkeit der Vertragspartner feststellen	Level
Informieren	*Ich kann das Thema Vertragspartner und Stufen der Geschäftsfähigkeit erschließen und das Fachvokabular erläutern.*	▢▢▢▢
Planen	*Ich kann die Informationen zum Thema Vertragspartner und Stufen der Geschäftsfähigkeit strukturieren und als Zeitstrahl darstellen.*	▢▢▢▢
Entscheiden	*Ich kann entscheiden, welche Alltagsbeispiele für das szenische Spiel Geschäftsfähigkeit geeignet sind.*	▢▢▢▢
Durchführen	*Ich kann ein verständliches szenisches Spiel zur Geschäftsfähigkeit entwickeln, in einem Ablaufplan festhalten und mit einer kompetenten Fachsprache vorführen.*	▢▢▢▢
Kontrollieren	*Ich kann überprüfen, ob die Strukturbilder zum leichteren Verständnis beigetragen haben.*	▢▢▢▢
Bewerten	*Ich kann die Qualität meiner Strukturbilder und die Vorteile solcher Darstellungen einschätzen und künftig diese Technik für komplexe Themen einsetzen.*	▢▢▢▢

2.3 Lernaufgabe

Nun bin ich seit einigen Wochen in der Abteilung „Verkauf/Marketing“. Mir fällt auf, dass viele Bestellungen direkt per E-Mail eingehen. Auf Rückfrage informiert mich Frau Thome darüber, dass dies am neu eingerichteten Online-Shop der Büromöbel Hauser & Schulte GmbH liegt. Dort wird die Handelsware verkauft, wie beispielsweise Papierkörbe, Schreibutensilien, Schreibtischlampen usw. Frau Thome ist davon überzeugt, dass viele Mitarbeiter, ebenso wie ich, nicht von den Besonderheiten im Online-Vertrieb informiert sind. Sie bittet mich eine entsprechende Mitarbeiterinformation zu erstellen. Dazu beschäftige ich mich mit der Frage:

Welche gesetzlichen Besonderheiten beachte ich im Online-Vertrieb?

Arbeitsauftrag

Einzelarbeit (ggf. Hausaufgabe)

1. **Erschließen** Sie das Thema: Besonderheiten bei Kaufverträgen im Online-Vertrieb (Seite 80) mit allen Unterthemen (Fernabsatzvertrag, Informationspflichten, Widerrufsrecht, Wertersatz durch Verbrauchernutzung, Besondere Pflichten im elektronischen Geschäftsverkehr, Allgemeine Geschäftsbedingungen).

Tandem

Texte markieren (Seite 118)

2. **Tauschen** Sie sich mit Ihrem Partner über die neuen Lerninhalte aus. Besprechen Sie Unklarheiten. Nutzen Sie dazu Ihre markierten Texte.
3. **Teilen** Sie die Texte zur optischen Aufbereitung auf. Ein Partner übernimmt die „Besonderheiten bei Kaufverträgen im Online-Vertrieb, Fernabsatzvertrag sowie die Informationspflichten“, der andere „Widerrufsrecht, Wertersatz durch Verbrauchernutzung, Besondere Pflichten im elektronischen Geschäftsverkehr und Allgemeine Geschäftsbedingungen“.

Einzelarbeit

MindMap erstellen (Seite 120)

4. **Bereiten** Sie Ihre Textabschnitte so auf, dass übersichtliche Zusammenfassungen (MindMap, Tabelle, Strukturbild, ...) entstehen. Achten Sie sowohl auf Übersichtlichkeit als auch auf Vollständigkeit.

Tandem

5. **Erläutern** Sie sich gegenseitig Ihre Themen anhand Ihrer Notizen. Beantworten Sie Rückfragen. Ergänzen bzw. korrigieren Sie ggf.
6. **Fügen** Sie alle Informationen zu einer übersichtlichen und nachvollziehbaren Mitarbeiterinformation zusammen.

Gruppenarbeit (Vierer- oder Sechser-Gruppen)

7. **Vergleichen** Sie Ihre Ergebnisse und erstellen Sie eine optimierte Mitarbeiterinformation. Einigen Sie sich auf die Darstellungsform, die den meisten Gruppenmitgliedern geeignet erscheint.

8. **Bereiten** Sie sich auf eine anschauliche Präsentation im Plenum vor. Begründen Sie die Inhalte sowie die gewählte Darstellungsform. Jeder agiert.

Präsentationsmöglichketien nutzen
(Seite 135)

Plenum

10. **Stellen** Sie Ihre Mitarbeiterinformation vor.

11. **Diskutieren** Sie gemeinsam, wem die geeignetste Mitarbeiterinformation gelungen ist. Eventuell ist es sinnvoll, eine neue Mitarbeiterinformation aus unterschiedlichen Gruppenergebnissen zusammenzustellen. Entscheiden Sie als Team.

Einzelarbeit (Eventuell Hausaufgabe)

12. **Erstellen** Sie das Plenumsergebnis zur Mitarbeiterinformation für Ihre Portfolio-Mappe. Achten Sie dabei auf eine optisch ansprechende Form.

13. **Schätzen** Sie Ihre Kompetenzen zu Kaufverträge im Online-Vertrieb rechtsgültig abschließen ein.

Kompetenzen	Kaufverträge im Online-Vertrieb rechtsgültig abschließen	Level
Informieren	*Ich kann das Thema Besonderheiten bei Kaufverträgen im Online-Vertrieb erschließen und das Fachvokabular erläutern.*	▢▢▢▢
Planen	*Ich kann die Informationen zu dem Thema Besonderheiten bei Kaufverträgen im Online-Vertrieb strukturieren.*	▢▢▢▢
Entscheiden	*Ich kann entscheiden, welche Darstellungsform sich für die Mitarbeiterinformation eignet.*	▢▢▢▢
Durchführen	*Ich kann eine leicht verständliche Mitarbeiterinformation zu den Besonderheiten bei Kaufverträgen im Online-Vertrieb erstellen.*	▢▢▢▢
Kontrollieren	*Ich kann kontrollieren, ob die erstellten Mitarbeiterinformationen den Anforderungen gerecht werden und ein konstruktives Feedback geben.*	▢▢▢▢
Bewerten	*Ich kann die Qualität meiner Mitarbeiterinformation einschätzen und ggf. künftig verbessern.*	▢▢▢▢

2.4 Lernaufgabe

Frau Thome hat letzte Woche die Orgatec, eine Leitmesse für moderne Arbeitswelten, besucht. Die Besucher dieser Messe werden beispielsweise über Neuheiten im Bereich „Büroausstattung, Akustik, Beleuchtung usw." informiert. Aufgrund der Ausstellungsneuheiten möchte Frau Thome einige Sortimentserweiterungen vornehmen. Unter anderem bringt Sie eine neue Schreibtischlampe mit, um sie den Mitarbeitern der Abteilung „Verkauf/Marketing" zu zeigen:

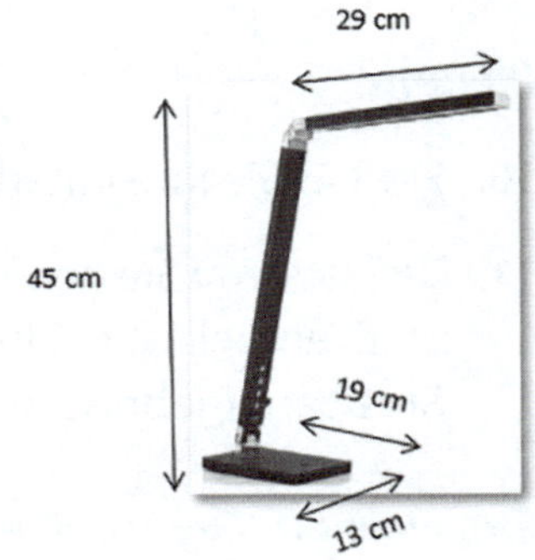

Die Leuchte hat mehrere Vorzüge, die Frau Thome begeistern. Sie ist stufenlos in fünf Helligkeitsstufen erhältlich, hat einen USB-Anschluss, verfügt über eine langlebige LED-Technologie, simuliert natürliches Tageslicht, um die Augen zu schonen u. v. m.

Die Mitarbeiter der Abteilung sind ebenso begeistert und möchten die Lampe gerne ins Sortiment aufnehmen. Es ist abschließend noch nicht geklärt, zu welchem Preis die Tischleuchte angeboten werden kann. Frau Thome bittet mich um entsprechende Information in der nächsten Teamsitzung. Aus diesem Grund beschäftige ich mich mit der Frage:

Wie errechne ich den Verkaufspreis einer Ware?

Arbeitsauftrag

Einzelarbeit

1. **Erschließen** Sie den Text Nettoverkaufspreis – Warenhandelskalkulation (Seite 85). Erweitern Sie Ihr Glossar um die neuen Fachbegriffe, indem Sie diese mit eigenen Worten erklären.

Tandem

2. **Vergleichen** Sie Ihr Glossar und korrigieren Sie ggf.
3. **Entwickeln** Sie zu zweit ein allgemeingültiges Schema zur Ermittlung des Nettoverkaufspreises. Gehen Sie dabei vom Listeneinkaufspreis aus, wie im Manual bereits dargestellt.

Zweier-Tandem

4. **Stellen** Sie sich gegenseitig ihr allgemeines Berechnungsschema (Rechenweg vom Listeneinkaufs- zum Nettoverkaufspreis) vor. Klären Sie offene Fragen.
5. **Diskutieren** Sie die Gründe bei abweichenden Vorgehensweisen.

Einzelarbeit

6. **Wenden** Sie Ihr Schema an und ermitteln Sie den Nettoverkaufspreis für die Tischlampe der Büromöbel Hauser & Schulte GmbH, wenn nachstehende Angaben gelten:

- Listeneinkaufspreis: 114,20 €/Stück
- Mengenrabatt: 5 %
- Skonto: kein Skontoabzug
- Bezugskosten: 2,95 €/Stück
- Handlungskostenzuschlagssatz: 25 %
- Gewinnzuschlagssatz: 20 %
- Als Zahlungsbedingungen weisen die Rechnungen der Büromöbel Hauser & Schulte GmbH folgende Angabe aus: „Zahlbar innerhalb von 30 Tagen. Bei Zahlung innerhalb von 10 Tagen unter Abzug von 2 % Skonto."
- Die Büromöbel Hauser & Schulte GmbH gewährt bei einer Vielzahl ihrer Kunden einen Treuerabatt von 5 %.

Tandem

7. **Vergleichen** Sie sowohl Ihren Rechenweg als auch Ihr Ergebnis des Nettoverkaufspreises. Beantworten Sie sich gegenseitig offene Fragen und korrigieren Sie ggf. Ihren Lösungsweg. Bereiten Sie sich auf die Präsentation vor, achten Sie auf eine anschauliche Visualisierung.

Plenum

Reflexion der Teilnehmer (Seite 141)

8. **Stellen** Sie in der Teamsitzung (Plenum) sowohl ihr allgemeines Berechnungsschema als auch ihre konkrete Ermittlung des Nettoverkaufspreises für die Tischlampe vor.
9. **Geben** Sie dem Tandem ein konstruktives Feedback.
10. **Diskutieren** Sie bei Abweichungen im Schema bzw. in der Berechnung über die Gründe. Korrigieren Sie eventuell.

Einzelarbeit

11. **Halten** Sie das Plenumsergebnis in Ihren Unterlagen schriftlich fest.
12. **Heften** Sie Ihr korrektes Ergebnis in Ihrer Portfolio-Mappe ab.
13. **Schätzen** Sie Ihre Kompetenzen zu Nettoverkaufspreis ermitteln.

Kompetenzen	Nettoverkaufspreis ermitteln	Level
Informieren	*Ich kann das Thema Ermittlung des Nettoverkaufspreises – Warenhandelskalkulation erschließen und das Fachvokabular erläutern.*	▢▢▢▢
Planen	*Ich kann die Informationen zum Thema Ermittlung des Nettoverkaufspreises –Warenhandelskalkulation mithilfe eines allgemeingültigen Schemas strukturieren.*	▢▢▢▢
Entscheiden	*Ich kann situationbezogen entscheiden, welche Daten und welche Rechenwege verwendet werden.*	▢▢▢▢
Durchführen	*Ich kann situationsbezogen den Nettoverkaufspreis ermitteln.*	▢▢▢▢
Kontrollieren	*Ich kann kontrollieren, ob der Rechenweg und das Ergebnis korrekt sind und ggf. verbessern.*	▢▢▢▢
Bewerten	*Ich kann das allgemeine Kalkulationsschema für künftige Preisberechnungen verwenden.*	▢▢▢▢

2.5 Lernaufgabe – Reflexion des Lernzuwachses

Die zweite Lernsituation ist abgeschlossen. Meine persönlichen Kompetenzfelder reflektiere ich mithilfe meiner Handlungsprodukte (Grafik über das Zustandekommen von Verträgen, Strukturbild über die Rechte und Pflichten aus einem Vertrag, Tabelle mit den Vertragspartnern nach ihrer rechtlichen Stellung, Organigramm zur Darstellung von Rechtssubjekten und ihrer Rechtsfähigkeit, Zeitstrahl zur Verdeutlichung der Stufen der Geschäftsfähigkeit, Mitarbeiterinformation über die Besonderheiten bei Kaufverträgen im Online-Vertrieb sowie der Warenhandelskalkulation).

Ebenso helfen mir die Kompetenzraster und die Kerninhalte der einzelnen Lernaufgaben dieser Lernsituation:

- Zustandekommen von rechtsgültigen Verträgen
- Rechte und Pflichten aus einem Vertrag
- Vertragsarten und -partner
- Geschäfts- und Rechtsfähigkeit von Rechtssubjekten
- Stufen der Geschäftsfähigkeit
- Besonderheiten bei Kaufverträgen im Online-Vertrieb
- Nettoverkaufspreis (Warenhandelskalkulation)

Welche Bedingungen beachte ich beim Abschluss eines rechtsgültigen Kaufvertrages insbesondere im Online-Vertrieb?

Arbeitsauftrag

Einzelarbeit

Lernzuwachs refektieren
(Seite 124)

1. **Beziehen** Sie Stellung zu den gemachten Erfahrungen aus dieser Lernsituation. Die Kerninhalte sowie Ihre Handlungsprodukte helfen Ihnen dabei.
2. **Informieren** Sie in der Einleitung über die Lernsituation. Im Hauptteil erläutern Sie Ihre Lernwege, -erfolge und -schwierigkeiten. Im Fazit reflektieren Sie diese Lernsituation, d. h., Sie fassen Ihre Ergebnisse knapp zusammen. Schließen Sie die Lernsituation ab, indem Sie Ihre Ziele für die nächste Lernsituation formulieren. Orientieren Sie sich an den „Inhaltskategorien für Ihr Kompetenz-Portfolio" („Ich wünsche mir für die nächste Lernsituation, dass ich mit mehr Sicherheit ..., Ich nehme mir ab jetzt vor, dass ich ...).
3. **Bearbeiten** Sie Ihr Portfolio in Hinblick auf Leserfreundlichkeit. Tragen Sie dazu Name, Datum, ... in die Kopfzeile ein. Gliedern Sie Ihre Gedanken sinnvoll. Verwenden Sie dazu Abschnitte mit passenden Überschriften. Überdenken Sie Ihre ersten Gedanken. Optimieren Sie Ihre Vorgehensweise so, dass Ihr Portfolio nicht „im letzten Moment" fertig wird, sondern Sie Zeit zur Korrektur haben.

Jour fix

4. **Erläutern** Sie anhand Ihres Kompetenz-Portfolios (Handlungsprodukte und Lernjournal) Ihre persönliche Entwicklung in dieser komplexen Lernsituation.

Arbeitsplan

Kompetenzen	▪ Geeignete Transportmittel für den Versand auswählen ▪ Versandalternativen unter ökonomischen und ökologischen Aspekten organisieren ▪ Für den Online-Vertrieb geeignete Zahlungs- sowie Finanzierungsalternativen vergleichen und anbieten
Inhalte	▪ Transportmittel (inner- und außerbetrieblich) ▪ Spediteur ▪ Frachtführer ▪ Versandalternativen ▪ Logistik (Kommissionierung, Umschlag, Lagerung, Transport) ▪ Zahlungsalternativen im Online-Vertrieb (Vorauskasse, Kauf auf Rechnung, Sofortüberweisung, Paypal, Kreditkartenzahlung, unternehmensbezogene Zahlungssysteme) ▪ Finanzierungsalternativen im Online-Vertrieb (Ratenkauf, Null-Prozent-Finanzierung)
Portfolio	▪ Informationsblatt – Transportmittel ▪ Internetrecherche – ökonomische Versandorganisation ▪ MindMap – ökologische Versandorganisation ▪ Beratung – Versandmöglichkeit der Tischlampe ▪ Mitarbeiterinformation – Zahlungs- sowie Finanzierungsalternativen im Online-Vertrieb
Zeit	ca. 20 Stunden

Warm-up

Notieren Sie Ihre Gedanken zunächst alleine.

Tauschen Sie sich im Plenum aus. Diskutieren Sie über Gemeinsamkeiten und Unterschiede.

Versetzen Sie sich in die nachstehende Situation:

Sie haben sich einen lang gehegten Wunsch erfüllt und erwarten heute Nachmittag die Lieferung.

Welche Anforderungen haben Sie an die Lieferung? Für welche Zahlungsmöglichkeit haben Sie sich entschieden? Begründen Sie.

Wechseln Sie die Perspektive:

Welche Aspekte ändern sich in Ihren Überlegungen, wenn Sie der Verkäufer der Ware wären?

Notieren Sie Ihre Gedanken zunächst alleine. Tauschen Sie sich im Plenum aus. Diskutieren Sie über Gemeinsamkeiten und Unterschiede.

3.1 Lernaufgabe

Nachdem ich Frau Thome und den übrigen Mitarbeitern der Abteilung „Verkauf/Marketing" meine Warenhandelskalkulation vorgestellt habe, sind diese begeistert und möchten die Tischlampe ins Sortiment aufnehmen. Herr Reiß, früher in der Abteilung „Lager/Versand" beschäftigt, gibt zu bedenken, dass der Versand einer solch empfindlichen Lampe gut durchdacht sein muss.

Frau Thome überträgt mir auch diese Aufgabe. Bis zur nächsten Teamsitzung in einer Woche soll ich die Frage geklärt haben:

Wie organisiere ich den Versand der im Online-Shop bestellten Ware ökonomisch und ökologisch korrekt?

Arbeitsauftrag

Einzelarbeit (ggf. Hausaufgabe)

1. **Informieren** Sie sich über das Thema Geeignete Transportmittel sowie Versandalternativen im Online-Vertrieb (mit den Unterthemen Transportmittel, Versand organisieren – ökonomisch, Versand organisieren – ökologisch, Transportverpackung – Seite 88).
2. **Fassen** Sie die Inhalte des Manuals zum Thema Transportmittel zusammen. Konzentrieren Sie sich auf die wesentlichen Inhalte.

Tandem

Beachten Sie bei der Bearbeitung des 4. Arbeitsauftrags: Verkäufer ist die Büromöbel Hauser & Schulte GmbH. Käufer ist ein Kunde des Online-Shops.

3. **Besprechen** Sie Ihre jeweilige Zusammenfassung zum Thema Transportmittel. Korrigieren Sie eventuell.
4. **Führen** Sie eine Internetrecherche zur ökonomischen Versandorganisation durch. Orientieren Sie sich an den fünf führenden Paketdiensten Deutschlands. Erarbeiten Sie die Kriterien: Lieferzeit, Porto, Komfort für den Verkäufer (Online-Portokauf, Handypaketschein, Abholung beim Verkäufer, Kosten, Haftungsgrenze) sowie dem Komfort für den Käufer (Paketumleitung, Liefertermin bzw. Wunschtermin, Samstagszustellung, Lieferung an Paketstationen, Zustellversuche). Orientieren Sie sich bei dem Kriterium Porto an den nachstehenden Paketgrößen:
   - Kleine Pakete (20 cm Länge (L) x 20 cm Breite (B) x 10 cm Tiefe (T) mit max. 1 kg)
   - Mittlere Pakete (30 cm L x 30 cm B x 20 cm T mit max. 3 kg)
   - Große Pakete (50 cm L x 40 cm B x 30 cm T mit max. 10 kg)

Zweier-Tandem

Inhalte gekonnt aufbereiten (Seite 132)

5. **Vergleichen** Sie die Unterlagen zu Ihrer Internetrecherche. Korrigieren Sie eventuell. Einigen Sie sich auf eine Darstellungsform. Erstellen Sie außerdem für die Teamsitzung eine Checkliste mit dem Thema: Einen geeigneten Paketdienst auswählen.
6. **Bereiten** Sie sich auf eine Präsentation im Plenum vor. Teilen Sie die Kriterien untereinander auf, sodass jeder agiert. Achten Sie auf eine optische Aufbereitung fürs Plenum (Power-Point, Folie, ...).

Plenum

7. **Stellen** Sie den Vergleich der Paketdienste vor. Stehen Sie für Rückfragen zur Verfügung und korrigieren ggf.

8. **Formulieren** Sie Feedback in der Ich-Perspektive.

Einzelarbeit

9. **Halten** Sie das Ergebnis der Plenumsphase zu den Transportmitteln bzw. ökonomischen Versandorganisation in Ihren Unterlagen fest. Arbeiten Sie sorgfältig, umso weniger Arbeit haben Sie im weiteren Verlauf der Lernsituation.

10. **Bereiten** Sie die Inhalte zu den Themen Versand organisieren – ökologisch sowie Transportverpackung, z. B. mithilfe einer MindMap auf.

Tandem

11. **Vergleichen** Sie Ihre Handlungsprodukte. Korrigieren Sie eventuell.

12. **Erinnern** Sie sich an die Tischleuchte, die das Sortiment der Büromöbel Hauser & Schulte GmbH erweitern soll:

    Anbei erhalten Sie einige ergänzende Informationen, um die Lernaufgabe weiter bearbeiten zu können:

    Vollständig ausgeklappt hat die Tischleuchte eine Höhe von 74 cm. Für den Versand orientieren wir uns an der Höhe/Länge im zusammengeklappten Zustand von 45 cm. Der Fuß der Lampe ist 19 cm breit und 13 cm tief. Die Lampe wiegt 2,4 kg ohne Umverpackung und Füllmaterial.

13. **Entscheiden** Sie sich anhand Ihrer vorherigen Arbeitsergebnisse für eine geeignete Versandalternative. Beachten Sie, welche Paketgröße benötigt wird, welche Portokosten anfallen, welches Füllmaterial Sie verwenden.

Den Auftritt vorbereiten (Seite 140)

14. **Halten** Sie Ihre Auswahl schriftlich fest. Begründen Sie.

15. **Bereiten** Sie sich auf Ihre Präsentation im Plenum bzw. in der Teamsitzung vor. Präsentieren Sie anschaulich.

Plenum bzw. Teamsitzung

16. **Stellen** Sie Ihre Versandwahl der Tischlampe vor. Achten Sie auf Ihre Begründungen.

17. **Stehen** Sie für Rückfragen zur Verfügung. Korrigieren Sie eventuell.

Einzelarbeit

18. **Strukturieren** Sie Ihre Handlungsprodukte aus dieser Lernaufgabe. Bereiten Sie diese ggf. optisch auf und heften Sie alle Ergebnisse (Zusammenfassung zum Thema Transportmittel, Internetrecherche zum ökonomischen Versand, MindMap zum Thema ökologischer Versand sowie Transportverpackung, begründete Entscheidung zum Versand der Tischlampe) in Ihrer Portfolio-Mappe ab.

19. **Schätzen** Sie Ihre Kompetenzen zu Geeignete Transportmittel sowie Versandalternativen im Online-Vertrieb auswählen ein.

Kompetenzen	Geeignete Transportmittel sowie Versandalternativen im Online-Vertrieb auswählen	Level
Informieren	*Ich kann Transportmittel im Online-Vertrieb erklären.*	
Planen	*Ich kann zu ökonomischen Versandalternativen im Internet recherchieren und diese nach Leistungsmerkmalen kriteriengeleitet strukturieren.*	
Entscheiden	*Ich kann situationsbezogen entscheiden, wie ich den Versand ökologisch und ökonomisch organisieren kann.*	
Durchführen	*Ich kann eine geeignete Versandalternative unter Beachtung der notwendigen Paketgröße, der anfallenden Portokosten und das zu verwendende Füllmaterial auswählen.*	
Kontrollieren	*Ich kann situationsbezogen überprüfen, ob die gewählte Versandart möglichst vielen Kriterien entspricht und ein konstruktives Feedback geben.*	
Bewerten	*Ich kann meine Vorgehensweise zur Problemlösung der Lernaufgabe einschätzen und zukunftsorientiert ggf. verbessern.*	

Notizen

3.2 Lernaufgabe

Nachdem ich sowohl Preis als auch Versand der Tischlampe zur Zufriedenheit von Frau Thome und des gesamten Teams geklärt habe, bestehen immer noch Zweifel an der Sortimentserweiterung um die Tischlampe. Bisher wird im Online-Shop von Büromöbel Hauser & Schulte nur Kauf auf Rechnung und Vorkasse angeboten.

Nun soll ich mich über weitere Zahlungs- und Finanzierungsmöglichkeiten informieren und Vorschläge unterbreiten. Abwägen muss ich dabei, ob die angebotenen Alternativen einerseits den Kundenansprüchen genügen andererseits von der Büromöbel GmbH abgewickelt werden können.

Welche Zahlungs- und Finanzierungsmöglichkeiten bieten sich für den Online-Vertrieb der Büromöbel Hauser & Schulte GmbH?

Arbeitsauftrag

3er-Gruppe

1. **Informieren** Sie sich kurz, welche Zahlungs- und Finanzierungsmöglichkeiten im Online-Vertrieb (Seite 94) angeboten werden.
2. **Tauschen** Sie sich über Ihre bisherigen Erfahrungen mit diesen Zahlungs- bzw. Finanzierungsmöglichkeiten aus.
3. **Teilen** Sie sich in der Gruppe die Zahlungs- und Finanzierungsmöglichkeiten im Online-Vertrieb zur Bearbeitung auf.

Einzelarbeit

4. **Erschließen** Sie Ihre Zahlungs- bzw. Finanzierungsmöglichkeiten und erstellen Sie eine Übersicht.

3er-Gruppe

5. **Tauschen** Sie sich mithilfe Ihrer Übersicht über die gewonnenen Informationen aus.
6. **Fertigen** Sie arbeitsteilig eine Mitarbeiterinformation an, in der Sie verständlich und übersichtlich die Zahlungs- und Finanzierungsmöglichkeiten herausstellen.
7. **Entscheiden** Sie, welche Möglichkeiten zur Zahlung und Finanzierung der Tischleuchte die Büromöbel Hauser & Schulte GmbH ihren Kunden anbieten sollte, um den Online-Vertrieb zeitgemäß zu gestalten.
8. **Simulieren** Sie die Teamsitzung, in der Sie sowohl Frau Thome (Ihre Lehrperson) als auch die Mitarbeiter der Abteilung „Verkauf/Marketing" kompetent über die Zahlungs- und Finanzierungsmöglichkeiten informieren. Üben Sie, sodass Sie auch kritische Nachfragen beantworten können.

Strukturierungshilfe
(Seite 119)

Präsentationsmöglichkeiten nutzen
(Seite 135)

Plenum (Losverfahren)

9. **Präsentieren** Sie Ihre Mitarbeiterinformation. Erläutern Sie anschaulich, welche Möglichkeiten die Büromöbel Hauser & Schulte GmbH zur Zahlung und Finanzierung ihrer Produkte anbieten sollte.
10. **Binden** Sie die Mitarbeiter der Abteilung (Plenum) ein, indem Sie Verständnisfragen stellen. Zum Beispiel: Warum sollte sich die Büromöbel Hauser & Schulte GmbH für Alternativen wie PayPal entscheiden?
11. **Stimmen** Sie ab, welche Mitarbeiterinformation geeignet ist.

Einzelarbeit

12. **Korrigieren** Sie ggf. Ihre Mitarbeiterinformation und bringen Sie diese in eine optisch ansprechende Form. Heften Sie Ihre Mitarbeiterinformation in Ihrer Portfolio-Mappe ab.
13. **Schätzen** Sie Ihre Kompetenzen zu Zahlungs- und Finanzierungsmöglichkeiten im Online-Vertrieb auswählen ein.

Kompetenzen	Zahlungs- und Finanzierungsmöglichkeiten im Online-Vertrieb auswählen	Level
Informieren	*Ich kann die Zahlungs- und Finanzierungsmöglichkeiten im Online-Vertrieb erklären.*	☐☐☐☐
Planen	*Ich kann die Zahlungs- und Finanzierungsmöglichkeiten im Online-Vertrieb anhand von Kriterien strukturieren.*	☐☐☐☐
Entscheiden	*Ich kann entscheiden, welche Informationen für die Mitarbeiter relevant sind, um sich eine kompente Meinung zu bilden.*	☐☐☐☐
Durchführen	*Ich kann eine Mitarbeiterinformation zu den Zahlungs- und Finanzierungsmöglichkeiten im Online-Vertrieb erstellen und kritische Fragen zu diesem Thema beantworten.*	☐☐☐☐
Kontrollieren	*Ich kann überprüfen, ob die Mitarbeiterinformation die wichtigsten Kriterien der Zahlungs- und Finanzierungsmöglichkeiten enthält.*	☐☐☐☐
Bewerten	*Ich kann einschätzen, welche Zahlungs- und Finanzierungsmöglichkeiten ich mir in Zukunft bewusst aussuche.*	☐☐☐☐

Notizen

3.3 Lernaufgabe – Reflexion des Lernzuwachses

Die dritte Lernsituation ist abgeschlossen. Meine persönlichen Kompetenzfelder reflektiere ich mithilfe meiner Handlungsprodukte (Zusammenfassung über Transportmittel, Internetrecherche zur ökonomischen Versandorganisation, MindMap über ökologische Versandorganisation, Beratung zu den Versandmöglichkeiten der Tischlampe, Mitarbeiterinformation über Zahlungs- sowie Finanzierungsmöglichkeiten im Online-Vertrieb).

Die Kompetenzraster und die Kerninhalte der Lernsituation helfen mir bei der Strukturierung:

- Transportmittel (inner- und außerbetrieblich)
- Versandalternativen
- Logistik (Kommissionierung, Umschlag, Lagerung, Transport)
- Zahlungsalternativen im Online-Vertrieb (Vorauskasse, Kauf auf Rechnung, Sofortüberweisung, Paypal, Kreditkartenzahlung, unternehmensbezogene Zahlungssysteme)
- Finanzierungsalternativen im Online-Vertrieb (Ratenkauf, Null-Prozent-Finanzierung)

Welche Vor- und Nachteile erkenne ich im Online-Vertrieb?

Arbeitsauftrag

Einzelarbeit

1. **Nehmen** Sie schriftlich Stellung zu Ihren, in der letzten Lernsituation, gemachten Erfahrungen. Beziehen Sie sich auf die Kerninhalte. Ihre Handlungsprodukte (Zusammenfassung Transportmittel, Internetrecherche ökonomische Versandorganisation, MindMap ökologische Versandorganisation, Beratung Versandmöglichkeit der Tischlampe, Mitarbeiterinformation Zahlungs- sowie Finanzierungsalternativen im Online-Vertrieb) unterstützen Sie.
2. **Geben** Sie in der Einleitung den Inhalt dieser Lernsituation wieder. Stellen Sie im Hauptteil Ihre Lernwege, -erfolge und -schwierigkeiten dar. Ziehen Sie im Schlussteil ein Fazit und stecken Sie sich neue Ziele für die kommende Lernsituation. Die „Inhaltskategorien für Ihr Kompetenz-Portfolio" helfen Ihnen bei der Formulierung („Ich wünsche mir für die nächste Lernsituation, dass ich mit mehr Sicherheit ... Ich nehme mir ab jetzt vor, dass ich ...)
3. **Gestalten** Sie Ihr Portfolio leserfreundlich. Tragen Sie dazu Name, Datum, ... in die Kopfzeile ein. Gliedern Sie Ihre Gedanken in Abschnitte, verwenden Sie Abschnittsüberschriften.

Jour fix

4. **Erläutern** Sie anhand Ihres Kompetenz-Portfolios (Handlungsprodukte und Portfolio-Mappe) Ihre persönliche Entwicklung aufgrund dieser Lernsituation.

Arbeitsplan

Kompetenzen	■ Auf Nicht-Rechtzeitig-Zahlung kundenorientiert reagieren ■ Auf Annahmeverzug kundenorientiert reagieren ■ Kaufmännisches und gerichtliches Mahnverfahren durchführen ■ Mit Schlechtleistungen des Verkäufers kundenorientiert umgehen ■ Verjährung und ihre Folgen kennen und möglichst verhindern ■ Erfüllung des Kaufvertrages überwachen ■ Auf Kundenreklamationen rechtlich korrekt und angemessen reagieren ■ Kompetentes Beschwerdemanagement in den Arbeitsalltag integrieren
Inhalte	■ Schlechtleistung durch den Käufer (Nicht-Rechtzeitig-Zahlung, Annahmeverzug) ■ gerichtliches und außergerichtliches (kaufmännisches) Mahnverfahren ■ Schlechtleistung durch den Verkäufer (Falschlieferung, fehlerhafte Ware, Zu-Wenig-Lieferung, Montagemangel, ...) ■ Verjährung und Verjährungsfristen ■ Alternativen der Rückabwicklung bei Beschwerden ■ Beschwerdemanagement
Portfolio	■ Struktur- bzw. Schaubild – Nicht-Rechtzeitig-Zahlung, Annahmeverzug ■ Mitarbeiterempfehlung – kundenorientierte Maßnahmen bei Kaufvertragsstörungen durch den Käufer ■ Organigramm – Schlechtleistung ■ Tabelle – Verjährung ■ Mitarbeiterinformation – Rechtliche Konsequenzen aus eventueller Schlechtleistung der „Büromöbel Hauser & Schulte GmbH" ■ Lernkarten – Alternativen der Rückabwicklung ■ Leitfaden – kompetentes Beschwerdemanagement
Zeit	ca. 55 Stunden

Warm-up

Warm-up (Kleingruppengespräch sowie Plenum)

Nehmen Sie Stellung zu den nachstehenden Zitaten. Fassen Sie Ihr Gruppenergebnis knapp zusammen. Diskutieren Sie abschließend im Plenum.

Ihre unzufriedensten Kunden sind Ihre beste Lernquelle.

(Bill Gates)

Hinsichtlich Preis und Qualität gleichauf zu sein, bringt Sie nur ins Spiel. Service gewinnt das Spiel.

(Tony Allesandra)

Ein Kunde ist der wichtigste Besucher in unserem Hause. Er ist nicht von uns abhängig. Wir sind von ihm abhängig. Er unterbricht unsere Arbeit nicht, sondern er ist Ziel und Zweck unserer Arbeit. Er ist bei unseren Aufgaben kein Außenstehender. Er ist Teil davon. Wir tun ihm keinen Gefallen, indem wir uns um ihn kümmern. Er tut uns einen Gefallen, indem er uns die Möglichkeit dazu bietet.

(Mahatma Ghandi)

4.1 Lernaufgabe

Direkt nach der Sortimentserweiterung um die Tischlampe gehen zahlreiche Bestellungen ein. Ich freue mich, dass ich die jeweiligen Arbeitsschritte im Vorfeld durchgeführt habe. Zudem konnte ich die Mitarbeiter in der Abteilung „Verkauf/Marketing" von der Sortimentserweiterung überzeugen. Gerade möchte ich die nächsten Bestellungen bearbeiten, als mich Frau Thome in ihr Büro ruft und die nachstehende Liste zeigt:

Offene-Posten-Liste der Büromöbel Hauser & Schulte GmbH

09.10.20XX — **Summe der Forderungen 11.098,00 €**

Kunden-nummer	Name des Kunden	Rechnungs-betrag	Rechnungs-datum	Zahlungs-ziel in Tagen	Fälligkeits-datum	Zahlungs-eingang (Datum)	Zahlungs-eingang (Euro)
14322	Kinderarztpraxis Dr. Benjamin Sonne	1.790,00 €	01.09.20XX	30	01.10.20XX		0,00
15165	Andrea Gilli	895,00 €	10.09.20XX	14	24.09.20XX	20.09.20XX	800,00
15169	Sascha Meister	358,00 €	10.09.20XX	14	24.09.20XX		0,00
15172	Dominic Hoehn	3.580,00 €	10.09.20XX	14	24.09.20XX		0,00
15200	Saskia Müller	1.432,00 €	10.09.20XX	14	24.09.20XX		0,00
15355	Regina Herrmann	1.611,00 €	10.09.20XX	14	24.09.20XX		0,00
14811	Christian Huwig	895,00 €	10.09.20XX	14	24.09.20XX		0,00
14569	Helga Hülp	537,00 €	10.09.20XX	14	24.09.20XX		0,00

Die „Offene-Posten-Liste" zeigt übersichtlich, welche Kunden aktuell ihre Rechnung nicht beglichen haben oder wer nur Teilbeträge gezahlt hat. Frau Thome informiert mich auch darüber, dass einige Kunden die fristgemäß gelieferte Ware nicht angenommen haben. Ich bin erstaunt. Warum zahlen die Kunden nicht und warum bestellt jemand Ware, die er nicht annimmt? Wichtiger ist aber, wie ich in Vertretung der Büromöbel Hauser & Schulte GmbH reagiere.

Genau wie ich ist Frau Thome mit der aktuellen Entwicklung unzufrieden. Sie erteilt mir den Auftrag, mich über kundengerechte Maßnahmen zu informieren. Bei der nächsten Teamsitzung setze ich alle Mitarbeiter in Kenntnis:

Wie reagiere ich kundenorientiert bei Nicht-Rechtzeitig-Zahlung und Annahmeverzug?

Arbeitsauftrag

Dreier-Gruppe

1. **Informieren** Sie sich im Manual über die Kaufvertragsstörungen (Schlechtleistung) durch den Käufer (Nicht-Rechtzeitig-Zahlung (Seite 103) und Annahmeverzug) sowie das Gerichtliche und außergerichtliche (kaufmännische) Mahnverfahren (Seite 106) einschließlich der privaten Überschuldung (Seite 108). Teilen Sie die Texterarbeitung auf. Strukturieren und markieren Sie sinnvoll.
2. **Halten** Sie die Rechte des Verkäufers bei Nicht-Rechtzeitig-Zahlung sowie Annahmeverzug in Schaubildern fest. Stellen Sie auch das Mahnverfahren z. B. in einem Strukturbild dar. Jeder übernimmt einen Themenbereich.

3. **Stellen** Sie sich gegenseitig Ihre grafischen Darstellungen vor. Während ein Mitglied vorstellt, achten die beiden anderen Teilnehmer auf fachliche Richtigkeit und die Nachvollziehbarkeit des Schaubildes. Korrigieren Sie sich ggf. gegenseitig.
4. **Planen** Sie eine Teamsitzung. Zeigen Sie mögliche Reaktionen der Büromöbel Hauser & Schulte GmbH gegenüber dem Kunden bei Nicht-Rechtzeitig-Zahlung und Annahmeverzug auf. Nutzen Sie dazu Ihre vorbereiteten grafischen Darstellungen.
5. **Bereiten** Sie sich auf eine anschauliche Präsentation im Plenum vor. Jeder agiert. Achten Sie darauf, dass es sich um eine Teamsitzung im Hause der Büromöbel Hauser & Schulte GmbH handelt.

Plenum

6. **Präsentieren** Sie Ihre Vorschläge hinsichtlich kundenfreundlicher Reaktionen bei Nicht-Rechtzeitig-Zahlung und Annahmeverzug im Rahmen der Teamsitzung (Plenum). Beantworten Sie Rückfragen fachlich korrekt.
7. **Entscheiden** Sie als Team, welche Maßnahmen die Büromöbel Hauser & Schulte GmbH gegenüber Kunden, die nicht zahlen oder die gelieferte Ware nicht annehmen, ergreifen soll. Begründen Sie Ihre Entscheidung.

Einzelarbeit

8. Halten Sie alle Ergebnisse (drei Schau- bzw. Strukturbilder) sowie das Teamergebnis zur Vorgehensweise bei Nicht-Rechtzeitig-Zahlung und Annahmeverzug schriftlich fest. Arbeiten Sie sorgfältig und heften Sie Ihre Unterlagen in Ihrer Portfolio-Mappe ab.
9. **Schätzen** Sie Ihre Kompetenzen zu kundengerechte Maßnahmen bei Kaufvertragsstörungen ergreifen (Rechte des Verkäufers) ein.

Kompetenzen	Kundengerechte Maßnahmen bei Kaufvertragsstörungen ergreifen	Level
Informieren	*Ich kann Kaufvertragsstörungen und das außergerichtliche (kaufmännische) Mahnverfahren allgemein erklären.*	▢▢▢▢
Planen	*Ich kann die Informationen zu den Rechten des Verkäufers bei Nicht-Rechtzeitig-Zahlung sowie Annahmeverzug so anordnen, dass sie für die Aufgabenstellung passend sind.*	▢▢▢▢
Entscheiden	*Ich kann situationsbezogen entscheiden, welches Darstellungform sich für die Schaubilder bezüglich der Rechte des Verkäufers bei Nicht-Rechtzeitig-Zahlung sowie Annahmeverzug eignet.*	▢▢▢▢
Durchführen	*Ich kann situationsbezogen eine leicht verständliche Darstellungsform für die Schaubilder Rechte des Verkäufers bei Nicht-Rechtzeitig-Zahlung sowie Annahmeverzug erstellen, diese unter Verwendung des Fachvokabulars mit Anwendungsbeispielen in Bezug auf das Verhalten des Verkäufers erläutern.*	▢▢▢▢
Kontrollieren	*Ich kann überprüfen, ob die Thematik zu den kundengerechten Maßnahmen bei Kaufvertragsstörungen leicht verständlich und fachlich korrekt dargestellt sind.*	▢▢▢▢
Bewerten	*Ich kann einschätzen, welche Folgen falsche Maßnahmen bei Kaufvertragsstörungen für den Verkäufer mit sich ziehen.*	▢▢▢▢

Notizen

4.2 Lernaufgabe

Erneut ruft mich Frau Thome in ihr Büro. Offensichtlich unterlaufen nicht nur Kunden Fehler, sondern auch der Büromöbel Hauser & Schulte GmbH. Einige Kunden haben reklamiert, dass sie zu wenige Tischlampen erhalten haben oder die unterschiedlichen Helligkeitsstufen nicht funktionieren. Frau Thome beauftragt mich, entsprechende Lösungen zu finden, die ich den anderen Mitarbeitern wiederum vorstelle:

Wie reagiere ich kundenorientiert bei mangelhafter Lieferung durch die Büromöbel Hauser & Schulte GmbH?

Arbeitsauftrag

Tandem

1. **Informieren** Sie sich über die Kaufvertragsstörungen (Schlechtleistung) durch den Verkäufer (Seite 109) und über die Verjährung (Seite 110) mit Hilfe der jeweiligen Unterthemen. Gehen Sie arbeitsteilig vor.

Einzelarbeit

2. **Fertigen** Sie sich zu Ihrem Textabschnitt Notizen an.
3. **Nutzen** Sie Ihre Notizen, um ein Strukturbild zum Thema „Schlechtleistung als Kaufvertragsstörung“ sowie eine Tabelle zum Thema „Verjährung“ anzufertigen.

Tandem

4. **Erklären** Sie Ihrem Partner Ihre Arbeitsergebnisse. Nutzen Sie dabei die von Ihnen angefertigte Darstellung. Beantworten Sie sich gegenseitig Fragen. Geben Sie sich beiderseits Anregungen zu den Darstellungs- bzw. Strukturierungsarten.
5. **Entscheiden** Sie gemeinsam, wie die Büromöbel Hauser & Schulte GmbH auf die Kundenbeschwerden reagieren soll. Gehen Sie dabei auf die verschiedenen Beschwerdearten ein. Begründen Sie Ihre Entscheidungen. Nutzen Sie u. U. auch die Informationen zur Verjährung.
6. **Markieren** Sie die gewählten Reaktionsalternativen in Ihren Darstellungen.
7. **Bereiten** Sie sich auf eine fachlich kompetente Präsentation in der Teamsitzung (Plenum) vor. Überlegen Sie sich Beispiele, um Ihre Präsentation lebendiger zu gestalten. Fertigen Sie sich Notizen an. Jeder agiert.

Plenum (Teamsitzung)

8. **Präsentieren** Sie lebendig und kompetent. Beantworten Sie Rückfragen korrekt.
9. **Einigen** Sie sich im Team für eine Vorgehensweise der Büromöbel Hauser & Schulte GmbH. Begründen Sie.

Einzelarbeit

10. **Bereiten** Sie die Handlungsprodukte sowie die Empfehlung des Teams einschließlich der Begründung optisch ansprechend auf. Heften Sie alle Unterlagen in Ihrer Portfolio-Mappe ab.

11. **Schätzen** Sie Ihre Kompetenzen zu kundengerechte Maßnahmen bei Schlechtleistungen (Rechte des Käufers) bzw. Verjährung ergreifen ein. Sicher können Sie durch die Erfahrung der letzten Lernaufgabe Ihr Level in Bezug auf die Erstellung von Schaubildern schon höher einstufen.

Kompetenzen	Kundengerechte Maßnahmen bei Schlechtleistung durch den Verkäufer bzw. Verjährung durchführen	Level
Informieren	*Ich kann Schlechtleistungen des Verkäufers sowie die Verjährung allgemein erklären.*	▢▢▢▢
Planen	*Ich kann die Informationen zu Schlechtleistungen des Verkäufers sowie die Verjährung in Schaubildern zum leichteren Verständnis darstellen.*	▢▢▢▢
Entscheiden	*Ich kann situationsbezogen mithilfe der Verjährungsnotizen entscheiden, um welche Beschwerdeart es sich handelt.*	▢▢▢▢
Durchführen	*Ich kann situationsbezogen auf Kundenbeschwerden reagieren und altenative Vorschläge unterbreiten.*	▢▢▢▢
Kontrollieren	*Ich kann überprüfen, ob die Reaktion auf die Bewerde kundenorientiert ist.*	▢▢▢▢
Bewerten	*Ich kann einschätzen, welche Folgen falsche Maßnahmen bei Schlechtleistungen des Verkäufers mit sich ziehen.*	▢▢▢▢

Notizen

4.3 Lernaufgabe

Es kommt vor, dass der Büromöbel Hauser & Schulte GmbH Fehler bei der Auftragsbearbeitung unterlaufen, Schäden beim Transport entstehen u. Ä. Hierauf kundenorientiert zu reagieren ist nicht einfach. Frau Thome möchte zudem, dass die Mitarbeiter der Büromöbel Hauser & Schulte GmbH gleich reagieren. Sie beauftragt mich, einen Leitfaden zum Beschwerdemanagement für die Mitarbeiter zu schreiben. Mein Ergebnis stelle ich wieder in der Teamsitzung vor. Meine Aufgabe erledige ich durch beantworten der Frage:

Wie läuft ein kundenorientiertes Beschwerdemanagement ab?

Arbeitsauftrag

Einzelarbeit

1. **Erschließen** Sie den Text Alternativen der Rückabwicklung (Seite 113).
2. **Erstellen** Sie über den Inhalt mindestens fünf „Lernkarten“, z. B. A8-Kärtchen. Notieren Sie auf der Vorderseite den zu erklärenden Begriff. Halten Sie die Definition auf der Rückseite fest. Beispiel: Notieren Sie auf der Vorderseite – Reklamation. Auf der Rückseite die entsprechende Erklärung.

Tandem

3. **Testen** Sie das Wissen Ihres Partners. Sie nennen ihm den Begriff, er erklärt fachlich korrekt. Tauschen Sie. Achten Sie beide darauf, dass insgesamt acht verschiedene Begriffe aus dem Informationstext erklärt werden. Ergänzen Sie ansonsten.
4. **Unterstützen** Sie sich gegenseitig bei Unklarheiten. Korrigieren Sie ggf. Ihre Kärtchen.
5. **Entwickeln** Sie ein knappes szenisches Spiel. Ein Partner ist ein zorniger Kunde, der andere ein Mitarbeiter der Büromöbel Hauser & Schulte GmbH. Überlegen Sie sich gemeinsam einen Beschwerdefall des Kunden. Er fordert Umtausch, Widerruf, Rücktritt, Kaufpreiserstattung, Minderung oder Schadensersatz.
6. **Achten** Sie als Kunde darauf, dass Sie nicht nur zornig sind, sondern Ihre Rückabwicklung im Vordergrund steht. Der Mitarbeiter der Büromöbel GmbH bedenkt die rechtlich korrekte Vorgehensweise. Üben Sie.

Plenum

7. **Stellen** Sie Ihr szenisches Spiel vor. Beantworten Sie Rückfragen fachlich richtig.
8. **Achten** Sie darauf, dass sich die Alternativen der Rückabwicklung in den szenischen Spielen nicht wiederholen.

Einzelarbeit

9. **Halten** Sie die Ergebnisse der Plenumsphase ggf. in Ihren Kärtchen fest.
10. **Informieren** Sie sich über kompetentes Beschwerdemanagement (Seite 115).

11. **Fertigen** Sie sich Notizen zum Inhalt an. Achten Sie auf eine gute Strukturierung. Schreiben Sie den Text nicht ab.

Tandem

12. **Tauschen** Sie sich über die neuen Informationen aus.
13. **Erstellen** Sie gemeinsam einen Leitfaden über ein kompetentes Beschwerdemanagement für die Büromöbel Hauser & Schulte GmbH. Bedenken Sie, dass Ihr Arbeitsergebnis in der nächsten Teamsitzung vorzustellen ist.
14. **Bereiten** Sie sich auf eine Präsentation vor. Agieren Sie lebhaft und mit Beispielen. Ein Partner ist der zornige Kunde, der andere Mitarbeiter der Büromöbel Hauser & Schulte GmbH. Der Mitarbeiter präsentiert mithilfe des Leitfadens.

Plenum (Teamsitzung)

15. **Präsentieren** Sie anschaulich, aber nicht übertrieben. Nutzen Sie Ihren Leitfaden.
16. **Schlagen** Sie sich gegenseitig, anhand Ihrer Leitfäden, Verbesserungsvorschläge vor. Nutzen Sie Ich-Formulierungen.

Einzelarbeit

17. **Entwickeln** Sie Ihren persönlichen Leitfaden zum kompetenten Beschwerdemanagement der Büromöbel Hauser & Schulte GmbH. Arbeiten Sie sorgfältig.
18. **Heften** Sie Ihren Leitfaden in Ihrer Portfolio-Mappe ab.
19. **Schätzen** Sie Ihre Kompetenzen zu kundenorientiertes Beschwerdemanagement anwenden ein.

Kompetenzen	Kundenorientiertes Beschwerdemanagement anwenden	Level
Informieren	*Ich kann die Informationen von den Alternativen der Rückabwicklung von Kundenbeschwerden erschließen und mithilfe der Lernkartenmethode das Fachvokabular verstehen.*	▢▢▢▢
Planen	*Ich kann unterschiedliche Beschwerdefälle und mögliche Reaktionen beschreiben.*	▢▢▢▢
Entscheiden	*Ich kann verschiedene Beschwerdefälle szenisch darstellen und anhand dieser entscheiden, welche Rückabwicklungsalternative ich auswähle, um den Kunden zufrieden zu stellen.*	▢▢▢▢
Durchführen	*Ich kann einen Leitfaden über ein kompetentes Beschwerdemanagement erstellen.*	▢▢▢▢
Kontrollieren	*Ich kann überprüfen, ob der Leitfaden zum Beschwerdemanagement kundenorientierte Reaktionsmöglichkeiten abbildet.*	▢▢▢▢
Bewerten	*Ich kann einschätzen, wie wertvoll ein gutes Beschwerdemanagement ist.*	▢▢▢▢

4.4 Lernaufgabe – Reflexion des Lernzuwachses

Die vierte Lernsituation ist abgeschlossen. Meine persönlichen Kompetenzfelder reflektiere ich mithilfe meiner Handlungsprodukte (Struktur- bzw. Schaubild zur Nicht-Rechtzeitig-Zahlung sowie Annahmeverzug, Mitarbeiterempfehlung über kundenorientierte Maßnahmen bei Kaufvertragsstörungen durch den Verkäufer, Organigramm zur Schlechtleistung, Tabelle zur Verjährung, Mitarbeiterinformation über rechtliche Konsequenzen aus Schlechtleistung, A8-Kärtchen über Alternativen der Rückabwicklung, Leitfaden zum kompetenten Beschwerdemanagement).

Die Kompetenzraster und die Kerninhalte der Lernsituation helfen mir bei der Strukturierung:

- Schlechtleistung durch den Käufer (Nicht-Rechtzeitig-Zahlung, Annahmeverzug)
- Kaufmännisches und gerichtliches Mahnverfahren
- Schlechtleistung durch den Verkäufer (Falschlieferung, fehlerhafte Ware, Montagemängel, ...)
- Verjährung
- Reklamation, Beschwerde, Umtausch, Widerruf, Rücktritt, Kaufpreiserstattung, Minderung, Schadensersatz statt Leistung
- Beschwerdemanagement

Wie reagiere ich kundenfreundlich und zugleich rechtlich korrekt auf Störungen bei der Vertragserfüllung?

Arbeitsauftrag

Einzelarbeit

1. **Nehmen** Sie Stellung zu den einzelnen Inhaltskategorien des Kompetenz-Portfolios, indem Sie Ihre Erfahrungen aus der vergangenen Lernsituation überdenken. Orientieren Sie sich an den Kerninhalten. Als Hilfsmittel nutzen Sie Ihre Handlungsprodukte.
2. **Halten** Sie in der Einleitung fest, womit Sie sich in dieser Lernsituation beschäftigt haben. Stellen Sie im Hauptteil ihre Lernwege sowie Lernerfolge und -schwierigkeiten dar. Ziehen Sie ein abschließendes Fazit und formulieren Sie Ziele für die künftige Lernsituation bzw. ihre Arbeitsweise.
3. **Gestalten** Sie Ihr Portfolio leserfreundlich, indem Sie Name, Datum, ... in die Kopfzeile eintragen, Ihre Gedanken in Abschnitte gliedern und mit passenden Abschnittsüberschriften versehen.

Jour fix

4. **Erläutern** Sie anhand des Kompetenz-Portfolios (Handlungsprodukte und Lernjournal) Ihre persönliche Entwicklung.

Geschäftsbrief nach DIN 5008:2011

Aufbau des Geschäfsbriefes (LA 1.1)

Der Aufbau und die Gestaltung von Briefvordrucken ist in den Schreib- und Gestaltungsregeln für die Textverarbeitung DIN 5008 vorgegeben. Es gibt verschiedene Optionen, Geschäftsbriefe zu gestalten. Es gibt neben dem Informationsblock auch die Bezugszeichen- und Kommunikationszeile. Hier wird die gängige Variante des Geschäftsvordrucks mit Informationsblock vorgestellt. Der Geschäftsvordruck (Form B mit dem Standardinformationsblock) wird häufig eingesetzt und ist für das Kuvertieren in Fensterbriefhüllen geeignet. Beim Einrichten der Seite des Dokuments ist die Abmessung vom oberen Rand mit 4,5 cm anzugeben. Die Abmessungen für den linken Rand schreibt die DIN mit 2,5 cm und für den rechten Rand mit 1 cm vor. Bei Form A (hochgestelltes Anschriftfeld) hat der Briefkopf eine Höhe von 2,7 cm (gemessen von der oberen Blattkante).

Briefkopf

Im Briefkopf enthalten sind in der Regel der Firmenname, das Firmenlogo und der Geschäftszweig (das Fachgebiet). Diese Daten bringen Sie in der Kopfzeile des Dokuments unter, damit sie auf allen Seiten des Dokuments erscheinen. Die Rücksendeangaben, der Raum für die Anschrift des Empfängers und der Informationsblock sollten der Einfachheit halber in einer Tabelle mit drei Spalten und zwei Zeilen untergebracht werden.

Formatieren Sie die Spalten mit einer Breite von: 1. Spalte 8 cm, 2. Spalte 2 cm, 3. Spalte 7,5 cm. Die Tabelle sollte ohne Rahmenlinien auf dem Briefvordruck erscheinen. In die erste Tabellenzeile werden in einer etwas kleineren Schriftgröße (8 pt – in Ausnahmefällen mind. 6 pt) die Rücksendeangaben, in denen vorzugsweise das Postfach des Absenders aufgeführt wird, angegeben. Die zweite Tabellenzeile bietet Raum für das 9-zeilige hohe Anschriftfeld mit einer maximalen Breite von 8 cm (Größe der Briefsichtfenster). Wählen Sie in der zweiten Zeile einen Zeilenabstand von „Genau 12 pt“. In der dritten Spalte neben dem Anschriftfeld beginnt der Informationsblock.

Informationsblock

Mithilfe des Informationsblocks ist sehr schnell zu erkennen, wer den Geschäftsbrief diktiert und wer ihn schreibt. Es wird Bezug genommen auf vorangegangenen Schriftverkehr. Wichtige Durchwahlnummern oder die E-Mail-Adresse sind mithilfe des Informationsblocks schnell zu finden. Die Leitwörter des Informationsblocks stehen untereinander und sind durch jeweils eine Leerzeile in drei Blöcke gruppiert. Grundsätzlich dürfen die Leitwörter im gestalteten Informationsblock ergänzt, weggelassen oder verändert werden, sollten aber gruppiert werden. Als maximales Zeilenende von der rechten Blattkante für den Informationsblock legt die Norm 1 cm fest. Die Angaben zu den Leitwörtern des Standardinformationsblocks werden mit einem Leerzeichen abgesetzt. Die Angaben werden in der Regel in der gleichen Schriftart und -größe wie der Brieftext geschrieben. Angaben wie E-Mail-Adresse und Internetadresse dürfen bei Bedarf auch in einer kleineren Schrift geschrieben werden (mind. 8 pt).

Textfeld

Der rechte Rand sollte für den Textbereich auf 2 cm vergrößert werden. Für die zweckmäßige Verwendung des Briefvordruckes sollte eine Lochmarke und zwei Faltmarken vorgesehen werden (siehe Funktionsteil).

Fußzeile

In der **Fußzeile** sind die Geschäftsangaben, wie Hausanschrift, die Nummern der Hauptanschlüsse aller Kommunikationsmittel und die Bankverbindungen, aufgeführt. Zusätzlich müssen Steuer-Nr. bzw. USt-IdNr. aufgeführt werden, wenn der Briefvordruck zur Rechnungsstellung genutzt wird. In Briefvorlagen für Kapitalgesellschaften (AG, GmbH) muss noch der Sitz der Gesellschaft, das Registergericht, die Handelsregisternummer, Name der/des Geschäftsführer(s) bzw. Name des Vorsitzenden des Aufsichtsrates bzw. Name des Vorsitzenden und der Vorstandsmitglieder eingetragen werden.

Rücksendeangaben

Die Rücksendeangaben werden in das vorgesehene Feld eingefügt. Als Abtrennung für die einzelnen Bestandteile kann ein Mittestrich, eine Raute oder andere kleine Symbole verwendet werden. Das Anschriftfeld wird in die **Zusatz- und Vermerkzone** und die Anschriftzone eingeteilt. In der Zusatz- und Vermerkzone sind die Produktbezeichungen (z. B. Einschreiben, Büchersendung), Vorausverfügungen (Nicht nachsenden!, Bei Umzug mit neuer Anschrift zurück), sonstige Angaben (Vorab per Fax) oder elektronische Frankiervermerke anzugeben.

1. Möglichkeit		2. Möglichkeit	
	Rücksendeangaben (8 pt)	5 4	
3 2 1	Zusatz- und Vermerkzone	3 2 1	Zusatz- und Vermerkzone mit Rücksendeangaben (8 pt)
1 2 3 4 5 6	Anschriftzone	1 2 3 4 5 6	Anschriftzone

Normgerechte Gestaltung des Geschäftsbriefes (LA 1.2)

Anschriftfeld

Die Empfängerangaben stehen in der sechszeiligen Anschriftzone.

Privatanschrift 1		
Schmitt & Söhne GmbH – Postfach 1 35 55 – 54290 Trier		**Rücksendeangaben**
Nicht nachsenden!	3 2 1	Vorausverfügung
Herrn Malermeister Josef Müller-Lüdenscheid Burgstraße 23 a 54470 Bernkastel-Kues	1 2 3 4 5 6	Anrede, Berufsbezeichnung Vor- und Nachname Straße, Hausnummer PLZ, Ort

Privatanschrift 2		
Schmitt & Söhne GmbH – Postfach 1 35 55 – 54290 Trier		**Rücksendeangabe**
	3	
	2	
Einschreiben Einwurf	1	Produktbezeichnung
Frau	1	Anrede,
Dr. Julia Mertes	2	Akademischer Grad, Vor- und Nachname
Auf der Breit 120°//°VI	3	Straße, Hausnummer, Stockwerk
54470 Bernkastel-Kues	4	PLZ, Ort
	5	
	6	

DIN-Regel: Akademische Grade wie Diplom und Doktor-Grade (z. B. Dipl.-Ing. Dr.) stehen unmittelbar vor dem Namen, Bachelor- und Mastergrade (wie B. A., B. Sc., M. A., M. Sc. usw.) werden in der Regel hinter dem Namen geführt. Da es bei „Professor" nicht erkennbar ist, ob es sich um eine Amtsbezeichnung oder einen akademischen Grad handelt, sollte „Prof." unmittelbar vor dem Namen stehen.

Bei der Bezeichnung des Straßennamens dürfen zusätzlich der Gebäudeteil, das Stockwerk oder die Wohnungsnummer abgetrennt durch zwei Schrägstriche angegeben werden.

Privatpost an Geschäftsanschrift		
Schmitt & Söhne GmbH – Postfach 1 35 55 – 54290 Trier	5	
	4	
	3	
	2	
	1	**Rücksendeangaben**
Frau	1	Anrede
Petra Grün	2	Vor- und Nachname
Meier & Partner GbR	3	Firmenname
Postfach 25 68 79	4	Postfach
54470 Bernkastel-Kues	5	PLZ, Ort
	6	

Anmerkung: Wenn Privatbriefe an die Anschrift des Arbeitgebers adressiert werden, dann muss der Name der Privatperson zuerst genannt werden. So ist gewährleistet, dass der Brief ungeöffnet an die Privatperson weitergeleitet wird.

Geschäftsanschrift an Sachbearbeiter im Ausland		
	5	
	4	
	3	
Schmitt & Söhne GmbH – Postfach 1 35 55 – 54290 Trier	2	Rücksendeangaben
Vorab per Fax	1	Sonstige Informationen
Sektkellerei	1	Firmenbranche
Kunsmann & Söhne GmbH	2	Firmenname
Herrn Peter Schrader B. A.	3	Anrede, Sachbearbeiter, akademischer Grad
Heiligenstädter Straße 23	4	Postfach
1190 WIEN	5	PLZ, Ort
ÖSTERREICH	6	Bestimmungsland

Anmerkung: Wenn in der Anschriftzone eine Person benannt wird, sollte immer Bezug auf sie genommen werden (z. B. Sehr geehrter Herr Schrader, ...).

DIN-Regel: Bei Auslandsanschriften müssen Bestimmungsort und Land mit Großbuchstaben geschrieben werden. Der Bestimmungsort ist nach Möglichkeit in der Sprache des Bestimmungslandes anzugeben; die Angabe des Bestimmungslandes steht in deutscher Sprache. Die Anordnung der Bestandteile der Anschrift und deren Schreibung sind – wenn möglich – der Absenderangabe des Kommunikationspartners zu entnehmen.

Informationsblock

Mithilfe des **Informationsblocks** erkennt der Empfänger schnell, wer für den Inhalt des Geschäftsbriefes verantwortlich ist und wie der Betreffende per Telefon, Fax oder E-Mail zu erreichen ist. Außerdem wird Bezug auf vorangegangenen Schriftverkehr genommen. Grundsätzlich stehen bei „Unsere Zeichen" die Initialen des Verfassers/Diktierenden des Briefes in Kleinbuchstaben und ggf. an zweiter Stelle, mit einem Bindestrich angeschlossen, die Initialen des Schreibenden. Das aktuelle Datum wird vorzugsweise numerisch geschrieben.

Erster Geschäftskontakt – Standardinformationsblock	
Ihr Zeichen:	
Ihre Nachricht vom:	
Unser Zeichen: sch-mu	Herr Schmitt diktiert – Frau Mut schreibt
Unsere Nachricht vom:	
Name: Josef Schmitt	Vor- und Nachname des Sachbearbeiters
Telefon: 0651 589741-15	Telefonnummer mit Durchwahl des Sachbearbeiters
Telefax: 0651 589741-50	
E-Mail: info@schmitt-soehne.de	
Internet: www.schmitt-soehne.de	
Datum: 14.08.20..	Aktuelles Datum – numerische Schreibung

Geschäftsvordruck (Form B – Standardinformationsblock)

Briefkopf

4,5 cm

Firmenname
Geschäftszweig

Firmenlogo

Anschriftfeld

Informationsblock

8 cm Rücksendeangabe (8 pt mind. 6 pt)	2 cm	7,5 cm
Zeilenabstand genau 12 pt		Ihr Zeichen: Ihre Nachricht vom: Unser Zeichen: Unsere Nachricht vom: Name: Telefon: Telefax: E-Mail: Internet: Datum:

2,5 cm

1 cm

Textfeld

2 cm

Hausanschrift	Kommunikationsangaben	Bankverbindungen
Geschäftsangaben	...	Steuer-Nr./USt-IDNr.

Nachdem der Korrespondenzpartner auf Ihren ersten Geschäftskontakt reagiert hat, liegen Ihnen die Angaben zu „Ihr Zeichen" und „Ihre Nachricht vom" vor.

Zweiter Geschäftskontakt – Standardinformationsblock	
Ihr Zeichen: hm-tr Ihre Nachricht vom: 18.08.20.. Unser Zeichen: sch-mu Unsere Nachricht vom: 14.08.20..	Initialen des Geschäftspartners Datum des Briefes, der beantwortet wird Herr Schmitt diktiert – Frau Mut schreibt Datum des **ersten** Geschäftskontaktes
Name: Josef Schmitt Telefon: 0651 589741-15 Telefax: 0651 589741-50 E-Mail: j.schmitt@schmitt-soehne.de Internet: www.schmitt-soehne.de	Vor- und Nachname des Sachbearbeiters Telefonnummer mit Durchwahl des Sachbearbeiters
Datum: 24.08.20..	Aktuelles Datum

Je nach Firmenbranche werden die Leitwörter dem Geschäftsprozess angepasst (z. B. Vorgangsnummer, Aktenzeichen). Beim gestalteten Informationsblock sollten die Angaben ausgehend vom längsten Leitwort mit angemessenem Abstand an einer neuen Fluchtlinie beginnend geschrieben werden. E-Mail- und Internetadresse dürfen bei Bedarf in einer kleineren Schriftgröße geschrieben werden.

Gestalteter Informationsblock		
Vorgangsnummer:	258741698DE	Nummer des Geschäftsprozesses
Ihr Gesprächspartner: Abteilung:	Markus Meyer Einkaufsabteilung	Vor- und Nachname des Sachbearbeiters
Freecall: Telefon: Telefax: E-Mail: Internet:	0800 6987410 0651 582987-12 0651 582987-20 m.meyer@ced-bauer.de www.beratung-ced-bauer.de	Kostenfreie Telefonnummer Aktuelles Datum
Datum: .	12.12.20..	

Betreff

Nach dem Informationsblock folgt der Betreff im Abstand von zwei Leerzeilen. Der Betreff ist eine stichwortartige Inhaltsangabe, die sich auf den ganzen Brief bezieht. Formulieren Sie ihn aussagekräftig, damit der Leser schnell eine Orientierung zum Briefinhalt bekommt.

Formatieren Sie den Betreff in Fettschrift, um den Blick darauf zu lenken, denn laut Forschungsergebnis von Prof. Siegfried Vögele wird der Brief erst vom Leser überflogen, bevor er sich entscheidet, ihn zu lesen. Dazu bedient er sich des natürlichen Blickverlaufs (Lesekurve). Er nimmt die Bestandteile eines Briefes laut Forschungsergebnis von Prof. Siegfried Vögele in folgender Reihenfolge wahr:

- Firmenlogo
- Eigener Name in der Anschrift
- Betreff
- Persönliche Anrede
- Mögliche Reizwörter
- Unterschrift des Absenders
- Postskriptum (PS)

Schaffen Sie daher für den Leser durch einen gut formulierten Betreff einen Anreiz, Ihren Brief zu lesen.

Angebot	Zu allgemein für ein verlangtes Angebot (Anfrage ist bereits erfolgt)
Angebot über eine Kantinenausstattung	Inhalt und Zuständigkeit sind sofort erkennbar
Angebot	Zu allgemein für ein unverlangtes Angebot
Entdecken Sie die Schuhvielfalt zu unschlagbaren Preisen – Lieferung portofrei	Werbewirksamer Betreff auf ein unverlangtes Angebot

Anrede

Mit zwei Leerzeilen vom Betreff getrennt schreiben Sie die Anrede. Nach Möglichkeit sprechen Sie Ihren Briefpartner persönlich mit seinem Nachnamen und ggf. Titel an. Dazu sollte auch der Name parallel in der Anschrift genannt werden.

Sehr geehrter Herr Frohgemut,	Klassische Anrede
Guten Tag, sehr geehrter Herr Frohgemut,	Moderne Anrede
Liebe Frau Maurer, Hallo Herr Frank,	Lockere Anrede

Passen Sie die Anrede Ihrem Empfänger an. Bei förmlichen Anlässen – wie zum Beispiel bei einer Kündigung – ist die klassische Anrede ein Muss.

Brieftext – Form

Nach einer Zeile Abstand von der Anrede beginnen Sie Ihren Brieftext. Achten Sie darauf, dass nach dem Komma hinter der Anrede klein weiter geschrieben wird, sofern Sie nicht mit einem Nomen beginnen. Bilden Sie sinngemäße Absätze und aktivieren Sie die automatische Silbentrennung, um einen unruhigen rechten Rand zu vermeiden. Einerseits wird der Empfänger schon mit dem Betreff auf den Inhalt aufmerksam gemacht, andererseits sollten Sie innerhalb des Brieftextes einige wichtige Inhalte hervorheben. Dazu haben Sie folgende Möglichkeiten:

- Schlüssel- bzw. Reizwörter durch Fettschrift oder Farbe hervorheben
- Textteile zentrieren oder einrücken
- Informationen durch Aufzählungspunkte gliedern
- Lange Brieftexte durch Teilbetreffe gliedern

Teilbetreff

Umfangreiche Brieftexte mit unterschiedlichen Inhalten können Sie mit Teilbetreffen übersichtlicher strukturieren.

Wartungshinweise. Die regelmäßige Druckerwartung verlängert die Lebensdauer Ihres Druckers und sorgt [...] **Service.** Unser Druckerservice bietet Ihnen einen bundesweiten Vor-Ort-Service [...]	Der stichwortartige Inhalt des entsprechenden Abschnitts wird in Fettschrift und/oder Farbe mit einem abschließenden Punkt geschrieben. Der Text wird unmittelbar angefügt.

Aufbau des Brieftextes

Der Leser muss Ihren Gedankengängen folgen können. Bringen Sie die Informationen oder Argumente in eine logische Reihenfolge. Setzen Sie alle zusammengehörenden Informationen in einen Absatz, jede neue Überlegung gehört in einen neuen Absatz. Bei einem einseitigen Brief reichen in der Regel drei bis vier Absätze. Bauen Sie Überleitungen zu den einzelnen Absätzen ein, damit der Brieftext sich flüssig lesen lässt. Briefe gliedern sich in der Regel wie folgt:

Einleitung	Aus der Einleitung soll hervorgehen, worum es in Ihrem Brief geht.
Vielen Dank für Ihren Auftrag. Sie haben sich für ein hochwertiges [...]	Positiver Beginn mit Dank
Hauptteil	
Achten Sie darauf, dass Sie die Druckerpatronen nur nach Anweisung der Hersteller [...]. Die Emissionen und damit die Gefahren verringern Sie, indem Sie Folgenes beachten: ■ Räume ausreichend lüften ■ Papierstaus vorsichtig [...]	Der Hauptteil ist der Ort für detaillierte Informationen. Erläutern Sie Ihr Anliegen bzw. begründen Sie mit stichhaltigen Argumenten oder bringen Sie Fakten auf den Punkt.
Schluss	
Interessieren Sie sich für weitere Produkte aus unserem Hause? Nehmen Sie unter service@morbach.de Kontakt mit unserem Außendienstmitarbeiter Herrn Schrott auf.	Im Schlussteil kann eine kurze Zusammenfassung stehen, ein Dank oder ein Ausblick auf das weitere Verfahren.

Schreibstil des Brieftextes

Ein weiteres Kriterium für eine empfängerorientierte Korrespondenz stellt der Schreibstil dar. Stellen Sie sich immer auf den Empfänger ein; überlegen Sie, welche Informationen der Leser erwartet. Automatisch werden Sie dann seltener Ihre Sätze mit „wir" beginnen, sondern eher mit „Sie". Schreiben Sie wie Sie sprechen.

Ihr Brief wird verständlicher, indem Sie in kurzen sich aufeinanderbeziehenden Sätzen das schreiben, was wirklich wichtig ist. Stimulieren Sie den Leser im gesamten Verlauf des Briefes:

- Sprechen Sie ihn persönlich an.
- Gehen Sie auf seine Bedürfnisse ein.
- Stellen Sie ihm konkrete Frage.
- Machen Sie ihm Vorteile schmackhaft.

Wir danken für Ihre Bestellung. (–) Vielen Dank für Ihre Bestellung. (+)	Die Sichtweise wird auf den Absender gelenkt. Der Empfänger wird direkt angesprochen.
Wir bitten um die Genehmigung ... (–) Bitte genehmigen Sie uns den ... (+)	Nominalstil wirkt steif und umständlich. Verben lassen leichter den Inhalt erfassen.
Leider können wir Ihnen keinen Preisnachlass gewähren, weil ... (–) Unsere bereits knapp kalkulierten Preise lassen keinen weiteren Preisnachlass zu. (+)	Negative Formulierung wirkt ablehnend. Positive Formulierung wirkt entgegenkommend.

Briefabschluss

Nach dem Brieftext folgt im Abstand mit einer Leerzeile der Gruß. Wie bei einem Gespräch beenden Sie den Brief mit einem Abschiedsgruß. Passen Sie die Form des Grußes der vorangegangenen Korrespondenz an.

Mit freundlichen Grüßen	Weniger modern – dennoch sehr verbreitet
Herzliche Grüße aus München Freundliche Grüße nach ...	Damit setzen Sie einen Akzent oder grüßen besonders freundlich.
Kollegiale Grüße	Innerhalb eines Berufsstandes
Hochachtungsvoll	Zum Inhalt passend (z. B. Kündigung, zweites Mahnschreiben)

Nach dem Gruß im Abstand einer Leerzeile folgt die Bezeichnung des Unternehmens. Bevor der Empfänger Ihres Briefes sich zum Lesen entscheidet (Lesekurve), schaut er nach, wer ihm eine Information übermittelt. Deshalb hat die Angabe der Handlungsvollmacht und des Namens im Briefabschluss eine besondere Bedeutung.

Herzliche Grüße aus München ¶	Gruß
SOL-Verlag GmbH ¶ ¶ *E. Hölzer* (handschriftliche Unterschrift)	Die Bezeichnung des Unternehmens kann bei Bedarf auf mehrere Zeilen verteilt werden.
¶ i. A. Emma Hölzer	Der Name des Unterzeichners steht in einem angemessenen Abstand zur Firmenbezeichnung. Zusätze (i. A. = im Auftrag, i. V. = in Vertretung, ppa. = per procura) stehen vor der Namenswiedergabe oder zwischen der Bezeichnung des Unternehmens und der Namenswiedergabe.

Anlagen- und Verteilvermerke

i. A. Emma Hölzer ¶ **Anlage** 1 Katalog ¶ **Verteiler** Einkaufsabteilung	Die Wörter „Anlage(n)" und „Verteiler" stehen in der Regel mit einer Leerzeile abgesetzt unter der Namenswiederholung und dürfen durch Fettschrift hervorgehoben werden. Bei Platzmangel steht der Anlagenvermerk in Höhe des Briefgrußes bei 10 cm vom linken Rand.
i. V. Peter Schuh ¶ **Anlagen** 3 Preislisten 1 Katalog	

Briefe mit Folgeseiten

Auf den Folgeseiten erscheinen die Firmenangaben ebenfalls im Briefkopf, damit jederzeit die einzelnen Seiten dem Absender zugeordnet werden können. Wenn der Text eines Briefes einschließlich des Briefschlusses nicht auf eine Seite passt, sind mindestens zwei Zeilen des Textes auf die neue Seite zu übernehmen.

Manueller Seitenwechsel

Der Seitenumbruch wird von Word beim Schreiben automatisch vorgenommen. In der Normalansicht wird er durch eine punktierte Linie angezeigt (siehe Abbildung unten). Soll der Seitenumbruch im Brief an einer ganz bestimmten Stelle vorgenommen werden, kann man ihn folgendermaßen manuell herbeiführen: Sie setzen den Cursor an die Stelle, an der der Seitenwechsel vorgenommen werden soll und geben dann die Tastenkombination Strg + ↵ ein. Um einen manuellen Seitenumbruch wieder zu löschen, markieren Sie die gepunktete Linie oder setzen den Cursor in die Zeile und drücken die Taste Entf.

Wir sind gerne bereit, Ihre Geräte zu warten. ¶ Fußzeile —————————————— Seite 1 von 3	Vorzugsweise in der Fußzeile kann rechtsbündig „Seite X von Y" eingefügt werden, und zwar beginnend mit der ersten Seite, sodass die folgenden Seiten ebenfalls nummeriert werden.

Weitere werbewirksame Anhänge (werbliche Elemente)

Möchten Sie den Empfänger auf besondere Aktionen aufmerksam machen, so bietet sich das Postskriptum „PS:" oder „Übrigens" an.

Briefe kundenorientiert formulieren

Natürliche Lesekurve eines Briefes

Wie Briefe gelesen werden, ist von Prof. Siegfried Vögele umfassend erforscht worden. Mithilfe einer Spezialkamera konnte er nachweisen, dass ein Empfänger einen Brief nicht sofort von oben nach unten durchliest, sondern ihn zunächst überfliegt, und zwar innerhalb weniger Sekunden (siehe Abbildung).

Wenn Sie also keine Ahnung haben, wie man die Lesekurve steuert, bekommt Ihr Leser beim ersten Überfliegen keine einzige wichtige Botschaft mit und Ihre schöne Werbung landet im Papierkorb. Machen Sie es jedoch richtig, bewirkt allein das Überfliegen in den ersten zehn Sekunden, dass das Unterbewusstsein Ihres Lesers signalisiert: „Da könnte was Nützliches drinstecken. Unbedingt lesen!"

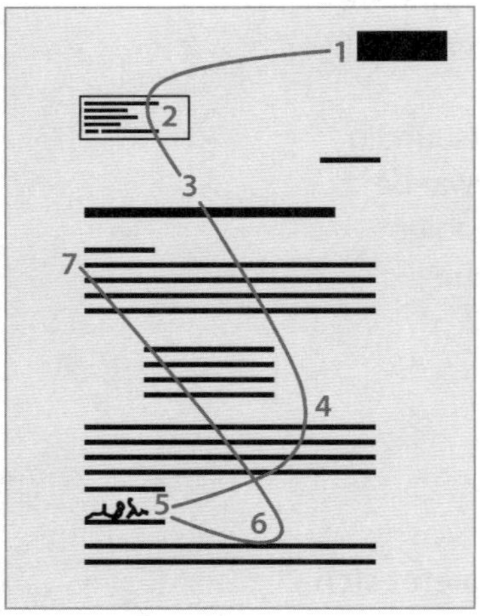

Der Briefkopf (mit Logo), die optisch hervorgehobene Betreffzeile und die Unterschrift wirken wie Bildelemente. Automatisch fixieren wir erst Abbildungen, bevor wir uns mit schriftlichen Botschaften auseinandersetzen. Wir reagieren instinktiv auf Bilder. Diese Erkenntnis macht sich die Werbung regelmäßig zunutze – wir übertragen sie auf die Geschäftskorrespondenz. Der Direktmarketing-Forscher Vögele bezeichnet die Linie des natürlichen Blickverlaufs als „natürliche Lesekurve". Nun gilt es, entlang dieser Lesekurve möglichst viele Vorteile anzudeuten, damit der Leser sicherer zum Briefanfang zurückkehrt.

Profis bauen Werbebriefe nach dem vorhersehbaren Blickverlauf der Leser auf. Natürlich bietet es sich an, auch bei „normalen" Briefen auf den Blickverlauf der Empfänger zu achten und die zuerst registrierten Elemente erfolgversprechend zu gestalten.

Bestimmten Reizen können wir uns nicht entziehen. Dabei sind alle Sinneswahrnehmungen geschärft. Diese angeborenen Verhaltensweisen beruhen auf unseren menschlichen Grundbedürfnissen. Sprachliche Reizwörter wecken die Aufmerksamkeit. Dazu gehören alle Bezeichnungen, die Vorteile für die eigene Person sowie das direkte Umfeld wie Familie und Betrieb versprechen oder einfach Neugier wecken: gesünder, erfolgreicher, Erfolg, Glück, Liebe, Gewinn, Wohlstand, preiswerter, neu, gratis, garantiert, Urlaub, zuverlässig, Sicherheit ...

Der Name zählt ebenfalls zu den sogenannten Schlüsselreizen. Sobald der Name in gesprochener oder geschriebener Form auftritt, erhöht dies die Aufmerksamkeit. Bei einem Geschäftsbrief an ein Unternehmen sollte daher zusätzlich der Name des Sachbearbeiters in der Anschrift genannt werden. Der Sachbearbeiter wird im Brief natürlich auch persönlich angesprochen. Die persönliche Ansprache des Empfängers wirkt sich nur dann positiv aus, wenn der Name richtig geschrieben ist und keine falsche Schreibweise für Ablenkung oder gar Ärger sorgt.

Es kommt darauf an, dass die Schlüsselreize vom Leser registriert werden. Achten Sie darauf, beim Betreff die Form einer aussagefähigen Information oder Schlagzeile zu wählen, einen Schlüsselreiz ins Postskriptum (PS) aufzunehmen und im Text einzelne Wörter und kurze Sätze deutlich mit Fettdruck hervorzuheben. Auf diese Weise schaffen Sie Blickfänge, die schon während der kurzen Zeit des ersten Überfliegens ins Auge fallen; zugleich motivieren Sie den Empfänger weiterzulesen.

10 Tipps zur Briefformulierung

		👎 👍	**So nicht!** **Besser so!**
1. Tipp	Briefe sollten klar, einfach und verständlich geschrieben werden. Orientieren Sie sich beim Schreiben daran, wie Sie sprechen. Statt der „Papierausdrücke" ist es besser, Alltagswörter zu verwenden.	👎 👍	zur Überprüfung bringen überprüfen
2. Tipp	Knappe Begriffe sind in der Regel leichter verständlich als längere.	👎 👍	aufgrund von wegen
3. Tipp	Nutzen Sie deutsche Wörter und keine Fremdwörter. Die deutsche Sprache wird aber in zunehmendem Maße von der englischen Sprache beeinflusst. Teilweise fehlt das entsprechende Wort aus der eigenen Sprache. Teilweise werden Fremdwörter auch gar nicht mehr als solche erkannt.	👎 👍	diffizil schwierig
4. Tipp	In modernen Briefen wird so wenig wie möglich abgekürzt. Abkürzungen hemmen den Lesefluss, wirken meist unfreundlich und sind teilweise unsinnig und missverständlich. Gegen allgemein übliche Abkürzungen ist nichts einzuwenden.	👎 👍 👎 👍 👍	d. M. dieses Monats Fr. Frau z. B., etc., BLZ
5. Tipp	Benutzen Sie moderne Wörter und Formulierungen. Lassen Sie altmodische Wendungen weg. Ersetzen Sie altmodische Begriffe durch zeitgemäße Varianten, die meistens kürzer und wirkungsvoller sind.	👎 👍	auf schriftlichem Weg schriftlich
6. Tipp	Konkrete Formulierungen sind verständlicher und wecken die Aufmerksamkeit. Der Leser kann allgemeinen Formulierungen weder widersprechen noch kann er sie aus Überzeugung bejahen.	👎 👍	kurze Reparaturzeiten Reparatur innerhalb von 24 Stunden
7. Tipp	Bilden Sie kurze und einfach konstruierte Sätze. Schreib-Profis bevorzugen kurze Sätze, da die Aufnahmefähigkeit unseres Gehirns begrenzt ist.	👍	max. 20 Wörter pro Satz
8. Tipp	Wesentliche Informationen gehören in einen Hauptsatz. Verstecken Sie Hauptaussagen nicht in einem Nebensatz.	👎 👍	Wir möchten Sie darauf hinweisen, dass Sie die Lieferung ... Nächste Woche erhalten Sie die Lieferung.
9. Tipp	Der Aktivstil ist kundenorientiert. Er berücksichtigt die Handelnden und ist kürzer als Passivkonstruktionen.	👎 👍	Die Gebühr ist von den Teilnehmenden vor Seminarbeginn zu überweisen. Bitte überweisen Sie die Gebühr vor Seminarbeginn.
10. Tipp	Schreiben Sie positiv. Die Aussagen werden lieber gelesen und länger behalten als die negativen.	👎 👍	Heute können wir Ihnen noch keine Prospekte zuschicken. Sie erhalten nächste Woche die druckfrischen Prospekte.

Briefe inhaltlich gliedern/strukturieren

Jeder Abschnitt sollte eine zusammengehörige Gruppe von Gedanken enthalten – jede neue Überlegung gehört in einen neuen Absatz.

Typische Struktur bei Geschäftsbriefen

1. Positiver Beginn mit Dank (keine Einleitungsfloskeln)
2. Die wichtigsten Fragen beantworten
3. Weitere Fragen klären
4. Vorschlag, Hinweis, Aufforderung
5. Positiver Schluss: Dank, gute Wünsche (keine Schlussfloskeln)

Gliederung bei einer Antwort auf eine begründete/unbegründete Forderung

1. Positiver Beginn mit Dank
2. Die wichtigsten Fakten
3. a) Recht geben (Entschuldigung)
   b) Situation des Kunden ansprechen, Entscheidung (mit Begründung) oder
   c) Forderung sachlich ablehnen (mit Begründung)
4. Vorschlag, Lösung, Kompromiss
5. Positiver Schluss

Diese Gliederungsmodelle können Sie in Ihren Texten nicht immer in Reinform umsetzen; passen Sie daher die Struktur der Schreibsituation an.

Schlüsselwörter fördern das Verständnis

Bewusst platzierte Schlüsselwörter am Anfang des Absatzes erleichtern das Vorverständnis für die folgenden Informationen. Verwenden Sie z. B. folgende strukturierende Überleitungen, mit denen Sie zudem Hauptsätze einleiten: im Gegensatz dazu, jedoch, außerdem, deshalb, zusätzlich, weiterhin.

Noch deutlicher strukturieren Sie mit Doppelpunkt endende Überleitungen, wie z. B.: Die Ursachen:, Begründung:, Unser Vorschlag:, Unser Terminvorschlag:, Ihre Vorteile:.

Gibt es eine weitere Möglichkeit zu geeigneten Überleitungen? Und ob! Ein überaus pfiffiges Mittel sind Fragen. Als Lese- und Verständnishilfen leiten sie gekonnt über auf eine neue Gedankenfolge. Sie lockern den Text und wirken stimulierend. Versuchen Sie es mit Fragen wie: Was können Sie tun? Welche Vorteile haben Sie? Wie könnte ein Kompromiss aussehen? Was sind die Ursachen dafür?

Zudem sind Aufzählungen ein einfaches Mittel zur inhaltlichen Strukturierung.

Briefe kurz und prägnant formulieren

Wichtige Voraussetzung zum prägnanten Formulieren ist, dass Sie Ihr Ziel kennen und den Empfänger (Kunden) in seiner Situation berücksichtigen. Beachten Sie: Je mehr Ihr Empfänger weiß, desto weniger müssen Sie ihm mitteilen. Natürlich verlangt ein einfacher Sachverhalt weniger Informationen als ein sehr komplizierter.

Nehmen Sie zuerst einmal einige „Textverlängerer" genau unter die Lupe, damit Sie Ihren Stil gezielt „schlanker" machen können. Einen Schritt tun Sie, wenn Sie einfache Sätze formulieren, die in der Regel kürzer sind als kompliziert konstruierte Sätze. Formulierungen im Passiv *(Die Lieferung der Ware wurde bereits gestern an Sie zum Versand gebracht)* sind länger als die aktiven Varianten *(Wir haben die Lieferung bereits gestern abgeschickt)*. Genauso verhält es sich mit altmodischen *(in der Annahme, dass)* und modernen Wendungen *(weil)*.

Im beruflichen Alltag tauchen Formulierungen auf, bei denen ein Wort oder mehrere überflüssig sind *(Gebühren in Höhe von 25 € – Gebühren von 25 €)*. Verzichten Sie auf Doppelaussagen, sogenannte „weiße Schimmel" *(Rückantwort – Antwort)*.

Verzichten Sie auf Vorreiter *(Wir möchten Sie darauf hinweisen ... Hierzu teilen wir Ihnen mit, dass Beträge auf das folgende Konto zu überweisen sind)*, also auf überflüssige oder deutlich zu kürzende Satzanfänge *(Bitte überweisen Sie die Beträge auf das Konto 123456, BLZ 123 456 78)*. Dies ist umso wichtiger, denn der Satzbeginn wird sehr konzentriert gelesen, dort wird das Wichtigste erwartet.

Teilen Sie interne Sachverhalte, also unternehmensinterne Vorgänge oder Informationen *(Bei der Überprüfung unserer Unterlagen haben wir festgestellt ... Wir haben Ihre Reklamation einer Prüfung unterzogen und können Ihnen folgende Mitteilung machen ...)* dem Empfänger nur mit, wenn er sie braucht oder wenn Ihre Argumentation damit verbessert wird *(Die Antwort auf Ihre Reklamation: ...)*.

Vermeiden Sie den Hauptwortstil. Ersetzen Sie die Hauptwörter *(Im Anschluss an unsere telefonische Unterredung ... Wir bitten um Übersendung der genannten Unterlagen)* durch Verben *(nachdem wir telefoniert haben ... Bitte senden Sie uns die genannten Unterlagen. Vielen Dank)*. Unsere Sprache erhält ihre Lebendigkeit durch die Verben, sie sind viel kraftvoller und überzeugender.

Blähen Sie Ihre Texte nicht mit Streckverben auf. Streckverben braucht man, um das sinntragende Grundverb *(prüfen, bestätigen, berechnen)* zu substantivieren *(Überprüfung erfolgt, Bestätigung geben, in Rechnung stellen)*. Ein Nachteil dieser häufig anzutreffenden sprachlichen Unart ist, dass Hauptwörter – besonders solche auf -ung endende – die Sprache hölzern klingen lassen und übergewichtig erscheinen. Der Satz wird langatmiger und damit schwerer verständlich *(Dabei erfolgte auch eine Qualitätsprüfung ... Wir prüfen die Qualität)*.

Versuchen Sie, weitschweifige Formulierungen *(Im Frühjahr dieses Jahres wird voraussichtlich ein Workshop stattfinden)* durch prägnante *(Workshops sind im Frühjahr 20.. geplant)* zu ersetzen.

Kaufmännische Rechenarten (LA 1.2)

Überall wo Geld erwirtschaftet wird, kommt das kaufmännische Rechnen zum Einsatz. Hier werden keine komplizierten Rechenvorgänge verlangt wie Algebra oder Rechnungen mit mehreren Unbekannten, sondern es wird multipliziert, addiert, subtrahiert und dividiert. Am häufigsten werden Sie den Dreisatz im geraden und ungeraden Verhältnis benötigen. Ebenso wird Ihnen der zusammengesetzte Dreisatz aus der Schulzeit bekannt sein. Außerdem spielt im kaufmännischen Rechnen im Verkaufswesen das Prozentrechnen eine größere Rolle.

Dreisatz

Im geraden (direkten) Verhältnis			
Aufgabe	6 Bürostühle kosten 450,00 €. Berechnen Sie 14 Bürostühle.		
Gegeben	6 **Bürostühle** kosten **450,00 EUR**	Bedingungssatz	
Gesucht	14 **Bürostühle** kosten x **EUR**?	Fragesatz	
Rechnung	450,00 : 6 = 75,00 EUR 1 Stuhl kostet 75 EUR	Bruchsatz	je **weniger**, desto **weniger**
	75 · 14 = 1.050,00 EUR		je **mehr** desto **mehr**
Ergebnis	14 Bürostühle kosten **1.050,00 EUR.**		

Beim **Bedingungssatz** steht die gefragte Größe am Ende des Satzes.

Beim **Fragesatz** stehen die Maße, Bezeichnungen immer untereinander.

Beim **Bruchsatz** ist vom gegebenen Wert (6 Bürostühle) auszugehen, der dann auf eine Einheit (1 Bürostuhl) zurückzuführen ist. Anschließend wird dieser mit dem gesuchten Wert für die gesuchte Mehrheit (14 Bürostühle) berechnet.

Im ungeraden (indirekten) Verhältnis			
Aufgabe	Der Papiervorrat reicht bei einem täglichen Verbrauch von 4 Packungen noch für 24 Tage. Berechnen Sie den Vorrat, wenn pro Tag nur 3 Packungen benötigt werden?		
Gegeben	4 **Packungen** reichen **24 Tage**	Bedingungssatz	
Gesucht	3 **Packungen** reichen x **Tage?**	Fragesatz	
Rechnung	24 · 4 = 96 Tage Bei einem Verbrauch von 1 Paket reicht der Vorrat für 96 Tage.	Bruchsatz	je **weniger**, desto **mehr/länger**
	96 : 3 = 32 Tage		je **mehr/länger** desto **weniger**
Ergebnis	Bei einem Verbrauch von 3 Paketen reicht der Vorrat **32 Tage.**		

Man teilt den **zusammengesetzten Dreisatz** in einzelne einfache Dreisätze (mit geradem bzw. ungeradem Verhältnis) auf und ermittelt schrittweise das jeweilige Verhältnis.
(Aufgabe: Für einen Auftrag benötigen 7 Mitarbeiter 5 Tage bei 8 Arbeitsstunden. Wie viele Tage brauchen 5 Mitarbeiter bei 8 Arbeitsstunden?)

Prozentrechnen

Ein Prozent ist nichts anderes als ein Hundertstel (lat./it.: per centum/cento – vom Hundert). Die Prozentrechnung ist eine angewandte Dreisatzrechnung. Wir unterscheiden:

Grundwert: Das Ganze gibt den Grundwert an, das entspricht 100 %.
Prozentsatz: Der Prozentsatz gibt an, welcher Anteil vom Ganzen zu bilden ist.
Prozentwert: Der Prozentwert gibt an, wie groß der Anteil ist.

Von den drei Größen müssen stets zwei Größen in der Aufgabe gegeben sein, um die dritte Größe mithilfe des Dreisatzes errechnen zu können.

Berechnung des Prozentwertes	
Aufgabe	Auf die Lieferantenrechnung der Bürostühle über 1.050 EUR gibt es 3 % Skonto. Berechnen Sie den Skontobetrag
Gegeben	Grundwert 1.050 EUR, Prozentsatz 3 %
Gesucht	Prozentwert
Bedingungssatz	100 % = 1.050,00 EUR
Fragesatz	3 % = ? EUR
Bruchsatz	1050 : 100 = 10,50 10,50 · 3 = 31,50
Ergebnis	Das Skonto beträgt 31,50 EUR.
Formel	Prozentwert = 1 % des Grundwertes x Prozentsatz

Berechnung des Grundwertes	
Aufgabe	Das Unternehmen konnte den Umsatz im Juni um 4,5 % oder 4.500,00 EUR steigern. Stellen Sie fest wie hoch der Umsatz im Mai war.
Gegeben	Prozentsatz 4,5 %, Prozentwert 4.500,00 EUR
Gesucht	Grundwert ?
Bedingungssatz	4,5 % = 4.500,00 EUR
Fragesatz	95,5 % = ? EUR
Bruchsatz	4.500 : 4,5 = 100.000 100.000 · 95,5 = 95.500
Ergebnis	Der Umsatz betrug 95.500 EUR
Formel	Grundwert = Prozentwert : Prozentsatz · 100

Berechnung des Prozentsatzes		
Aufgabe	Die Bürostühle kosten 340 EUR. Sie sollen in der nächsten Woche für 270 EUR angeboten werden. Berechnen Sie den Rabattsatz.	
Gegeben	Grundwert = 340 EUR, Prozentwert = 70 EUR	
Gesucht	Prozentsatz = ?	
Bedingungssatz	340 = 100 %	
Fragesatz	70 EUR = ? %	
Bruchsatz	100 · 70 = 7.000 7000/340 = 20,59 %	gekürzte Formel 700/34 = 20,59
Ergebnis	Der Rabattsatz beträgt 20,59 %	
Formel	Prozentsatz = Prozentwert : 1 % des Grundwertes	

Prozentrechnung im Hundert (verminderter Grundwert)		
Aufgabe	Die Bürotische werden nun zu einem Sonderpreis von 658,50 EUR angeboten. Dies entspricht einem Preisnachlass von 16 %. Berechnen Sie den ursprünglichen Verkaufspreis und die Preissenkung.	
Gegeben	Prozentsatz = 16 % Verminderter Grundwert in Prozent 84 % Verminderter Grundwert in EUR 658,50 EUR	
Gesucht	Reiner Grundwert = regulärer Preis	
Bedingungssatz	84 % = 658,50 EUR	
Fragesatz	100 % = ? EUR	
Bruchsatz	658,50 : 84 = 7,84 7,84 · 100 = 784	784 – 658,50 = 125,50
Ergebnis	Der reguläre Preis betrug **784 EUR.** Die Preissenkung beträgt **125,50 EUR.**	
Formel	Vermindeter Grundwert + Prozentsatz = reiner Grundwert	

Prozentrechnung auf Hundert (vermehrter Grundwert)		
Aufgabe	Der Rechnungsbetrag für einen Einkauf von Schrauben beträgt einschließlich 19 % MwSt. 526,28 EUR. Berechnen Sie den Nettowarenwert und die Umsatzsteuer.	
Gegeben	Prozentsatz = 19 % Vermehrter Grundwert in Prozent = 119 % Vermehrter Grundwert in EUR = 526,28 EUR	
Gesucht	Reiner Grundwert = ? EUR	
Bedingungssatz	119 % = 526,28 EUR	
Fragesatz	100 % = ? EUR	
Bruchsatz	526,28 · 100 = 52628 52628 : 119 = 442,25	526,28 – 442,25 = 84,03
Ergebnis	Der Nettobetrag des Einkaufes beträgt **442,25 EUR.** Die Umsatzsteuer beträgt **84,03 EUR**.	
Formel	Vermehrter Grundwert – Prozentsatz = reiner Grundwert	

E-Mail

Im heutigen Geschäftsleben spielt die E-Mail eine große Rolle und ist genau wie die Kommunikation mittels Geschäftsbrief in der DIN 5008 geregelt. Die elektronische Kommunikation erleichtert viele Kommunikationsvorgänge.

Bei der Übermittlung von E-Mails müssen Sie auf die technischen Gegebenheiten des Empfängers Rücksicht nehmen, insbesondere beim Nachrichtenformat, bei der Codierung, bei der Verschlüsselung, bei den verwendeten Schriften und den Dateiformaten der Anlagen.

Mit dem von Ihnen ausgewählten Nachrichtenformat (Nur Text, HTML oder RichText) wird festgelegt, ob Sie formatierten Text, wie Fettdruck, Farbschrift oder Aufzählungen hinzufügen und ob Sie dem Text Bilder hinzufügen können. Bei der Anlage müssen Sie darauf achten, dass Ihr Geschäftspartner die entsprechende Software besitzt, um die Anlage zu öffnen. Auf der sicheren Seite sind Sie in der Regel mit einer PDF-Datei.

Aufbau einer E-Mail

E-Mail-Kopf (Header)

Anschrift. Zum Versenden müssen Sie eine eindeutige E-Mail-Adresse verwenden. In der Regel ist der Aufbau: *Empfängerbezeichnung@Anbieter.de bzw. Vorname.Nachname@Anbieter.de.* = info@computer-mueller.de; torsten.schulze@computer-mueller.de;

Verteiler. Die E-Mail können Sie an weitere Empfänger versenden. Dazu tragen Sie die E-Mail-Adressen in einey der elektronischen Verteilerfelder ein. Je nachdem, ob diese Adressen für die einzelnen Empfänger sichtbar sein sollen, sind diese in dem entsprechenden Verteilerfeld Cc (Carbon copy – sichtbar) oder Bcc (Blind carbon copy – unsichtbar) einzutragen. Sie können auch Verteilergruppen nutzen.

Betreff. Der Betreff wird als stichwortartige Inhaltsangabe im vorgesehenen Feld des E-Mail-Kopfes eingetragen. Da der Betreff für die Bearbeitung und die Verwaltung von E-Mails eine zentrale Bedeutung hat, ist diese Angabe zwingend erforderlich. Bei Sendungen ins Ausland sollten Sie auf sprachliche Besonderheiten wie Umlaute und den Buchstaben „ß" verzichten.

E-Mail-Inhalt (Body)

Anrede. Bei einer E-Mail als Geschäftsbrief ist die Anrede ein fester Bestandteil. Die Anrede beginnt an der Fluchtlinie und wird mit einer Leerzeile vom Brieftext getrennt.

Text. Den Text schreiben Sie als Fließtext ohne Worttrennung, weil der Umbruch durch die Software des Empfängers gesteuert und der jeweiligen Fenstergröße angepasst wird. Absätze trennen Sie jeweils vom folgenden Text durch eine Leerzeile. Grundsätzlich gelten auch hier die DIN-Normen zur Gliederung von Texten.

E-Mail-Abschluss

Genau wie ein Geschäftsbrief endet auch eine E-Mail mit einem Abschiedsgruß und mit der Angabe des Firmennamens und des Unterzeichners. Mit einer Leerzeile Abstand sind die Kommunikations- und Geschäftsangaben (Haus- und Postanschrift, ggf. Geschäftsführung, Handelsregisternummer, Umsatzsteuernummer) sowie ggf. Firmenlogo bzw. Slogan aufzulisten. Sie kommunizieren so kundenorientiert, da der Empfänger der E-Mail die Möglichkeit hat, mit Ihnen auch über ein anderes Kommunikationsmedium in Kontakt zu treten.

Für den Abschluss legen Sie am besten eine Signatur an, die automatisch jeder E-Mail beigefügt wird. E-Mail-Software ermöglicht es Ihnen, auch mehrere Signaturen anzulegen, die Sie nach Bedarf auswählen.

Elektronische Signatur

Die elektronischen Signaturen sind gegen Entgelt bei Zertifizierungs-Dienste-Anbietern erhältlich. Sie dienen zur Prüfung der Identität des Absenders und der Integrität (keine Manipulation, Verfälschung) der Nachricht. Um der erhöhten Gefahr eines Umsatzsteuerbetruges durch leichtere Fälschbarkeit elektronischer Rechnungen entgegenzuwirken, berechtigen nur elektronisch ausgestellte Rechnungen einen Unternehmer zum Vorsteuerabzug, wenn sie mit einer qualifizierten elektronischen Signatur (vgl. SigG, SigV, BGB, ZPO) versehen sind.

Senden

Von: info@sol-verlag.de

An...: anja.meier@t-online.de

Cc...

Bcc...

Betreff: Ihre Rechnung 5687915

Angefügt: 1005 meier anja rechnung.pdf (289 KB)

Sehr geehrte Frau Meier,

vielen Dank für Ihre E-Mail. Gerne kommen wir Ihrem Wunsch auf Rabatt nach.

Anbei finden Sie die korrigierte Rechnung.

Herzliche Grüße aus Düsseldorf

Birthe Braun

SOL-Verlag GmbH

Feldstraße 38
40479 Düsseldorf

Tel.: 01801 170619
Fax: 01801 170619

Website: www.sol-verlag.de
E-Mail: info@sol-verlag.de

Geschäftsführerin
Dipl.-Kffr. Birthe Braun

Amtsgericht Düsseldorf HRB 68784
USt-ID: DE268404112
Steuernummer: 103/5759/2539

E-Mail-Netiquette

In der heutigen Zeit wird gemailt, gechattet oder gesimst. Die Mitarbeiter im Unternehmen schreiben und erhalten täglich dutzende E-Mails. Sogar hochrangige Manager schreiben ihre E-Mails selbst. Die Richtlinien für das Schreiben von E-Mails haben sich bislang jedoch kaum durchgesetzt.

Das kann negative Folgen haben, denn wer gewisse Kommunikationsregeln per E-Mail nicht einhält, verursacht mehr Aufwand und höhere Kosten. Die E-Mails landen beispielsweise beim falschen Empfänger, haben den falschen Betreff oder sind undeutlich beziehungsweise missverständlich verfasst. Es gilt also folgende Regeln zu beachten:

1. Formulieren Sie einen aussagekräftigen Betreff. Er ist die Überschrift einer E-Mail – wenn sie fehlt, weiß der Empfänger nicht, worum es geht, ob es wichtig ist oder ob er den Vorgang bis morgen liegen lassen kann. Unschön ist auch die Angewohnheit, bereits erhaltene, alte Mails für eine neue E-Mail an den Absender zu nutzen und dabei den Betreff nicht zu ändern.
2. Die CC-Funktion mit Bedacht wählen. Schreiben Sie E-Mails nur an die Personen, die den Inhalt benötigen, sonst muss jeder einzelne sich die ganzen E-Mails durchlesen. Das kostet Zeit und sorgt für Unmut.
3. Im Sinne des Datenschutzes sollten Sie bei geschäftlichen Rundmails die E-Mail-Adressen der Empfänger in das Bcc-Feld setzen, weil nicht jeder Empfänger erfreut ist, wenn seine Adresse allen anderen Empfängern bekannt gemacht wird. Betriebsintern oder wenn alle Adressaten bekannt sind, ist das Angeben aller E-Mail-Adressen im Cc-Feld oft sinnvoll.
4. Schreiben Sie nicht mehrere E-Mails kurz hintereinander. Wenn Sender und Empfänger sich mehrere E-Mails hin und her schreiben, um diffizile Sachverhalte zu klären, erzeugen Sie damit beim anderen ggf. Stress. Ein Telefonat könnte da helfen, denn da führen Rede und Gegenrede doch oft sehr schnell zu einer Klärung des Sachverhaltes.
5. Meiden Sie zu große Verteiler. Wer immer mit möglichst großem Verteiler die E-Mail verschickt, erreicht damit nur, dass sich am Ende keiner mit dem Thema identifiziert und er mit seinem Problem allein bleibt.
6. Schreiben Sie eine freundliche Anrede, einen Einleitungssatz und eine wertschätzende Schlussformel (z. B. Herzliche Grüße aus Trier).
7. Gliedern Sie Ihren E-Mail-Text in Absätze, der Empfänger wird es Ihnen danken.
8. Eine Signatur gehört heute zum Standard – vor allem im Geschäftsbereich.
9. Vermeiden Sie Abkürzungen. Diese sorgen oft für Missverständnisse beim Empfänger. Verzichten Sie auf exotische Schriftarten und Designs, da nicht alle Programme in der Lage sind, diese darzustellen.
10. Smileys und Akronyme (Kurzwörter, wie mfg für „Mit freundlichen Grüßen") können Zeit sparen und Sympathien ausdrücken. Überlegen Sie sich vorher, ob Ihr Kommunikationspartner diese Art und Weise versteht.
11. Tipp- und Rechtschreibfehler sind auch in einer E-Mail tabu. Eine E-Mail ist wie eine Visitenkarte, die Sie und/oder das Unternehmen repräsentiert.
12. Intime, vertrauliche oder persönliche Zeilen sollten Sie nicht unbedingt – oder nur nach Absprache mit Ihrem Kommunikationspartner – verschicken.
13. Achten Sie darauf, dass die Anhänge (Attachements) der E-Mail nicht zu viel Speicherplatz brauchen. Langes Herunterladen von Dateien kann den Empfänger zeitlich und nervlich belasten. Große Dateien mit Packprogrammen (Zipper) vorher komprimieren. Ebenso benötigt der Empfänger zum „Entpacken" entsprechende Software.

Auftragsbearbeitung

Anfrage (LA 1.2)

Benötigt eine Unternehmung oder eine private Person Informationen zu einem Produkt, beispielsweise den Preis, die Qualität, die Lieferzeit, mögliche Farben, Materialarten usw., ist es notwendig diese beim Verkäufer zu erfragen. Dieses Einholen von Informationen wird als Anfrage bezeichnet und kann sowohl schriftlich, per E-Mail, Fax bzw. Brief oder mündlich z. B. per Telefon erfolgen. Eine Anfrage ist weder für den Anfragenden (Käufer) noch den Angefragten (Verkäufer) rechtlich bindend, d. h., es entstehen für keinen der Beteiligten Rechte oder Pflichten. Sinnvoll ist es zeitgleich Anfragen bei mehreren Unternehmen zu stellen und die übermittelten Informationen zu vergleichen. Anhand der ausgewerteten Angaben ist es leichter sich für einen geeigneten Anbieter zu entscheiden. Auch die Büromöbel Hauser & Schulte GmbH erhält täglich Anfragen zu ihren Produkten.

- Werden Sie in einer Anfrage um allgemeine Informationen zum Lieferprogramm gebeten, wie die Zusendung des aktuellen Kataloges, der gültigen Preisliste, der Allgemeinen Geschäftsbedingungen (AGB) usw., handelt es sich um eine allgemeine Anfrage.
- Eine bestimmte Anfrage wird an Sie gerichtet, wenn Sie um konkrete Informationen zu einem genau bezeichneten Produkt, wie beispielsweise den Preis, die Liefer- und Zahlungsbedingungen, Rabattmöglichkeiten, ..., gebeten werden. Eine bestimmte Anfrage kann erst beantwortet werden, wenn geprüft wurde, ob das gewünschte bzw. angefragte Produkt tatsächlich lieferbar ist.

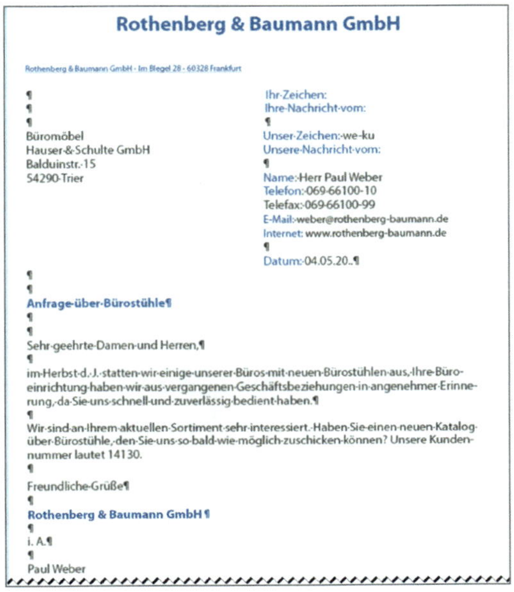

Rothenberg & Baumann GmbH

Rothenberg & Baumann GmbH · Im Biegel 28 · 60328 Frankfurt

Büromöbel
Hauser & Schulte GmbH
Balduinstr. 15
54290 Trier

Ihr Zeichen:
Ihre Nachricht vom:

Unser Zeichen: we-ku
Unsere Nachricht vom:

Name: Herr Paul Weber
Telefon: 069 66100-10
Telefax: 069 66100-99
E-Mail: weber@rothenberg-baumann.de
Internet: www.rothenberg-baumann.de

Datum: 04.05.20..

Anfrage über Bürostühle

Sehr geehrte Damen und Herren,

im Herbst d. J. statten wir einige unserer Büros mit neuen Bürostühlen aus. Ihre Büroeinrichtung haben wir aus vergangenen Geschäftsbeziehungen in angenehmer Erinnerung, da Sie uns schnell und zuverlässig bedient haben.

Wir sind an Ihrem aktuellen Sortiment sehr interessiert. Haben Sie einen neuen Katalog über Bürostühle, den Sie uns so bald wie möglich zuschicken können? Unsere Kundennummer lautet 14130.

Freundliche Grüße

Rothenberg & Baumann GmbH

i. A.

Paul Weber

Bestellungsannahme (Auftragsbestätigung – LA 1.3)

Die ausdrückliche Annahme einer Bestellung (Bestellungsannahme bzw. Auftragsbestätigung) ist immer dann erforderlich, wenn der Bestellung kein bzw. nur ein unbestimmtes Angebot vorausging. Diese Vorgehensweise ist notwendig, da ein unbestimmtes Angebot rechtlich nicht bindend ist, d. h., der Verkäufer ist an seine im Angebot gemachten Angaben nicht gebunden.

Ein Vertrag und somit auch ein Kaufvertrag kommen lediglich durch zwei übereinstimmende Willenserklärungen, die in diesem Fall Verkäufer und Käufer abgeben, zustande.

- Das unbestimmte Angebot stellt keine Willenserklärung dar, da es rechtlich unverbindlich ist.
- Folgt auf ein unbestimmtes Angebot eine Bestellung, hat der Käufer seine Zustimmung gegeben, d. h., seine erste Willenserklärung ist erfolgt.
- Durch die Bestellungsannahme bzw. Auftragsbestätigung erklärt sich der Verkäufer, dieses Mal rechtlich verbindlich, mit seinen im Angebot gemachten Angaben einverstanden. Die zweite Willenserklärung ist erfolgt. Ein rechtskräftiger Vertrag (Kaufvertrag) ist zustande gekommen.

Eine identische Situation liegt vor, wenn der Verkäufer ein Angebot unterbreitet hat und der Käufer dieses nicht genau so durch Bestellung annimmt, sondern mindestens eine Angabe nach seinen Vorstellungen ändert. Beispielsweise ändert er die Menge, den Preis, das Zahlungsziel,... In diesem Fall stellt das vom Käufer geänderte Angebot die erste Willenserklärung dar (Antrag).

- Der Verkäufer hat nun die Möglichkeit den Käufer auf die Änderungen hinzuweisen und nicht darauf einzugehen, z. B. wenn der Käufer den Preis verändert hat.
- Erklärt er sich mit den Änderungswünschen des Käufers einverstanden, nimmt er die Bestellung an und verfasst eine Bestellungsannahme (Auftragsbestätigung) mit den Änderungswünschen des Käufers.

© nmann77 – stock.adobe.com

- Die Annahme der veränderten Vertragsbedingungen in Form der Bestellungsannahme ist die zweite Willenserklärung, sodass ein Vertrag zustande kommt.

Hieran wird deutlich, dass die Bestellungsannahme die Einverständniserklärung des Verkäufers mit der Bestellung des Käufers ist und somit rechtlich bindend. Grundsätzlich kann die Bestellungsannahme formfrei erfolgen. Die Schriftform ist zu empfehlen, da somit eine Zusammenfassungs- und Beweisfunktion gegeben ist.

Eine Bestellungsannahme durch den Verkäufer ist zudem notwendig, wenn sein Angebot mit der Bedingung „freibleibend" erfolgt ist. Mit diesem Zusatz teilt der Verkäufer mit, dass er sich nicht an die unterbreiteten Konditionen halten muss, d. h., er schließt damit die rechtliche Bindung des Angebotes aus.

- Als Folge stellt die Bestellung des Käufers die erste Willenserklärung (Antrag) dar, die der Verkäufer ablehnen oder annehmen kann.
- Erklärt der Verkäufer sich einverstanden, kommt durch die zweite Willenserklärung in Form der Bestellungsannahme (Auftragsbestätigung) ein Vertrag zustande.

Ebenso ist die Vorgehensweise, wenn die im Angebot genannte Frist zur Beantwortung verstrichen ist.

Die Bestellungsannahme kann durch eine direkte Güterlieferung des Verkäufers ersetzt werden. In diesem Fall schließen Käufer und Verkäufer durch das konkludente Handeln, nämlich die Lieferung als Schlussfolgerung auf die Bestellung, einen Vertrag miteinander.

Der Ware liegt meist ein Lieferschein (Warenbegleitschein) bei. Ein Lieferschein gibt Auskunft über die gelieferte Ware und dokumentiert idealerweise genau den Wareneingang, d. h. Bezeichnung, Menge, Gewicht, Lieferdatum usw. Die Erstellung eines Lieferscheines ist nicht verpflichtend, sodass auch keine gesetzlichen Vorgaben z. B. über den Inhalt bestehen.

Gegebenenfalls liefert der Verkäufer seine Ware mit Lieferschein und Rechnung aus. Die gleichzeitige Übergabe mit der Ware ist nicht vorgeschrieben, sodass eine zeitnahe Übermittlung, z. B. per E-Mail oder auf dem Postweg, ausreicht.

Auftragsbestätigung – Formular

Büromöbel
Hauser & Schulte GmbH

Büromöbel Hauser & Schulte GmbH – Postfach 12 34 – 54290 Trier

Ihr Zeichen:
Ihre Nachricht vom:
Unser Zeichen:
Unsere Nachricht vom:

Name:
Telefon:
Telefax:
E-Mail:
Internet:

Datum:

Auftragsbestätigung

Kunden-Nr.	Auftragsbestätigungs-Nr.	
Ihre Bestell.Nr.	Bestelldatum	Versandart
Lieferanschrift		

Pos.	Artikel-nummer	Artikelbezeichnung	Menge und Einheit	Preis je Einheit	Mengen-rabatt in %	Kunden-rabatt in %	Gesamt-preis in EUR
						Warenwert netto	
Versandkosten in EUR		Summe netto	USt. in %	USt. in EUR	Summe brutto in EUR		

Die Lieferung erfolgt auf der Grundlage unserer Allgemeinen Geschäftsbedingungen. Zahlbar innerhalb von 14 Tagen abzüglich 3 % Skonto oder innerhalb 30 Tagen netto Kasse.

Wir garantieren Ihnen eine sorgfältige Ausführung Ihres Auftrages.

Mit freundlichen Grüßen

Büromöbel
Hauser & Schulte GmbH

i. A.

Kathrin Thome

Anschrift
Balduinstraße 15
54296 Trier

Postfach 1 23
54207 Trier

Geschäftsführer
Nadine Hauser
Joachim Schulte

Kommunikationsangaben
Telefon: 0651 487-0 (Zentrale)
Freecall: 0800 428737
Telefax: 0651 487-1345
E-Mail: info@hauser-schulte.de
Internet: www.hauser-schulte.de

Sitz und Register
Amtsgericht Trier, R B 40392
Steuer-Nr. 10/201/0204/5
USt-ID DE 190453342

Bankverbindungen
Sparkasse Trier
IBAN DE67 2630 0000 0923 00
BIC: RLade21NOH

Angebot und seine Mindestbestandteile (LA 1.4)

Die Antwort auf eine Anfrage erfolgt in Form eines Angebotes. Hierbei handelt es sich um ein verlangtes Angebot. Denkbar ist es auch, dass ein Unternehmen von sich aus ein Angebot unterbreitet, ohne dass eine Anfrage vorausging. In diesem Fall liegt ein unverlangtes Angebot vor.

Unternehmen senden unverlangte Angebote beispielsweise, wenn sie ihre Produktpalette erweitert haben oder wenn sie erfahren, dass der Empfänger Interesse an den vertriebenen Gütern haben könnte:

> Beispielsweise hat die Büromöbel Hauser & Schulte GmbH erfahren, dass die ortsansässige Berufsschule renoviert wird. Die Schule benötigt neue Büromöbel, wie Tische und Stühle, die die Büromöbel Hauser & Schulte GmbH gerne liefern würde. Sie verfasst ein unverlangtes Angebot, indem sie zunächst die Unternehmung und die Produktpalette vorstellt. Ziel ist es, die Berufsschule als neuen Kunden zu gewinnen, sodass es sinnvoll ist, die eigenen Vorteile hervorzuheben.
>
> Ein unverlangtes Angebot ermöglicht es, sich von der Konkurrenz abzugrenzen, beispielsweise indem die Möbellieferung und -montage von Fachpersonal und kostenfrei erfolgt, ebenso die Entsorgung der Kartonage und Altmöbel im Preis enthalten ist usw. Neben der freundlichen Abschiedsformulierung, in der die Hoffnung auf Auftragserteilung enthalten ist, besteht die Möglichkeit, einen Kaufanreiz zu setzen, z. B.: „Für Sie als Erstkunden gilt unser Kennenlernrabatt in Höhe von zehn Prozent."

Oftmals ist ein Angebot der erste Kontakt zwischen Anfragendem und Anbietendem. Aufgrund dessen versucht der Verkäufer sein Angebot so attraktiv wie möglich zu gestalten. Dazu gehört es nicht nur mithilfe freundlicher Formulierungen einen positiven Eindruck zu hinterlassen. Vielmehr müssen in einem Angebot bestimmte Mindestinhalte enthalten sein, die die Vergleichbarkeit unterschiedlicher Anbieter gewährleisten. Unter den konkurrierenden Unternehmen wird dadurch einerseits der Druck erhöht, erspart aber andererseits ein zeitaufwendiges Nachfragen durch die Interessenten. Als Mindestinhalte gelten:

Art, Güte, Menge und Beschaffenheit der Ware

Die Art der Ware ist mit ihrer handelsüblichen Bezeichnung (Namen) gleichzusetzen. Qualitätsmerkmale, wie das Gütezeichen „Echtes Leder", Handelsklasse „A" bei Eiern, oder DIN-Normen, wie „Mehl Typ 405", bestimmen die Güte der Ware. Die Menge der Ware wird durch handelsübliche Maßangaben, wie Kilogramm, Meter oder Stück, bestimmt. Die Beschaffenheit der Ware gibt jede vereinbarte Eigenschaft der Ware an. Beispielsweise wird ein TV-Gerät als internetfähig ausgewiesen, ein Smartphone hat eine Akkulaufzeit von 200 Stunden usw.

Preis, Preisnachlässe und Beschaffungskosten der Ware

Der Preis der Ware muss sich sowohl auf die einzelne Einheit als auch auf die Gesamtmenge beziehen und dabei eventuelle Preisnachlässe berücksichtigen. Möglich ist z. B. ein Mengenrabatt, weil die angebotene Menge sehr groß ist, Treuerabatte für Stammkunden, Sonderrabatte, weil der Verkäufer Jubiläum feiert, Skonto für den Fall, dass die Ware früher gezahlt wird als notwendig oder einen Bonus, d. h. einen nachträglich gewährten Rabatt in Form einer Umsatzrückvergütung. Die Beschaffungskosten der Ware setzen sich aus dem Güterpreis und allen für die Beschaffung anfallenden Nebenkosten, wie Transportkosten, Versicherungsbeiträge, Verwaltungsaufwand usw., zusammen.

Liefer- und Zahlungsbedingungen

Käufer und Verkäufer legen die Lieferbedingungen fest, worunter sowohl Verpackungs- als auch Beförderungskosten fallen. Die Verpackungskosten sind vom Käufer der Ware zu tragen. Sie hängen u. a. davon ab, wie sicher die Ware verpackt wird, aber auch von der vereinbarten Versandart bzw. den Beförderungskosten. Grundsätzlich muss der Verkäufer die Ware nur bereitstellen. Der Käufer muss dann auf sein Risiko und seine Kosten die Ware dahin befördern, wo er sie benötigt.

Beförderungskosten

Die dafür anfallenden Kosten heißen Beförderungskosten. Käufer und Verkäufer können bestimmte Vertragsklauseln vereinbaren, die festlegen, bis wohin der Verkäufer die Ware liefern muss, und somit gleichzeitig festlegen, welche Kosten der Verkäufer trägt und ab wo der Käufer für die Beförderungskosten verantwortlich ist.

- Denkbar sind Alternativen wie „ab Werk" oder „ab Lager". Bei beiden Klauseln trägt der Käufer alle Beförderungskosten, der Verkäufer stellt die Ware nur bereit.
- Bei der Vereinbarung „frei Waggon" übernimmt der Verkäufer alle Kosten, bis die Ware im Bahnhof in einen Waggon verladen wurde. Der Verkäufer ist ab dann für alle weiteren Kosten verantwortlich.
- Dagegen übernimmt der Verkäufer bei der Vereinbarung „frei Haus" alle Kosten bis die Ware beim Käufer angekommen ist.

Lieferzeit

Neben den Kosten ist relevant, wie schnell die Ware verfügbar sein kann. Die Lieferzeit ist aufgrund dessen die Zeit, die zwischen der Vereinbarung über die Lieferung der Ware und der tatsächlichen Ankunft vergeht.

- Wird ein genauer Termin, wie der 15.11.20.. vereinbart, liegt ein Fixkauf vor. Mögliche Formulierungen können „fest", „fix", „exakt" oder „genau" sein.
- Ist eine Lieferung innerhalb einer bestimmten Frist, z. B. innerhalb von 90 Tagen, möglich, handelt es sich um einen Terminkauf.
- Von einem Zweckkauf wird gesprochen, wenn die Ware nur zu einem bestimmten Anlass benötigt wird, wie eine Hochzeitstorte.

Zahlungsbedingungen

Letztlich ist die Ware noch zu zahlen. Die Bedingungen hierfür, auch als Zahlungsbedingungen bezeichnet, sind erneut frei vereinbar.

- Verlangt der Verkäufer die Zahlung, bevor er die Ware liefert, handelt es sich um die Vereinbarung „Vorauszahlung".
- Möchte er lediglich einen Teilbetrag, liegt eine „Anzahlung" vor.
- Dem Käufer ist es lieber, wenn er die Ware erst einige Wochen nach Erhalt der Ware zahlen muss, er möchte somit ein „Zahlungsziel".
- Zahlt er die Ware nach und nach in Raten (Teilbeträgen), liegt eine „Ratenzahlung" vor.
- Bei der Vereinbarung „Skonto" darf der Käufer einen gewissen Prozentsatz vom Kaufpreis abziehen, falls er das eingeräumte Zahlungsziel nicht ganz ausnutzt und beispielsweise bereits nach zehn anstatt nach 30 Tagen bezahlt.

Erfüllungsort

Meistens sind Verkäufer und Käufer örtlich voneinander getrennt, sodass die Beförderung der Ware teuer werden kann. Um zu klären, bis wohin der Verkäufer bzw. ab wo der Käufer die Lieferkosten zu übernehmen hat, wird ein Erfüllungsort vereinbart.

Der Erfüllungsort ist der Ort, an dem der Verkäufer seine Ware an den Käufer übergibt und der Käufer sie annimmt. Theoretisch erfolgt am Erfüllungsort die gesamte Kaufabwicklung, zu der auch die Übergabe der Ware, die Zahlung, aber auch die gegenseitige Abnahme von Ware bzw. Geld gehört. In diesem Augenblick erfolgt somit die Eigentumsübertragung an einer beweglichen Sache, denn Verkäufer und Käufer einigen sich unter anderem über den Preis der Ware, die Lieferbedingungen usw. Die Sache bzw. der Kaufgegenstand wird übergeben und das Eigentum geht vom Verkäufer auf den Käufer über.

Der Käufer ist neuer Eigentümer, dies bedeutet, er hat die rechtliche Herrschaft über eine Sache und kann damit tun, was er möchte, wie weiterverkaufen, verschenken usw. Wäre er nur Besitzer hätte er nur die tatsächliche Herrschaft über die Sache, er würde sie beispielsweise in der Hand halten, dürfte aber nichts damit tun.

Stellen Sie sich beispielsweise vor, Sie denken darüber nach, das Smartphone Ihres Banknachbarn zu kaufen. Zunächst möchten Sie es sich einmal ausleihen, um zu testen, ob es Ihren Wünschen entspricht. Ihr Banknachbar leiht es ihnen einen Tag lang aus. Sobald Sie das Smartphone in der Hand haben, sind Sie der Besitzer, denn Sie haben die tatsächliche Herrschaft. Ihr Banknachbar hat aber noch die rechtliche Herrschaft, d.h., er darf es verkaufen, verleihen usw. und ist somit der Eigentümer.

Der gesetzliche Erfüllungsort ist stets der Wohn- bzw. Geschäftssitz des Schuldners und gilt immer dann, wenn Käufer und Verkäufer keine abweichende Vereinbarung getroffen haben (§ 269 BGB). Aufgrund des bestehenden Schuldverhältnisses gegenüber dem Käufer ist der Erfüllungsort der Ware der Wohn- bzw. Geschäftssitz des Verkäufers. Für die Zahlung des Kaufpreises der Wohn- bzw. Geschäftssitz des Käufers, da er die rechtzeitige Zahlung schuldet.

Der vertragliche Erfüllungsort ist durch Käufer und Verkäufer frei wählbar und kommt zustande, wenn in einem Angebot bzw. der Annahme eine entsprechende Klausel enthalten ist. Gültig wird diese bei ausdrücklicher Annahme der Vertragspartner oder, wenn kein Widerspruch erfolgt. Wird eine Klausel über den Erfüllungsort nur in einer Rechnung ausgewiesen, genügt dies nicht, d.h., die Vereinbarung über den vertraglichen Erfüllungsort gilt als nicht geschlossen und der gesetzliche Erfüllungsort wird wirksam.

Mit der Vereinbarung des Erfüllungsortes wird festgelegt, wer die Kosten der Lieferung zu tragen hat. Der Verkäufer hat nach der gesetzlichen Regelung die Kosten der Übergabe zu tragen, d.h. beispielsweise anfallende Kosten für Messen, Wiegen, ... (§ 448 Absatz 1 BGB).

Fallen Kosten für die Abnahme an bzw. benötigt der Käufer die Ware an einem anderen Ort als dem Erfüllungsort, so kommt er für entstehende Kosten auf. Alle Kosten für die zu leistende Zahlung, wie Überweisungsgebühren oder Ähnliches, trägt der Käufer (§ 270 Absatz 1 BGB), außer es wurde eine abweichende Vereinbarung getroffen. Abgeleitet aus den gesetzlich festgelegten Bestimmungen für den Gefahren- und Kostenübergang ergeben sich zwei Regelungen:

- Zum einen gilt der Grundsatz, dass Warenschulden Holschulden sind,
- zum anderen sind Geldschulden sogenannte Schickschulden (Bringschulden). Die Erklärung dafür ist anhand von Beispielen nachvollziehbar:

> Das Gesetz gibt vor, dass der Erfüllungsort für die Ware am Ort des Verkäufers ist, d. h. „ab Werk" und damit z. B. der Innenhof von Büromöbel Hauser & Schulte. Der Käufer muss die Ware von dort abholen. Deshalb werden Waren auch als Holschulden bezeichnet.
>
> Bei der Zahlung ist es genau umgekehrt. Hier muss der Käufer das Geld an den Verkäufer (Büromöbel Hauser & Schulte) schicken, z. B. indem er Bargeld übergibt oder eine Überweisung tätigt. Aus diesem Grund sind Geldschulden sogenannte Schickschulden (Bringschulden).

Eigentumsvorbehalt

Weist ein Angebot die Klausel „Die Ware bleibt bis zur vollständigen Bezahlung des Kaufpreises unser Eigentum" auf, so veräußert der Verkäufer seine Ware nur unter der Bedingung des Eigentumsvorbehaltes. Diese Vereinbarung drückt aus, dass der Käufer, wenn er die Ware erhält, zunächst nur Besitzer (tatsächliche Herrschaft über die Sache) ist. Erst wenn er dem Verkäufer den vollständigen Kaufpreis bezahlt hat, geht das Eigentum an der Ware auf ihn über und er wird Eigentümer (rechtliche Herrschaft über eine Sache). In diesem Moment erlischt der vereinbarte Eigentumsvorbehalt.

Außerdem wird diese Vereinbarung unwirksam, wenn der Käufer die Sache noch nicht ganz bezahlt hat, aber an einen gutgläubigen Dritten verkauft, d. h., diese Person weiß nicht, dass die Ware unter Eigentumsvorbehalt verkauft wurde (§ 932 BGB), der Käufer die Sache verarbeitet (§ 950 BGB) oder mit einer beweglichen bzw. unbeweglichen Sache fest verbindet (§§ 947 und 946 BGB). Auf diese Klausel bestehen Verkäufer häufig deshalb, da sie bei Insolvenz des Käufers und nicht entrichtetem Kaufpreis ein Anrecht auf Herausgabe ihrer Ware haben. Der Eigentumsvorbehalt dient somit als Absicherung.

Weitreichender als der oben beschriebene einfache Eigentumsvorbehalt ist der erweiterte Eigentumsvorbehalt. Er ist insbesondere hilfreich, wenn ein Käufer häufig bzw. regelmäßig Ware von einem bestimmten Verkäufer bezieht. Das Vorbehaltsrecht führt in diesem Fall dazu, dass der Käufer erst dann Eigentümer der Ware wird, wenn er alle seine Verbindlichkeiten bezahlt hat, d. h. alle offenen Rechnungen beglichen sind und der Verkäufer keinerlei Forderungen mehr an ihn hat. Ist dies nicht der Fall bleibt er Besitzer.

Vom verlängerten Eigentumsvorbehalt wird gesprochen, wenn der Käufer die Ware seinerseits entweder nur weiterveräußert oder sowohl verarbeitet als auch weiterverkauft hat, bevor er seinen fälligen Kaufpreis entrichtet hat, d.h., er verkauft Ware, die er nur besitzt. Ihm steht von seinem Käufer ebenfalls die Zahlung des Kaufpreises zu. Solange dieser nicht bezahlt hat, besteht eine Forderung. Wurde die Ware unverarbeitet weiterverkauft, wurde die bestehende Forderung mithilfe des verlängerten Eigentumsvorbehaltes an den „ersten" Verkäufer abgetreten, sodass theoretisch der Käufer der verarbeiteten Ware direkt an den „ersten" Käufer zahlen könnte. Bei Weiterverarbeitung der Ware ist der „erste" Verkäufer zum Miteigentümer an der Ware geworden.

Gefahrenübergang

Für den Fall, dass die Abwicklung eines Kaufvertrages einmal nicht reibungslos verläuft, definiert der Gesetzgeber die Verantwortlichkeit des Schuldners (§§ 276 und 278 BGB), den sogenannten Gefahrenübergang. Hierbei wird festgelegt, dass grundsätzlich derjenige Vertragspartner den Schaden zu tragen hat, der dafür verantwortlich ist, dass der Kaufgegenstand verloren gegangen ist oder beschädigt wurde. Des Weiteren ist der Verkäufer für eine warengerechte Verpackung sowie für geeignetes Beförderungspersonal und -unternehmen verantwortlich.

Missachtet er dies oder bereits übermittelte Anweisungen des Käufers, haftet er für eventuelle Schäden (§ 447 Absatz 2 BGB). Bei zufälliger Verschlechterung oder vollständigem Untergang der Ware gelten besondere Regelungen: Mit der Übergabe der Ware vom Verkäufer an den Käufer oder dessen Erfüllungsgehilfen geht gleichzeitig die Gefahr an der Ware über, d.h., der Gefahrenübergang geht an den Käufer über (§ 446 BGB). Der Gefahrenübergang erfolgt unabhängig vom Erfüllungsort. Ebenso geht die Gefahr auf den Käufer über, wenn dieser die Versendung der Ware an einen anderen Ort als den Erfüllungsort wünscht und diese Aufgabe einem Spediteur, Frachtführer oder sonstigem Dritten überträgt (Versendungskauf, § 447 Absatz 1 BGB). Sobald die Ware zum Transport übergeben wurde, ist der Gefahrenübergang erfolgt.

© Minerva Studio – stock.adobe.com

Ein Frachtführer ist ein beauftragter Dritter, der mithilfe eines Frachtvertrages dazu verpflichtet wird, die Ware auf dem Landweg, Binnengewässern oder per Flugzeug zu befördern und dem Empfänger zu übergeben. Dabei haftet der Frachtführer für eventuelle Schäden (§ 437 HGB). Ein Spediteur bietet die Organisation von Gütertransporten an, wozu er mit einem Speditionsvertrag verpflichtet wird (§ 453 HGB). Oftmals übernimmt er den Transport selbst (Selbsteintritt), wodurch er zum Frachtführer wird (§ 458 HGB).

Die Transportgefahr liegt dagegen beim Verkäufer, wenn er die Beförderung durch eigene Mitarbeiter oder Hilfsmittel, wie LKW, durchführt. Die Gefahr bei Warenzahlung trägt grundsätzlich der Käufer, da er dafür verantwortlich ist, dass die korrekte Summe fristgerecht in die Verfügungsgewalt des Verkäufers gelangt (§ 270 Absatz 1 BGB). Die oben beschriebenen Risiken werden oftmals auf eine entsprechende Versicherung abgewälzt, die anfallende Kosten bei der Verschlechterung oder dem vollständigen Warenuntergang trägt. Beispiele hierfür sind die Transport-, Bruch-, Diebstahl-, Brandversicherung u.a. Die dafür entstehenden Kosten trägt derjenige, der die Gefahr zu verantworten hatte.

Gerichtsstand

Kommt es bei der Erfüllung des Vertrages zwischen Käufer und Verkäufer zu Streitigkeiten, so kann die Hilfe eines Gerichtes beansprucht werden. Welches Gericht zuständig ist, richtet sich zum einen nach der Höhe des Streitwertes (sachliche Zuständigkeit) zum anderen nach dem Ort an dem zu klagen ist (örtliche Zuständigkeit). Die sachliche Zuständigkeit weist den Amtsgerichten Verfahren mit einem Streitwert bis 5.000,00 Euro zu, Landgerichte bearbeiten höhere Streitwerte, wobei einige Ausnahmen gelten (§ 1 ZPO, § 23 GVG). Das Gesetz gibt den jeweiligen Erfüllungsort als Gerichtsstand vor bzw. den Ort, an dem der Beklagte seinen Unternehmenssitz hat (§ 29 BGB).

Letztlich sind über die oben benannten Angaben eines Angebotes aber auch Kriterien wie die Zuverlässigkeit bzw. der Ruf eines Unternehmens, besondere Leistungen wie z. B. ein Kundendienst oder auch eine bereits langjährige Geschäftsverbindung ausschlaggebend für die Annahme eines Angebotes.

Die Allgemeinen Geschäftsbedingungen (AGB)

Die oben beschriebenen Bestandteile bzw. Mindestinhalte eines Angebotes können zum einen vollständig im Angebot benannt werden oder ganz bzw. teilweise durch Allgemeine Geschäftsbedingungen ersetzt werden.

Unter den Allgemeinen Geschäftsbedingungen sind bereits vorformulierte Vertragsbedingungen zu verstehen, die entweder auf der Vertragsurkunde selbst, d. h. dem Angebot, der Bestellung usw., oder auf einem gesonderten Blatt abgedruckt sind. Für die Gültigkeit der Allgemeinen Geschäftsbedingungen ist es notwendig, dass beide Vertragspartner damit einverstanden sind. Insbesondere Verbraucher müssen ausdrücklich darauf hingewiesen werden. In Deutschland gilt grundsätzlich Vertragsfreiheit, d. h., die beiden Vertragspartner können den Inhalt des gemeinsam geschlossenen Vertrages frei vereinbaren. Die vorformulierten Geschäftsbedingungen werden eingesetzt, um den Abschluss von Verträgen zu vereinfachen und im alltäglichen Geschäftsleben zu beschleunigen, d. h., der Geschäftsverkehr wird rationalisiert.

Bei der Vielzahl der täglich geschlossenen Verträge, insbesondere Kaufverträge, stellt dies einen großen wirtschaftlichen Vorteil dar. Das Bürgerliche Gesetzbuch achtet darauf, dass wirtschaftlich Schwächere, wie Verbraucher, dabei nicht benachteiligt werden (Verbraucherschutz).

Verbraucher

(§ 13 BGB):

Verbraucher ist jede natürliche Person, die ein Rechtsgeschäft zu Zwecken abschließt, die überwiegend weder ihrer gewerblichen noch ihrer selbstständigen beruflichen Tätigkeit zugerechnet werden können.

Gewährleistung
(§§ 434–447 BGB bzw. §§ 474–477 BGB sowie §§ 305–310 BGB):

Ein Unternehmen ist beim Verkauf seiner Ware gesetzlich dazu verpflichtet, dem Kunden eine mangelfreie Ware zu übergeben. Durch die gesetzliche Vorgabe kann die Gewährleistungsfrist von zwei Jahren nicht ausgeschlossen oder verändert werden. Lediglich bei gebrauchter Ware darf sie auf ein Jahr reduziert werden. Bei einem Kaufvertrag zwischen zwei Privatpersonen gilt keine Gewährleistung.

Ermöglicht wird dies, indem beispielsweise die Allgemeinen Geschäftsbedingungen lediglich für Kaufverträge gelten (§ 310 BGB), unangemessene Benachteiligungen unwirksam und somit nicht Vertragsinhalt sind (§ 307 BGB) und individuell getroffene Absprachen der Vertragspartner wichtiger sind als die Allgemeinen Geschäftsbedingungen (§ 305 b BGB). Des Weiteren darf die gesetzliche **Gewährleistungspflicht** des Verkäufers nicht beschränkt werden (§ 309 BGB).

Lieferschein (LA 1.5)

Ein Bestandteil der Auftragsbearbeitung ist der Lieferschein (Warenbegleitschein – Seite 73). Er ist ein eigenständiges Dokument, welches im Rahmen der Versandtätigkeiten in der Abteilung „Lager" oder zentral in der Abteilung „Verkauf (Absatz)" erstellt wird. Jedes Unternehmen erstellt seinen eigenen Lieferschein. Die Erstellung ist nicht verpflichtend, sodass auch keine gesetzlichen Vorgaben, z. B. über den Inhalt bestehen. Als Warenbegleitschein dokumentiert er jedoch die ordnungsgemäße Ausführung des Auftrages, sodass bei Erstellung einige Grunddaten zu beachten sind:

- Name und Adresse des Verkäufers
- Name und Adresse des Käufers (Lieferanschrift eventuell abweichende Kundenanschrift)
- Kundennummer, Rechnungsnummer und Auftragsnummer
- Datum der Lieferscheinerstellung
- Bestellte Ware mit der jeweiligen Artikelnummer und Bezeichnung
- Menge bzw. Stückzahl oder Einheiten der bestellten Ware
- Lieferdatum und Lieferscheinnummer
- Feld oder Linie für Datum und Unterschrift beim Empfang der Ware (Kontrollvermerk)

Der Lieferschein enthält keinerlei Angaben zu Preisen oder Zahlungsbedingungen wie Skonti, Rabatte, Boni, Steuersätze o. ä. Diese Angaben sind Bestandteil der Rechnung.

Der Lieferschein (Warenbegleitschein) ist für den Verkäufer ein Hilfsmittel zur Kontrolle, ob ein Gesamtauftrag ordnungsgemäß zusammengestellt wurde und alle gekauften Artikel beispielsweise in der gewünschten Anzahl usw. zusammengestellt wurden. Somit ist er ein Beleg für die korrekte Kommissionierung.

Für den Käufer bietet der Lieferschein (Warenbegleitschein) die Möglichkeit, die Ware unmittelbar bei Lieferung auf Übereinstimmung mit dem Kaufvertrag zu prüfen, d. h., tatsächlich bestellte Artikel, Anzahl, Qualität usw. Die Entgegennahme der Ware wird auf dem Lieferschein mit Datum und Unterschrift vermerkt. Eventuelle Abweichungen vom Auftrag, beispielsweise Fehlmengen, werden direkt auf dem Lieferschein dokumentiert.

Rechnung (LA 1.5)

Die Rechnung (Seite 74) basiert auf einem Kaufvertrag und stellt die Grundlage für die Kundenzahlung an das Unternehmen dar, unabhängig davon, ob der Kunde ein anderes Unternehmen oder eine Privatperson ist. Vor der abschließenden Zahlungsüberwachung bildet sie das Ende der Auftragsbearbeitung. Sowohl das Handels- als auch das Steuerrecht stellen Mindestanforderungen an eine Rechnung, da sie alle wesentlichen Vereinbarungen zwischen den Vertragspartnern zusammenfasst:

- Name und Adresse des Verkäufers (Rechnungsersteller)
- Name und Adresse des Käufers (Rechnungsempfänger)
- Rechnungsnummer und -datum
- Liste der gelieferten Ware bzw. erbrachten Leistung mit den Nettopreisen
- Umsatzsteuerbeträge
- Bruttobeträge
- Leistungsdatum
- Zahlungsbedingungen, falls sie von den gesetzlichen Bedingungen abweichen

Lieferschein – Formular

Büromöbel
Hauser & Schulte GmbH

Büromöbel Hauser & Schulte GmbH – Postfach 12 34 – 54290 Trier

Ihr Zeichen:
Ihre Nachricht vom:
Unser Zeichen:
Unsere Nachricht vom:

Name:
Telefon:
Telefax:
E-Mail:
Internet:

Datum:

Lieferschein

Kunden-Nr.	Lieferschein-Nr.	Lieferdatum
Ihre Bestell-Nr.	Bestelldatum	Versandart
Lieferanschrift		

Pos.	Artikel-Nr.	Bezeichnung der Lieferung/Leistung	Einheit	Menge

Waren ordnungsgemäß erhalten:

____
Datum, Unterschrift

Die gelieferten Waren bleiben bis zur vollständigen Bezahlung unser Eigentum.

Anschrift	Geschäftsführer	Kommunikationsangaben	Sitz und Register	Bankverbindungen
Balduinstraße 15 54296 Trier Postfach 1 23 54207 Trier	Nadine Hauser Joachim Schulte	Telefon: 0651 487-0 (Zentrale) Freecall: 0800 428737 Telefax: 0651 487-1345 E-Mail: info@hauser-schulte.de Internet: www.hauser-schulte.de	Amtsgericht Trier, R B 40392 Steuer-Nr. 10/201/0204/5 USt-ID DE 190453342	Sparkasse Trier IBAN DE67 2630 0000 0923 00 BIC: RLade21NOH

Rechnung – Formular

Büromöbel
Hauser & Schulte GmbH

BÜROMÖBEL
HAUSER & SCHLTE GMBH

Büromöbel Hauser & Schulte GmbH – Postfach 12 34 – 54290 Trier

Ihr Zeichen:
Ihre Nachricht vom:
Unser Zeichen:
Unsere Nachricht vom:

Name:
Telefon:
Telefax:
E-Mail:
Internet:

Datum:

Rechnung

Kunden-Nr.	Rechnungs-Nr.	Rechnungsdatum
Ihre Bestell-Nr.	Bestelldatum	Versandart
Lieferanschrift		

Pos.	Artikel-nummer	Artikelbezeichnung	Menge und Einheit	Preis je Einheit	Mengen-rabatt in %	Kunden-rabatt in %	Gesamt-preis in EUR
Warenwert netto							
Versandkosten in EUR		Summe netto	USt. in %	USt. in EUR	Summe brutto in EUR		

Die Lieferung erfolgt auf der Grundlage unserer Allgemeinen Geschäftsbedingungen.
Zahlbar innerhalb von 14 Tagen abzüglich 3 % Skonto oder innerhalb 30 Tagen netto Kasse.

Anschrift	Geschäftsführer	Kommunikationsangaben	Sitz und Register	Bankverbindungen
Balduinstraße 15 54296 Trier Postfach 1 23 54207 Trier	Nadine Hauser Joachim Schulte	Telefon: 0651 487-0 (Zentrale) Freecall: 0800 428737 Telefax: 0651 487-1345 E-Mail: info@hauser-schulte.de Internet: www.hauser-schulte.de	Amtsgericht Trier, R B 40392 Steuer-Nr. 10/201/0204/5 USt-ID DE 190453342	Sparkasse Trier IBAN DE67 2630 0000 0923 00 BIC: RLade21NOH

Verträge rechtsgültig abschließen

Rechtsgeschäft und Willenserklärung (LA 2.1)

Die Geschäftsfähigkeit definiert, ab welchem Lebensalter natürliche Personen rechtlich wirksam handeln, d. h. gültige Rechtsgeschäfte abschließen dürfen. Rechtsgeschäfte sind Geschäfte, wie z. B. der Abschluss eines Vertrages, aus denen sich Rechtsfolgen ergeben, d. h., für die Beteiligten entstehen Rechte und Pflichten (vgl. Palandt, 2014).

Konkrete Rechtsfolgen ergeben sich aus mindestens einer abgegebenen Willenserklärung. Dies bedeutet:

- Mindestens eine Person muss den Willen dazu haben, einen Vertrag abzuschließen, und diesen einer anderen Person mitteilen.
- Mit Bekanntgabe ihres Willens hat diese Person eine Willenserklärung abgegeben.

> Stellen Sie sich beispielsweise vor, dass Sie sich in der Pause eine Brezel kaufen möchten. Der Verkäuferin gegenüber äußern Sie diesen Wunsch und geben somit eine Willenserklärung ab.

Willenserklärungen können Sie aber nicht nur mündlich abgeben, sondern auch schriftlich, durch Schweigen oder indem Sie „konkludent", d. h. „schlüssig" handeln.

> „Schlüssig" handeln können Sie beispielsweise, indem Sie Geld in einen Getränkeautomaten werfen.

Für die Gültigkeit der abgegebenen Willenserklärung ist es unerheblich, auf welche Art und Weise sie abgegeben wurde, sodass „Formfreiheit" besteht.

Aufgrund der Formfreiheit reicht es aus, wenn sich die Beteiligten mündlich einigen, sich die Hände schütteln oder aber einen schriftlichen Vertrag aufsetzen. Aus Beweisgründen werden die meisten Rechtsgeschäfte schriftlich abgeschlossen. Nur bei besonders wichtigen Rechtsgeschäften schreibt der Gesetzgeber vor, dass eine bestimmte Form einzuhalten ist, es herrscht „Formzwang". Solche Formvorschriften dienen dazu, die Beteiligten zu schützen und ihnen deutlich zu machen, wie wichtig die Abgabe ihrer Willenserklärung ist. Zu unterscheiden sind die:

- Schriftform, d. h., alle Beteiligten müssen den Vertrag eigenhändig unterzeichnen. Erst durch die persönliche Unterschrift wird der Vertrag gültig. (Ausbildungsvertrag)
- Öffentliche Beglaubigung, d. h., ein Notar oder eine Behörde bezeugt, dass die Unterschrift auf einem Vertrag tatsächlich „echt" ist. (Zeugnisbestätigung im Schulsekretariat)
- Notarielle Beurkundung, d. h., ein Notar bestätigt nicht nur, dass die Unterschrift unter dem Vertrag „echt" ist, sondern auch, dass die Vertragspartner den Inhalt des Vertrages verstanden haben und somit ihre Willenserklärung dem Inhalt des Vertrages entspricht. (Haus- oder Grundstückskauf)

Zustandekommen von Verträgen (LA 2.1)

Die meisten Verträge sind zweiseitige Verträge, die durch zwei übereinstimmende Willenserklärungen zustande kommen. Wer einen Antrag unterbreitet, ist an diesen gebunden (§ 145 BGB). Ein Antrag kann alternativ auch als Angebot bezeichnet werden. Auf einen Antrag bzw. ein Angebot reagiert der Vertragspartner in der Regel, indem er seine Zustimmung, d. h. eine Annahme formuliert.

Die zweite Willenserklärung heißt Annahme. Mit ihrer Formulierung kommt ein rechtsgültiger Vertrag zustande, da auf den Antrag die Annahme erfolgt ist und somit zwei übereinstimmende Willenserklärungen abgegeben wurden.

Ein Antrag bzw. ein Angebot ist jedoch nicht unbefristet gültig, sondern nur solange, wie unter verkehrsüblichen Umständen mit einer Antwort, d. h. einer Annahme, zu rechnen ist (§ 147 Absatz 2 BGB – vgl. zudem Abschnitt „Angebot und seine Gültigkeit"). Wurde ein Antrag bzw. ein Angebot befristet abgegeben, ist die Annahme nur innerhalb dieser Zeit möglich.

Rechte und Pflichten aus einem Vertrag (LA 2.1)

Gibt nur eine Person eine Willenserklärung ab, liegt ein einseitiges Rechtsgeschäft vor.

> Bei einer Kündigung reicht es vollkommen aus, wenn der Arbeitgeber oder Auszubildende kündigt und dadurch seinen Willen erklärt.

Bereits durch diese eine Willenserklärung ist ein gültiges Rechtsgeschäft geschlossen worden. Voraussetzung ist lediglich, dass der Empfänger die Möglichkeit hat, von dieser Willenserklärung zu erfahren, d. h., die Willenserklärung muss in den Herrschaftsbereich des Empfängers gelangen bzw. ihm zugegangen sein (§ 130 BGB).

Reicht das Zustellen der Willenserklärung aus, liegt ein empfangsbedürftiges Rechtsgeschäft vor.

> Beispielsweise muss der Arbeitgeber bei Kündigung eines Auszubildenden dafür sorgen, dass diese in den Herrschaftsbereich des Auszubildenden gelangt, z. B. in seinen Briefkasten eingeworfen wird. Möchte er ganz sicher sein, dass sie in den Empfangsbereich gelangt ist, versendet er die Kündigung als Einschreiben mit Rückschein.

Wird eine Willenserklärung bereits alleine dadurch gültig, dass sie formuliert bzw. abgegeben wird, handelt es sich um ein nicht empfangsbedürftiges Rechtsgeschäft.

> Ein Testament wird gültig, ohne dass weitere Vertragspartner einverstanden sein müssen.

In den meisten Fällen sind mindestens zwei Personen am Abschluss eines Rechtsgeschäftes beteiligt. Bei diesen sogenannten mehrseitigen Rechtsgeschäften ist es notwendig, dass sich die beiden Vertragspartner einig sind, denn aus dem geschlossenen Vertrag entstehen unterschiedliche Rechte und Pflichten. Bei Verträgen, die lediglich einem Vertragspartner Pflichten auferlegen, handelt es sich um einseitig verpflichtende Verträge.

Beispielsweise resultiert aus einer Schenkung für den Schenkenden die Pflicht, dass er das Eigentum an dem zu schenkenden Gegenstand auf den Beschenkten überträgt, ohne dafür eine Gegenleistung zu verlangen (§ 516 Absatz 1 BGB).

Durch den Abschluss einer Bürgschaft übernimmt der Bürge die Pflicht, einem Dritten gegenüber zu leisten, z. B. in Höhe eines geschuldeten Kredites, wenn der ursprüngliche Vertragspartner, in diesem Fall der Kreditnehmer, nicht zahlen kann (§ 765 Absatz 1 BGB).

Mehrseitig verpflichtende Rechtsgeschäfte kommen häufiger vor und bringen für alle Vertragspartner sowohl Rechte als auch Pflichten mit sich. Bei solchen gegenseitigen Verträgen bewirkt gerade die Leistung eines Vertragspartners, dass sich auch der andere Vertragspartner zu einer Leistung verpflichtet. Der Vertrag besteht somit aus zwei Teilen, dem Verpflichtungs- und dem Erfüllungsgeschäft. Das Verpflichtungsgeschäft ist die Grundlage des abgeschlossenen Vertrages, denn beide Vertragspartner verpflichten sich dazu, dem anderen eine Leistung zu erbringen.

Am Beispiel des Kaufvertrages verpflichtet sich der Verkäufer beispielsweise dazu, den Kaufgegenstand zur rechten Zeit, am rechten Ort, mangelfrei zu übergeben und den vereinbarten Kaufpreis anzunehmen. Der Käufer verpflichtet sich zur rechtzeitigen Zahlung und zur Abnahme des Kaufgegenstandes.

Dieser Teil der Vertragsumsetzung ist das Verpflichtungsgeschäft. Kommen die beiden Partner ihren Pflichten nach, d. h., erfüllen sie ihre Pflicht, wird das Erfüllungsgeschäft vollzogen. Das Verpflichtungs- und Erfüllungsgeschäft sind voneinander unabhängige Rechtsgeschäfte, welche es ermöglichen, dass die Pflicht und die Erfüllung dieser Pflicht zeitlich voneinander abweichen können.

Das heißt, dass das Verpflichtungs- und Erfüllungsgeschäft zwar unmittelbar aufeinander folgen können (z. B. beim Warenkauf in Geschäften), es jedoch auch möglich ist, dass erhebliche Zeiträume zwischen Verpflichtung und Erfüllung liegen (z. B. beim Kauf eines PKW mit einjähriger Lieferzeit).

© Arestov Andrew – stock.adobe.com

Vertragsarten und ihre Bestandteile (LA 2.1)

Wenngleich Kaufverträge im Wirtschaftsleben eine wichtige Rolle spielen, so existieren weitere Vertragsarten, die durch das Bürgerliche Gesetzbuch (BGB) geregelt werden. Sie alle bestehen aus unterschiedlichen Vertragspartnern, die aufgrund des Vertragsgegenstandes für die Beteiligten abweichende Rechte und Pflichten vorgeben:

- Bei Abschluss eines Mietvertrages einigen sich Mieter und Vermieter darüber, dass der Vermieter eine Sache zur Nutzung bereitstellt. Der Vertrag hält fest, in welchem Zustand sich die Sache, z. B. eine Wohnung oder ein Auto, befindet. Der Vermieter hat darauf zu achten, dass sich dieser Zustand während der Mietzeit nicht verschlechtert, während der Mieter für dieses Zurverfügungstellen Geld zahlt und genau diese Sache nach Ablauf einer bestimmten Zeit wieder zurückgibt (§ 535 BGB).

- Im Rahmen eines Werkvertrages wird ein Unternehmer durch einen Besteller dazu verpflichtet, ein bestimmtes Werk anzufertigen. Der Käufer (Besteller) zahlt nach Herstellung. Während sich der Unternehmer somit dazu verpflichtet, einen bestimmten Arbeitserfolg zu erbringen, z. B. fertigt ein Schreiner ein Bücherregal für ein Einfamilienhaus und baut es dort auf, so verpflichtet sich der Besteller dazu, die Arbeitsleistung in Empfang zu nehmen und den Unternehmer für seine Leistung zu bezahlen (Werklohn). Der Unternehmer ist zur Annahme der Zahlung verpflichtet.
- Bei einem Dienstvertrag, z. B. einem Arbeitsvertrag, verpflichtet sich ein Vertragspartner (z. B. Arbeitnehmer) zur Leistung der vereinbarten Dienste, der andere (z. B. Arbeitgeber) zur Gewährung der vereinbarten Vergütung. (§ 611 Absatz 1 BGB).
- Bei einem Kaufvertrag einigen sich Käufer und Verkäufer über die Eigentumsübertragung einer Sache. Dabei bestehen die Pflichten des Verkäufers darin, die verkaufte Ware zu übergeben, das Eigentum an der Ware zu verschaffen und den vereinbarten Kaufpreis anzunehmen. Er muss die Ware zur rechten Zeit, am rechten Ort und frei von Mängeln übergeben. Die Pflichten des Verkäufers entsprechen den Rechten des Käufers und umgekehrt. Aus diesem Grund bestehen die Pflichten des Käufers darin, den vereinbarten Kaufpreis rechtzeitig zu zahlen und die gekaufte Ware anzunehmen.

Vertragspartner (LA 2.1)

Verbraucher
(§ 13 BGB):

Verbraucher ist jede natürliche Person, die ein Rechtsgeschäft zu Zwecken abschließt, die überwiegend weder ihrer gewerblichen noch ihrer selbstständigen beruflichen Tätigkeit zugerechnet werden können.

Schließen natürliche Personen Verträge ab, die ausschließlich privaten Zwecken dienen, wie z. B. der Kauf eines Kaffeevollautomaten für die eigene Küche, werden sie als Verbraucher bezeichnet (§ 13 BGB).

Werden Verträge dagegen für gewerbliche oder beruflich selbstständige Zwecke geschlossen, handelt es sich um ein Rechtsgeschäft mit einem Unternehmer (§ 14 Absatz 1 BGB). Beispielsweise kauft ein Rechtsanwalt einen Kaffeevollautomaten für sein Büro, um seinen Mandanten frischen Kaffee anbieten zu können.

Beim Abschluss von Kaufverträgen entscheidet zum einen die rechtliche Stellung der Vertragspartner, d. h. Verbraucher oder Unternehmer, zum anderen der Zweck des Kaufvertrages darüber, welche Art des Kaufvertrages vorliegt:

- Schließen zwei Verbraucher einen Kaufvertrag miteinander, liegt ein Bürgerlicher Kauf, der auch Privatkauf heißt, vor, beispielsweise kaufen Sie als Verbraucher das Auto ihres Patenonkels.
- Sind sowohl Käufer als auch Verkäufer Unternehmer, handelt es sich um einen zweiseitigen Handelskauf. Dieser liegt z. B. vor, wenn eine Spedition einen LKW für ihren täglichen Warentransport beim Autohändler in Trier kauft.
- Ist lediglich der Verkäufer Unternehmer und der Käufer Verbraucher, schließen die beiden einen Verbrauchsgüterkauf bzw. einen einseitigen Handelskauf miteinander. Dies ist der Fall, wenn Sie sich ein neues Auto beim Autohändler kaufen. Kauft ein Unternehmer bei einem Verbraucher, liegt ein sonstiger einseitiger Handelskauf vor.

Vertragspartner – Möglichkeiten Verträge zu schließen (LA 2.2)

Rechtssubjekte und ihre Rechtsfähigkeit (LA 2.2)

Am Rechtsverkehr kann in der Bundesrepublik Deutschland nur teilnehmen, wer rechtsfähig ist. Dies sind alle Personen, die Rechte und Pflichten haben können. Man nennt sie auch Rechtssubjekte. Grundsätzlich werden zwei Arten von Personen (Rechtssubjekte) unterschieden: die natürlichen und die juristischen Personen.

- Zu den natürlichen Personen zählen alle Menschen, ohne Rücksicht auf ihr Alter, ihr Geschlecht oder ihre Rasse. Natürliche Personen sind von ihrer Geburt bis zu ihrem Tod rechtsfähig.
- Juristische Personen sind Vereinigungen von natürlichen Personen mit eigener Rechtspersönlichkeit. Juristische Personen sind Träger von Rechten und Pflichten. Sie sind aber keine natürliche Person. Juristische Personen verfügen über Vermögen, können Verträge abschließen, klagen, ... ebenso wie eine natürliche Person. Es gibt zwei Arten von juristischen Personen:
  - Juristische Personen des privaten Rechts versuchen möglichst viel Gewinn zu erzielen.
  - Juristische Personen des öffentlichen Rechts dienen öffentlichen Zwecken und unterliegen der staatlichen Aufsicht.

Damit die Öffentlichkeit darüber informiert ist, welche juristischen Personen existieren, werden diese im Regelfall in öffentliche Register eingetragen. Die Öffentlichkeit darf diese Register einsehen. Um beispielsweise Informationen über eine Gesellschaft mit beschränkter Haftung zu erhalten, muss sie im Handelsregister nachschlagen. Durch Eintragung in ein öffentliches Register erlangt die juristische Person ihre Rechtsfähigkeit, durch Löschung endet diese.

Juristische Personen des öffentlichen Rechts werden aufgrund eines Gesetzes gegründet oder aufgelöst. Eine Universität wird beispielsweise rechtsfähig durch staatliche Verleihung und verliert diese Eigenschaft bei Entzug.

Juristische Personen können wie natürliche Personen Rechte wahrnehmen und haben auch Pflichten zu tragen. Diese stimmen weitgehend mit jenen der natürlichen Personen überein. Juristische Personen haben somit Vermögen, können Verträge abschließen, als Erben eingesetzt werden und in eigenem Namen klagen und verklagt werden.

Rechts- und Geschäftsfähigkeit (LA 2.2)

Unter Rechtsfähigkeit versteht das Gesetz die Fähigkeit einer Person, also eines Rechtssubjektes, Träger von Rechten und Pflichten zu sein. Sie hat also z. B. das Recht, ein Geldgeschenk anzunehmen oder die Pflicht, die Schule zu besuchen. Die Rechtsfähigkeit reicht allerdings nicht aus, um beispielsweise einen Kaufvertrag abzuschließen. Dazu muss eine Person geschäftsfähig sein. Die Geschäftsfähigkeit einer Person ist die Fähigkeit, Rechtsgeschäfte selbstständig und gültig abzuschließen. Dabei sind drei „Stufen der Geschäftsfähigkeit" zu unterscheiden: die Geschäftsunfähigkeit, die beschränkte Geschäftsfähigkeit und die unbeschränkte Geschäftsfähigkeit.

Stufen der Geschäftsfähigkeit (LA 2.2)

Geschäftsunfähig sind Kinder unter sieben Jahren und Personen, die dauerhaft geistesgestört sind. Schließen diese Personen Rechtsgeschäfte ab, gelten diese als nicht zustande gekommen, d. h. als nichtig.

Die beschränkte Geschäftsfähigkeit bedeutet, dass ein Minderjähriger, zwischen dem vollendeten siebten und dem vollendeten 18. Lebensjahr, Rechtsgeschäfte in eigenem Namen abschließen kann. Dazu benötigt er jedoch die Zustimmung seiner Eltern bzw. gesetzlichen Vertreter im Voraus (Einwilligung) oder nachträglich (Genehmigung). Schließt er ein Rechtsgeschäft ohne Zustimmung ab, gilt das Rechtsgeschäft als „schwebend unwirksam". Bis der gesetzliche Vertreter es genehmigt hat, dann ist das Rechtsgeschäft gültig geworden. Bleibt die Genehmigung aus, ist das Rechtsgeschäft nichtig.

Einige Rechtsgeschäfte darf ein beschränkt Geschäftsfähiger alleine abschließen: Zum einen darf er Geschäfte abschließen, die nur einen rechtlichen Vorteil für ihn mit sich bringen (§ 107 BGB), zum anderen darf er frei über sein Taschengeld verfügen (§ 110 BGB, Taschengeldparagraf). Allerdings darf er keine Ratengeschäfte abschließen, denn damit würde er über Taschengeld verfügen, welches er noch überhaupt nicht erhalten hat. Außerdem darf er Rechtsgeschäfte abschließen, wenn dies im Rahmen eines Arbeitsvertrages geschieht (§ 113 BGB).

> Arbeiten Sie beispielsweise in den Ferien als Aushilfe und verkaufen während ihrer Arbeitszeit eine Zeitung, ist dies rechtlich erlaubt. Gleiches gilt, wenn Sie bereits selbstständig ein Unternehmen leiten, z. B. weil Sie das Unternehmen Ihrer Eltern bereits mit 17 Jahren übernehmen (§ 112 BGB).

Personen, die das achtzehnte Lebensjahr vollendet haben, gelten als unbeschränkt geschäftsfähig. Ihre Willenserklärungen sind voll rechtswirksam, d. h. gültig. Somit tragen Sie für alle von ihnen abgeschlossenen Rechtsgeschäfte die volle und alleinige Verantwortung.

Besonderheiten bei Kaufverträgen im Online-Vertrieb (LA 2.3)

> **Laden**
> Verkaufslokal einer Unternehmung.
>
> **Verbraucher (§ 13 BGB):**
> Verbraucher ist jede natürliche Person, die ein Rechtsgeschäft zu Zwecken abschließt, die überwiegend weder ihrer gewerblichen noch ihrer selbständigen beruflichen Tätigkeit zugerechnet werden können.

Grundsätzlich unterliegt ein Kaufvertrag im Internet den gleichen vertraglichen Bestimmungen wie ein Vertragsabschluss im Laden. Im Internet ist es möglich einen Kaufvertrag mit einem einzigen „Klick" zu tätigen.

Dies bietet für den Verbraucher einige Vorteile, wie z. B. den bequemen Einkauf vom heimischen Sofa, im Bus, in der Pause usw., die Lieferung erfolgt innerhalb weniger Tage nach Hause oder an eine Packstation. Neben den Vorteilen sind, bei genauerem Hinsehen, einige Nachteile zu erkennen. Beispielsweise kennen sich Käufer und Verkäufer nicht, der Käufer hat nicht die Möglichkeit die Ware zu testen usw.

Der Gesetzgeber hat besondere Maßnahmen ergriffen, um den Verbraucher vor möglichen Risiken zu schützen.

> Ein Unternehmen wie die Büromöbel Hauser & Schulte GmbH muss zur Gültigkeit der im Online-Handel geschlossenen Verträge auf die strikte Einhaltung dieser gesetzlichen Besonderheiten achten.

Die gesetzliche Grundlage legt das deutsche Recht für diese sogenannten „Fernabsatzgeschäfte" u. a. im Bürgerlichen Gesetzbuch (BGB) fest (§§ 312 b–d BGB, §§ 355 BGB).

Fernabsatzvertrag (LA 2.3)

Ein Fernabsatzvertrag kann lediglich zwischen einem Verbraucher und einem gewerblichen Anbieter (Unternehmen) geschlossen werden. Damit ein Fernabsatzvertrag zustande kommt ist es notwendig, dass der Vertrag nur unter der Nutzung von sogenannten Fernkommunikationsmitteln (Brief, Postkarte, Katalog, Werbebriefe mit angehängtem Bestellschein, Fax, E-Mail, Telefon, Internet, Teleshopping usw.) abgeschlossen wurde. Der Käufer darf keinen persönlichen Kontakt zum Verkäufer gehabt haben, ansonsten entfällt der besondere Verbraucherschutz des Fernabsatzvertrages. Der Vertrag muss sich immer auf die Lieferung von Waren oder die Erbringung von Dienstleistungen beziehen.

Es sind jedoch nicht alle mithilfe von Kommunikationsmitteln geschlossenen Verträge durch das Fernabsatzrecht geschützt. Dazu zählen beispielsweise:

- Immobiliengeschäfte,
- Verträge über Reiseleistungen (z. B. eine Pauschalreise – vgl. das Reiserecht aus den §§ 651a ff. BGB),
- Lieferungen von Lebensmitteln, Getränken und weiteren Gegenständen des täglichen Bedarfs (vgl. § 312b BGB) sowie
- Internetversteigerungen.

Internetauktionen, wie beispielsweise über die Plattform Ebay.de, sind vom Verbrauchsgüterkauf (§ 474 BGB) ausgeschlossen, da der Vertragsabschluss durch Zeitablauf und nicht durch einen Zuschlag, wie bei einer Versteigerung (§ 156 BGB), erfolgt. Des Weiteren wird die Versteigerung nicht durch einen Gerichtsvollzieher oder eine andere berechtigte Person vorgenommen (§ 383 Absatz 3 BGB).

Bietet eine Unternehmung seinen Kunden die Möglichkeit Güter mittels E-Commerce, d. h. den elektronischen Handel im Internet an, hat es dem Kunden gegenüber gesonderte Informationspflichten (vgl. § 312 d Absatz 1 BGB in Verbindung mit Artikel 246 a § 1 Absatz 1 EGBGB):

Gerichtsvollzieher:

Ein Beamter, der nur auf Antrag tätig wird. Er untersteht dem Amtsgericht. Zuständig ist er für Vollstreckungshandlungen, wie z. B. Pfändung, Versteigerung und Wegnahme beweglicher Sachen. Er darf die Räume des Schuldners, zur Not mit Hilfe der Polizei betreten.

Informationspflichten (LA 2.3)

Der Bestellvorgang in einem Online-Shop ist so zu gestalten, dass der Verbraucher erst dann eine Bestellung abgeben kann, wenn er u. a. über alle nachstehenden Informationen (AGB, Datenschutzerklärung und Wiederufsrecht) aufgeklärt wurde. Die Kenntnisnahme bestätigt er in der Regel durch „Anklicken eines Buttons" bzw. „Ankreuzen" eines bestimmten Zustimmungsfeldes.

Im Einzelnen hat der Verkäufer unter anderem die Pflicht die wesentlichen Eigenschaften der Ware oder Dienstleistungen anzugeben. Beispielsweise hat ein Duschgel folgende Eigenschaften:

Die Flasche steht auf dem Kopf, ist sofort einsatzbereit, pflegt mit Allantoin, ist ph-hautneutral usw.

Kulanz

Hat ein Unternehmen bzw. ein Hersteller keine gesetzliche Verpflichtung mehr, z. B. eine Ware zu reparieren und er tut es auf freiwilliger Basis, wird dieses Entgegenkommen als Kulanz bezeichnet. Dies ist z. B. der Fall, wenn die gesetzliche Gewährleistungsfrist bereits abgelaufen ist. Mit kulantem Verhalten versuchen Verkäufer Kunden zufriedenzustellen und an sich zu binden.

Garantie (§ 443 und § 477 BGB)

Übernimmt eine Unternehmung oder ein Hersteller die Garantie für eine Sache, sichert sie dem Käufer bestimmte Eigenschaften zu und verpflichtet sich für die Garantiedauer, dass die Sache die zugesicherte Eigenschaft behält (Haltsbarkeits- und Funktionsversprechen). Es entsteht ein Garantievertrag (vgl. 443 BGB). Die Garantie ist freiwillig und hat mit der gesetzlichen Gewährleistung nicht zu tun. Die Dauer und Umfang der Garantie kann somit frei gewählt werden. Obwohl die Garantie freiwillig ist, ist sie für den Garantiegeber bindend udn darf nicht gegen gesetzliche Bestimmungen verstoßen.

Gewährleistung (§ 434–477 BGB bzw. §§ 474–477 BGB sowie §§ 305–310 BGB):

Ein Unternehmen ist beim Verkauf seiner Ware gesetzlich dazu verpflichtet, dem Kunden eine mangelfreie Ware zu übergeben. Durch die gesetzlcihe Vorgabe kann die Gewährleistungsfrist nicht ausgeschlossen oder verändert werden. Lediglich bei gebrauchter Ware darf sie auf ein Jahr reduziert werden. Bei einem Kaufvertrag zwischen zwei Privatpersonen gilt keine Gewährleistung.

Die Unternehmung muss ihre Firma, d. h. den vollständigen Namen der Unternehmung, nennen. Im Online-Shop der Büromöbel GmbH muss somit angegeben sein:

„Büromöbel Hauser & Schulte GmbH". Darüber hinaus die vollständige Anschrift einschließlich Telefon- und Faxnummer sowie E-Mail-Adresse.

Alle Waren bzw. Dienstleistungen sind im Online-Shop mit ihrem Gesamtpreis, allen Steuern und Abgaben einschließlich der anfallenden Fracht-, Liefer- oder Versandkosten sowie sonstiger Kosten, z. B. Verpackung, anzugeben, sowie alle Liefer-, Leistungs- und Zahlungsbedingungen und das Lieferdatum. Der Verbraucher muss über einen eventuell vorhandenen Kundendienst, dessen Leistungen und Bedingungen ebenso informiert werden wie über bestehende **Garantien**.

Wird ein unbefristeter Vertrag oder ein Abonnement-Vertrag, z. B. ein Handyvertrag, abgeschlossen, ist der Verbraucher über die monatlichen Kosten, die Preisberechnung, die Laufzeit bzw. Verlängerungskonditionen (z. B. automatische Verlängerung um ein Jahr, wenn nicht drei Monate vor Jahresende gekündigt wurde) sowie die Kündigungsbedingungen (z. B. drei Monate vor Jahresende) in Kenntnis zu setzen. Steht dem Verbraucher ein außergerichtliches Beschwerderecht zu, ist er darüber ebenso zu informieren wie über die notwendige Vorgehensweise.

Widerrufsrecht (§ 312 g BGB und §§ 355 ff BGB) (LA 2.3)

Verbraucher, die einen Fernabsatzvertrag abschließen, haben das Recht diesen innerhalb von 14 Tagen ab Erhalt der Ware zu widerrufen, sofern sie nach Vertragsabschluss schriftlich über dieses Recht aufgeklärt wurden. Beim Widerrufsrecht gibt es weitere Fakten zu beachten:

- Fehlt die Widerrufsbelehrung oder ist sie falsch, verlängert sich das Widerrufsrecht auf 12 Monate und 14 Tage.
- Der Widerruf kann formfrei, z. B. auch telefonisch, erfolgen.
- In der Erklärung muss der eindeutige Wille zum Rücktritt zum Ausdruck kommen, es ist jedoch keine Begründung notwendig.
- Der Verkäufer hat die Möglichkeit dem Käufer ein Musterformular zur Verfügung zu stellen. Online oder als Beilage zur Lieferung.

Auch die Büromöbel Hauser & Schulte GmbH stellt ein Musterformular zur Verfügung (vgl. die Allgemeinen Geschäftsbedingungen – AGB) (Seite XVIII).

- Die Kosten der Rücksendung trägt immer der Verbraucher, vorausgesetzt der Verbraucher wurde nicht darüber informiert.
- Aus Kulanz kann der Verkäufer auch die Rücksendekosten tragen.
- Die Kosten der Hinsendung muss stets der Verkäufer übernehmen, wenngleich er nur den „Standardversand" zahlen muss. Vom Verbraucher gewünschte Expresslieferungen muss er nicht übernehmen.
- Die Rückzahlung (Erstattung) des Kaufpreises und eventueller Versandkosten muss der Verkäufer künftig erst dann leisten, wenn er die Widerrufsware erhalten hat (vgl. § 357 Abs. 4 Satz 1 BGB). Zur Erstattung hat der Verkäufer dasselbe Zahlungsmittel zu verwenden wie der Käufer.
- In der Zeit, in der die Ware beim Verbraucher war, kann es zu einer Qualitätsverschlechterung kommen. Dies wird in § 357 Absatz 7 BGB geregelt:

Wertersatz durch Verbrauchernutzung (§ 357 Absatz 7 BGB)

Der Verbraucher muss nur Ersatz für den Wertverlust der Ware leisten, wenn er ordnungsgemäß über sein Widerrufsrecht belehrt wurde. Ein Wertverlust entsteht, wenn der Verbraucher mit der Ware anders umgegangen ist, als es für die „Prüfung der Beschaffenheit, der Eigenschaften und der Funktionsweise der Waren notwendig war" (§ 357 Absatz 7 Satz 1 BGB).

Wegen eventueller Rückabwicklungen im Onlinegeschäft, hat der Gesetzgeber einige zusätzliche Pflichten für den Verkäufer festgelegt.

Besondere Pflichten im elektronischen Geschäftsverkehr (§ 312 j BGB)

§ 312 j BGB verpflichtet den Anbieter auf seiner Internetseite bzw. seinem Online-Shop bereits zu Beginn der Bestellung auf einige Informationen hinzuweisen:

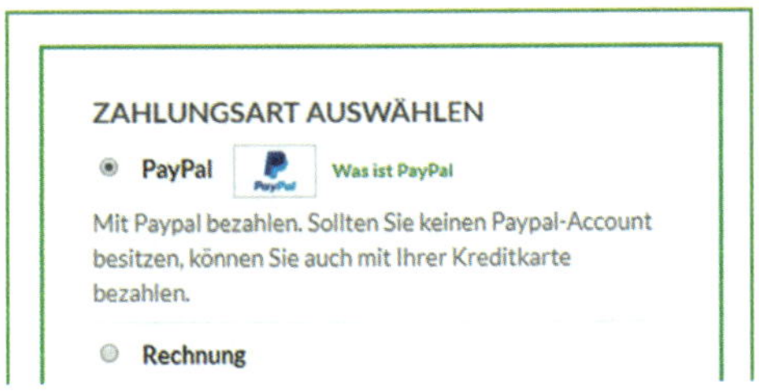

- Eventuelle Lieferbeschränkungen sind deutlich zu machen.
- Akzeptierte Zahlungsmittel sind anzugeben.
- Die Vertragsbedingungen sowie die geltenden AGB sind aufzuzeigen

Ein Auftrag erfolgt nur, wenn der Verkäufer seinen Online-Shop so gestaltet hat, dass dem Verbraucher deutlich wird, dass er mit einer Bestellung einen Vertrag abschließt und somit zu einer Zahlung verpflichtet ist.

Des Weiteren hat der Verkäufer die Pflicht, dem Verbraucher über eine gut lesbare Schaltfläche (Button) unmissverständlich klar zu machen, dass mit Betätigen dieses Buttons, auf dem „zahlungspflichtig bestellen" oder eine ähnlich eindeutige Formulierung stehen muss, ein Vertrag mit Zahlungsverpflichtung zustande kommt. Diese besonderen Pflichten gelten nicht bei Internetseiten für Finanzdienstleistungen.

IHRE BESTELLUNG

☑ **Mit Ihrer Bestellung erklären Sie sich mit unseren Allgemeinen Geschäftsbedingungen und Widerrufsbestimmungen einverstanden.**

Der Verkäufer hat die Verpflichtung, alle oben benannten Pflichten zu erfüllen, um einen Vertrag abzuschließen, seine Ware dadurch zu verkaufen und Umsätze, eventuell Gewinn zu erzielen.

Insofern bemüht er sich nachzuweisen, dass er allen erforderlichen Pflichten nachgekommen ist. Als Nachweis dient ihm dabei bei Vertragsabschluss die Bestätigung des Käufers, dass dieser alle Vertragsbestandteile, die Zahloption und die AGB zur Kenntnis genommen hat.

Diese Kenntnisnahme bestätigt der Käufer beispielsweise über das „Setzen eines Hakens“ oder bestellt zahlungspflichtig unter dem Hinweis, dass alle Vertragsbestandteile, z. B. AGB sowie das Widerrufsrecht, gelten.

Sowohl im Online-Handel als auch im Präsenzgeschäft haben Verkäufer und Käufer ein wesentliches Hilfsmittel zur Ausgestaltung der Verträge, wie beispielsweise dem Kaufvertrag – die AGB.

Allgemeine Geschäftsbedingungen (AGB) (§§ 305–310 BGB) (LA 2.3)

Allgemeine Geschäftsbedingungen (AGB)
„Büromöbel Hauser & Schulte GmbH“

Balduinstraße 15
54296 Trier
Deutschland

Telefon:	0651 487-0 (Zentrale)
Fax:	0651 487-1345
Freecall:	0800 42 87 37
E-Mail:	info@hauser-schulte.de
Internet:	www.hauser-schulte.de
Handelsregister:	Amtsgericht Trier, HR B 40392
Umsatzsteuer-Identifikationsnummer (gemäß § 27 a Umsatzsteuergesetz):	DE 190453342
Vertreten durch die Gesellschafter:	Nadine Hauser und Joachim Schulte

§ 1	**Geltungsbereich**
	Die nachstehenden Allgemeinen Geschäftsbedingungen (AGB) gelten für alle Bestellungen des Online-Shops der Büromöbel Hauser & Schulte GmbH. Zusätzliche Allgemeine Geschäftsbedingungen unserer Kunden erkennen wir nicht an.
§ 2	**Vertragspartner und Vertragsschluss**
	Der im Online-Shop geschlossene Kaufvertrag kommt zustande mit der Büromöbel Hauser & Schulte GmbH. Die für den Kaufvertrag zur Verfügung stehende Sprache ist Deutsch. Der Vertragstext des entstehenden Kaufvertrages wird von der Büromöbel Hauser & Schulte GmbH nicht gespeichert. Die im Online-Shop dargestellten Produkte stellen kein rechtlich bindendes Angebot dar, sondern einen unverbindlichen Online-Katalog. Zunächst haben Sie die Möglichkeit unsere Ware in den Warenkorb zu legen. Ihre Eingaben können Sie vor Absenden Ihrer verbindlichen Bestellung korrigieren. Hierfür haben Sie im Bestellablauf die Möglichkeit die Korrekturhilfen, wie „Löschen“ zu nutzen. Durch Anklicken des Buttons „Zahlungspflichtig bestellen“ geben Sie eine verbindliche Bestellung der zu diesem Zeitpunkt im Warenkorb enthaltenen Waren ab. Der Eingang Ihrer Bestellung erfolgt unmittelbar per E-Mail nachdem Sie Ihre Bestellung abgesandt haben. Diese E-Mail stellt keine Vertragsannahme dar. Innerhalb von zwei Werktagen können wir Ihnen entweder in einer separaten E-Mail oder durch Auslieferung der Ware das Zustandekommen des Kaufvertrages bestätigen. Ein Kaufvertrag kommt lediglich bei der Zahlungsart „Paypal“ zum Zeitpunkt der Bestätigung Ihrer Zahlungsanweisung an Paypal zustande.
§ 3	**Warenverfügbarkeit**
	Ist bestellte Ware zum Zeitpunkt der Bestellung nicht verfügbar, behält sich die Büromöbel Hauser & Schulte GmbH vor, die Bestellung der Ware nicht anzunehmen. Es kommt kein Vertrag zustande. Hierüber werden Sie per E-Mail informiert. Bereits geleistete Zahlungen werden Ihnen unverzüglich rückerstattet
§ 4	**Lieferbedingungen**
	Zu den angegebenen Produktpreisen können Versandkosten anfallen. Die genauen Versandkosten sind dem jeweiligen Angebot (Anpreisung) zu entnehmen. Die Lieferung der Ware erfolgt ausschließlich innerhalb der Bundesrepublik Deutschland.
§ 5	**Bezahlungsarten**
	Alle Preise auf www.hauser-schulte.de sind in Euro und verstehen sich einschließlich der jeweils gültigen gesetzlichen Mehrwertsteuer. Bei Abschluss eines Kaufvertrages im Online-Shop der Büromöbel Hauser & Schulte GmbH stehen Ihnen die nachstehenden Zahlungsalternativen zur Verfügung:

Unter den Allgemeinen Geschäftsbedingungen (AGB) sind bereits vorformulierte Vertragsbedingungen zu verstehen. Für die Gültigkeit der AGB ist es notwendig, dass sie durch beide Vertragsparteien, z. B. Käufer und Verkäufer, anerkannt werden.

Die Vertragsparteien haben somit einen zusätzlichen Aufwand. Insbesondere Verbraucher sind „ausdrücklich“ auf die AGB hinzuweisen. Das Anerkennen der AGB erfolgt im Präsenzgeschäft durch Unterschrift, im Online-Handel meist durch „Ankreuzen“ oder das „Setzen eines Hackens“. Die AGB helfen dabei den Abschluss von Verträgen zu vereinfachen und im alltäglichen Geschäftsleben zu beschleunigen, d. h. Vertragsabschlüsse zu rationalisieren. Der dadurch bedingte Zeitgewinn stellt für Unternehmen einen wirtschaftlichen Vorteil dar.

Dem gegenüber schützt der Gesetzgeber wirtschaftlich Schwächere, wie Verbraucher, vor Benachteiligung. Beispielsweise gelten AGBs lediglich für Kaufverträge (§ 310 BGB). Grundsätzlich sind unangemessene Benachteiligungen unwirksam (§ 307 BGB) und aufgrund der in Deutschland geltenden Vertragsfreiheit gehen individuell getroffene Absprachen der Vertragspartner stets vor (Individualabrede – § 305 b BGB). Die Risiken werden somit soweit möglich auf die Seite des wirtschaftlich Stärkeren, die Unternehmen, verlagert.

Nettoverkaufspreis – Warenhandelskalkulation (LA 2.4)

Der Bezugspreis

Ein Handels- bzw. Produktionsbetrieb wie die Büromöbel Hauser & Schulte GmbH ist meist ein Mehrproduktunternehmen, d.h. im Falle der Büromöbel GmbH, dass nicht nur Tischlampen, sondern noch weitere Produkte, wie z.B. Mülleimer, Schreibtischsets, Papierkörbe, ... angeboten werden.

Für alle Artikel muss der Händler, d.h. der Verkäufer, seinen Verkaufspreis ermitteln. Dazu muss er zunächst einmal wissen, wie teuer er die Ware selbst eingekauft, d.h., bezogen, hat. Aus diesem Grund ist es notwendig den Bezugspreis zu kalkulieren (berechnen). Der Bezugspreis ergibt sich unter Berücksichtigung aller anfallenden Nebenkosten: Zunächst erhält ein Händler von seinem Anbieter den Listeneinkaufspreis. Eventuell gewährt ihm der Anbieter Liefererrabatte, d.h., vom ursprünglichen Listeneinkaufspreis darf sich der Händler einen gewissen prozentualen Betrag abziehen. So gelangt er zunächst zum Zieleinkaufspreis. Gewährt der Verkäufer noch Liefererskonto, welches abgezogen wird, errechnet sich der Bareinkaufpreis. Diesen Preis müsste der Händler zahlen, wenn er die Ware selbst beim Anbieter abholt und bar zahlt.

	Listeneinkaufspreis
–	Liefererrabatt
=	Zieleinkaufspreis
–	Liefererskonto
=	Bareinkaufspreis

Der Selbstkostenpreis

Meist befinden sich beide (Käufer und Verkäufer) an unterschiedlichen Orten, sodass Kosten für Verpackung, Versand, Transportversicherung usw. anfallen. Diese Bezugskosten muss der Händler (Käufer) tragen. Bezugskosten werden folglich zum Bareinkaufspreis addiert, sodass der Bezugspreis ermittelt werden kann. Der Bezugspreis ist der Preis, den der Händler für die Ware einschließlich aller Nebenkosten für den Erwerb (Einkauf) zahlen muss.

	Bareinkaufspreis
+	Bezugskosten
=	Bezugspreis
+	Handlungskostenzuschlag
=	Selbstkostenpreis

Der Händler möchte selbst Gewinn erzielen, sodass er noch andere Überlegungen berücksichtigen muss bis er bei seinem eigenen Verkaufspreis angelangt ist. Ihm entstehen Kosten, die sein Unternehmen erst handlungsfähig machen, d.h. dazu beitragen, dass es ihm möglich ist Ware einzukaufen, eventuell umzupacken und selbst zu verkaufen. Kosten die dabei anfallen sind beispielsweise Löhne, die er seinen Mitarbeitern zahlt, Miete für die Geschäfts- und Lagerräume. Aber auch Strom, damit die Mitarbeiter Licht haben, Heizkosten, damit es im Gebäude warm ist, Versicherungskosten, z.B., weil der Unternehmer die Ware gegen Diebstahl oder Brand versichert. Alle diese Kosten sind Handlungskosten, die zum Bezugspreis addiert werden müssen, damit der Selbstkostenpreis errechnet werden kann. Ist das Warensortiment eines Unternehmens groß, agiert es häufig mit dem Handlungskostenzuschlagsatz, d.h. ,die Handlungskosten werden mittels eines Prozentsatzes angegeben und auf die jeweilige Ware umgelegt. Die Berechnung erfolgt durch Multiplikation des Handlungskostenzuschlagsatzes mit dem Bezugspreis der Ware.

Nebenrechnung:

Handlungskostenzuschlag = Bezugspreis · Handlungskostenzuschlagsatz

Der Selbstkostenpreis ist der Preis, den der Händler selbst zahlt, bis er soweit ist, die Ware verkaufen zu können. Berücksichtigt sind darin Vergünstigungen, wie Rabatte, aber auch alle Kosten für den Bezug der Ware einschließlich der im Unternehmen selbst anfallenden Kosten für das Lagern, die Mitarbeiter usw.

Der Barverkaufspreis

Ziel des Händlers ist es nicht nur die Ware einzukaufen und seine Kosten zu decken, sondern er selbst benötigt auch Geld. Er muss sein eigenes Leben und das seiner Familie finanzieren, d.h., er versucht Gewinn zu erzielen. Darüber hinaus dient der Gewinn der Verzinsung des vom Unternehmer eingesetzten Eigenkapitals , also eine Art Entschädigung dafür, dass dieses Geld nicht in eine lohnende Kapitalanlage investiert worden ist. Einen Gewinn möchte der Händler als eine Art Prämie erzielen. Sie dient als Ausgleich dafür, dass er verschiedene Risiken zu tragen hat, wie z.B. das Risiko des Nichtverkaufs seiner Ware, eine Qualitätsverschlechterung usw.

Da ein Unternehmen keinen exakten Geldbetrag, z.B. in Euro, festlegen kann, der mit dem Verkauf einer Handelsware als Gewinn erwirtschaftet werden soll, wird der Gewinn anteilig angegeben. Dies geschieht über den Gewinnzuschlag, der in Form eines Prozentsatzes als Gewinnzuschlagssatz, auf den Selbstkostenpreis aufgeschlagen wird. Der Grundwert dieser anteiligen Gewinnberechnung ist der Selbstkostenpreis. Der Gewinnzuschlagssatz drückt nun aus, wie viel Prozent des Selbstkostenpreises berücksichtigt werden muss, damit die Ware den gewünschten Anteil zum Gewinn beiträgt. Aus diesem Grund wird zunächst der Gewinnzuschlag ermittelt, indem der Gewinnzuschlagssatz mit dem ermittelten Selbstkostenpreis multipliziert wird.

Nebenrechnung:

Gewinnzuschlag = Selbstkostenpreis · Gewinnzuschlagsatz

	Selbstkostenpreis
+	Gewinnzuschlag
=	Barverkaufspreis

Der Barverkaufspreis errechnet sich nun aus dem Selbstkostenpreis und dem Gewinnzuschlag. Der Barverkaufspreis ist somit der Preis, den der Händler verlangt, wenn er die Ware verkauft. Berücksichtigt in diesem Preis sind sowohldie ihm durch den Einkauf der Ware entstandenen Kosten als auch ein Zuschlag, der seinem Gewinn dient.

Um den Verkaufspreis von Handelswaren zu ermitteln, müssen die beiden Kaufanreize Kundenskonto und Kundenrabatt, die dem Kunden als Nachlässe gewährt werden können, berücksichtigt werden. Beide Größen vermindern den Preis, den der Kunde für die Handelsware zahlt. Der Händler möchte aber trotzdem seine Kosten decken und seinen gewünschten Gewinn erzielen. Aus diesem Grund müssen sowohl Kundenskonto als auch Kundenrabatt in den Verkaufspreis eingerechnet, d.h., addiert werden.

Rabatt wird häufig in Form von Mengenrabatten bei Abnahme sehr großer Mengen oder für besonders treue Kunden als Treuerabatt gewährt. Der Rabatt wird direkt bei Abschluss des Kaufvertrages ausgehandelt und vermindert unmittelbar den Preis, sodass für den Kunden ein geringerer Zahlbetrag entsteht. Von diesem verbleibenden „Restbetrag" zieht er dann gegebenenfalls noch ihm vom Verkäufer gewährtes Skonto ab. Dies ist möglich, wenn der Verkäufer Skonto auf der Rechnung ausweist. Dies kann durch eine Formulierung wie „Zahlbar in 10 Tagen unter Abzug von 2 % Skonto, in 30 Tagen ohne Abzug" geschehen. Der Käufer darf in einem solchen Fall den zu zahlenden Betrag um die angegebene Prozentzahl des Skontos verringern, falls er frühzeitig (hier innerhalb von 10 Tagen) zahlt und nicht den spätestens möglichen Zeitpunkt abwartet (hier 30 Tage).

Der Zielverkaufspreis

Die Kalkulation der Verkaufspreise erfolgt aus Sicht des Verkäufers, sodass zunächst der Skontoabzug zu beachten ist. Dabei wird der Barverkaufspreis um den Betrag des Kundenskontos erhöht. Möglich ist es aber auch, dass der Käufer die Skontomöglichkeit nicht ausnutzt und zum spätestens möglichen Zeitpunkt, z. B. erst nach 30 Tagen, zahlt. In diesem Fall nutzt der Käufer sein gesamtes Zahlungsziel (Zeitraum zwischen Lieferung und Zahlung der Ware). Der um den Kundenskonto in Euro erhöhte Barverkaufspreis wird Zielverkaufspreis genannt und ist der Grundwert (= 100%), denn aus Sicht des Kunden wird von diesem Wert der Skontoabzug berechnet. Der Barverkaufspreis stellt in dieser Rechnung folglich einen verminderten Grundwert (= z. B. 98 % bei 2 % Skonto) dar, da der Wert, von welchem die Kunden den Skontoabzug vornehmen, erst ermittelt werden muss.

	Barverkaufspreis
+	Kundenskonto
=	Zielverkaufspreis

Der Nettoverkaufspreis

Schließlich wird der Zielverkaufspreis um den Kundenrabatt erhöht, welcher in Prozent angegeben wird. Der Rabatt mindert den Betrag, den der Kunde zu zahlen hat erneut, sodass der ermittelte Zielverkaufspreis ein verminderter Grundwert ist (= z. B. 90 % bei einem Kundenrabatt in Höhe von 10 % vom Listenverkaufspreis). Auch in diesem Fall ist der Wert, von dem der Kunde den Rabatt abzieht, erst zu ermitteln, indem der Zielverkaufspreis um den Kundenrabatt erhöht werden muss: Es ergibt sich somit der Listenverkaufspreis

	Zielverkaufspreis
+	Kundenrabatt
=	Listenverkaufspreis

© alphaspirit – stock.adobe.com

Notizen

Geeignete Transportmittel sowie Versandalternativen im Online-Vertrieb (LA 3.1)

Transportmittel

Ein Transportmittel bezeichnet ein „Mittel" zur Ortsveränderung von Personen und/oder Gütern. Es handelt sich um Betriebsmittel, d. h. elementare Produktionsfaktoren, die längerfristig zur betrieblichen Leistungserstellung benötigt werden. Transportmittel benötigt ein Unternehmen sowohl innerhalb des Unternehmens als auch außerhalb, sodass zwei grundverschiedene Arten der Transportmittel zu unterscheiden sind:

> Nutzt die Büromöbel Hauser & Schulte GmbH beispielsweise im Lager einen Gabelstapler, um die angelieferte Ware wie Drucker, Kopierer usw. an den entsprechenden Lagerort zu bringen, nutzt sie ein innerbetriebliches Transportmittel, den Gabelstapler.

Innerbetrieblich kann der Transport u. a. auch mithilfe von Förderbändern erfolgen. Der innerbetriebliche Transport wird auch als „Fördern" (vgl. DIN 30 781, Teil 1) bezeichnet.

> Nutzt die Büromöbel Hauser & Schulte GmbH einen Lastkraftwagen (LKW), um die Kundenbestellungen auszuliefern, nutzt sie ein außerbetriebliches Transportmittel, den LKW.

Beim außerbetrieblichen Transportmittel steht die „Raumüberbrückung" im Vordergrund, denn Käufer und Verkäufer befinden sich häufig nicht am selben Ort. Die Wahl des geeigneten Transportmittels hängt von verschiedenen Faktoren ab:

- Welches Transportmittel wie LKW, Flugzeug, Bahn, Schiff ist möglichst kostengünstig?
- Wie groß ist die Entfernung zwischen Käufer und Verkäufer?
- Wie gut ist die Anbindung des Käufers z. B. an das Schienennetz?
- Welche Wünsche hat der Käufer (Expresslieferung, Übernachtlieferung usw.)?
- Wie groß ist die Bestellmenge? usw.
- Wie ist die Produktbeschaffenheit, d. h., wie empfindlich ist das Transportgut?

Die Wahl des geeigneten Transportmittels ist vielschichtig und muss situationsbezogen erfolgen. Im Online-Vertrieb ist das Transportmittel oftmals die einzige Möglichkeit, um die Ware zum Käufer zu transportieren, da eine Abholung vor Ort vom Verkäufer nicht gewünscht ist oder logistisch undurchführbar. Zudem liegt eine Abholung meist nicht im Interesse des Online-Käufers, der bequem und einfach einkaufen möchten von der Artikelauswahl bis zur Lieferung.

Um die Komplexität und damit den Aufwand, besonders in Hinblick auf Zeit und Kosten, zu reduzieren, kann ein Unternehmen eine Auswahl an Transportmitteln treffen und seine Lieferbedingungen dahingehend anpassen. Die Lieferbedingungen sind den Allgemeinen Geschäftsbedingungen zu entnehmen.

> Die Büromöbel Hauser & Schulte GmbH kann beispielsweise festlegen, dass sie ihre Ware nur mittels eines Paketdienstes ausliefert, ihre Auswahl auf bestimmte Paketdienste beschränken oder eine Spedition bzw. einen Frachtführer beauftragen. Ist der Käufer mit diesen Bedingungen einverstanden, muss er diese vor dem Wareneinkauf akzeptieren.

Ein Spediteur, d.h. der Eigentümer einer Spedition, hat die Möglichkeit die Ware selbst vom Verkäufer zum Käufer zu transportieren. In diesem Fall liegt ein Selbsteintritt des Spediteurs vor (§ 458 HGB). Ein Spediteur ist eigenständiger Kaufmann (§ 1 HGB) und übernimmt den Waren- bzw. Gütertransport gewerbsmäßig. In den meisten Fällen übernimmt er den Transport nicht selbst, sondern schließt als Absender mit einem anderen Transportunternehmen einen Frachtvertrag.

Bei einem Frachtvertrag handelt es sich um einen Werkvertrag, der die Beförderung von Gütern gegen ein Entgelt regelt. Der Frachtführer, d.h. die Person, die die Fracht befördert hat Anspruch auf Zahlung der Fracht, d.h. des vereinbarten Entgeltes. Er trägt das Risiko die Ware zu befördern und somit das Risiko auf Verlust oder Schäden. Der Frachtführer transportiert die Ware zum Käufer und übergibt sie. Als Beweisurkunde für den geschlossenen Frachtvertrag dient der Frachtbrief. Der Käufer erhält bei Ankunft der Ware den Frachtbrief und schuldet ab diesem Zeitpunkt den auf dem Frachtbrief ausgewiesenen Betrag (§ 412 Absatz 2 HGB). Die Güterbeförderung durch die Deutsche Post AG stellt keinen Frachtvertrag dar.

Versand organisieren – ökonomisch (LA 3.1)

Die nachstehenden Paketdienste sind in Deutschland führend:

- „DHL", abgeleitet aus den Anfangsbuchstaben der Gründer (Adrain Dalsey, Larry Hillblom und Robert Lynn) ist ein Tochterunternehmen der Deutschen Post AG.
- „DPD" (Dynamic Parcel Distribution) gehört zur französischen Geopost-Gruppe.
- „GLS" (General Logistics Systems B.V.) gehört zur britischen Royal Mail.
- „Hermes" bzw. die „Hermes Logistik Gruppe Deutschland" (HLGD) gehört zur Otto Gruppe Hamburg.
- „UPS" (United Parcel Service) gehört zu UPS of America.

Welchen Paktdienst ein Unternehmen beauftragt, hängt von verschiedenen Merkmalen ab. Zu nennen sind beispielsweise Kriterien, die dem Verkäufer einen gewissen Komfort bieten, wie ein Online-Portokauf, die Lieferzeit, die Höhe der Portogebühren, die Zuverlässigkeit usw. Nicht außer Acht zu lassen sind die Qualitätskriterien für den Käufer, z.B. Paketankündigung, -umleitung, Samstagslieferung, Wunschzeitlieferung, usw.

Häufig bieten Unternehmen dem Käufer verschiedene Paketdienste an. Der Käufer kann so den Paketdienst auswählen, der für seinen Zustellort besonders geeignet (z.B. der Paketbote besonders freundlich ist oder die Zustellung auch samstags ermöglicht wird). Die Standardlieferzeit beträgt in der Regel 1–2 Werktage. Grundsätzlich gilt ein Paket auch eine Woche nach Bestellung nicht als „verspätet", da kein Paketdienst eine Lieferung innerhalb von 1–2 Werktagen garantiert. Kriterien, die die Lieferzeit beeinflussen, sind u.a. die Entfernung zwischen Käufer und Verkäufer, die Uhrzeit der Bestellung und somit der Versandzeitpunkt, der Verpackungsaufwand der Ware u.v.m.

Logistik ist die Planung, Steuerung und Überwachung aller miteinander verknüpften Vorgänge, bei denen Personen oder Güter von einem Ort, z.B. dem Herstellungsort oder Lager zu einem anderen Ort, z.B. dem Endverbraucher, bewegt werden. Logistik stellt somit sicher, dass das gewünschte Produkt im mangelfreien Zustand, zur rechten Zeit am rechten Ort ist und dabei minimale Kosten verursacht werden. Die Kernbereiche der Logistik sind „Kommissionierung", „Umschlag", „Lagerung" und „Transport" (KULT).

Kommissionieren bedeutet das Zusammenstellen des Kundenauftrages aus dem gesamten Sortiment bzw. dem aktuellen Lagerbestand. Wenngleich es in der Kommissionierung die Möglichkeiten der Voll- und Halbautomatisierung gibt, bleibt diese Arbeit die personalintensivste in der Abteilung „Lager".

Kommissionierung:

Vorgang der Zusammenstellung von Gütern nach erteilten Aufträgen aus dem Gesamtsortiment des Verkäufers.

Beim Umschlagen wechselt das Gut seinen Aufenthaltsort bzw. sein Transportmittel. Dabei wird es beispielsweise von einem Regal auf einen Gabelstapler (innerbetrieblich) oder von einem Flugzeug auf einen LKW (außerbetrieblich) umgeladen bzw. umgeschlagen.

Im Lager werden nicht nur eine bestimmte Anzahl der Güter aufbewahrt (gelagert) und somit eine bestimmte Mindestanzahl der Güter bereitgestellt (Lagerung). Ein Lager hat eine Vielzahl von Aufgaben, wie eine Schutzfunktion, um die Ware vor einer Qualitätsverschlechterung, z. B. durch Witterung zu schützen, eine Ausgleichsfunktion, um die Schwankungen zwischen Nachfrage und Produktion auszugleichen u. v. m. (vgl. hierzu Lernfeld 5). Der Transport überwindet die Entfernung zwischen Produktion bzw. Lagerung und Nachfrage, d. h. zwischen Verkäufer und Käufer.

© Kadmy – stock.adobe.com

Versand organisieren – ökologisch (LA 3.1)

Neben ökonomischen Überlegungen werden zunehmend ökologische Aspekte in den Warenversand einbezogen. Die Ökologie setzt sich mit den Wechselbeziehungen zwischen Lebewesen wie Menschen und Tieren sowie dem Klima, dem Boden, Wasser und der Luft auseinander.

Versandunternehmen haben unterschiedliche Alternativen um dem Ökologiegedanken Rechnung zu tragen. Es geht darum CO_2-Emissionen grundsätzlich zu vermeiden und/oder sie zu neutralisieren. Klimagase gar nicht erst entstehen zu lassen ist durch die Zustellung eines Fahrradkuriers möglich. Allerdings ist dies bei Lieferungen, die über die eigene Stadtgrenze hinausgehen oder bei großen Lieferungen unmöglich. Insofern sind Maßnahmen, die den Ausstoß von Klimagasen verringern, wichtig. Paketdienste, aber auch Unternehmen helfen durch Investitionen in Schutzprojekte Klimagase aus der Atmosphäre zu binden, die Luftqualität zu verbessern und entstandene Gase zu verringern.

Die führenden Paketdienstleister Deutschlands organisieren den ökologischen Versand wie folgt:

DHL – GoGreen:

DHL arbeitet, nach eigenen Angaben ausschließlich klimaneutral, d. h., alle entstandenen Klimagase werden durch umweltbezogene Maßnahmen ausgeglichen. Umweltschutzmaßnahmen sind u. a. die Wiederaufforstung des Regenwaldes in Panama und Uganda, Windkraftanlagen in Nicaragua, Solaranlagen in Indien usw. Für Lieferungen außerhalb Deutschlands zahlen Kunden für die Klimaneutralität einen Aufschlag. Innerhalb der Europäischen Union (EU) sowie darüber hinaus zahlen ein zusätzliches Entgelt für Lieferungen außerhalb der EU.

Um Klimagase zu vermeiden, stellt DHL seit 2016 seine Paketzustellfahrzeuge in einzelnen Regionen auf Elektrofahrzeuge um, die StreetScooter. Darüber hinaus tragen alle Filialen und Bürogebäude durch Nutzung von Solarenergie, Wärmedämmung usw. zu einer Ressourcenschonung bei.

DPD – Total Zero:

DPD transportiert, nach Unternehmensangaben, jedes Paket klimaneutral. Dabei fallen für die Kunden keine Mehrkosten an. Dazu nutzt DPD unterschiedliche Strategien. DPD reduziert die im Versand entstehenden CO_2-Gase durch den Einsatz von Elektro- sowie Erdgasfahrzeugen und arbeitet in Städten mit elektrisch unterstützen Lastenfahrrädern (vgl. Foto). Nicht alle Emissionen sind vermeidbar, sodass sich DPD dafür einsetzt, bereits entstandene Gase zu neutralisieren. Dafür werden beispielsweise Wind-Energieanlagen in Indien und der Türkei gefördert, Abfälle zu Baustoffen recycelt usw.

GLS – ThinkGreen:

GLS stellt die Zustellfahrzeuge, aber auch Dienstwagen auf umweltschonende Modelle, wie Elektrofahrzeuge um. Innerhalb deutscher Städte kommen verstärkt E-Bikes bei der Zustellung zum Einsatz. Zudem werden Geschäftsreisen minimiert, indem Konferenzen per Videoübertragung stattfinden. Der Papierbedarf wird reduziert, indem auf digitale Verfahren, bei z. B. Empfangsbestätigungen, Rechnungen usw., umgestellt wurde. In allen Standorten wird Wert auf ökologische Bauweise gelegt und die Nutzung von Regenwasser, Fotovoltaikanlagen u. v. m. beachtet. Die Nutzung des klimaneutralen Paketdienstes „ThinkGreen" ist mit einem Aufpreis für den Kunden verbunden.

Hermes – We Do:

Die Hermes Gruppe erweitert das Konzept der Emissionsreduktion um die Komponente des Lärms. Erreichen möchte sie dieses durch mehr Paketshops, Paketanlagen sowie Mikrodepots. Die Fahrzeugflotte soll nach und nach ca. 1.500 Elektrofahrzeuge umfassen. In Modellversuchen kommen E-Bikes, das Elektromobil TRIPL, das Elektrofahrzeug der Firma „Paxster" (vgl. Foto) sowie Lieferroboter zum Einsatz. Neben der Umwelt bemüht sich die Hermes Gruppe um die faire und soziale Behandlung ihrer Mitarbeiter. Auch soziale Projekte, wie die ARCHE, werden unterstützt.

UPS – carbon neutral:

UPS bietet seinen Kunden die Versandmöglichkeit „carbon neutral" an. Durch Zahlung eines Aufschlages pro Paket werden Maßnahmen unterstützt, die die CO_2-Belastung neutralisieren. Beispielsweise eine Biogasanlage in Thailand, ein Projekt zur Wiederaufforstung in den USA. Grundsätzlich liegen die Bemühungen von UPS darin Energie, z. B. in Form von Treibstoff, einzusparen, Müll zu recyceln und generell verantwortungsbewusst zu handeln.

Transportverpackung (LA 3.1)

Beim Verbrauchsgüterkauf (Kauf einer beweglichen Sache von einem Verbraucher bei einem Unternehmer – § 474 Absatz 1 BGB) trägt der Händler das Transportrisiko. Die Vorschrift des Gefahrenübergangs nach § 447 BGB gilt nicht. Der Verbraucher wird gegenüber dem Unternehmer als Käufer besser gestellt. Die Gefahr der Verschlechterung der Ware, z. B. durch Transportschäden, geht nicht auf den Käufer über, sobald der Verkäufer die Ware an die Person übergeben hat, die die Zustellung der Ware übernimmt, wie z. B. ein Paketdienst.

© chokniti – stock.adobe.com

Der Verkäufer ist somit dafür verantwortlich, die Ware so zu verpacken, dass die Wahrscheinlichkeit einer unversehrten Warenlieferung möglichst groß ist. In Hinblick auf die Transportverpackung steht der Verkäufer in einem Spannungsfeld. Zum einen ist es seine ökonomische Aufgabe, den Transport möglichst kostengünstig abzuwickeln, d. h. die Kosten des Transport und der Verpackung möglichst gering zu halten. Beachten muss er dabei, dass Transportschäden zu seinen Lasten gehen und er diese somit möglichst vermeidet. Ökologische Betrachtungsweisen machen es ihm unter Umständen schwer, seine bevorzugte Art der Verpackung zu wählen, wie beispielsweise Schrumpffolie, Luftpolsterfolie usw. Der Unternehmer muss stets seine Risiken mit seinen Kosten abwägen.

Um die Ware ordnungsgemäß zu verpacken, gilt es einige Regeln zu beachten, insbesondere, wenn es darum geht empfindliche Ware, wie beispielsweise eine Tischlampe, zu versenden:

Die Umverpackung der Ware, der Versandkarton, ist vom Verkaufskarton zu unterscheiden. Der Verkaufskarton ist dünn, optisch aufbereitet, dient dem Hersteller als Werbefläche und schützt die Ware vor Schmutz usw. Während der Verkaufskarton die Ware präsentiert, sichert der Versandkarton die Ware beim Transport. Der instabile Verkaufskarton ist ca. 1 bis 2 mm dick. Der Versandkarton hat eine wellenförmige Struktur und ist ca. 4 bis 5 mm dick. Der Versandkarton wird aus Wellpappe gefertigt. Je mehr Wellenlagen übereinander angeordnet sind, desto schwerer darf die Ware sein, die transportiert wird. Zusätzlich sollte der Versandkarton genügend Platz bieten, damit der Hohlraum zwischen Um- und Versandverpackung ausreichend gepolstert werden kann. Welches Material für die Innenpolsterung zu wählen ist, hängt von der versendeten Ware ab. Möchten Sie ein T-Shirt versenden, ist dies weniger anfällig als eine Tischleuchte mit LED-Technologie. Je schwerer bzw. je empfindlicher die Ware ist, umso stärker und voluminöser sollte das Material der Innenpolsterung sein.

© Shawn Hempel – stock.adobe.com

Für empfindliche und leichte Gegenstände eignen sich Luftpolsterfolie (5 bis 6 Lagen um die Ware gewickelt), Rollenwellpapier oder Airbags (Plastikluftkissen). Verbleibende Hohlräume können durch Verpackungschips ausgefüllt werden und sind zum Schluss in den Versandkarton zu geben. Ist nach Verschließen des Kartons noch eine Bewegung der Ware zu spüren, ist die Innenpolsterung unzureichend. Bleiben im Karton Hohlräume, werden diese beim Transport über Förderbänder, Aufstapeln in Containern usw. zu starken Belastungen ausgesetzt und der Karton wird eingedrückt, eine Warenbeschädigung droht.

Ist der Versandkarton zu stark befüllt, droht er unter der Belastung aufzuplatzen. Der Karton ist defekt und die Ware ist ungeschützt. Der Versandkarton ist mit ausreichend Klebeband und nicht mit Schnüren zu verschließen. Diese verhaken sich leicht in Förderanlagen, wie sie bei der Paketsortierung verwendet werden. Bei einem Verhaken ist die Gefahr groß, dass der Versandkarton und damit die Ware darin beschädigt werden.

Finanzierungs- und Zahlungsmöglichkeiten im Online-Vertrieb (LA 3.2)

Die Zahlungsmöglichkeiten, die ein Unternehmen in seinem Online-Shop anbietet, sind oftmals direkt auf der Internetseite dargestellt. Um den Kunden „auf den ersten Blick" zu informieren, stellen die Unternehmen die Zahlungsmöglichkeiten in Form der Unternehmenxlogos vor. Sie werden beispielsweise am unteren Rand des Online-Shops dargestellt.

Diese Darstellung hilft dem Kunden schnell herauszufinden, ob die von ihm gewünschte Zahlungsmöglichkeit im Shop angeboten wird. Zudem können unbekannte Unternehmenslogos das Interesse des Kunden wecken.

In einem Online-Shop angebotene Zahlungsarten gehören zu den „unbaren Zahlungsmöglichkeiten". Käufer und Verkäufer stehen sich nicht persönlich gegenüber. Vielmehr stellt das Angebot des Online-Shops ein unverbindliches Angebot in Form einer Anpreisung dar, ähnlich einem Werbeprospekt. Der Verkäufer tritt nicht persönlich in Erscheinung. Der Käufer sitzt gemütlich im Wohnzimmer oder agiert von unterwegs. Nachdem er die von ihm gewünschte Ware ausgewählt, d. h. in den „Warenkorb" gelegt hat, sendet er seinen Kaufwunsch an den Verkäufer (1. Willenserklärung). Akzeptiert der Verkäufer diesen Antrag, z. B. indem er eine Kaufbestätigung per E-Mail versendet (2. Willenserklärung durch Annahme), kommt ein Kaufvertrag zustande.

Zu den Pflichten für den Käufer aus einem Kaufvertrag gehört es, die Ware fristgemäß anzunehmen und den anfallenden Kaufpreis zu entrichten. Im Online-Geschäft bestehen u. a. die Möglichkeiten, zwischen folgenden unbaren Zahlungsmöglichkeiten zu wählen:

- Vorauskasse
- Kauf auf Rechnung
- Sofortüberweisung (SOFORT) z. B. Klarna.
- Paypal
- Kreditkartenzahlung (z. B. Visa oder Mastercard)
- Unternehmensbezogenen Zahlungssystemen

Unbare Zahlungsmöglichkeiten

Für ein Unternehmen ist nicht nur die Kundenfreundlichkeit von Bedeutung, sondern auch die durch Kundenzahlungen anfallenden Kosten, beispielsweise durch Transaktionsgebühren.

Vorauskasse

Akzeptiert der Käufer die Zahlungsbedingung Vorauskasse, erklärt er sich damit einverstanden, die gekaufte Ware zu zahlen, bevor er sie erhalten hat. Der Verkäufer versendet die Ware erst, nachdem der Kaufpreis seinem Konto gutgeschrieben wurde. Der Vorteil dieser Zahlungsmöglichkeit liegt ausschließlich beim Verkäufer. Mit Vorauskasse schließt er das Risiko aus, dass er Ware versendet, dafür jedoch keine Zahlung erhält. Das Risiko verlagert sich zum Käufer.

Der Käufer zahlt ohne zu wissen, ob er eine mangelfreie Ware erhält. Vorauskasse kann der Käufer beispielsweise mit einer Überweisung leisten. Bei einer Überweisung erhält die kontoführende Bank vom Käufer den Auftrag, die im Überweisungsvordruck gemachten Angaben auszuführen. Dabei ist es unerheblich, ob der Überweisungsvordruck in Papierform, über einen Terminal oder mithilfe des Online-Banking eingereicht wird. Bei der Überweisung belastet das kontoführende Kreditinstitut das Konto des Käufers. Hat der Verkäufer das Konto bei derselben Bank, schreibt sie gleichzeitig dem Verkäufer den Betrag auf dessen Konto gut. Führt eine andere Bank das Konto des Verkäufers, so wird diese darüber informiert, dass eine Gutschrift auf dem Konto des Verkäufers zu erfolgen hat. Die Bank des Käufers übermittelt an die Bank des Verkäufers den Überweisungsbetrag.

Einzugsermächtigung

Umgekehrt zum Ablauf der Überweisung erfolgt eine Einzugsermächtigung. Bei dieser Zahlungsart stimmt der Käufer zu, dass der Verkäufer mithilfe seines Kreditinstituts berechtigt ist, sein Konto zu belasten. Sobald der ausstehende Rechnungsbetrag vom Konto des Käufers belastet wurde, erfolgt die Gutschrift auf dem Konto des Verkäufers und die Rechnung gilt als beglichen. Eine Einzugsermächtigung kann einmalig oder mehrfach zur Begleichung einer Rechnung genutzt werden: einmalig, beispielsweise beim Kauf der Tischleuchte. Die Zahlungsmöglichkeit Einzugsermächtigung wird bei regelmäßig anfallenden Rechnungen verwendet, deren Beträge unterschiedlich hoch sind, wie z. B. bei Mobilfunkanbietern.

Kauf auf Rechnung

Die Überweisung wird meist auch bei der Zahlungsmöglichkeit *„Kauf auf Rechnung"* (Rechnungskauf) gewählt. Bei einem „Kauf auf Rechnung" schließt der Käufer seinen Kaufvorgang ab ohne gezahlt zu haben. Er erhält zunächst seine Ware. Der Ware liegen eine Rechnung und meist ein Überweisungsträger bei. In der Regel wird dem Käufer ein Zahlungsziel von 14 Tagen eingeräumt. Der Verkäufer gewährt dem Käufer dadurch einen zinslosen Kredit von 14 Tagen. Der Käufer kann die Ware bereits verwenden, ohne, dass er sie gezahlt hat. Nach Ablauf des Zahlungsziels begleicht der Käufer seine Rechnung, z. B. mittels einer Überweisung. Üblich ist es beim Kauf auf Rechnung, dass der Verkäufer unter der Bedingung des Eigentumsvorbehaltes liefert, d. h., die Ware gehört dem Käufer rechtlich erst (Eigentum), wenn er den gesamten Kaufpreis beglichen hat. Beim Rechnungskauf liegen, im Gegensatz zur Zahlungsalternative Vorauskasse, die Vorteile auf Seiten des Käufers.

Sofortüberweisung

Klarna.

Die Bezahlung mithilfe der Option „Sofortüberweisung" ist ein Angebot der KLARNA Group. Diese besteht seit 2014 aus einem Zusammenschluss der Sofort GmbH und der KLARNA Bank AG. Seit 2017 gehört zudem der Anbieter „Billpay" zur KLARNA Group. Die KLARNA Group bzw. die Klarna Bank AB bietet ein Online-Zahlungssystem zur bargeldlosen (unbaren) Zahlung im Internet an. Sobald der Kunde im Online-Shop die Alternative „Sofortüberweisung" ausgewählt hat, wird er automatisch auf die Homepage des Anbieters weitergleitet. Dort werden in einer „Bezahlmaske" alle relevanten Daten des Einkaufs, z. B. Kundennummer, Bestellnummer, Betrag usw., übernommen.

Der Käufer ergänzt die Maske, indem er seine persönlichen Bankdaten, wie IBAN, BIC, ... einträgt. Die Überweisung wird mit einer TAN freigegeben, die Zahlung erfolgt. Die KLARNA Bank AB dient während des Bezahlvorganges als Dienstleister bzw. als Vermittler zwischen Käufer und Verkäufer. Die KLARNA Bank AB übermittelt die Daten zur Zahlungsanweisung verschlüsselt an das Bankkonto des Kunden.

Dispositionskredit (§§ 488 ff BGB, § 493 BGB)

Überziehungsmöglichkeit des Girokontos bei Privatpersonen bis zu einer vereinbarten Kreditlinie. Oftmals wird kein ausdrücklicher schriftlicher Kreditvertrag abgeschlossen. Der Kunde muss über die Höhe des Kreditrahmens, Zinssatz, Regeln zur Änderung und eine eventuelle Kündigung informiert werden.

Geprüft werden die Richtigkeit der eingegebenen Daten, Kontostand und Kreditrahmen bzw. **Dispositionskredit**. Der Verkäufer erhält nach Abschluss der Zahlung eine Echtzeit-Bestätigung über die durchgeführte Überweisung. Er kann sich sicher sein, dass eine Zahlung stattgefunden hat. Die Bestellung kann sofort bearbeitet werden, Lagerware versendet und digitale Ware übermittelt werden.

Im Grunde genommen wirkt die Sofortüberweisung mittels der KLARNA Bank AB wie eine übliche Überweisung beim Homebanking. Der wesentliche Unterschied besteht darin, dass der Käufer seine Daten nicht in das Formular seines Kreditinstituts einträgt, sondern auf der Internetseite der KLARNA BANK AB. In dieses „fremde" Formular trägt der Käufer seine sensiblen Zugangsdaten zum Online-Banking sowie seine personalisierten Zugangsdaten wie PIN und TAN ein. Nach den AGB der meisten Kreditinstitute ist dies nicht zulässig. Gemäß der gemeinsamen Absprachen der deutschen Kreditwirtschaft und der Bankenverbände führt dies bei erkennbarem Verstoß dazu, dass der Bankkunde für entstehende Schäden in vollem Umfang haftet. Mit Nutzung der Sofortüberweisung wird somit „einem erheblichen Teil der Kunden ein vertragswidriges Verhalten abverlangt" (vgl. BGH-Urteil vom 18.07.2017, KZR 39/16). Zudem darf sie in einem Online-Shop nicht die einzige kostenfreie Zahlungsart sein, da sie als eine nicht zumutbare Zahlungsmöglichkeit gilt (**§ 312 a** Absatz 4 Nr. 1 BGB).

§ 312a BGB – Allgemeine Pflichten und Grundsätze bei Verbraucherverträgen; Grenzen der Vereinbarung von Entgelten

(4) Eine Vereinbarung, durch die ein Verbraucher verpflichtet wird, ein Entgelt dafür zu zahlen, dass er für die Erfüllung seiner vertraglichen Pflichten ein bestimmtes Zahlungsmittel nutzt, ist unwirksam, wenn

1. für den Verbraucher keine gängige und zumutbare unentgeltliche Zahlungsmöglichkeit besteht [...]

Wer Angst vor „Datendiebstahl" hat, sollte dies als Kritikpunkt der Sofortüberweisung kennen. Bei Rechtsstreitigkeiten ist zudem zu beachten, dass die KLARNA Bank AB eine Gesellschaft schwedischen Rechts ist und dieses entsprechend Anwendung auf den Nutzer findet.

Für Unternehmen bietet die KLARNA Bank AB „Boost for Business", also „Schwung fürs Geschäft", an. Unter diesem Motto finanziert KLARNA Unternehmen. Der aufgenommene Kredit wird basierend auf den täglichen, mit KLARNA beglichenen, Umsätzen zurückgezahlt. Dafür berechnet KLARNA eine Fixgebühr. Unternehmen haben u. a. die Möglichkeit, ihren Kunden personalisierte Ratenkäufe vorzuschlagen, sobald sie die Endsumme des Einkaufs kennen.

Für Unternehmen, die Sofortüberweisung als Zahlungsmöglichkeit anbieten, entsteht eine einmalige Gebühr, eine Monatsgebühr und Provisionen für getätigte Käufe.

Dafür übernimmt die KLARNA Bank AB die Zahlungsabwicklung, den Verwaltungsaufwand sowie das Mahnverfahren bei nicht erbrachten Zahlungen.

PayPal

PayPal ist ein Online-Bezahldienst mit Hauptsitz in Luxemburg, der EU-weit als Kreditinstitut geführt wird. Online-Shops, die die Möglichkeit der PayPal-Zahlung anbieten, nutzen für sich als Unternehmen viele Vorteile.

Unternehmen

- Mit PayPal hat der Verkäufer die Möglichkeit, seinen Kunden die Zahlungsmöglichkeiten Einzelzahlung sowie Ratenzahlung anzubieten. Die jeweilige Zahlung kann auf Rechnung (nur Einzelzahlung), mittels Lastschrift oder Kreditkartenabbuchung erfolgen. Das Risikomanagement, d. h., die Überwachung, ob Zahlungen eingehen einschließlich des kompletten Mahnsystems, übernimmt PayPal.
- Zudem bietet PayPal den Unternehmen einen sogenannten Verkäuferschutz an. Rückbuchungen von Kundenzahlungen werden somit von PayPal ausgeglichen und der Verkäufer hat keine Verluste. Dieser Schutz gilt, wenn die Zahlung nicht durch den Inhaber des Kontos bzw. der Kreditkarte genehmigt wurde oder die Rückbuchung darauf basiert, dass der Käufer die Ware nicht erhalten hat. Dafür muss der Verkäufer den Nachweis des korrekten Versands erbringen. Der Verkäuferschutz entfällt, wenn der Artikel erheblich von der Beschreibung im Online-Shop abweicht. Zudem wird der Verkäuferschutz generell für immaterielle Güter, Dienstleistungen, Fahrzeuge mit Motor sowie für Artikel ausgeschlossen, die individuell gefertigt wurden (z. B. ein Maßanzug) oder persönlich abgeholt wurden.
- Wird Ware zurückgesendet, hat der Verkäufer die Möglichkeit, die anfallenden Kosten zu übernehmen oder PayPal übernimmt diese. Für die Leistungen von PayPal zahlt der Verkäufer eine Festgebühr pro Transaktion und eine variable Gebühr, die von der Umsatzhöhe abhängt. Diese variable Gebühr sinkt, sobald der Umsatz steigt.
- Mit dem PayPal-Express leitet der Verkäufer den Käufer direkt aus dem Warenkorb zum Bezahlvorgang weiter. Zudem muss der Käufer nicht einmal ein PayPal-Konto haben. Verfügt er über ein PayPal-Konto kann er dieses nutzen.

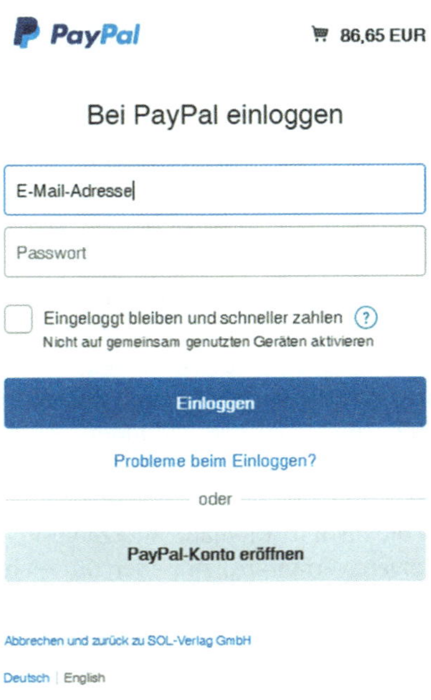

Käufer

Grundsätzlich legt sich der Käufer ein virtuelles Konto an, d. h., er registriert sich im PayPal-Zahlungssystem mit seiner E-Mail Adresse und seinem Passwort. Dort hinterlegt er einmalig seine Bank- oder Kreditkartendaten sowie seine Anschrift und Telefonnummer. Um das PayPal-Konto zu schützen, sind zwei Sicherheitsfragen zu beantworten und zu speichern.

Die Finanzdaten sowie die Sicherheitsfragen werden nicht weitergegeben. Eine gesetzliche Verpflichtung zur Weitergabe der Daten besteht, wenn über den Kunden ein Mahnverfahren eröffnet wurde. PayPal nutzt die Daten, um eigene Werbeinformationen an den Kunden weiterzuleiten. Diese Möglichkeit ist mit einer entsprechenden Einstellung unter „Mein Konto" zu umgehen.

Künftig zahlt der Käufer mit E-Mail Adresse und Passwort. Seine Zahlungsdaten werden zentral gespeichert und müssen nicht bei jedem Einkauf neu eingegeben werden. PayPal zieht die Kaufsumme vom Kundenkonto ein bzw. belastet die Kreditkarte. Mit der Bestätigung des Einkaufs erhält der Verkäufer eine Zahlungsbestätigung und kann die Bestellung bearbeiten, beispielsweise für den Versand fertig machen oder online zur Verfügung stellen. Die Nutzung von PayPal ist für den Käufer kostenfrei. Mit PayPal besteht auch die Möglichkeit, selbst Geld zu empfangen. Hierfür fallen u. U. Gebühren an, z. B. bei Gutschriften in anderen Währungen außer Euro oder, wenn eigenständig Waren verkauft werden. Ein PayPal Kunde kann auch Geld über PayPal überweisen.

Kreditkartenzahlung

Die Zahlung mit einer Kreditkarte erfolgt mit sogenanntem „Plastikgeld". Auf der Plastikkarte sind alle wesentlichen Bankdaten (IBAN und Kartennummer) eingeprägt bzw. aufgedruckt (BIC und Sicherheitsnummer), die der Käufer zur Online-Zahlung benötigt. Diese Daten müssen in den jeweiligen Feldern der Online-Maske eingetragen werden. Der Kauf wird durch die Zahlung bestätigt. Zahlungen mit Kreditkarten sind grundsätzlich bestätigte Zahlungen, d. h., der Verkäufer ist sich sicher, dass ihm die Kaufsumme gutgeschrieben wird. Die Zahlung des Rechnungsbetrages erfolgt unmittelbar. Es gibt verschiedene Arten von Kreditkarten. Unterscheidungsmerkmale sind beispielsweise die Art der Abrechnung, Zinskonditionen bzw. Gebühren, usw. Die wesentlichen Unterschiede sind:

Die „charge"-Kreditkarte (unechte Kreditkarte) erhält ein Kontoinhaber, nachdem seine Bonität geprüft und eine Anfrage bei der SCHUFA (Schutzgemeinschaft für allgemeine Kreditsicherung) positiv ausgefallen ist. In Abhängigkeit der Bonität, beispielsweise aufgrund des monatlichen Gehalteinganges, des Sparguthabens, wenn keine Darlehen bestehen u. v. m., erhält der Kontoinhaber einen bestimmten Verfügungsrahmen, z. B. 5.000,00 Euro. Innerhalb dieses Verfügungsrahmens kann der Karteninhaber frei agieren und Einkäufe tätigen. Bezahlmöglichkeiten gibt es beim Online-Shopping, in Geschäften, Restaurants usw.

Die gezahlten Rechnungsbeträge werden gesammelt und zu einem bestimmten Termin im Monat, beispielsweise dem 30. des Monats, in einer Summe dem Girokonto belastet. Eine Ratenzahlung ist bei der „charge"-Kreditkarte nicht möglich. Im Zeitraum zwischen der Bezahlung und des Abbuchungstermins gewährt das Kreditinstitut dem Kunden ein zinsloses Darlehen. Der Kunde hat seine Rechnung gezahlt, die Belastung seines Kontos erfolgt im Idealfall erst 30 Tage später. Der Verkäufer erhält unmittelbar nach der Zahlung seine Gutschrift, d. h., das Kreditinstitut des Kunden geht in Vorlage.

Bonität bzw. Kreditwürdigkeit:
ist die Zahlungsfähigkeit eines Vertragspartners. Die Bonität sollte möglichst gut sein, dies ist bereits am Begriff zu erkennen: Bonität = lateinisch bonitas: „die Vortrefflichkeit"

SCHUFA (Schutzgemeinschaft für allgemeine Kreditsicherung – SCHUFA Holding AG):
Informationspartner für kreditgebende Unternehmen (z. B. Elektronikfachmärkte, Mobilfunkanbieter, Vermieter usw.) bzw. Kreditinstitute. Sie speichert kreditrelevante Daten über Unternehmen und Privatpersonen. Sowohl Positivmeldungen, wie die vollständige und fristgerechte Rückzahlung eines Darlehens als auch Negativdaten, wie die nicht fristgemäße Rückzahlung, Insolvenzverfahren,... Anfragen dürfen nur Unternehmen stellen, die Vertragspartner der Schufa sind. Eine Privatperson erhält jederzeit Auskunft über die von ihr gespeicherten Daten der Schufa. Mehr Informationen gibt es unter: www. Schufa.de

„Revolving"-Kreditkarten sind „echte"-Kreditkarten, da die Rückzahlung der gesammelten Kaufbeträge in Raten erfolgen kann. Das Kreditinstitut gewährt seinem Kunden ein Darlehen. Die Zinsen dieses Darlehens sind vergleichsweise hoch, sodass eine Einmalzahlung des monatlich fälligen Betrages Vorteile hat. Alle übrigen Bedingungen, wie die notwendige SCHUFA-Auskunft, Festlegung des Verfügungsrahmens usw., stimmen mit der „charge"-Kreditkarte überein.

Sowohl bei der „charge"- als auch der „revolving"-Kreditkarte ist das Risiko einer Verschuldung gegeben. Insbesondere, wenn eine Privatperson über mehrere Kreditkarten und u. U. noch unternehmensbezogene Kreditkarten, wie die SATURN Card, IKEA FAMILY Bezahlkarte, ... verfügt. Unternehmensbezogene Kreditkarten sammeln ursprünglich nur die Rechnungsbeträge des kartenausgebenden Geschäftes über einen bestimmten Zeitraum, wie beispielsweise 30 Tage. Nach dieser Zeitspanne wird das Girokonto mit der Endsumme belastet. Mittlerweile haben die unternehmensbezogenen Kreditkarten ihre Funktionen ausgeweitet. So ist beispielsweise auch eine Abhebung an Geldautomaten möglich, Zahlungen in weiteren Geschäften usw. Es existiert eine Vielzahl unternehmensbezogener Kreditkarten mit unterschiedlichen Bedingungen. Es empfiehlt sich, diese vor Abschluss eines Kreditkartenvertrages zur Kenntnis zu nehmen.

Umgang mit Kreditkarten

Bei Zahlung mit Kreditkarten ist es sinnvoll sich die damit gezahlten Beträge zu merken, damit der Überblick über die ausgegebene Geldsumme nicht verloren geht. Sonst kann es passieren, dass am Monatsende über mehr Geld verfügt wurde als z. B. durch Gehaltseingang zur Verfügung steht. Geschieht dies mehrere Monate hintereinander, ist der Karteninhaber schnell verschuldet, d. h. er kann seine Rechnungen nicht mehr zahlen. Verschuldung kann durch eine Kreditkartenart gemindert werden, die „prepaid"-Kreditkarte.

Bei „prepaid"-Kreditkarten wird kein Darlehen vergeben. Es ist keine SCHUFA-Auskunft oder Bonitätsprüfung notwendig. „Prepaid"-Kreditkarten sind Kreditkarten auf Guthabenbasis. Der Karteninhaber schreibt dem Kreditkartenkonto ein Guthaben in beliebiger Höhe gut. Über dieses kann er verfügen, indem er mit seiner Kreditkarte zahlt. Ist das Guthaben aufgebraucht, können keine Zahlungen mehr getätigt werden. Möglich ist dies erst wieder, wenn das Kreditkartenkonto ein Guthaben aufweist. Diese Art der Kreditkarte schützt nicht nur vor Überschuldung, sondern begrenzt im Falle eines Kartenmissbrauches den Verlust auf das Guthaben.

Finanzierungsmöglichkeiten (LA 3.2)

Wenngleich der Verkäufer mit den Zahlungsmöglichkeiten „Kauf auf Rechnung“ oder „Kreditkartenzahlung“ bereits ein Zahlungsziel, d. h. ein kostenfreies Darlehen gewährt, sind diese Optionen nicht immer ausreichend.

Ist der Käufer auch in 14 bzw. 30 Tagen nicht in der Lage seine Ware zu bezahlen, benötigt er u. U. ein Darlehen. Insbesondere im Online-Vertrieb sind die folgenden Alternativen zu unterscheiden:

Ratenkauf (Abzahlungskauf, Teilzahlungskauf – § 510 f BGB)

Grundlage des Ratenkaufs ist ein Kaufvertrag über eine Ware. Der Kaufpreis wird nicht sofort in einem Betrag beglichen, sondern in mehreren Raten.

Liegt ein Teilzahlungsgeschäft vor, räumt der Verkäufer dem Käufer das Recht ein den vollständigen Kaufpreis in mehreren Raten bzw. Teilbeträgen zu zahlen (§ 506 Absatz 3 BGB). An diesem Geschäft ist kein Dritter beteiligt. Die Teilzahlung wird in diesem Fall als Finanzierungshilfe gesehen, da der Käufer den vollen Kaufpreis nicht sofort erbringen muss. Es liegt kein Darlehen vor, sodass kein Darlehensvertrag geschlossen werden muss.

Effektivzins

Zinssatz, der angibt wieviel der Kredit tatsächlich kostet, d. h. er beinhaltet den Nominalzins und alle anfallenden Kosten und Gebühren, wie Bearbeitungsgebühr usw.

Beim Ratenkauf sind die tatsächlichen Kosten die Differenz zwischen geleistetem Gesamtbetrag und Barzahlungspreis.

Ein Teilzahlungsgeschäft ist in der Regel nicht kostenlos. Die Zeit, die der Verkäufer auf sein gesamtes Entgelt wartet, lässt er sich durch Zinsen bezahlen. Der letztlich vom Käufer gezahlte Gesamtbetrag ist dadurch höher als der Preis, den er bei sofortiger Bezahlung der Ware gezahlt hätte. Der Gesetzgeber schreibt vor, dass der Verkäufer dem Käufer Angaben über Barzahlungspreis, Sollzins, effektiven Jahreszins und den von ihm geleisteten Gesamtbetrag macht (§ 507 Absatz 1 BGB).

Finanzkauf

Beim Finanzkauf werden zwei Verträge geschlossen: Ein Kaufvertrag und ein Darlehensvertrag. Insbesondere im Online-Geschäft kann ein als „Ratenkauf“ verstandener Kaufvertrag abgeschlossen werden, der den Abschluss eines Darlehensvertrages mit sich bringt. Es handelt sich rechtlich um einen Finanzkauf.

Dies kann beispielsweise vorkommen, wenn der Verbraucher die Zahlungsmöglichkeit KLARNA bzw. Sofortüberweisung wählt und dort die Variante „Ratenzahlung“. Er schließt dann einen Kaufvertrag mit dem Online-Händler und zugleich einen Darlehensvertrag mit der KLARNA Bank AB ab. Am Beispiel der KLARNA Bank AB erhält der Käufer ab einem Einkaufswert von 199,99 Euro einen Ratenkaufvertrag zur Unterschrift (s. o. „Sofortüberweisung“).

Bagatelldarlehen (§ 491 Absatz 2 Nr. 1 BGB):
Bagatelldarlehen (§ 491 Absatz 2 Nr. 1 BGB):

Darlehen mit einem Nettodarlehensbetrag unter 200,00 Euro gelten als Klein- bzw. Bagatelldarlehen die nicht als allgemeine Verbraucherdarlehen gelten.

Für den Verkäufer bietet diese Variante den Vorteil, dass er den Kaufpreis sofort erhält. Das Risiko, dass der Käufer zahlungsunwillig oder zahlungsunfähig wird, trägt der Darlehensgeber, in diesem Fall die KLARNA Bank AB:

Grundsätzlich prüft bei einem Finanzkauf das Kreditinstitut bzw. der Finanzdienstleister mit dem der Verkäufer zusammen arbeitet, automatisiert und zeitgleich zum Kaufvertrag, ob die Bonität des Käufers für einen Finanzkauf ausreicht.

1. In „Echtzeit" wird bei negativer Prüfung eine Ablehnung an den Verkäufer und den Käufer gesendet. Bei positiver Prüfung eine Bestätigung.
2. Kommt der Finanzkauf zustande, zahlt das Kreditinstitut den vollen Kaufpreis an den Verkäufer.
3. Die Raten begleicht der Käufer beim Kreditinstitut. In der Regel überweist der Käufer seine gleichbleibende monatliche Rate zu einem bestimmten Termin, wie z. B. zum 15. eines jeden Monats. Eventuell bleibt zum Laufzeitende ein Restbetrag.
4. Nach Zahlung dieser Summe gehört die Ware dem Käufer. Zuvor wird das Eigentum mittels des Eigentumsvorbehaltes ausgeschlossen. Der Kauf- und der Darlehensvertrag sind wirtschaftlich miteinander verbunden. Auswirkungen hat dies auf die Verträge z. B. bei einem Widerruf. Wird der Darlehensvertrag widerrufen wird zeitgleich auch der Kaufvertrag widerrufen (§ 358 Absatz 2 BGB).

Finanzkauf im Internet

Bei einem im Internet geschlossenen Finanzkauf sind verschiedene gesetzliche Grundlagen zu beachten, da es sich um einen Verbrauchervertrag (§ 312 a BGB) handelt, zeitgleich auch um einen Fernabsatzvertrag. Nach dessen Regelung sind verschiedene Informationspflichten zu beachten (§ 312 d BGB sowie Art. 246a § 1 EGBGB). Knapp zusammengefasst gelten für Verbraucherdarlehensverträge u. a. die nachstehenden Sonderregelungen: die Schriftform für das Verbraucherdarlehen und die Pflicht des Unternehmers zu vorvertraglichen Informationen über das Verbraucherdarlehen. Als Mindestinhalt im Vertrag sind u. a. festgelegt:

- Name und Anschrift des Darlehensgebers,
- Art des Darlehens,
- effektiver Jahreszins,
- Nettodarlehensbetrag,
- Sollzinssatz,
- Vertragslaufzeit,
- Betrag sowie Zahl und Fälligkeit der einzelnen Teilzahlungen,
- Gesamtbetrag usw. (§ 492 Abs. 2 BGB in Verbindung mit Artikel 247 EGBGB).

Ein online abgeschlossener Finanzkauf ist ein Verbrauchervertrag auf den die Regelungen des Fernabsatzvertrages Anwendung finden, d. h., der Verbraucher muss schriftlich über sein 14-tägiges Widerrufsrecht informiert werden. Die Kenntnisnahme bestätigt er durch seine Unterschrift. Gewährt der Verkäufer dem Verbraucher ein unentgeltliches Darlehen, dann gilt ein eingeschränkter Verbraucherschutz (§ 514 BGB).

Effektivzins:

Zinssatz, der angibt wieviel der Kredit tatsächlich kostet, d. h., er beinhaltet den Nominalzins und alle anfallenden Kosten und Gebühren, wie Bearbeitungsgebühr usw.

Beim Ratenkauf sind die tatsächlichen Kosten die Differenz zwischen geleistetem Gesamtbetrag und Barzahlungspreis.

Null-Prozent-Finanzierung

Als unentgeltliches Darlehen gilt insbesondere ein unverzinsliches Darlehen. Im Alltag wird diese Zahlungsmöglichkeit als „Null-Prozent-Finanzierung" beworben. Bei dieser Art der Zahlung schließt der Käufer dennoch einen Kreditvertrag mit einem Kreditinstitut ab. Dieses kann sich der Verbraucher nicht aussuchen, da der Kredit über den Verkäufer und im Verbund mit dem Kaufvertrag geschlossen wird (vgl. „Finanzkauf").

Abgeschlossen wird ein üblicher Ratenkredit mit fester Laufzeit, fixer Rate, aber ohne Zinsbelastung. Der abzuschließende Vertrag muss keine Angaben zum Soll- und Effektivzins enthalten und vereinfacht die Bearbeitung. Es liegt kein Teilzahlungsgeschäft vor, da die Zinszahlung entfällt. Der Gesetzgeber bezeichnet diese Art der Ratenzahlung als unentgeltliche Finanzierungshilfe. Hierfür gilt ein eingeschränkter Verbraucherschutz (§ 515 BGB i.V.m. § 514 BGB).

Demnach gelten lediglich Regelungen über:

- den Verzug des Darlehensgebers (§ 497 Abs. 1 BGB),
- die Kündigung des Darlehengebers wegen Zahlungsverzug (§ 498 BGB),
- Verpflichtungen hinsichtlich der Kreditwürdigkeitsprüfung (§ 505a–d BGB) sowie
- das geltende Widerrufsrecht (§ 355 BGB).

Eine Ungleichbehandlung zwischen unentgeltlichen Darlehen und unentgeltlichen Finanzierungshilfen vermeidet der Gesetzgeber (§ 515 BGB sowie BT-Drucksache 18/7584 Seite 145). Der Unterschied zwischen einem Darlehen und einer Finanzierungshilfe besteht im Geldfluss. Während der Kreditgeber bei einem Darlehen tatsächlich Geld an den Kreditnehmer übergeben muss, gilt dies nicht für die Finanzierungshilfe. Ihre Kreditfunktion besteht darin, dass der Geldabfluss des Kreditnehmers verzögert wird, z.B. indem die Zahlung in mehreren Raten (Teilbeträgen) erfolgt.

In diesem zeitlichen Aufschub, der keine sofortige Zahlung der gesamten Kaufsumme notwendig macht, liegt der Anreiz der Null-Prozent-Finanzierung. Mittlerweile ist es möglich nicht mehr nur hochpreisige Ware wie Autos, Möbel usw. zu finanzieren, sondern auch Gegenstände des Alltags, Smartphone, Bekleidung usw. können in Raten mit Null-Prozent finanziert werden. Der Kaufpreis wird auf eine festgelegte Anzahl von Monatsraten verteilt. In der Theorie trifft dies zu.

In der Realität verbergen sich u.U. andere Vertragsbedingungen im „Kleingedruckten", d.h. den AGB.

Kaufvertragsstörungen (Schlechtleistung) durch den Käufer (LA 4.1)

Nicht-Rechtzeitig Zahlung (LA 4.1)

Meist erstellt eine Unternehmung (Verkäufer) zeitgleich zum Versand der Ware eine Rechnung. Eine Rechnung ist eine Aufstellung über das vom Käufer zu zahlende Entgelt. Darin ausgewiesen sind u. a. die Kosten aller gelieferten Waren und Dienstleistungen. Der Schuldner (Käufer) gerät in Zahlungsverzug (Schuldnerverzug – § 286 BGB), wenn er seine Rechnung nicht begleicht. Voraussetzung für den Verzug ist, dass die Zahlung fällig ist.

Verzug ohne Mahnung

Ohne vorherige Mahnung gerät der Käufer in Verzug, wenn der Verkäufer in der Rechnung den Zahlungstermin eindeutig kalendermäßig bestimmt, indem er ein konkretes Datum für die Zahlung angibt (Fixkauf). Die Formulierung könnte lauten:

Bitte zahlen Sie den Rechnungsbetrag bis zum 30.10.20XX.

Der Zahlungstermin gilt ebenfalls als angegeben, wenn der Zahlungstermin in Abhängigkeit eines bestimmten Ereignisses festgelegt wurde. Die Bedingung in der Rechnung könnte lauten:

Zahlen Sie 8 Tage nach Lieferung der Ware.

Der Zahlungstermin ist in diesem Fall eindeutig definiert, da auf der Rechnung bzw. dem Lieferschein das Lieferdatum angegeben ist.

Eine Mahnung entfällt ebenfalls bei einem Verbrauchsgüterkauf (einseitiger Handelskauf), wenn in der Rechnung die nachstehende oder eine ähnliche Klausel enthalten ist:

30 Tage nach Zugang dieser Rechnung geraten Sie automatisch in Verzug.

Die Frist von 30 Tagen beginnt mit dem Zustellen der Rechnung. Der Gläubiger hat dem Schuldner den ordnungsgemäßen Zugang der Rechnung nachzuweisen. Verweigert der Käufer die Zahlung endgültig, entfällt eine Mahnung.

Verzug mit Mahnung

Der Verkäufer (Gläubiger) muss dem Käufer (Schuldner) eine Mahnung übermitteln, wenn der Zahlungstermin kalendermäßig nicht bestimmt ist. Die Rechnung enthält z. B. die Zahlungsbedingung:

„Zahlung sofort".

Ebenso muss der Endverbraucher angemahnt werden, wenn er bei einem Verbrauchsgüterkauf in der Rechnung nicht ausdrücklich darauf hingewiesen wird, dass er 30 Tage nach Rechnungszustellung automatisch in Verzug gerät.

Liegen die Voraussetzungen für eine Nicht-Rechtzeitig-Zahlung vor, kann der Verkäufer wie folgt reagieren:

- Auf Zahlung bestehen
  Er kann auf Zahlung durch den Käufer bestehen. Sobald der Käufer seine Rechnung bezahlt hat, stellt der Verkäufer keine weiteren Ansprüche, z. B. Mahnkosten.

- Auf Zahlung bestehen und evtl. einen Verzögerungsschaden geltend machen
  Eine weiteren Alternative ist, dass der Verkäufer auf die Begleichung der Rechnung besteht und darüber hinaus auf „Schadensersatz wegen Verzögerung der Zahlung (Verzögerungsschaden)".

  Schadensersatz bezieht sich in diesem Fall sowohl auf die Mahnkosten (Kosten für Bearbeitung, Porto, Briefpapier usw.) als auch auf die entgangenen Zinsen. Dem Verkäufer sind Zinsen entgangen, da er das ihm fehlende Geld aus der Rechnung nicht bei seinem Kreditinstitut verzinslich anlegen konnte.

- Rücktritt vom Vertrag (§ 323 BGB)
  Wählt der Verkäufer (Gläubiger) die Möglichkeit vom Vertrag zurückzutreten, kann er dies, wenn der Käufer (Schuldner) bereits in Verzug ist. Ansonsten muss er ihm eine angemessene Nachfrist setzen.

  Diese Nachfrist entfällt, wenn der Schuldner die Zahlung verweigert, der Zahlungszeitpunkt kalendermäßig Tag genau bzw. durch eine Frist genau bestimmt ist oder besondere Umstände vorliegen. Tritt der Verkäufer vom Vertrag zurück, hat der Käufer die Ware an den Verkäufer zurückzugeben. Der Verkäufer lehnt die vertraglich bestimmte Zahlung durch einen Vertragsrücktritt ab.

- Schadensersatz statt Leistung (Nichterfüllungsschaden – § 281 BGB)
  Der Verkäufer hat die Alternative, die vertraglich bestimmte Zahlung abzulehnen. Zuvor muss er dem Käufer schriftlich eine angemessene Nachfrist setzen. Die Fristsetzung entfällt, wenn der Verkäufer die Zahlung „ernsthaft und endgültig verweigert" (vgl. § 281 Absatz 2 BGB) oder, wenn besondere Umstände vorliegen.

  Ist die Nachfrist verstrichen, kann der Gläubiger (Verkäufer) „Schadensersatz statt der Leistung" verlangen. Schadensersatz wird der Verkäufer u. a. fordern, wenn der Verkaufspreis der Ware mittlerweile niedriger ist als zum Zeitpunkt des Vertragsabschlusses. Bei einem erneuten Verkauf der Ware, würde er einen geringeren Erlös erzielen. Der dem Verkäufer entstandene Schaden ergibt sich aus der Differenz zwischen dem ursprünglichen Verkaufspreis und dem aktuellen Verkaufspreis.

  Der Gläubiger (Verkäufer) kann die Rechte „Rücktritt vom Vertrag" und „Schadensersatz statt Leistung" ausschließlich oder gemeinsam geltend machen. Beispielsweise kann er vom Vertrag zurücktreten und die Herausgabe seiner Ware verlangen. Diesen, erneut verkaufen und den Mindererlös als Schadensersatz beim ursprünglichen Käufer der Ware geltend machen.

- Ersatz vergeblicher Aufwendungen (§ 284 BGB)
  Statt Schadensersatz zu verlangen, kann der Gläubiger den Ersatz von bereits gemachten Aufwendungen, wie der Zahlung von Vertragskosten, verlangen. Dies gilt, wenn er von einer vereinbarungsgemäßen Vertragsabwicklung ausgehen konnte.

Verlangt der Gläubiger Schadensersatz bzw. Ersatz vergeblicher Aufwendungen, sind die ausstehenden Zahlungen zu verzinsen. Die Zinshöhe, die der Verkäufer einfordert, richtet sich nach der vertraglichen Vereinbarung.

Ist vertraglich nichts festgelegt, muss der Verkäufer nachweisen, wie hoch die ihm entgangenen Zinsen des Kreditinstitutes sind. Gängiger ist es, auf die gesetzlichen Verzugszinsen zurückzugreifen.

Bei einem zweiseitigen Handelskauf, d. h., sowohl Verkäufer als auch Käufer sind Unternehmen, betragen die Verzugszinsen neun Prozent über dem Basiszinssatz der Deutschen Bundesbank. Bei einem einseitigen Handelsgeschäft (Verbrauchsgüterkauf) liegen die Verzugszinsen bei fünf Prozent über dem Basiszinssatz (§ 288 BGB). Die Zinsen werden ab dem Tag des Verzugs berechnet.

Basiszinssatz: (§ 247 BGB)

Der Basiszinssatz dient als Bezugsgröße für Zinsen und andere Leistungen in Rechtsvorschriften. Er kann sich zum 01.01. und 01.07. eines jeden Jahres verändern. Die Deutsche Bundesbank (DBBk) veröffentlicht ihn.

Annahmeverzug (LA 4.1)

Liefert der Verkäufer vertragsgemäß, d. h. zur rechten Zeit, am rechten Ort, in der richtigen Güte (Qualität) sowie Menge, und der Verkäufer nimmt die Ware nicht an, gerät der Käufer in Annahmeverzug (§ 293 BGB).

Der Annahmeverzug stellt eine Pflichtverletzung des Käufers dar, für die er keine Begründung angeben muss. Voraussetzung ist die Fälligkeit der Lieferung, d. h., der Verkäufer muss zum vereinbarten Zeitpunkt liefern. Die Ware muss tatsächlich lieferbereit sein und angeboten werden. Gibt der Verkäufer seine Ware vorzeitig ab, ist der Käufer nicht zur Annahme verpflichtet und gerät nicht in Verzug.

Haftung

Im Falle eines Annahmeverzuges ändern sich die Haftungsverhältnisse zwischen Verkäufer und Käufer. Unabhängig davon, ob ein Versendungskauf vorliegt und der Rücktransport über ein Versandunternehmen erfolgt oder der Verkäufer die Ware eigenständig, z. B. in einem eigenen LKW, ins Lager zurücktransportiert, haftet der Verkäufer nur noch bei Vorsatz oder grober Fahrlässigkeit. Das Risiko bei leichter Fahrlässigkeit ist auf den Käufer übergegangen.

Wird die Ware beispielsweise auf dem Rücktransport ins Lager beschädigt oder vollständig vernichtet, wie durch einen nicht verschuldeten Unfall, trägt der Käufer die Kosten für die defekte Ware.

Der Verkäufer hat in der Folge eines Annahmeverzuges verschiedene Rechte:

- Rücktritt vom Vertrag
  Er kann vom Vertrag zurücktreten. Der Kaufvertrag gilt als nicht geschlossen. Diese Alternative wird der Verkäufer wählen, wenn er die Ware zeitnah weiterverkaufen kann, die Verkaufspreise zwischenzeitlich gestiegen sind, aber auch, wenn zu dem Käufer eine jahrelange positive Kundenbeziehung besteht, d. h. aus Kulanz.
- Auf Abnahme der Ware bestehen
  Der Verkäufer kann die Waren alternativ auf Kosten des Käufers einlagern. Dafür nutzt er sein eigenes oder ein öffentliches Lager. Kann der Verkäufer die Ware überhaupt nicht weiterverkaufen, weil es sich z. B. um eine Sonderanfertigung handelt, wird er ab Abnahme der Ware bestehen. Eine Nachfrist ist dazu nicht notwendig.

Kulanz

Freiwillige Leistung eines Verkäufers, zu der er gesetzlich nicht verpflichtet ist. Beispiel: Ein Verkäufer repariert das TV-Gerät nach Ablauf der gesetzlichen Gewährleistung.

- Befreiung von der Lieferung durch Selbsthilfeverkauf
  Nach Ablauf einer angemessenen Nachfrist wird sich der Verkäufer von der Leistungspflicht befreien und einen Selbsthilfeverkauf durchführen. Dadurch vermeidet er eine zeit- und kostenintensive Klage.

  Ein Selbsthilfeverkauf kann in Form einer öffentlichen Versteigerung durchgeführt werden. Der Verkäufer muss dem ursprünglichen Käufer die Zeit und den Ort der Versteigerung mitteilen. Ebenso die endgültige Abrechnung.

  Bei einem Mindererlös (Verkäufer erzielt einen geringeren Verkaufspreis als ursprünglich) trägt der ursprüngliche Käufer die Differenz.

  Erzielt der Verkäufer einen Mehrerlös (Verkäufer erzielt einen höheren Verkaufspreis als ursprünglich), erhält der anfängliche Käufer die Differenz. Der Verkäufer behält seine Forderung und die bis dahin entstandenen Kosten, z. B. Transport-, Personalkosten, ... ein.

- Befreiung von der Lieferung durch Notverkauf
  Die Benachrichtigung des ursprünglichen Käufers entfällt, wenn es sich um leicht verderbliche Waren, z. B. Obst, Gemüse usw. handelt, die in einem Notverkauf veräußert werden (§ 384 BGB).

- Befreiung von der Lieferung durch freihändigen Verkauf
  Hat die nicht abgenommene Ware einen Börsen- oder Marktpreis, wie bei Kaffee, Tee, Getreide, ... kann der Verkäufer nach Setzen einer angemessenen Frist einen freihändigen Verkauf durchführen lassen. Den Verkauf übernimmt ein öffentlich ermächtigter Makler, wie ein vom Gericht bevollmächtigter Handelsmakler. Auch bei einem freihändigen Verkauf muss der ursprüngliche Käufer über den Zeitpunkt und Ort des Verkaufes informiert werden.

Handelsmakler (§ 93 HGB):

Der Handelsmakler betreibt selbstständig ein Gewerbe. Seine Aufgabe ist die Vermittlung von Kauf- bzw. Verkaufsverträgen über Waren, Wertpapiere, Versicherungen usw. für Dritte. Er vermittelt diese Verträge gegen Provision und steht mit seinem Auftraggeber nicht in einem dauerhaften Verhältnis.

Gerichtliches und außergerichtliches (kaufmännisches) Mahnverfahren (LA 4.1)

Wird nach Abschluss eines Kaufvertrages der ausstehende Rechnungsbetrag versehentlich oder absichtlich nicht bezahlt, gerät der Käufer (Schuldner) rasch in Zahlungsverzug und das kaufmännische bzw. außergerichtliche Mahnverfahren beginnt. Zunächst erinnert der Verkäufer (Gläubiger) den Schuldner mit einer Zahlungserinnerung, der ersten Mahnung, an seine unbezahlte Rechnung.

Mithilfe der Zahlungserinnerung wird der Kunde höflich daran erinnert, dass er bislang noch nicht gezahlt hat.

Erfolgt auf dieses Schreiben keine Reaktion, formuliert der Gläubiger nach ca. 10 bis 14 Tagen eine ausdrückliche Mahnung, in Form eines zweiten Mahnbriefes. Mit diesem Schreiben wird der Schuldner erneut an die offene Rechnung erinnert. Allerdings wird ihm eine konkrete Zahlungsfrist, von beispielsweise 10 Tagen, gesetzt. Zudem wird er auf die Folgen bei Nichtzahlung hingewiesen.

Im weiteren Verlauf des Mahnverfahrens werden dem Schuldner sowohl Mahngebühren als auch Verzugszinsen berechnet. Mahngebühren dienen dazu, die dem Gläubiger entstehenden Kosten für Porto, Briefpapier, Umschlag, Bearbeitung, ... zu ersetzen.

- Verzugszinsen werden vom Gläubiger geltend gemacht, da er Zinsverluste hat. Bei rechtzeitiger Zahlung des Rechnungsbetrages hätte er den Rechnungsbetrag bei einem Kreditinstitut verzinslich anlegen können. Als Ersatz kann der Gläubiger vom Schuldner deshalb Verzugszinsen verlangen.

- Zahlt der Schuldner nach der zweiten Mahnung noch nicht, mahnt ein Gläubiger in der Regel ein drittes Mal. In diesem Anschreiben droht der Gläubiger mit weiteren Schritten, wie dem Einleiten eines gerichtlichen Mahnverfahrens oder einer Klage.

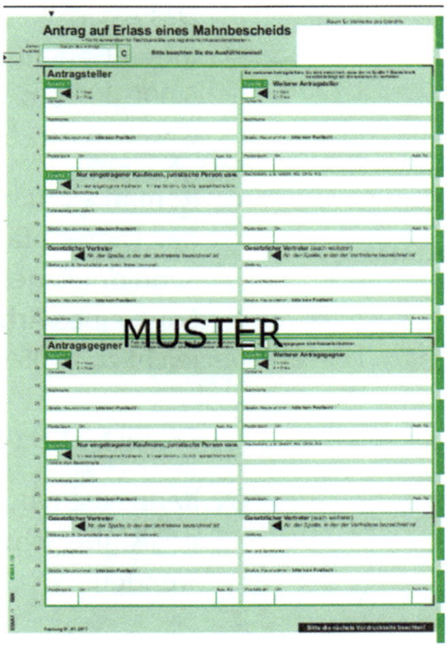

Das gerichtliche Mahnverfahren wird meist erst nach dem außergerichtlichen Mahnverfahren angestrebt. Diese Vorgehensweise ist jedoch nicht zwingend. Um das gerichtliche Mahnverfahren einzuleiten, ist es notwendig, dass der Gläubiger einen Erlass des Mahnbescheides beantragt. Hierbei besteht Vordruckzwang.

Der Vordruck auf „Erlass des Mahnbescheides" kann entweder in einem Schreibwarengeschäft gekauft oder im Internet ausgefüllt und ausgedruckt werden. Dieser Vordruck wird beim zuständigen Amtsgericht eingereicht. Zuständig ist dabei das Amtsgericht, in dem der Schuldner seinen Wohn- bzw. Geschäftssitz hat. Die Gebühren des Amtsgerichtes richten sich nach der Höhe der Forderung. Ohne zu überprüfen, ob der Anspruch des Gläubigers berechtigt ist, erlässt das Amtsgericht nach Antragstellung einen Mahnbescheid und stellt diesen dem Schuldner schriftlich zu.

Innerhalb von zwei Wochen hat der Schuldner die Möglichkeit zwischen den nachstehenden Reaktionsmöglichkeiten zu wählen:

- Er kann die Rechnung bezahlen und das Verfahren ist beendet.
- Er widerspricht beim Amtsgericht, woraufhin der Gläubiger Klage erheben kann.
- Der Schuldner kann auch schweigen. Reagiert der Schuldner nicht, beantragt der Gläubiger den „Erlass eines Vollstreckungsbescheids".
- Wiederum prüft das Gericht nicht, ob die Forderung gerechtfertigt ist, sondern stellt dem Schuldner den Vollstreckungsbescheid lediglich zu.
- Erneut hat der Schuldner zwei Wochen Zeit. Falls er zahlt ist das Verfahren beendet.
- Falls nicht, hat er die Möglichkeit beim Amtsgericht zu widersprechen, woraufhin ein „streitiges Verfahren" eingeleitet wird.
- Schweigt er, wird der Vollstreckungsbescheid „vollstreckbar". Der Gläubiger kann Zwangsvollstreckung in das Vermögen des Schuldners beantragen, um den Geldbetrag der Rechnung sowie alle entstandenen Kosten zu erhalten.

Ein beauftragter Gerichtsvollzieher, d. h. ein Angestellter des Amtsgerichtes, führt die Zwangsvollstreckung durch. Eine Zwangsvollstreckung erfolgt durch Pfändung bzw. öffentliche Versteigerung. Dabei gelten Gegenstände als unpfändbar, die zur Berufsausübung benötigt werden. Nicht nur, wenn die Pfändung erfolglos verlief oder der Versteigerungserlös zu gering war, sondern generell kann der Gläubiger vom Schuldner eine Aufstellung seiner Vermögensteile verlangen.

Diese sogenannte „Abgabe der Vermögensauskunft" muss der Schuldner eidesstattlich versichern. Eine „falsche Versicherung an Eides statt" wird mit bis zu drei Jahren Gefängnis bestraft. Kann der Schuldner seine Rechnung trotz Zwangsvollstreckung nicht zahlen, darf der Gläubiger alle zwei Jahre eine erneute Vermögensauskunft verlangen.

Gerichtsvollzieher

Ein Beamter, der nur auf Antrag tätig wird. Er untersteht dem Amtsgericht. Zuständig ist er für Vollstreckungshandlungen, wie z. B. Pfändung, Versteigerung und Wegnahme beweglicher Sachen. Er darf die Räume des Schuldnes, zur Not mit Hilfe der Polizei, betreten.

Mittels dieser Auskunft prüft der Gläubiger, ob der Schuldner, z. B. durch eine Erbschaft, in der Lage ist, den ausstehenden Rechnungsbetrag einschließlich aller Kosten und Zinsen zu zahlen.

Das gerichtliche Mahnverfahren bietet auch die Alternative, direkt Klage beim zuständigen Gericht einzureichen. Bei einem Streitwert, d. h. einem Rechnungsbetrag bis zu 5.000,00 Euro, ist das Amtsgericht zuständig, bei dem der Schuldner seinen Wohn- bzw. Geschäftssitz hat – darüber hinaus wird das entsprechende Landgericht zuständig.

Kommt es zu einem rechtskräftigen Urteil, beauftragt das Gericht, einen Gerichtsvollzieher. Dieser pfändet oder versteigert das Vermögen des Schuldners. Zum Vermögen des Schuldners gehört nicht nur Bargeld oder Geld auf einem Bankkonto, sondern auch der Lohn eines Arbeitnehmers, Schmuck, Münzsammlungen oder andere Gegenstände, die leicht zu verkaufen sind bzw. einen gewissen Wert haben.

Private Überschuldung (LA 4.1)

Kann eine natürliche Person (Verbraucher) alle seine Rechnungen nicht mehr zahlen, gilt er als überschuldet. In diesem Fall kann er sich an eine anerkannte Schuldnerberatung wenden.

1. Die Mitarbeiter in der Schuldnerberatung versuchen, im Namen des Verbrauchers, mit dessen Gläubigern eine außergerichtliche Einigung zu erzielen. Beispielsweise eine monatliche Ratenzahlung, bis die gesamten Schulden beglichen sind.
2. Scheitert dieser Versuch, muss ein Anwalt oder ein staatlich anerkannter Schuldenberater schriftlich bestätigen, dass eine Einigung zwischen Schuldner und Gläubigern nicht möglich war.
3. Diese Einigung zwischen Schuldner und Gläubigern versucht im nächsten Schritt ein Gericht zu erzielen, indem es den Gläubigern einen Schuldenbereinigungsplan vorlegt.
4. Lehnen die Gläubiger erneut ab oder das Gericht schließt eine Rückzahlung der Schulden aus, wird das Verfahren der Verbraucherinsolvenz eröffnet. Möglich ist dies nur, wenn alle Gläubiger einverstanden sind.

Bei Eröffnung der Verbraucherinsolvenz bestimmt das Gericht einen Treuhänder für den betroffenen Verbraucher. Dieser verwaltet das pfändbare Vermögen, wie z. B. das Gehalt. Seine Pflicht ist es zudem darauf zu achten, dass alle Gelder, die über die Kosten der Lebenshaltung hinausgehen, an die Gläubiger gezahlt werden. Dies gilt für eine Zeit von sechs Jahren. In dieser sogenannten „Wohlverhaltensphase" dürfen keine Kredite aufgenommen werden, Erbschaften werden dazu genutzt die Schulden zurückzuzahlen usw.

Nach Ablauf von sechs Jahren werden dem Schuldner die verbleibenden Schulden erlassen. Allerdings wird die zurückliegende Verbraucherinsolvenz in die SCHUFA (Schutzgemeinschaft für allgemeine Kreditsicherung) eingetragen, d. h., alle Unternehmen und Kreditinstitute wissen von nun an, dass der Schuldner an einem Insolvenzverfahren beteiligt war und seine Schulden nicht zurückzahlen konnten.

Unter Umständen ist es von nun an schwer ein Darlehen, einen Leasingvertrag, z. B. für ein Auto oder einen Handyvertrag, zu erhalten. Der Grund für den künftigen Gläubiger ist leicht nachzuvollziehen, denn bereits einmal konnten die ausstehenden Zahlungen nicht beglichen werden.

Kaufvertragsstörungen (Schlechtleistung) durch den Verkäufer

Mängelarten der Schlechtleistung (LA 4.2)

Aufgrund eines Kaufvertrages ist der Verkäufer verpflichtet das vereinbarte Gut frei von jeglichen Mängeln, also Sach- und Rechtsmängeln, zu liefern. Ein Sachmangel in der Lieferung (Schlechtleistung) des Verkäufers liegt vor, wenn er Ware liefert, die nicht der im Vertrag vereinbarten Art und Güte (Qualität) entspricht. Zu unterscheiden sind hierbei u. a. folgende Mängel:

- Falschlieferung (falsche Farbe, mindere Qualität, ...),
- fehlerhafte Ware (Ware ist beschädigt oder defekt),
- Zuwenig-Lieferung (gekaufte und gelieferte Menge stimmen nicht überein),
- falsche Werbeaussage (der Ware fehlt eine zugesicherte Eigenschaft),
- Montagemangel (gekaufte Ware wurde vom Verkäufer falsch zusammengebaut),
- falsche Montageanleitung, sogenannte „IKEA-Klausel" (aufgrund der falschen Beschreibung kann der Kunde die Ware nicht richtig zusammenbauen).

Schließlich kann noch ein Rechtsmangel vorliegen, wenn der Verkäufer nicht Eigentümer der verkauften Ware ist. Die Gewährleistung legt die Rechte fest, die dem Käufer bei einer vorliegenden Schlechtleistung zustehen, gibt jedoch auch die einzuhaltenden Pflichten vor.

Rechte und Pflichten aus einer Schlechtleistung (LA 4.2)

Bei einer mangelhaften Warenlieferung hat der Käufer folgende Rechte:

- zunächst kann er vom Verkäufer eine Nacherfüllung verlangen, z. B. eine Reparatur bzw. eine Ersatzlieferung bei beschädigter Ware.
- auf eine Nachlieferung besteht er, wenn zu wenig geliefert wurde.

Eine Reparatur bzw. Ersatzlieferung darf der Verkäufer ablehnen, wenn für ihn damit unverhältnismäßig hohe Kosten verbunden sind. Beispielsweise sind Verkäufer und Käufer so weit voneinander entfernt und die Ware so empfindlich, dass die Beförderungs- und Verpackungskosten den Warenwert übersteigen.

In den meisten Fällen versucht der Verkäufer den Mangel durch eine Reparatur zu beheben, bevor er neue Ware liefert. Dies darf er zwei Mal.

Falls dem Käufer ein Schaden entstanden ist, kann der Käufer neben der bisher schon vereinbarten Leistung „Schadensersatz" verlangen. Voraussetzung dafür ist, dass der Verkäufer die Schuld an diesem Schaden trägt.

> Vorstellbar ist beispielsweise, dass der Käufer die fehlende Ware bei einem anderen Anbieter gekauft hat und diese teurer war. Den so bezahlten Mehrpreis wird der Käufer vom Verkäufer einfordern.

Die bislang beschriebenen Rechte sind die sogenannten „vorrangigen Rechte", d. h., diese Rechte muss der Käufer an erster Stelle geltend machen.

Weitere Forderungen kann er im Rahmen der „nachrangigen Rechte" geltend machen. Diese heißen so, da sie hinter den vorrangigen Rechten zurückstehen.

Liegen geringfügige Mängel vor, kann der Käufer eine „Minderung" verlangen, d. h. eine Reduzierung des Kaufpreises. Ist ihm zudem ein Schaden entstanden, kann er neben der vereinbarten Warenlieferung eine Erstattung dieser Aufwendungen vom Verkäufer verlangen („Schadensersatz neben der Leistung").

Sind die Mängel nicht geringfügig hat er Käufer, zur Geltendmachung der weiteren nachrangigen Rechte, bestimmte Pflichten zu erfüllen. So muss er dem Verkäufer eine Nachfrist setzen und mitteilen. Innerhalb dieser Frist hat der Verkäufer die Gelegenheit, vorhandene Mängel auszugleichen. Reagiert der Verkäufer in dieser Zeit nicht, d. h. ist die Nachfrist erfolglos verstrichen, hat der Käufer die weiteren nachstehenden Rechte:

- Der Verkäufer kann vom Vertrag zurücktreten (Rücktritt), d. h. er verlangt die Wandelung des Vertrages. Der Vertrag gilt als niemals geschlossen.
- Trägt der Verkäufer die Schuld am Mangel, kann der Käufer neben der Wandelung entweder „Schadensersatz statt der Leistung" oder „Ersatz vergeblicher Aufwendungen" verlangen. „Schadensersatz statt der Leistung" bedeutet, dass der Käufer auf die Warenlieferung verzichtet und stattdessen vom Verkäufer verlangt, dass dieser ihm alle Kosten erstattet, die aufgrund der mangelhaften Warenlieferung entstanden sind.
- Alternativ zum „Schadensersatz statt der Leistung" kann der Käufer den „Ersatz vergeblicher Aufwendungen" verlangen. Dies ist möglich für Aufwendungen, die dem Käufer dafür entstanden sind, dass er von einer mangelfreien Warenlieferung ausgegangen ist (§ 284 BGB). Musste der Verkäufer beispielsweise ein Darlehen aufnehmen, um die gekaufte Ware bezahlen zu können, ist er für eine meist fixe Laufzeit, zu einem bestimmten an die Rückzahlung gebunden. Es entstehen ihm folglich Kosten, auch ohne Warenlieferung, die er sonst nicht aufbringen müsste.

  Diese vergeblichen Aufwendungen soll nun der Verkäufer ersetzen. Letztlich hat der Käufer noch die Möglichkeit eine „Minderung" zu verlangen und gleichzeitig „Schadensersatz neben der Leistung" zu fordern.

Einen vorliegenden Mangel festzustellen ist die Aufgabe des Käufers, indem er die Ware unverzüglich, d. h. nach Eingang der Lieferung prüft. Dies ist besonders leicht bei Mängeln, die deutlich sichtbar sind (offene Mängel), wie Kratzer an der Ware oder eine zu geringe Menge.

Bei Mängeln, die nicht sofort sichtbar sind (versteckte Mängel) bleibt dafür zwei Jahre Zeit. Verschweigt der Verkäufer einen Mangel arglistig, verkauft er beispielsweise einen gebrauchten PKW als unfallfrei, hat der Käufer drei Jahre Zeit, seine Ansprüche geltend zu machen, d. h. zu rügen. (vgl. May & May, 2009).

Verjährung (LA 4.2)

Verjährung bedeutet, dass ein Gläubiger nach einem gesetzlich festgelegten Zeitraum (Verjährungsfrist) keine Möglichkeit mehr hat einen noch bestehenden Anspruch geltend zu machen. Ist die Verjährungsfrist abgelaufen kann der Schuldner die „Einrede der Verjährung" (§ 194 BGB) anführen und die Zahlung verweigern.

Der Anspruch des Gläubigers bleibt bestehen. Leistet ein Schuldner, obwohl die Verjährungsfrist verstrichen ist, kann er die „Einrede der Verjährung" nicht nachträglich anführen. Er hat kein Anrecht darauf seine im Grunde zu spät erbrachte Leistung zurückzufordern (§ 214 Absatz 2 BGB). Das BGB unterscheidet unterschiedliche Verjährungsfristen:

Regelmäßige Verjährungsfrist (Jahresend- oder Ultimoverjährung)

Die meisten Ansprüche unterliegen der regelmäßigen Verjährungsfrist von drei Jahren (§ 195 BGB). Sie beginnt mit Ablauf des Jahres in dem die Forderung entstanden ist, d. h. mit Ablauf des 31.12. des Jahres und dadurch bedingt zum 01.01. des Folgejahres. Wegen der ausschließlich zum Ende eines Jahres eintretenden Verjährung wird diese Art der Verjährung auch als „Jahresend- oder Ultimoverjährung" bezeichnet. Eine Verjährungsfrist kann grundsätzlich nie an einem Samstag, Sonn- bzw. Feiertag ablaufen (§ 193 BGB). Die Frist verlängert sich auf den nächsten Werktag.

Ein Vertrag wurde am 15.08.2018 abgeschlossen. Die Verjährung beginnt mit Ablauf des 31.12.2018. Verjährt ist der Anspruch somit ab dem 01.01.2022 bzw. dem 02.01.2022

Die regelmäßige Verjährungsfrist gilt beispielsweise für Verträge, die zwischen zwei Kaufleuten geschlossen werden, für wiederkehrende Leistungen (Renten und Gehaltszahlungen, Miete usw.), Zinsen, Darlehensforderungen, für Geschäfte, bei denen ein Mangel arglistig verschwiegen wurde (ein Auto wird als unfallfrei verkauft, obwohl es einen Auffahrunfall hatte) usw.

Besondere Verjährungsfristen

Neben der regelmäßigen Verjährung gibt es auch besondere Verjährungsfristen. Diese bestimmt der Gesetzgeber bei besonderen Sachverhalten wie folgt:

- Das Gewährleistungsrecht über Bauwerke (bebaute Grundstücke) sowie Sachen, die für ein Bauwerk verwendet wurden und dazu geführt haben, dass das Bauwerk mangelhaft wurde, besagt, dass eine Verjährungsfrist von fünf Jahren gilt (§ 438 Absatz 1 Satz 2 BGB). Die Verjährung beginnt in diesem Fall mit der Übergabe bzw. Ausgabe der Sache (§ 438 Absatz 2 BGB), d. h. Tag genau.
- Ansprüche auf Übertragung des Eigentums an einem Grundstück, auch bei Miteigentumsanteilen aus einer Eigentumswohnung, usw. sowie Ansprüche aus den Rechten an einem Grundstück (z. B. **Nießbrauch**, ...) und daraus resultierende Gegenansprüchen wie die Zahlung des Kaufpreises verjähren nach zehn Jahren (§ 196 BGB). Die Verjährung beginnt mit dem Tag genau und nicht zum Jahresende.
- Eine Verjährungsfrist von 30 Jahren gilt für die Herausgabe aus dem Eigentum, Forderungen aus rechtskräftigen Urteilen, Vollstreckungsbescheiden, Insolvenzforderungen usw. Ein Verkäufer hat beispielsweise für seinen Verkaufspreis einen rechtskräftigen Titel gegen den Käufer erwirkt. Die Kosten dieses Kaufs einschließlich aller Zinsen verjähren nach 30 Jahren. Die Verjährung beginnt mit dem Datum der Fälligkeit des Anspruchs und nicht zum 31.12.XXXX.

Nießbrauch
(§ 100 BGB, § 1030 BGB, § 1089 BGB:

Nutzungsrecht an einer fremden Sache, Rechts oder Vermögens, z. B. einer Immobilie. Das Nießbrauchrecht ist nicht verkäuflich und nicht vererblich.

Die Ware sollte am 18.09.2018 herausgegeben werden, d. h., an diesem Tag war die Schuld fällig. Die Verjährungsfrist beginnt am 18.09.2018. Sie verjährt nach 30 Jahren, am 19.09.2048.

Der Eintritt der Verjährung kann immer durch „Erhebung einer Klage" oder einem beginnenden „Mahnverfahren" verhindert werden. Unabhängig davon, welche Verjährungsfrist gilt. Ziel der Verjährung ist ein durch den Gesetzgeber angestrebter „Schutz der allgemeinen Rechtssicherheit sowie des Rechtsfriedens". Nach mehreren Jahren ist es meist nicht mehr möglich, dass ein Schuldner noch Belege über abgeschlossene Rechtsgeschäfte nachweisen kann.

Die Verjährung kann sowohl gehemmt werden als auch neu beginnen:

Hemmung der Verjährung

Wird eine Verjährung gehemmt, legt sie eine Pause ein, so als würde die „Pausetaste" gedrückt. Diese Zeit wird nicht in der Verjährungsfrist berücksichtigt. Die normale Verjährungsfrist wird um die Zeit der Pause (Hemmung) verlängert. Die Gründe für eine Hemmung können u. a. sein:

- Berechtigte Zahlungsverweigerung des Schuldners, weil er selbst Ansprüche an den Gläubiger hat. Beispielsweise stehen noch Warenlieferungen aus,
- Naturkatastrophen, Krieg, usw.,
- Zustellung eines Mahnbescheides (Hemmung beginnt mit dem Tag der Zustellung und endet erst sechs Monate nach rechtskräftiger Entscheidung oder sonstiger Beendigung des Verfahrens),
- Stundung (Zahlungsaufschub) der Forderungen,
- ...

Die Büromöbel Hauser & Schulte GmbH verkauft mehrere Kopierer an das „Bildungs- und Medienzentrum". Fällig war die Forderung am 10.10.2018. Die Büromöbel Hauser & Schulte sendet mehrere vergebliche Mahnungen bis sie letztlich am 15.01.2019 einen Mahnbescheid zustellen lässt.

Forderungsbeginn:	10.10.2018
Beginn der Verjährung ohne Mahnbescheid:	31.12.2018 bzw. 01.01.2019 (02.01.2019)
Verjährung ohne Mahnbescheid:	31.12.2021 bzw. 01.01.2022 (02.01.2022)
Beginn der Verjährung mit Mahnbescheid:	15.07.2019 (15.01.2019 + 6 Monate)
Verjährung mit Mahnbescheid:	15.07.2022

Neubeginn der Verjährung

Eine Verjährung kann neu beginnen, unabhängig davon wie viel Zeit bereits vergangen ist. Die Verjährung beginnt neu als würde die „Stopptaste" gedrückt. Diese Alternative bietet dem Gläubiger die Möglichkeit seine Forderung über einen längeren Zeitraum geltend zu machen. Ein Neubeginn kann bewirkt werden durch:

- Ein Schuldanerkenntnis des Schuldners durch Stundung, Teilzahlung oder Zinszahlung,
- Beantragung einer Zwangsvollstreckung durch den Gläubiger in das Vermögen des Schuldners.

Die Büromöbel Hauser & Schulte GmbH verkauft mehrere Kopierer an das „Bildungs- und Medienzentrum". Fällig war die Forderung am 10.10.2018.

Das „Bildungs- und Medienzentrum" bittet die Büromöbel Hauser & Schulte GmbH am 20.03.2019 um Stundung für die Zeit von sechs Monaten. Die Büromöbel Hauser & Schulte GmbH stimmt zu, sodass die Verjährung neu beginnt.

Forderungsbeginn:	10.10.2018
Beginn der Verjährung ohne Stundungsbitte:	31.12.2018 bzw. 01.01.2019 (02.01.2019)
Verjährung ohne Stundungsbitte:	31.12.2021 bzw. 01.01.2022 (02.01.2022)
Beginn der Verjährung mit Stundungsbitte:	20.03.2019
Verjährung mit Stundungsbitte:	20.03.2022

Alternativen der Rückabwicklung (LA 4.3)

Kunden der Büromöbel Hauser & Schulte GmbH setzen sich mit den Mitarbeitern in Verbindung, wenn gekaufte Produkte oder Dienstleistungen nicht ihren Erwartungen entsprechen.

Zum Beispiel kann der Kunde bei der Tischlampe aus dem Online-Shop lediglich zwischen drei statt den angebotenen fünf Helligkeitsstufen wählen.

Denkbar ist auch, dass eine im Laden gekaufte Büroeinrichtung von den Monteuren der Büromöbel GmbH fehlerhaft zusammengebaut wurde.

Zunächst ist es nicht relevant, ob die Leistung tatsächlich nicht korrekt erbracht wurde. Im ersten Schritt ist es Aufgabe der Mitarbeiter, dem Kunden das Gefühl zu vermitteln, dass er mit seiner Aussage ernst genommen wird. Erst danach gilt es, aufgrund der unterschiedlichen Rechtsfolgen, zu ermitteln, welcher Mangel besteht.

Reklamation

Die Reklamation eines Kunden bedeutet, dass er etwas an der erbrachten Leistung zu beanstanden hat. Der Begriff Reklamation kommt nicht aus dem Rechtswesen, sondern wird umgangssprachlich verwendet. Dennoch betrifft die Reklamation die vertragliche Leistungsstörung und wird im Falle eines Sachmangels angewandt. „Reclamatio" stammt aus dem Lateinischen und bedeutet so viel wie Neinsagen, beanstanden oder auch das Gegengeschrei.

Mittels des „Geschreis" drückt der Kunde seine Enttäuschung über die nicht wie erwartet erbrachte Leistung aus (1. Stadium des Zorns). Versäumt der Vertragspartner sensibel mit dieser gezeigten Emotion umzugehen, steigert sich der Zorn über die Verärgerung (2. Stadium des Zorns) bis hin zum Gedanken an Zerstörung (3. Stadium des Zorns). Zunächst klingt die Möglichkeit der Zerstörung abwegig.

Die Reaktions- und Mitteilungsgeschwindigkeiten haben sich durch die Nutzung von Internet, WhatsApp, sozialen Medien wie facebook, instagramm usw. auf nahezu Null reduziert. Ein zorniger Kunde hat die Möglichkeit, seiner Unzufriedenheit in Sekundenschnelle Ausdruck zu verleihen. Seine Erfahrungen, Eindrücke usw. erreichen in kürzester Zeit potentielle Käufer bzw. Geschäftspartner und beeinflussen die Außenwirkung des Unternehmens (Image) negativ.

Beschwerde

Im Alltag wird die Beschwerde mit der Reklamation gleichgesetzt. Im Wesentlichen ist eine Beschwerde ein Begriff aus dem deutschen Recht. Sie wird beispielsweise gegen Entscheidungen von Gerichten und Behörden eingelegt, um Kritik zu üben. Dadurch bedingt wird der Begriff auf nicht erbrachte oder mangelhafte Leistungen übertragen. Sowohl die Verwendung des Begriffs Reklamation als auch Beschwerde hat keine rechtliche Bewandtnis.

Kulanz:

Hat ein Unternehmen bzw. ein Hersteller keine gesetzliche Verpflichtung mehr, z. B eine Ware zu reparieren und er übernimmt es auf freiwilliger Basis, wird dieses Entgegenkommen als Kulanz bezeichnet. Dies ist z. B. der Fall, wenn die gesetzliche Gewährleistungsfrist bereits abgelaufen ist. Mit kulantem Verhalten versuchen Verkäufer Kunden zufriedenzustellen und an sich zu binden.

Umtausch

Wünscht sich ein Kunde den Umtausch einer Ware, fordert er dies meist ohne Grund im juristischen Sinn. Die Ware ist nicht mangelhaft, sodass sich der Umtausch rechtlich wesentlich vom gesetzlichen Widerrufs- bzw. Rückgaberecht unterscheidet.

> Gründe für einen Umtausch sind z. B., dass die Farbe des Artikels zu Hause nicht wirkt wie im Geschäft. Die Jacke doch zu groß erscheint. Das als Geschenk gekaufte Schreibtischzubehör aus Zettelbox, Briefablage und Klebefilm-Abroller nicht gefiel usw.

Der Käufer hat keinen Anspruch auf Umtausch, wenn die Ware in einem Laden gekauft wurde. Aus **Kulanz** sind viele Verkäufer bereit die Ware zurückzunehmen. Die Leistung ist freiwillig, sodass der Verkäufer die Bedingungen des Umtauschs festlegt – er nimmt die Ware gegen die Auszahlung des Kaufpreises zurück, gegen einen Gutschein oder gegen Eintausch eines anderen Produktes aus dem Sortiment.

Kauft ein Verbraucher im Internet, kommt ein Fernabsatzvertrag zustande. Der Käufer kann die Ware innerhalb von 14 Tagen, ohne Angabe von Gründen, zurückgeben und den Vertrag widerrufen (§ 312 g BGB – Widerrufsrecht).

Widerruf

Bei einem Widerruf ist der Kaufpreis vollständig zurückzuzahlen (§ 355 BGB). Der Unterschied besteht darin, dass ein Käufer die Ware im Laden betrachten, anfassen, anprobieren, ... kann. Diese Möglichkeit ist bei einem z. B. online abgeschlossenen Kauf unmöglich. Das „Testen" der Ware kann erst nach Lieferung erfolgen. Beide Käufer, d. h. der Verbraucher im Laden und der Online-Käufer, sind rechtlich gleich zu stellen, sodass eine Rückabwicklung möglich ist.

Rücktritt, Minderung bzw. Schadensersatz

Ist eine gekaufte Ware mangelhaft, ist sie beispielsweise defekt, darf der Verkäufer zunächst zwei Mal nachbessern, bevor er neue Ware liefert. Erst wenn diese vorrangigen Rechte gescheitert sind, können Ansprüche wie Rücktritt, Minderung und Schadensersatz geltend gemacht werden. Bei einem Rücktritt wird der Kaufvertrag rückgängig gemacht. Käufer und Verkäufer haben die jeweils empfangenen Leistungen (Ware bzw. Geld) zurückzugeben. Der Verkäufer erstattet dem Käufer den vollen Kaufpreis (Kaufpreiserstattung) und trägt die Vertragskosten wie Transport, Verpackung, Versicherung, Montage usw.

Bei einer Minderung einigen sich Käufer und Verkäufer auf eine Herabsetzung des Kaufpreises, wenn der Käufer die mangelhafte Ware behält. Schadensersatz kann gefordert werden, wenn dem Käufer durch die mangelhafte Ware weitere Kosten entstanden sind.

> Beispielsweise kam es aufgrund defekter Reifen zu einem Unfall und das Auto wurde dabei beschädigt.

Unabhängig davon, aus welchem Grund ein Kunde nicht zufrieden mit der erbachten Leistung ist und wie die rechtlich korrekte Bezeichnung lautet, Aufgabe des Unternehmens bzw. seiner Mitarbeiter ist die Lösung des Kundenanliegens.

In vielen Unternehmen erfolgt dies durch ein festgelegtes Beschwerdemanagement, welches den Kunden und seine Zufriedenheit in den Vordergrund rückt.

Die Rechtslage ist dabei zu beachten sowie die eigene Unternehmenssituation. Entgegen der eigenen Interessen reagiert ein Unternehmen beispielsweise, wenn es sich mit dem Kunden:

- auf eine Minderung um 95 % einigt und der Kunde die Ware behält, obwohl lediglich ein geringfügiger Mangel besteht,
- der Tacker 19 statt der versprochenen 20 Blatt heftet,
- der Kopierer für 1.000 Kopien statt der angekündigten 3 Minuten im Alltag 3 Minuten und 10 Sekunden benötigt,
- die Büroausstattung in der Farbe dunkel-graphit statt in schwarz geliefert wurde usw.

Kompetentes Beschwerdemanagement (LA 4.3)

Ein Beschwerdemanagement kann in verschiedene Phasen unterteilt werden. Eine Möglichkeit ist die Vorgehensweise wie folgt:

1. Impuls zur Beschwerde einfach gestalten

Beschwerden sind vordergründig negative Aspekte in einer Geschäftsbeziehung. Für beide Vertragspartner sind sie mit Unannehmlichkeiten und Vorwürfen verbunden. Umso schwieriger ist es für den Kritisierten, d. h. das Unternehmen, professionell zu bleiben und in dieser Situation kundenfreundlich und kompetent zu reagieren.

Beschwerden neutral zu formulieren ist für einen Kunden schwierig. Es ist Aufgabe der Mitarbeiter bzw. des Unternehmens einen unzufriedenen Kunden als Herausforderung anzunehmen. Ene geäußerte Beschwerde bietet eine Chance für das Unternehmen, seine Leistungen zu verbessern, da ihm eine „Schwachstelle" aufgezeigt wird. Das vermeintlich Negative ins Positive zu wandeln, indem Mitarbeiter den enttäuschten Kunden von den Unternehmensleistungen, der Zuverlässigkeit, der Betreuung usw. überzeugen, um ihn erneut als Kunden zu gewinnen, ist nicht leicht.

Die Kundenbindung wird stärker, wenn es gelingt, den Kunden ein zweites Mal zu überzeugen. Das erste Mal hat sich der Kunde alleine entschieden. Bleibt er dem Unternehmen trotz Reklamation treu, entscheidet er sich bewusst dafür, erneut bei diesem Unternehmen zu kaufen. Die Beschwerdeabwicklung verlief positiv. Dadurch wird der Kunde darin bestärkt, dass seine Entscheidung für dieses Unternehmen richtig war.

© Svenja Kögler – stock.adobe.com

Der erste Schritt dem Kunden zu zeigen, dass er ernst genommen wird, besteht darin, es ihm leicht zu machen, sein Anliegen zu äußern. Dies ist möglich, wenn der Käufer innerhalb kurzer Zeit einen kompetenten Ansprechpartner erreicht. Mitarbeiter werden beispielsweise für den „Kundendienst" des Unternehmens geschult. Eine, möglichst kostenfreie, Beratungshotline wird eingerichtet. Eine direkte Kontaktmöglichkeit vermittelt dem Kunden einen Eindruck von Sicherheit sowie das Gefühl wichtig zu sein.

Treten im Laufe der Zeit bei Produkten Schäden auf, können diese mithilfe eines Reparaturservices einfach und möglichst kulant beseitigt werden. Dazu wird z. B. ein Online-Reparatur Auftrag zur Verfügung gestellt. nach Ausfüllen erhält der Kunde einen Adressaufkleber, mit dessen Hilfe er das Produkt an das Unternehmen senden kann. Nach erfolgreicher Reparatur erhält der Kunde sein Produkt zurück, über die Lieferung wird er telefonisch oder per E-Mail informiert.

Unternehmen, die diese Möglichkeiten der Kontaktaufnahme nicht anbieten und lediglich versteckt im Online-Shop ein Beschwerdeformular anbieten, schaffen Distanz zwischen dem Kunden und sich. Sie gehen das Risiko ein, sich selbst zu betrügen. Wenige Kunden nehmen es auf sich, Zeit zu investieren, wenn Ihnen der Eindruck vermittelt wird, dass sie von ihrer Beschwerde nie wieder etwas hören. Das Unternehmen wird dadurch nur über wenige bzw. schwerwiegende Fehler informiert. Es gewinnt den Eindruck, dass seine Leistungen gut sind. Eventuell unbemerkt, wandern die Kunden zu anderen Unternehmen ab.

Ohne die Chance mit den Unternehmen problemlos und schnell in Verbindung zu treten, geben Kunden auf, anstatt zu reklamieren. Ihren Frust formulieren sie dennoch, im Freundeskreis, auf der Arbeit, innerhalb der Familie, im Sportverein, über soziale Medien, ... Diese Schilderung erfolgt häufig emotional und verbreitet sich schneller als positive Nachrichten. Letztlich schadet sich das Unternehmen selbst. Seine Vorgehensweise bewirkt, dass es nicht nur einen Kunden verliert, sondern auch weitere Kunden gar nicht erst gewinnt.

© Coloures-Pic – stock.adobe.com

2. Annahme der Beschwerde

Die Gründe der Beschwerde zu erfahren ist eine wichtige Aufgabe, um angemessen bzw. angepasst reagieren zu können. Mit dem Angebot, das das Unternehmen dem Kunden zur Beseitigung seiner Beschwerde unterbreitet, sollte es möglichst dessen Erwartungshaltung treffen. Weichen Angebot und Erwartungshaltung ab, bleibt der Kunde verärgert. Im Laufe des Gespräches hat der Mitarbeiter die Gelegenheit, die Wünsche des Kunden zu erfragen. Einfach ist dies nicht, da ein aufgebrachter Kunde schwierig zu betreuen ist.

Eine wichtige Hürde, die der Mitarbeiter nehmen sollte, ist das ruhige und aufmerksame Zuhören. Dabei gilt, je zorniger der Kunde ist und je mehr dieser erzählt, desto leichter ist es seine Erwartungshaltung herauszufinden. Ist der Mitarbeiter letztlich in der Lage eine Lösung vorzuschlagen, die auch den Kundenwünschen entspricht, wird die Kundenbindung gestärkt. Für den Mitarbeiter kann es schwierig sein, sich nicht angegriffen zu fühlen. Hilfreich ist es möglicherweise, sich klar zu machen, dass der Kunde keinen persönlichen Angriff verfolgt, sondern „seiner Wut Luft macht".

3. Bearbeitung der Beschwerde

Nach Klärung des Sachverhaltes ist es für die weitere Kundenbeziehung wichtig, möglichst zeitnah zu reagieren. Dem Kunden zugesagte Dinge sind unbedingt einzuhalten, um die Glaubwürdigkeit des Unternehmens wieder herzustellen.

Kommt es dennoch zu Verzögerungen, ist der Kunde ebenso schnell und unkompliziert (E-Mail, Telefon, ...) darüber zu informieren. Ungeeignet ist es, den Kontakt über eine längere Zeit, z. B. mehrere Wochen, abzubrechen. In einem solchen Fall fühlt sich der Kunde alleine gelassen, sein Ärger steigt erneut an.

Besonders negativ ist es, wenn der Kunde seinerseits versucht, etwas über die Bearbeitung seiner Beschwerde in Erfahrung zu bringen und er abgewimmelt wird, seinen Sachbearbeiter nicht ermitteln kann usw. Das Unternehmen gibt ihm dadurch das Gefühl, dass es sich nicht um ihn kümmert. Es spielt keine Rolle, wie intensiv die Bemühungen der Mitarbeiter tatsächlich sind, wenn es nicht mit dem Kunden kommuniziert wird.

4. Reaktion auf die Beschwerde

Eine Reaktion des Unternehmens wird vom Kunden als angemessen empfunden, wenn sie auf seine Bedürfnisse zugeschnitten ist. Das Unternehmen sollte nicht unangemessen großzügig handeln und seine eigenen Interessen vollständig vergessen. Verhält es sich so, werden künftige Kunden eine gleichartige Reaktion erwarten. Auf Dauer muss das Unternehmen an sein Weiterbestehen denken. Um eine Lösung zu finden, die für beide Seiten akzeptabel ist, kann ein Unternehmen zwischen finanziellen, materiellen oder immateriellen Alternativen wählen.

Ein Kunde kauft einen teuren Farb-Multifunktions-Kopierer. Nach zwei Jahren und 15 Tagen ist das Gerät defekt. Der Kunde meldet sich telefonisch bei der Büromöbel Hauser & Schulte GmbH. Er ist sehr aufgebracht, da die gesetzliche Gewährleistungsfrist von zwei Jahren nur um ein paar Tage überschritten ist.

Einen Anspruch auf eine positive Rückmeldung hat er nicht. Die Kundenbindung ist für das Unternehmen wichtig. Der Kunde erhält das Angebot, dass der Kopierer auf Unternehmenskosten aus Kulanz repariert wird. Die Büromöbel Hauser & Schulte GmbH schickt bereits am nächsten Tag einen Techniker.

Die Büromöbel Hauser & Schulte GmbH übernimmt aus Kulanzgründen die Reparatur, um die Kundenbeziehung zu festigen. Sie muss abwägen, wie sie reagiert.

Die Reparatur verursacht Kosten, die den Gewinn schmälern. Verpflichtet ist das Unternehmen nicht dazu. Es wägt die Kosten im Vergleich zur Kundenbeziehung ab. Die Reparaturkosten sind im Vergleich zur Kundenbindung vertretbar. Ein zufriedener Kunde wird voraussichtlich seinen nächsten Kopierer bei dem Unternehmen kaufen, mit dessen Leistungen er zufrieden ist.

Eine Kundin bestellt bei der Büromöbel Hauser & Schulte GmbH einen Eckschreibtisch aus echter Weymouth-Kiefer. Von einem Mitarbeiter wurde sie über eine Lieferzeit von sechs Wochen informiert. Aufgrund von Lieferschwierigkeiten des Rohstoffes kann die Büromöbel GmbH nicht fertigen. Ein Lieferzeitpunkt kann nicht konkret angegeben werden. Der Lieferant gibt eine Mindestlieferzeit von drei Monaten an.

Die Kundin beschwert sich telefonisch. Sie erhält ein Entschuldigungspaket mit einem hochwertigen Schreibset für den neuen Schreibtisch. Sobald eine Lieferung mit Weymouth Kiefer eintrifft, wird die Kundin informiert. Ihre Bestellung wird vorrangig bearbeitet.

In diesem Fall kann der Grund für die Beschwerde nicht behoben werden. Zumindest nicht zu dem der Kundin zugesagten Termin. Die Büromöbel GmbH versucht dennoch die Kundin zu behalten und in naher Zukunft einen solch exklusiven und entsprechend teuren Schreibtisch zu verkaufen. Das Unternehmen reagiert mit einer materiellen Zusatzleistung und einem zeitnahen Kundenkontakt sowie der Zusage einer vorrangigen Bearbeitung im Falle eines Auftrages.

Der Drucker einer Kundin wurde bereits aufwändig repariert. Die entsprechende Zahlung erfolgte fristgerecht. Dennoch zeigt der Drucker kein gutes Druckergebnis. Die Kundin beschwert sich. Die Büromöbel Hauser & Schulte GmbH repariert auf eigene Kosten erneut. Zudem schenkt Sie der Kundin einen hauseigenen Gutschein über 15,00 Euro, den sie beispielsweise beim nächsten Einkauf für Papier einlösen kann.

Die Büromöbel Hauser & Schulte GmbH entscheidet sich, neben der Reparatur einen Gutschein auszustellen. Diese Zusatzleistung soll die Kundin beruhigen, ihr als Ausgleich für die entstandenen Unannehmlichkeiten dienen und zeitgleich an die Büromöbel GmbH binden.

Lern- und Arbeitstechniken

Texte markieren

Wichtige Textstellen sollten hervorgehoben werden, damit sie leicht wiederzufinden sind. Es können Texte durch Codes oder Stichwörter ergänzt oder Wichtiges durch Farbe und Symbole markiert werden. Pfeile zeigen Zusammenhänge. Auch eigene Fragen, Widersprüche und Zustimmungen können durch Bildzeichen verdeutlicht werden. Es kommt auf das Thema der Arbeit, die Fragestellung bzw. das Erkenntnisinteresse an, was hervorzuheben ist. Häufig sind es:

- Fachbegriffe
- thematisch relevante Schlüsselwörter
- Definitionen
- Regeln
- Jahresangaben
- Literaturhinweise
- zentrale Thesen
- Textstellen, die Widerspruch erregen

Techniken: Mit Unterstreichungen (am besten eignet sich dazu ein Bleistift) können schon bei der ersten Lektüre eines Textes wichtige Gesichtspunkte hervorgehoben werden. Allerdings sollten Sie sich vor zeilenweisem Unterstreichen hüten. Stattdessen ist ein Längsstrich am Rand des Textes angebracht, wenn Passagen länger als zwei Zeilen gekennzeichnet werden. Im zweiten Lektüredurchgang können dann bei genauerer Textkenntnis einzelne Begriffe und Wendungen in dem so markierten Abschnitt hervorgehoben werden. (Nun kann ein Textmarker eingesetzt werden.)

Randbemerkungen oder Markierungen am Rand oder innerhalb eines Textes bewirken den nötigen Überblick. Ziel ist es, die Schlüsselbegriffe zu erfassen, die Hauptthesen zu erkennen und den gedanklichen Aufbau des Textes herauszuarbeiten. Im Prinzip sollte es möglich sein, mit den markierten Stellen den Text kurz zusammenzufassen. Fehlen zur Logik Punkte, wurde unvollständig markiert!

Um das Markieren und Hervorheben übersichtlich zu gestalten und die Markierungen auch nach längerer Zeit noch verstehen zu können, können bestimmte Arten von Randmarkierungen oder -kommentaren verwendet werden. Hierzu ein paar Vorschläge:

Randmarkierungen	Markierungen innerhalb des Textes	Randkommentare
⇒ / wichtig	⇒ einkreisen	⇒ Th (These)
⇒ // sehr wichtig	⇒ einrahmen	⇒ Arg (Argument)
⇒ ! erstaunlich	⇒ unterstreichen	⇒ Def (Definition)
⇒ ? fragwürdig	⇒ Wellenlinien	⇒ Log (Logik)
⇒ + gut	⇒ mehrfarbig markieren	⇒ Bsp (Beispiel)
⇒ – schlecht		

Inhalte strukturieren und visualisieren

Um sich das Strukturieren der Texte, einzelner Textpassagen oder Sinnabschnitte zu erleichtern, können Sie z. B. grafische Strukturierungshilfen nutzen. Listen Sie dazu zunächst alle Textelemente, die Sie in eine Struktur bringen möchten, auf und bringen Sie sie in einem nächsten Schritt in eine räumliche Ordnung zueinander. Das kann durch typografische bzw. durch grafische Mittel geschehen.

Zu den **typografischen** Mitteln zählen Absätze, mehrspaltiger Text, Nummerierung und Aufzählung.

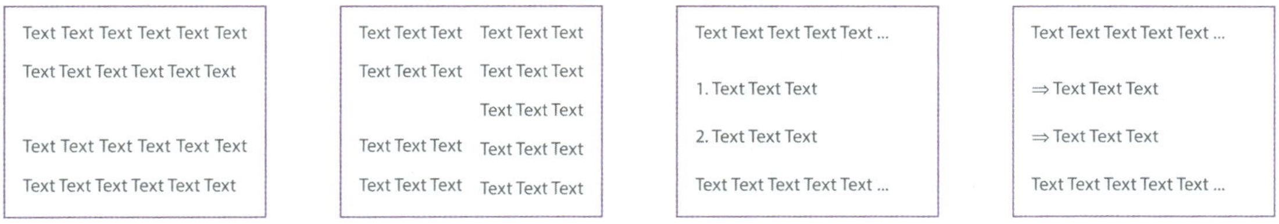

Grafische Mittel (Visualisierungen) bieten sich an, um Texte und Textinhalte zu ordnen, Verbindungen zu erkennen und Zusammenhänge herzustellen. MS-Word bietet hier unter „Illustrationen – SmartArt" eine große Vielfalt von grafischen Darstellungen an.

Was wird geordnet?	Wie wird geordnet?	Beispiele
Gleiche Ebene Aufzählung	Liste	
Über- und Unterordnung	Organigramm/Hierarchie, MindMap (siehe nächste Seite)	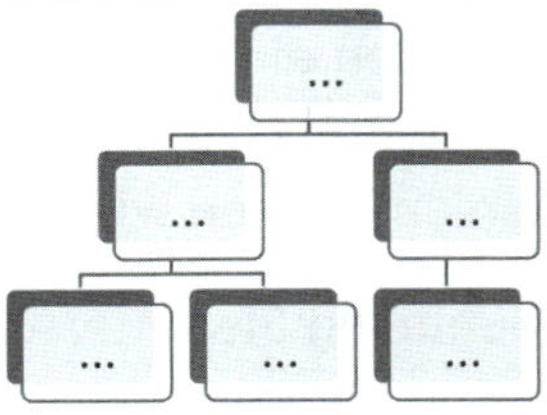
Elemente, die zu vergleichen oder zu beurteilen sind	Matrix Entscheidungs-Matrix	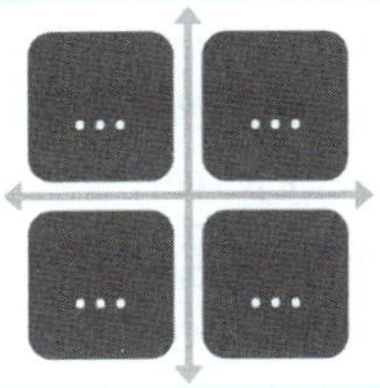
In welcher Beziehung stehen die Aussagen zueinander?	Pro und Kontra, Ideen vergleichen, Beziehungsnetz	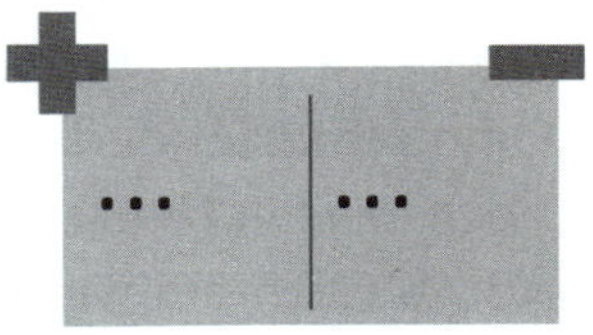
Dinge, die in einer Entwicklung stehen	Prozessablauf	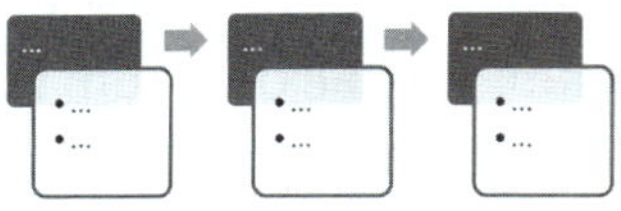

MindMaps erstellen (LA 1.2)

MindMapping ist eine gehirngerechte Kreativitätstechnik, die in den Siebzigerjahren von Tony Buzan erfunden wurde. In MindMaps notieren Sie Ihre Gedanken nicht wie üblich hinter- oder untereinander. Stattdessen schreiben Sie das Hauptthema Ihrer Notizen auf die Mitte des Blattes und notieren Ihre Gedanken als Schlüsselwörter auf Linien, die von der Mitte der MindMap ausgehen. Dadurch entsteht eine bildhafte Darstellung Ihrer Gedanken, also so etwas wie eine Gedankenkarte.

MindMaps unterstützen das radiale Denken, sprich die unterschiedlichen Funktionen der Gehirnhälften. Die rechte Hälfte ist bestimmend für Räumlichkeit, Gestalt, Vorstellungsvermögen, Rhythmus und emotionale Verarbeitung. Die linke Seite hingegen steht für Symbole, Wörter, Zahlen sowie Logik. Somit haben MindMaps gegenüber linearen Notizen und Aufzeichnungen viele Vorteile: Man spart beim Anfertigen, Lesen oder Wiederholen viel Zeit, da man sich auf wichtige Schlüsselwörter und Themen konzentriert. Kreativität und Erinnerung werden aktiviert, und damit wächst auch der Gedankenstrom.

MindMaps von Hand

- Das Papier wird im Querformat genutzt. In die Mitte der Seite wird ein einprägsames Bild gezeichnet oder das Hauptthema geschrieben.
- Von dem zentralen Bild/Hauptthema ausgehend wird für jeden tiefergehenden Gedanken bzw. Unterpunkt eine Linie gezeichnet.
- Auf diese Linien werden die einzelnen Schlüsselwörter zu den Unterpunkten geschrieben. Diese Wörter sollten in Druckbuchstaben eingetragen werden, um die Lesbarkeit und Einprägsamkeit der MindMap zu erhöhen (nur Wörter – keine ganzen Sätze).
- Von den eingezeichneten Linien können wiederum Linien ausgehen, auf denen die einzelnen Hauptgedanken weiter untergliedert werden. Von diesen weiterführenden Linien können wieder andere ausgehen etc.
- Benutzen Sie unterschiedliche Farben, um die Übersichtlichkeit zu erhöhen. Gleichzeitig können beispielsweise auch zusammengehörende Gedanken und Ideen leicht durch Verwendung der gleichen Farbe verdeutlicht werden.
- Symbole, wie z. B. Pfeile, geometrische Figuren, kleine Bilder, gemalte Ausrufe- oder Fragezeichen und selbst definierte Sinnbilder, sind so oft wie möglich zu nutzen; sie erleichtern die Erfassung des Inhalts und können helfen, einzelne Bereiche abzugrenzen oder hervorzuheben.

Bei kreativen Überlegungen sollten Sie sich nicht allzu lange damit beschäftigen, an welcher Stelle die MindMap ergänzt wird. Das stört nur den freien Gedankenfluss; schließlich kann schneller gedacht als geschrieben werden. Umstellungen können später immer noch in einer Neuzeichnung vorgenommen werden. Dieses Vorgehen hat außerdem den Vorteil, sich ein weiteres Mal mit der gemappten Thematik zu befassen. So kann der Inhalt besser erinnert und verstanden werden, und es besteht die Chance, den entscheidenden Gedanken gerade bei dieser Neugestaltung zu bekommen. MindMapping kommt überall dort zum Einsatz, wo kreatives Denken, Entscheidungsfindung, Brainstorming, Teamarbeit oder Projektmanagement gefragt sind.

MindMaps am PC

MindMapping am Computer ist einfach praktisch. Man kann den kreativen Teil des Prozesses strikt von seinem auszuführenden Teil trennen. Mit der Zoom-Technik des Programms ist es möglich, sehr große Mappen zu erstellen. Befinden sich mehrere MindMaps auf verschiedenen Ebenen, kann man sie durch Links miteinander verbinden.

Es gibt eine MindManager-Software für den Schulgebrauch, den sogenannten MindManager-Smart. Diese Version wird von der Firma Mindjet für Schulen kostenlos zur Verfügung gestellt. Schulen aus Deutschland können die Version von den Bildungsservern ihrer Länder downloaden. Geeignet ist der MindManager-Smart für die Unterrichtsvorbereitung, Erarbeitung von Inhalten, Vorbereitung von Referaten und Projektarbeit.

Der Aufbau einer MindMap gliedert sich typischerweise in folgende Schritte:

1. Start mit dem zentralen Thema/Konzept
2. Erzeugen von Zweigen und Unterzweigen, die alle damit verbundenen Ideen und Themen aufnehmen
3. Hinzufügen von Bildern, Dokumenten und Hyperlinks zu jedem Zweig nach Bedarf
4. Logische Anordnung der Zweige
5. Erzeugen von sichtbaren Links zwischen miteinander in Beziehung stehenden Zweigen
6. Präsentieren oder Veröffentlichen der MindMap

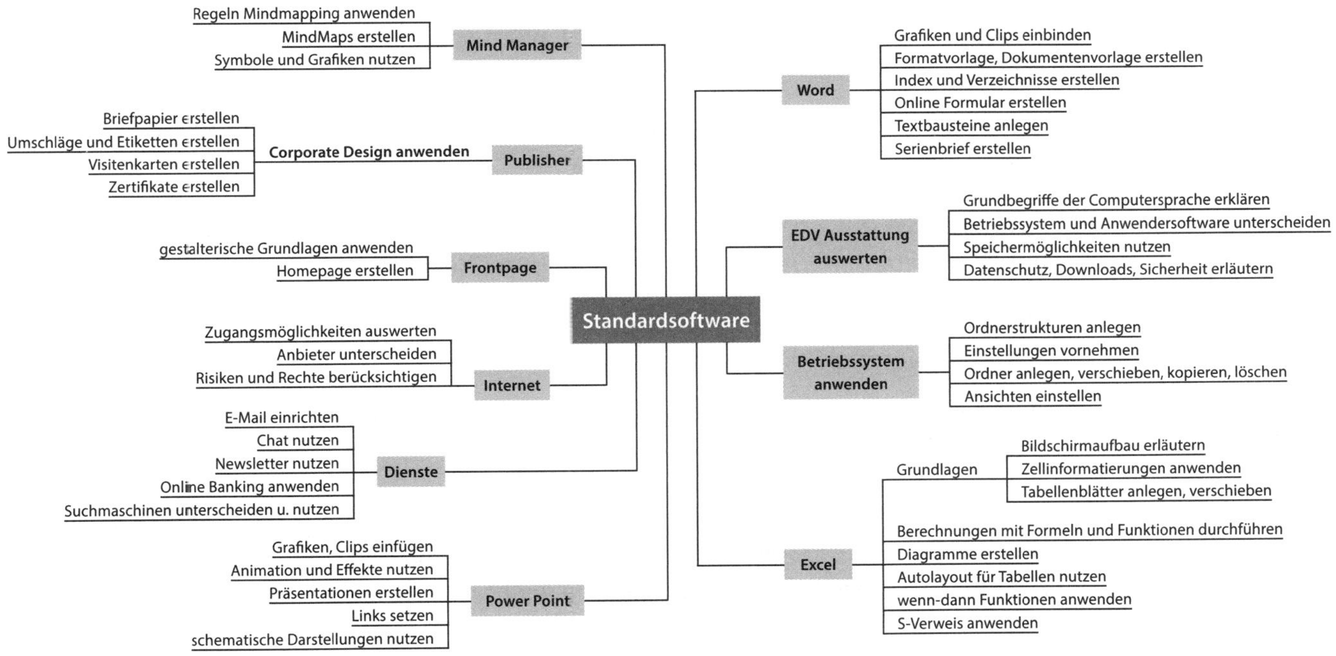

Checklistentechnik anwenden (LA 1.2)

Die Checkliste ist eine Zusammenstellung von Fragen, mit denen versucht wird, alle Problemfelder des Istzustandes zu behandeln und systematisch Schwachstellen zu finden. Entscheidungsrelevante Merkmale werden als Frage formuliert und zu einem Katalog zusammengefasst. Bei der Zusammensetzung spielen sowohl die logische Betrachtung des Untersuchungsbereichs als auch die Erfahrungen aus der Praxis eine relevante Rolle.

Zwei Zielvorstellungen müssen bei der Erstellung beachtet werden: Zum einen sollen Schwachstellen und Mängel erkannt werden, zum anderen geläufige Lösungsmöglichkeiten des Untersuchungsbereichs geprüft werden. Für viele Aufgaben gibt es bereits Checklisten, die von Experten erstellt wurden und die dem Nutzer aufzeigen wollen, wie er eine Lösung für seine Aufgabe findet. Man findet sie im Internet, in Büchern oder Fachzeitschriften. Problem dabei ist, die jeweils richtige und passende Checkliste für die eigene Aufgabe zu finden.

Checklisten dienen der Übersicht, dem Einstieg in eine neue Arbeitsaufgabe sowie einer strukturierten Vorgehensweise. Selten machen sie das Nachdenken überflüssig. Erst in Kombination mit den eigenen Erfahrungen werden sie zu einem nützlichen Arbeitsinstrument.

Folgende Aspekte sind zu beachten:

1. Erstellen Sie eine Arbeits- bzw. Formatvorlage für Ihre Checklisten, die wichtige Informationen enthält wie: Name des Erstellers, Themenbereich, Thema, Datum der Erstellung oder Versionsnummer. Das Layout sollte ansprechend und übersichtlich sein.
2. Sammeln Sie so viele Aspekte wie möglich, die in der Checkliste für das jeweilige Thema aufgenommen werden können.
3. Sprechen Sie mit Experten zum Thema, sammeln Sie Informationen aus dem Internet, aus Fachbüchern oder aus bestehenden Checklisten.
4. Erstellen Sie Ihre eigene Checkliste. Achten Sie darauf, dass diese den Nutzern genug Freiraum bietet, damit zu arbeiten.
5. Hilfreich sind Tabellen mit leeren Spalten, in die Nutzer eigene Ideen oder spezifische Aspekte eintragen können.
6. Eine besondere Form sind „Erinnerungs-Checklisten" oder „Analyse-Checklisten": Hier werden viele Fragen gestellt, die Nutzer mit Ja/Nein oder ähnlichen Kategorien beantworten. Sie dienen dazu, dass alle wichtigen Aspekte berücksichtigt werden.

Informationsblätter erstellen (LA 1.1)

Informationsblätter sollten zielgruppenorientiert, ansprechend und nach den Regeln des **Corporate Design** (Schriftzug, Logo, Farbe usw.) gestaltet sein, damit der Leser sich schnell auf dem Blatt zurechtfindet und die Informationen einen Wiedererkennungswert haben. Aufgrund dieses Erscheinungsbilds ist der Leser sofort in der Lage, den Absender zuzuordnen. Im Kopfteil sollten **Lenkungsinformationen** stehen: Logo, Name, Datum und Titel. In der Fußzeile stehen die Kontaktdaten wie E-Mail-Adresse, Anschrift bzw. Telefonnummer. Die Officeprogramme bieten einen breiten Gestaltungsspielraum für das Layout. Allerdings sollten Sie die typografischen Regeln beachten, um einen ansprechenden Gesamteindruck zu erzielen.

Typografische Regeln für die Gestaltung von Informationsblättern

Verwenden Sie niemals mehr als drei verschiedene Schriftarten, Schriftfarben, Schriftgrößen oder Schriftschnitte (fett, kursiv usw.). Wir unterscheiden zwischen schwachen, mittleren und starken Hervorhebungen. Zu den schwachen Hervorhebungen, die erst während des Lesens auffallen, zählen Anführungszeichen und Kursivschrift.

Fettdruck und Farbe gehören zu den mittleren Hervorhebungen. Satzzeichen innerhalb einer Hervorhebung werden in die Formatierung mit einbezogen, wenn sie inhaltlich zum hervorzuhebenden Teil gehören (vgl. DIN, 2011, S. 19). Wählen Sie die Farben passend zum Corporate Design und nutzen Sie Farben, um die Wortaussage zu verstärken (z. B. „Sale" in roter Farbe, „gesunde Ernährung" in grüner Farbe)

Zu den starken Hervorhebungen gehören die Einrückung und das Zentrieren, die innerhalb einer Textseite nur einmal verwendet werden sollten. Eingerückte und zentrierte Textteile werden vom vorausgehenden und vom folgenden Text durch je eine Leerzeile abgesetzt. Unterstreichungen sollten Sie vermeiden, da die Unterlängen weder gestreift noch geschnitten werden sollten (vgl. DIN 2011, S. 19).

Benutzen Sie in einem Text keine ähnlichen Schriften (Arial und Helvetica oder Garamond und Times), sondern gestalten Sie ihn mit klar unterscheidbaren Schriften (Arial mit Times). Bei größeren Textmengen (die auch gelesen werden sollen, also ab einer Seite) sollten Sie Serifenschriften[1] verwenden (Garamond, Times), bei geringeren Textmengen (Visitenkarten, Zeitungsanzeigen, Plakaten) sind serifenlose (Arial, Helvetica) oft sinnvoll, die aber im Grundsatz schlechter lesbar sind.

Nutzen Sie Ihren Platz nicht bis zum Letzten! Lassen Sie Raum! Oft ist ein Text mit kleinerer Schrift, aber größerem Zeilenabstand, besser lesbar. Eine freie, unbedruckte Fläche unterstreicht Ihre Botschaft besser, als marktschreierischer Fett- und Riesendruck. Das Layout (Text und Grafiken) sollte über das ganze Blatt reichen – auf keinen Fall das untere Drittel oder sogar die Hälfte des Blattes freilassen.

Gliedern Sie Texte in sinngemäße Absätze und verschaffen Sie dem Leser einen raschen Überblick durch Teilüberschriften. Formulieren Sie die Überschriften prägnant und Interesse weckend. Der Text wird immer ein Drittel kleiner geschrieben als die Überschrift (also Schriftgrad 12/18 oder 16/24). Umfangreiche Texte können in Spalten aufgeteilt werden, um den Augen das Lesen zu erleichtern, Bilder und Grafiken müssen zu den Inhalten passen (vgl. Brämer & Blesius, 2011, S. 96). Zur Unterstützung des Textverständnisses sind Bilder bzw. grafische Mittel ein unentbehrliches Hilfsmittel.

Bilder sagen mehr als tausend Worte

1 Serifen sind kleine Endstriche eines Buchstabens, umgangssprachlich auch „Füßchen" genannt.

Lernzuwachs reflektieren

Sie haben schon Erfahrung mit Kontrollen, sei es in Hausaufgaben oder Prüfungen. Doch die Kontrollen sollten nicht immer von einer anderen Person durchgeführt werden. Zum selbstständigen Lernen ist es wichtig, sich selbst zu kontrollieren und noch einmal über alles nachzudenken. Nachdenken ist quasi die Vorstufe zum Reflektieren. Es ist etwas Alltägliches und jeder Mensch tut es unbewusst. Reflektieren jedoch sollten Sie bewusst und zwar mit Abstand zu der Sache (d. h.: vor bzw. nach dem Geschehen sich bewusst einige Dinge klarmachen).

Sie können in verschiedenen Ebenen reflektieren: Im Dialog, alleine oder auch, indem Sie es nochmals auf Papier bringen. Es gibt viele Dinge, die Sie reflektieren können: Erinnerungen, Wissen, Techniken usw.

Beim Reflektieren können Sie nochmals über sich selbst und das Erlernte nachdenken. Sie können Ihre eigenen Stärken und Schwächen reflektieren. Es hilft dabei, Fehler zu erkennen, um sie beim nächsten Mal zu vermeiden. Über das Erlernte noch einmal nachzudenken, kann auch helfen, sich das Wissen noch einmal einzuprägen bzw. zu vertiefen. Manchmal erkennen Sie erst beim Reflektieren, dass Sie doch etwas nicht verstanden haben und können sich dann wieder neues Wissen aneignen. Stellen Sie sich also für die Reflexion nachfolgende Fragen:

- Welche neuen Fachkompetenzen habe ich in dieser Lernsituation erweitert?
- Welche persönlichen Erfahrungen oder Einsichten habe ich gewonnen?
- Welche Methoden, Arbeitstechniken oder Lernstrategien habe ich vertieft?
- Was hat mich beim Lernen behindert?
- Welche Emotionen habe ich in dieser Lernsituation empfunden?
- Wie bewerte ich die Lernsituation?
- Welche inneren Zustände habe ich empfunden?
- Welche Erwartungen resultieren aus dem neuen Kompetenzerwerb?
- Welche Ziele setze ich mir für die Zukunft?

Lernprozess planen

Jedoch bedeutet Reflektieren nicht nur, über Geschehenes nachzudenken, sondern auch den ganzen Lernprozess von Anfang bis Ende zu lenken. Vor dem Beginn der Aufgabe sollten Sie sich überlegen, wie Sie sich in einer Lernsituation verhalten wollen. Dieser Prozess wird in drei Schritte unterteilt:

- Erst einmal denken Sie über die Lernsituation nach und machen sich klar, um was es überhaupt geht.
- Als Zweites überlegen Sie, welche Strategien Sie zum Bewältigen dieser Aufgabe anwenden können.
- Zum Schluss wählen Sie ein bestimmtes Vorgehen für diese Lernsituation aus.

Portfolio erstellen

Um Ihren Lernprozess systematisch zu steuern, sollten Sie regelmäßig Reflexionen durchführen, aber auch Ihre erstellten Handlungsprodukte (abgeschlossene Arbeitsergebnisse, z. B. Checkliste, MindMap, Aufzeichnung des szenischen Spiels usw.) in einer Mappe chronologisch abheften. Diese Mappe zeigt Ihren Kompetenzzuwachs sowohl in ihrer fachlichen als auch persönlichen Entwicklung, und wird als **Portfolio** bezeichnet.

Kreativitätstechniken einsetzen

Brainstorming organisieren

Das Brainstorming ist der Klassiker unter den Kreativitätsmethoden. Es eignet sich zum Finden möglichst vieler Ideen – zu einem vorgegebenen Thema oder zur Lösung eines vorgegebenen Problems. Moderatoren überwachen die Einhaltung der Regeln und dokumentieren die Ideen. Sie geben Impulse bzw. stellen Fragen. Eine kreisförmige oder quadratische Sitzordnung wird als sinnvoll angesehen.

© Oleksandr – stock.adobe.com

Vor dem Brainstorming

Der Brainstorming-Sitzung sollte eine Problemanalyse durch den Moderator (evtl. unter Hinzuziehung von Experten) vorausgehen. Wird dabei erkannt, dass es sich um ein sehr komplexes Problem handelt, so sollte dieses in übersichtlichere Teilprobleme untergliedert werden. Zum Beginn der Brainstorming-Sitzung wird dann die zu behandelnde Fragestellung allen Teilnehmern dargestellt, damit alle wissen, um was es geht. Gleichzeitig werden die Spielregeln des Brainstormings bekannt gegeben. Auf deren Einhaltung muss der Leiter achten. Grundregeln:

- Jede auch noch so ausgefallene Idee ist willkommen. „Je ausgefallener, desto besser."
- Ideen werden knapp und kurz formuliert.
- Ideen anderer können/sollten aufgegriffen und ausgebaut werden.
- Keine Bewertung der Beiträge der anderen.

Durchführung des Brainstormings

Während der Brainstorming-Sitzung hat der Moderator die Aufgabe, die Gruppe zur Erarbeitung und Darstellung ihrer Vorschläge zu motivieren, zu stimulieren und zu ermutigen. Er sollte unsichere oder zögernde Teilnehmer unterstützen und darauf achten, dass jeder in der Gruppe zu Wort kommt.

- Äußerungen sind in beliebiger Reihenfolge möglich.
- Alle Ideen werden für alle sichtbar stichwortartig festgehalten (z. B. auf Karten an der Pinnwand oder auf dem Fußboden = Brainpool).
- Das Aufschreiben der Ideen darf den Ideenfluss nicht hemmen.
- Denkpausen sind notwendig und zulässig.

Befindet sich die Gruppe in einer festgefahrenen Situation, so ist es Aufgabe des Moderators, diese wieder aufzubrechen. Dies kann zum Beispiel durch einen Wechsel der Perspektive geschehen: Das Problem wird umformuliert, vergrößert, verkleinert oder mit anderen Fragestellungen in Verbindung gebracht. Der Moderator sollte auch dafür sorgen, dass man sich nicht schon zu Anfang in Detailfragen verliert, sondern zunächst aus einer breitangelegten Sichtweise heraus auf das Problem eingeht. Und schließlich sollte der Moderator auch die Ideen ordnen, auswerten und in eigenen Worten zusammenfassen.

Kartenabfrage arrangieren

Bei der Kartenabfrage schreiben die Teilnehmer(innen) ihre Äußerungen auf Karten, die anschließend an der Pinnwand nach Ähnlichkeit sortiert werden. Hierdurch entsteht eine Sammlung verschiedenster Informationen zu einem Thema. Gleichzeitig sind alle Teilnehmer(innen) an dem Prozess beteiligt. Für diese Methode incl. Auswertung sollten ca. dreißig Minuten eingeplant werden.

- Visualisierung der Frage-/Problemstellung
- Problemstellung nicht zu komplex anlegen

© Sport Moments – stock.adobe.com

Das Moderatorenteam gibt ein Problem vor und schreibt dieses als Überschrift auf ein großes Blatt Papier. An die Teilnehmer(innen) werden Karten verteilt, worauf sie spontan ihre Gedanken zur Ausgangsfrage notieren sollen. Jede Karte sollte nur mit einem Gedanken stichwortartig beschrieben werden. Am besten eignet sich die Druckschrift in ca. fünf Zentimeter Höhe.

Das Moderatorenteam sammelt die Karten ein und sortiert sie gemeinsam mit der Gruppe auf dem vorbereiteten Plakat. Das kann auf dem Boden (im Sitzkreis) oder mit Klebestreifen an einer Stellwand geschehen. Kommentare sind nur den Kartenverfassern gestattet. Alternativ können die Lernenden die Karten einzeln an die Pinnwand heften und den Gedanken entsprechend kommentieren. Mehrfach genannte Begriffe werden übereinandergepinnt, um alle Beiträge zu honorieren und die Wichtigkeit eines Themas/Problems darzustellen.

Zwangsläufig zeichnen sich hierbei deutlich Sortierkriterien ab. Diese eigenen Problembereiche werden mit Überschriften versehen, durchnummeriert, mit einem dicken Filzstift umrandet und dadurch abgeschlossen.

Diese Sinneinheiten können für eine Gruppeneinteilung oder generell für die weitere Arbeit genutzt werden. Kriterien für die Zuordnung:

- Was lässt sich gemeinsam bearbeiten?
- Wofür sind ähnliche Lösungen denkbar?

Clustering im Team durchführen

- Methode zur Ideenentwicklung und um die Verbindungen zu verdeutlichen
- Geeignet für Gruppen von drei bis fünf Personen
- Flipchart-Papier/Folie und Filz- bzw. Folienstifte

Visualisierung der Frage-/Problemstellung

- Den Kernbegriff, von dem das Clustering ausgehen soll, in die Mitte der Folie/Papier schreiben
- Um den Kernbegriff ein Rechteck zeichnen

Grundregeln des Clusterings

- Das Team schließt eine Minute die Augen, um sich auf seine Assoziationen zum Kernbegriff konzentrieren zu können.
- Das erste Teammitglied notiert einen Einfall auf das Papier/die Folie, setzt ihn in einen ovalen Rahmen und verbindet ihn mit dem Kernbegriff.
- Die Folie wird an den rechten Partner weitergereicht.
- Das zweite Teammitglied notiert seinen Einfall genauso wie sein Vorgänger – wenn sich sein Einfall aber irgendwie besser an den Einfall des Vorgängers anknüpfen lässt, verbindet er seinen eigenen Einfall nicht mit dem Kernbegriff in der Mitte, sondern nur mit dem seines Vorgängers.

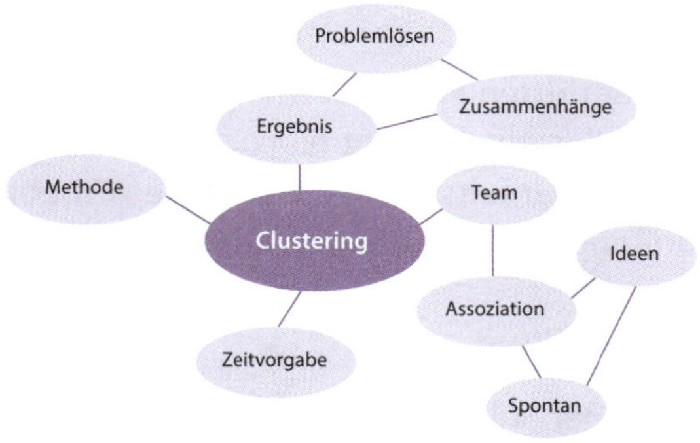

- Sollte ein Begriff nicht an andere anzuknüpfen sein, so bleibt er freischwebend ohne Verbindung.
- Das Clustering wird entweder nach einer bestimmten Zeitvorgabe weitergereicht oder so lange, bis keine Ideen mehr kommen.
- Es darf weder verbal noch mit Mimik und Gestik kommuniziert werden.

Auswertung des Clusterings

- Erläuterung der Ideen und Zusammenhänge
- Auswertung nach Erfordernissen und Zielen

Placemat

Die Methode Placemat eignet sich zum Austauschen von Ideen, zur Verbesserung der Kommunikation, um Konsens zu entwickeln und um Ideen zu strukturieren.

Es werden Dreier- oder Vierergruppen gebildet. Auf Flip-Chart-Papier oder DIN-A3-Papier erhält jeder sein eigenes Schreibfeld. In der Mitte wird ein Kreis oder ein Viereck für die Zusammenfassung gezeichnet. Optimal ist, wenn das mittlere Feld leicht vom Placemat zu entfernen ist (Folie oder zusätzliches Papierblatt), damit es für die Präsentation separat zur Verfügung steht.

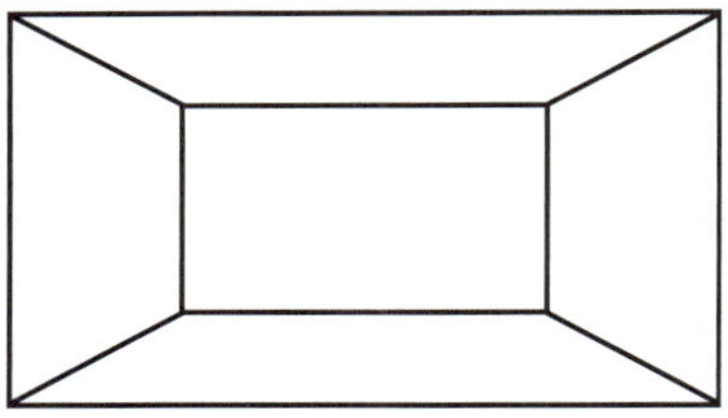

1. Phase

Nachdem das Thema bzw. die Fragestellung bekannt ist, schreiben die Teammitglieder zwei bis drei Minuten Ihre Ideen auf. Es können jedoch auch Fragen, Unklarheiten, Widersprüche oder Querverweise festgehalten werden. Während dieser Zeit wird nicht gesprochen (vgl. Green & Green, 2010, S. 136).

2. Phase

Nach der Stillarbeit diskutieren Sie im Team dann über alle Ideen. Sie einigen sich – berücksichtigen Sie dabei die Ideen der Teammitglieder – und notieren das Gruppenergebnis (Antworten bzw. Aussagen) in die Mitte.

3. Phase

In der dritten Phase werden nun die Ergebnisse aus den Teams im Plenum präsentiert. Als Hilfestellung dient hierzu das Feld aus der Mitte des Placemats, auf dem zuvor in der Gruppenarbeitsphase die zentralen Ergebnisse der Diskussion festgehalten wurden (vgl. Brüning & Saum, 2008, S. 25).

Abwandlung

Nach der Stillarbeit wird das Placemat im Uhrzeigersinn gedreht, sodass Sie die Notizen im Segment eines anderen Gruppenmitgliedes lesen können. Tauschen Sie sich nur bei Verständnisproblemen aus (stummes Vergleichen). Wiederholen Sie den Vorgang. Anschließend diskutieren Sie, welche Hauptthemen in die Blattmitte geschrieben werden.

Medien gestalten

Plakate gestalten

Flipcharts und Plakate stehen während der gesamten Stunde bzw. Unterrichtseinheit zur Verfügung. Sie sind ein Dauermedium – also als Ankerpunkt für das Auge anzusehen. Sie eignen sich für Regeln, Übersichten oder als Leitfaden. Sie können vorbereitet oder während des Vortrages entwickelt werden.

Regeln für die Plakatgestaltung

- Flipcharts sind nur bis zu einem Abstand von sechs Metern lesbar.
- Die Schriftgröße muss mindestens fünf Zentimeter betragen.
- Verschiedene Farben (max. vier) verwenden: eine Grundfarbe und die restlichen Farben für Betonungen.
- Spezielle Flipchartstifte verwenden.
- Auf dem Flipchart wird immer mit dicken Stiften geschrieben.
- Druckschrift verwenden, da sie am besten lesbar ist.

- Das Flipchart darf nicht voll beschrieben sein. Es sollen unbeschriebene Flächen auf dem Plakat erhalten bleiben.
- Flipcharts sollen so knapp wie möglich gehalten werden. Sie sollen eine klare, erkennbare Struktur aufweisen. Die Zusammenhänge sind durch Über- und Unterordnungen klar erkennbar zu machen.
- Besonders gut bleiben Flipcharts im Gedächtnis, wenn sie Merk-Anker und optische Auflockerungen enthalten:
  - Skalen (um die Einschätzungen sichtbar zu machen)
  - Koordinaten-Einschätzungen durch einen Punkt
  - Listen (Ideen- und Problemsammlung gewichten)
  - Tabellen (Beziehungen und Verknüpfungen herstellen)
  - Bäume (Über- und Unterordnung)
  - Netze (komplexe Zusammenhänge überschaubar machen)

Einsatzmöglichkeiten

- Unterstützung eines Vortrags durch Notizen
- Präsentation von vorbereiteten Texten
- Dokumentation von Beiträgen und Fragen von Teilnehmenden
- Dokumentation der Arbeitsergebnisse von Kleingruppen
- Aufreihung der Flipcharts an der Wand, um den Seminarablauf zu dokumentieren

Dokumente gestalten und projizieren

Vor der Präsentation sollten Sie die Funktionstüchtigkeit der Dokumentenkamera oder des Overheadprojektors ausprobieren. Standort: Das Gerät nicht in der Mitte des Raumes platzieren, sondern in der fensterfernen Ecke des Raumes. Neben dem Projektor sollen Ablageflächen für die Unterlagen des Referenten vorgesehen sein. Eine Verdunkelung des Raumes ist nicht erforderlich.

Regeln für die Dokumentengestaltung

- Die Zuhörer benötigen einige Zeit (ca. zehn Sekunden), um das Dokument bzw. die Folie zu betrachten. Während dieser Zeit hören sie nicht zu. Für die Erklärung benötigen Sie aber die Aufmerksamkeit der Zuhörer. Aus diesem Grund wird erst dann weitergesprochen, wenn sie das Dokument bzw. die Folie gelesen haben. Der Text soll nicht wortwörtlich vorgelesen werden, da jeder Zuhörer selbst lesen kann.
- Die Zuhörer sollen die Inhalte nicht abschreiben. Nach dem Vortrag bekommen sie die zusammengefasste Präsentation als Unterlage.
- Ihre Mitschüler(innen) betrachten die Präsentation wesentlich länger, als sie über die gesprochenen Sätze nachdenken. Daher wiegen Fehler bei den schriftlichen Dokumenten wesentlich schwerer.

- **Weniger ist mehr.** Es sollen nur wenige Seiten verwendet werden. Nur die wichtigsten Aussagen werden visualisiert.
  Auch für diese Dokumente selbst gilt „Weniger ist mehr". Die einzelnen Seiten enthalten nur wenige Aussagen, sie müssen aber übersichtlich gestaltet und gut lesbar sein. Die Darstellung soll das Verstehen der Inhalte erleichtern und nicht selbst Erklärungsbedarf benötigen.
- **Bild schlägt Text.** Wie schon erwähnt, sagt ein Bild mehr als tausend Worte. Die verwendeten Bilder müssen aber mit den Aussagen des Dokuments im Zusammenhang stehen.
- **Farben beleben.** Die Verwendung von Dokumenten, die nur mit einer Farbe beschriftet sind, ist zu vermeiden. Für identische Aussagen sollen immer die gleichen Farben verwendet werden. Mehr als fünf Farben sollten aber nicht benutzt werden (Schwarz und Weiß zählen als Farben mit).
- **Schriftgröße.** Für gleiche Textarten immer die gleiche Schriftgröße verwenden (Überschrift, Zwischenüberschrift, Unterpunkte, Text ...). Als Faustregel gilt, dass die Folie ohne Projektor aus zwei Metern Entfernung noch lesbar sein muss. Bei handschriftlichen Folien soll die Schrift mindestens einen Zentimeter groß geschrieben werden. Bei computererstellten Folien mindestens Schriftgröße 16 pt (Punkt), Fettdruck und eine serifenlose Schrift (z. B. Arial, Helvetica) verwenden (Überschriften = 24 pt, Zwischenüberschriften = 20 pt).

Professionell präsentieren

Präsentation planen

Die Planung einer Präsentation beginnt mit der Vorgabe oder der Wahl eines Themas. Mit den folgenden vier bewährten Schritten (Planen, Vorbereiten, Üben und Präsentieren) erleichtern Sie sich das Erstellen einer Präsentation und werden mit Ihrem Auftreten und Ihren Aussagen einen bleibenden Eindruck beim Publikum hinterlassen.

Ziel. Sie möchten Ihr Anliegen, Ihre Thesen, Ihre Ideen, Ihre Gefühle dem Zuhörer mitteilen und visuell die wichtigsten Elemente zeigen/aufzeichnen, sodass er am Schluss des Vortrags positiv beeindruckt den Raum verlässt.

Zeitaufwand. Bei der Planung der Präsentation muss das Auftrittsdatum als Endmeilenstein festgelegt werden. Ab diesem Datum sollten Sie nichts mehr an der Präsentation ändern, denn Sie haben den Vortrag geübt und können den Ablauf „fast" auswendig. Alle Änderungen, die Sie noch vornehmen, werden den reibungslosen Ablauf stören, und Sie treten nicht als der/die souveräne Präsentator(in) auf und gehen das Risiko ein, dass die Zuhörer Ihren Vortrag als improvisiert empfinden.

Die Länge von Vorträgen ist selten kürzer als fünfzehn Minuten. Es wird zwischen Sachvortrag (nach max. fünfundvierzig Minuten eine Pause) und einer Präsentation (nach max. zwanzig Minuten eine Pause) mit dem Ziel, zu verkaufen, zu überzeugen, zu beeinflussen oder zu werben, unterschieden. Das lange Zuhören, Zusehen und Verarbeiten des Gehörten verlangt von den Teilnehmern eine große Aufmerksamkeit. Um dem Rechnung zu tragen, sollten Sie öfter (themenabhängig) eine Pause einplanen (vgl. Widmer, 2007).

Sender und Empfänger. Präsentieren bedeutet, auf einer Veranstaltung ein Produkt vorzuzeigen oder Neuigkeiten mitzuteilen. Zwischen dem Publikum und der Präsentation findet permanent ein Wechsel von verschiedenen Aktivitäten statt. Diese Aktivität nennt man auch Interaktion. Der Präsentator (Sender) kann spüren, ob das Publikum angespannt zuhört, ob es mitgerissen wird oder aber, ob es sich langweilt. Auf der anderen Seite spürt das Publikum (Empfänger), ob der Vortragende das Thema beherrscht oder nicht; improvisiert er, hat der Vortrag einen roten Faden, steht der Vortragende hinter dem, was er mitteilt oder wirkt er gelangweilt. Die Nachricht sollte auf die Empfänger abgestimmt werden. Die Sprache sollte von allen verstanden werden. Der Empfänger formt die Informationen, die er erhalten hat, für sich selber um – Betrachtungsweise durch seine Brille. Er hört nur die Informationen, die im Moment seinen Bedürfnissen entsprechen und für die er empfänglich ist.

Damit der Sender das Optimum an die Empfänger weitergeben kann, sollten Sie einige Merkpunkte beachten:

- Inhaltlich klare Informationen (kein Zickzack zwischen den verschiedenen Themen)
- Erkennbares Ziel der Präsentation
- Strukturierte Aufbereitung der Daten
- Richtige Dosierung der Informationsabgabe
- Sinnvolle Zusammenfassung des Vortrags
- Überprüfung, ob die Botschaft des Vortrags beim Empfänger auch richtig angekommen ist und verstanden wurde

Wer sitzt im Publikum

Oft wird vergessen, das Publikum zu analysieren und zu hinterfragen, zu welchem Zweck Sie Ihren Vortrag halten. Es passiert immer wieder, dass der Vortrag nicht dem Publikum entspricht oder das falsche Publikum im Vortrag sitzt. Es darf nicht sein, dass das Publikum nach dem Vortrag mit Fragen, Unwahrheiten oder mit der Aussage: „Schade um die verlorene Zeit, hätte sie besser nutzen können" den Raum verlässt. Klären Sie vorher ab, welche Besucher Sie zu erwarten haben: Sind es Jugendliche, Erwachsene, Freunde, Laufpublikum oder handelt es sich um ein Fachpublikum (Fachspezialisten wie Techniker, Kaufleute oder Ärzte). Je nachdem, wie Sie dieses Zielpublikum analysiert haben, können Sie mit Bildern, Tabellen, Zahlen, Musik, Videos, Grafiken, Farben usw. den Vortrag unterschiedlich aufbauen.

Folgende Fragen helfen Ihnen bei der Publikumsanalyse/Zielgruppenanalyse weiter:

- Wer sind die Teilnehmer?
- Was erwarten die Teilnehmer?
- Welches Vorwissen haben die Teilnehmer?
- Welche Haltung haben die Teilnehmer zum Thema?
- Welche Fragen sind zu erwarten?
- Welche Widerstände sind zu erwarten?
- Welche Besonderheiten bestehen?

Sie wissen nun, welche Leute Sie bei Ihrem Vortrag zu erwarten haben. Aus diesem Grund überlegen Sie sich nun den Zweck des Vortrags und welchen „Auslöser" Sie beim Publikum erreichen wollen. Wollen Sie informieren, überzeugen, zum Handeln motivieren, verkaufen, unterrichten oder ausbilden. Im Großen und Ganzen werden zwei Ziele unterschieden: Informieren oder Überzeugen.

Informierende Präsentation. Es werden nur Fakten (Bericht, Fortschritt eines Projekts usw.) im Vortrag eingesetzt. Es wird keine Beeinflussung oder Meinungsänderung des Teilnehmers angestrebt.

Überzeugende Präsentation. Sie versuchen bewusst, die Teilnehmer zu beeinflussen, sodass es zu einer Meinungsänderung kommt (vgl. Widmer, 2007).

Inhalte gekonnt aufbereiten

© Rawpixel.com – stock.adobe.com

Informationen sammeln. Wenn Sie eine Präsentation planen, sollten Sie zunächst aktuelle Daten und Materialien sammeln. Doch welche Daten sind wirklich relevant und welche Informationen sind geeignet? Antwort: Jene, die zum Thema gehören, die verstanden werden können, die Ihre Teilnehmer interessieren und die gleichzeitig zu den vorab definierten Zielen führen.

Selektieren. Sie sammeln alle brauchbaren Materialien. Anschließend selektieren Sie, welche am nützlichsten sind, um die Präsentationsziele zu erreichen. Setzen Sie noch einmal Prioritäten. Bewerten Sie die gesammelten Materialien und sondern Sie gründlich aus.

Komprimieren. Während sich die Informationen für Ihre Präsentation zunehmend verdichten, können Sie mit dem Entwurf eines Ablaufplans beginnen. Welche Inhalte sollen in die Eröffnung, welche in den Hauptteil und welche in den Schluss der Präsentation? Erarbeiten Sie einen „roten Faden". Entfernen Sie überflüssiges Datenmaterial und fügen Sie gegebenenfalls neues ein.

Sie komprimieren das Material. Nur die wichtigsten Informationen bleiben übrig. Denn Ihre Präsentationszeit ist meistens kurz bemessen. Und Ihr Publikum ist begrenzt aufnahmefähig. Bei Präsentationen gilt die Regel: „Weniger ist mehr".

Visualisieren. Danach können Sie die Visualisierung entwickeln.

Präsentation gestalten

Sind die Vorbereitungen abgeschlossen, wird ein präziser Ablaufplan („Drehbuch") für die Präsentation erstellt. In diesem Ablaufplan sind die einzelnen Schritte bezüglich der Inhalte, des Medieneinsatzes und der Zeitvorgaben enthalten. Jeder Ablaufplan einer Präsentation besteht aus den drei Teilen: Einstieg, Hauptteil und Schluss. Zusätzlich sollten Sie sich einen Plan für die Action Items (Aktionspunkte) erstellen, z. B. den Programmablauf visualisieren.

Der Einstieg. In der Einstiegsphase nehmen Sie das erste Mal Kontakt zum Zuhörerkreis auf. Dies kann in einer sachlichen oder auch persönlichen Art und Weise geschehen. Im nächsten Schritt werden Ziel und konkretes Thema der Präsentation genannt. Schließlich erfolgt die Information der Teilnehmer über den geplanten Verlauf der Veranstaltung.

Dazu gehören die Hauptgliederungspunkte des Vortrags, der zeitliche Ablauf und die Pausenregelungen. In der letzten Phase des Einstiegs werden Sie Ihre Mitschüler(innen) auf das Thema der Präsentation einstimmen. Diese Einstimmung soll Interesse und Emotionen für die folgende Präsentation wecken.

Der Hauptteil. Jetzt wird das Thema den Zuhörern systematisch vorgetragen. Dazu sollte ein Blickkontakt zu ihnen hergestellt werden. Außerdem ist es erforderlich, klar und verständlich zu sprechen. Die Präsentation sollte durch Teilzusammenfassungen gegliedert werden. Für Rückfragen und Wortmeldungen der Teilnehmer muss ausreichend Zeit vorhanden sein. Schließlich sollten Sie die Reaktionen der Zuhörer beachten, um zu überprüfen, ob Ihr Ablaufplan den tatsächlichen Erwartungen entspricht oder verändert werden muss.

Der Abschluss. Der Abschluss ist ein wichtiger Bestandteil der Präsentation. Seine Durchführung ist abhängig von den angestrebten Zielen. Es ist üblich, zunächst eine Zusammenfassung der wichtigsten Aspekte der Präsentation durchzuführen. War es z. B. das Ziel der Veranstaltung, über ein Fachgebiet zu informieren, ist es an dieser Stelle angebracht, Verständnisfragen zu klären und eine Diskussion zu führen. Auf diese Diskussion müssen Sie vorbereitet sein (vgl. Manthei et al., 2007).

Unterstützen Sie mit Schrift, Farbe und Layout

Nicht jeder, der vorträgt, ist auch ein guter Redner, der das Publikum in seinen Bann zieht. Umso wichtiger ist es, dass Präsentationen nicht überladen, unübersichtlich oder gar unstrukturiert sind. Die wesentlichen Aufgaben beim Konzipieren einer Präsentation sind inhaltliche Klarheit und erkennbare Zielrichtung, strukturierte Aufbereitung und richtige Dosierung der Informationsmengen sowie sinnvolle Zusammenfassung der Hauptinhalte.

Seien Sie sich stets bewusst, dass ein Vortrag immer ein Lernprozess ist. Die unbedingte Orientierung auf das Publikum ist und bleibt die zentrale Herausforderung für alle, die vortragen. Inhalt und Gestaltung müssen sich an den Teilnehmern orientieren, an deren Wissensstand, Aufnahmebereitschaft und -fähigkeit. Unterstützen Sie Ihren Vortrag bewusst mit den Mitteln der Gestaltung – und dazu gehören in erster Linie Schrift, Farbe und Layout (vgl. Schiecke et al., 2006, S. 27).

© womue – stock.adobe.com

- Lenken Sie mit farbigen Flächen, mit Bildern, Rahmen, Aufzählungspunkten und Symbolen den Blick und die Aufmerksamkeit der Zuschauer.
- Verwenden Sie auf jeder Folie eine Überschrift, stets an gleicher Stelle.
- Ordnen Sie die Aufzählungstexte, Bilder und Diagramme so an, dass sie immer an der gleichen Position links oben beginnen.
- Ordnen Sie alle Informationselemente unterhalb der Überschrift an einem (unsichtbaren) Raster an.
- Verwenden Sie dazu die Führungslinien des Präsentationsprogramms oder arbeiten Sie mit einem Gitternetz.

- Achten Sie auf ausreichende Leerfläche auf der Folie und lassen Sie mindestens 30 Prozent der Fläche frei.
- Verwenden Sie für gleiche Sachverhalte gleiche Gestaltungsmerkmale (Formen, Farben, Symbole usw.). Ein Vortrag, der vorwiegend aus Text besteht, kann schnell langweilig wirken. „Beleben" Sie daher Ihre Folien mit Diagrammen, Schaubildern, kleinen Fotos und haben Sie Mut zu kreativen Darstellungen (vgl. Schiecke et al. 2006, S. 34–35).

Aus Texten mehr machen

Die Teilnehmer einer Präsentation müssen gleichzeitig den Worten des Vortragenden folgen und den Inhalt der Folie verarbeiten. Die Textfolien müssen übersichtlich gestaltet sein, damit sie vom Publikum auf einen Blick zu erfassen sind. Das Publikum soll dem Vortragenden zuhören und auf den Folien wirklich nur die Kernaussagen sehen als visuelle Begleitung des gesprochenen Wortes und nicht als dessen Ersatz. Je weniger auf der Folie steht, umso weniger ist der Vortragende versucht, Folien vorzulesen. Und das Publikum seinerseits wird sich viel stärker auf den Vortragenden konzentrieren und ihn auch eindeutig als den Mittelpunkt des Vortrags erkennen und anerkennen.

Die Reduktion der Inhalte ist nicht immer leicht, aber der Nutzen rechtfertigt den Aufwand. Das Komprimieren teilweise langatmiger Inhalte auf einen Begriff bietet für beide Seiten, Publikum und Vortragenden, Vorteile: Das Publikum kann dem Vortragenden konzentriert zuhören und nimmt das eine Wort als zusätzlichen visuellen „Anker" auf. Der Vortragende erhält ein Stichwort, um den nächsten Gedanken auszuformulieren, erhält gleichzeitig den roten Faden und kommt definitiv nicht mehr in Versuchung, die Folieninhalte einfach abzulesen.

Verwenden Sie nur einzeilige Überschriften und halten Sie den gleichen Schriftgrad bei. Formulieren Sie schlag- und stichwortartig statt in vollständigen Sätzen. Pro Aufzählungspunkt formulieren Sie max. zwei Zeilen Text. Vermeiden Sie bei zweizeiligen Texten sinnentstellende Trennungen.

© RAM – stock.adobe.com

Gliedern Sie normgerecht – vermeiden Sie einzelne Unterpunkte, wenn Sie mehrere Textebenen einsetzen. Verwenden Sie nur so viele Aufzählungspunkte, wie Sie ohne Reduzierung des Schriftgrads unterbringen können – ggf. arbeiten Sie zweispaltig oder verwenden eine zweite Seite. Als Aufzählungszeichen eignen sich auch Bilder. Diese transportieren neben ihrer gestalterischen Wirkung auch inhaltliche Aussagen. Pfeile, die in verschiedene Richtungen gehen, unterstreichen wirkungsvoll die Aussage (nach oben – positiv, nach rechts – neutral, nach unten – negativ) oder Smilies verdeutlichen die Stimmung. Sind nur wenige Aussagen vorhanden, kann jede von ihnen durch ein passendes Bild als „Bullet" aufgewertet werden.

Nicht jeder Text lässt sich in Aufzählungspunkte zerlegen, beispielsweise Fließtexte wie Firmenphilosophie, Zitate oder Kurzbeschreibungen eines Produkts. Diese sollten vom üblichen Layout abweichen und den Text vor einem farbigen Hintergrund oder vor einem Hintergrundmotiv zeigen (vgl. Schiecke et al., 2006, S. 40–49).

Ein besonderes Augenmerk sollte dem Beamer gelten. In der Regel treffen Sie ältere Geräte an. Das bedeutet, dass der Raum relativ dunkel sein muss, um ein optimales Bild anzeigen zu können. Die Geräte sind nicht auf Tageslicht oder Halbdunkel ausgelegt. Die Lichtstärke der Geräte ist zu schwach.

Je düsterer der Raum ist, um so weniger haben Sie Blickkontakt mit den Zuhörern. Die Leute sind nur noch auf die Projektion fixiert und hören Ihnen nicht so genau zu (vgl. Widmer, 2007).

Präsentationsmöglichkeiten nutzen

Sprache

Bei Ihren Präsentationen gehört die Sprache zu Ihrem Hauptmedium. Die Sprache besitzt einen wunderbaren Fundus an Wendungen und Bildern (Metaphern). Bauen Sie Spannung mit einer Metapher auf, um Besonderheiten hervorzuheben. Belegen Sie, was Sie zu sagen haben, mit Beispielen, damit eine lebendige Präsentation gelingt. Helfen Sie sich, indem Sie für die Präsentation einen A6-Handzettel erstellen, auf dem Sie stichwortartig Ihren Vortrag notieren.

Körpersprache

Setzen Sie Ihre Mimik, Gestik und Körperhaltung bewusst ein. Ein freundlicher, offener Blick stimmt den Zuschauer positiv. Auch Gesten, die in Höhe der Taille ablaufen, werden positiver gewertet als jene, die sich unterhalb der Taille abspielen.

Hände sollten sichtbar bleiben. Sie sollten freundliche und öffnende Gesten zeigen, aber nicht übertreiben. Eine aufrechte Körperhaltung signalisiert, dass Sie hinter dem Gesagten stehen und sich Ihrer Argumente sicher sind.

© Franz Pfluegl – stock.adobe.com

Anschauungsmaterial

Neben der Sprache bringen Sie durch alltägliche Gegenstände (z. B. Hüte, Sportgeräte, Pflanzen, Musikinstrumente) die nötige Würze in Ihre Präsentation. Wenn Sie reale Gegenstände verwenden, um abstrakte Sachverhalte zu verdeutlichen, dann fällt Ihren Teilnehmern das Zuhören leichter. Die Präsentation wird anschaulich und lebendig.

Durch den Einsatz von derartigem Anschauungsmaterial wird nicht nur das Interesse der Zuschauer geweckt, es wird auch ein unmittelbarer Bezug zur Realität hergestellt, und dadurch bleibt das Gesagte in Erinnerung. Sie sollten allerdings darauf achten, dass der Gegenstand groß genug und so für alle Anwesenden im Raum gut erkennbar ist.

Auf gar keinen Fall sollten Sie aber bestimmte Gegenstände nach Ihrem Einsatz im Publikum herumreichen. Das schafft nur Unruhe und lenkt von Ihrer weiteren Präsentation ab. Sie können aber einen Gegenstand, insbesondere wenn er außergewöhnlich und spektakulär ist, wirkungsvoll platzieren.

Bühnenbild

In einem weiteren Punkt unterscheidet sich die Präsentation besonders klar vom Vortrag: Sie kann auch als ein Schauspiel verstanden werden, als eine Aufführung, die eine Inszenierung durchlaufen hat und auf einer Bühne mit einem wechselnden Bühnenbild – der Projektion – stattfindet (Lobin, 2011).

Sie als Präsentator reden auf dieser medialen Bühne frei und können sich mit Gestik oder raumgreifenden Bewegungen in Szene setzen. Bedenken Sie, dass es neben der Vermittlung von Inhalten dabei um Ihre Selbstpräsentation geht.

Präsentation vorbereiten

So aktivieren Sie Ihr Publikum

Erinnern Sie sich, wann ein Redner Sie das letzte Mal so richtig begeistert und gedanklich gefesselt hat? Genau, als er Sie zum Mitdenken anregte, Sie mitnahm auf seine gedankliche Reise, als er Sie provozierte und geistig forderte. Es gibt viele Elemente, die aus Ihnen im Handumdrehen einen aktivierenden und faszinierenden Redner machen.

Setzen Sie visuelle Anker. Bringen Sie reale Gegenstände mit in Ihre Präsentation und stellen Sie so Bezüge zu Ihrem Thema her: Zeigen Sie einen echten roten Faden, setzen Sie Handpuppen ein, nutzen Sie einen Staffelstab oder halten Sie alte Schuhe hoch. Geben Sie Ihren Zuhörern auch ein „Give-away" (z. B. eine Glasmurmel, einen Würfel) als Begleiter für die Hosentasche mit. Dann erinnert sich jeder Einzelne an Ihren fesselnden Vortrag noch Wochen später.

Lassen Sie Ihre Zuhörer murmeln. Fordern Sie nach einem zehn- bis fünfzehnminütigen Input Ihre Zuhörer auf, mit dem Sitznachbarn zu einer provozierenden Frage (mit Themenbezug) zu reden. Ein Murmeln wird im Raum hörbar. Stellen Sie anschließend eine zweite, weiterführende Frage ins Plenum. Sie werden von der Beteiligung begeistert sein!

Erschrecken Sie Ihre Zuhörer. Wechseln Sie Ihre Position im Raum. Setzen Sie sich ins Publikum. Sie erschrecken damit, machen munter, zeigen, dass Sie „einer von ihnen" sind und zu Diskussionen und Fragen einladen.

Provozieren Sie Ihre Teilnehmer. Übertreiben Sie hin und wieder mal. Setzen Sie in der entscheidenden Phase einen Hut auf oder lassen Sie sich ein T-Shirt mit einem Motto bedrucken und ziehen Sie es sich im entsprechenden Moment über. All das sind „Hingucker", die Ihnen die Augen und Ohren Ihrer Zuhörer öffnen und auch offen halten!

Gestalten Sie die Pause. Legen Sie eine Karibik-CD ein, das bringt Bewegung in den Raum. Verteilen Sie in der Pause Knobelspiele, Kopfnüsse (Rätsel) oder Spielzeug (Bälle). Sie werden erstaunt sein, wie begeistert Ihre Zuhörer dies annehmen und versuchen zu jonglieren oder das Rätsel zu lösen.

Aufmerksamkeit wecken. Wenn Sie mit einer Präsentations-Software präsentieren und die Aufmerksamkeit von den Folien auf Ihren Vortrag lenken wollen, schalten Sie einfach zwischendurch den Bildschirm ab. Dazu drücken Sie auf den Punkt [.]. Sofort wird der Bildschirm schwarz und nichts lenkt die Zuhörer mehr von Ihnen ab. Ein weiterer Druck auf [.] schaltet den Schirm wieder ein.

Nonverbale Kommunikation

Mimik. Ein Lächeln ist die kürzeste Entfernung zwischen Menschen. Diese alte Weisheit lässt die Bedeutung der Mimik bei der Kommunikation erahnen. Wer lächelt, hat eine positivere Ausstrahlung. Vermieden werden sollte aber auf jeden Fall, bewusst die Mimik zu verändern – dies würde gekünstelt und damit unecht wirken. Ein freundlicher, offener Blick stimmt den Zuschauer positiv. Wer den anderen „keines Blickes würdigt", wirkt arrogant, abweisend oder gar unsicher. Tatsächlich ist der Blick die wichtigste Möglichkeit, ohne körperliche Berührung Kontakt zu anderen Menschen aufzunehmen. Dabei ist aber nicht das Fixieren eines Einzelnen gemeint. Dies grenzt den Rest der Zuschauer aus und man verliert deren Aufmerksamkeit. Während einer Argumentation sollte der Redner versuchen, einen Blick der Neugierde aufzusetzen, und zwar Neugierde auf die Reaktion des Publikums. Oft reagieren Zuhörer darauf mit Kopfnicken im Sinne der Zustimmung. Dies gibt jedem Redner mehr Selbstbewusstsein und Sicherheit.

Gestik. Als Gestik bezeichnet man die Bewegung der Hände und Arme beim Sprechen. Diese ist stark von der Mentalität und dem Temperament des Einzelnen abhängig. Gesten, die in Höhe der Taille ablaufen, werden positiver gewertet als jene, die sich unterhalb der Taille abspielen. Hände sollten sichtbar bleiben. Versteckte Hände, z. B. in den Hosentaschen oder auf dem Rücken, werden als negativ gewertet. Hände sollten vielmehr freundliche und öffnende Gesten zeigen. Das leidige Problem „Wohin mit meinen Händen?" kann z. B. durch den Einsatz von Stichwortkarten teilweise gelöst werden. Gekreuzte Arme drücken Ablehnung aus. Schulterzucken lässt auf Hilflosigkeit und Unterwerfung schließen. Beides führt nicht zu einer positiven Atmosphäre bei einer Präsentation. Hektisches Fuchteln mit den Armen irritiert den Zuschauer. Gesten sollten grundsätzlich harmonisch und nicht übertrieben sein.

© Kzenon – stock.adobe.com

Standpunkt. Ein schlechter Redner stresst seine Zuhörer mit ständigem Herumzappeln, hektischem Nesteln in den Unterlagen. Nicht von einem Bein auf das andere treten! Ein gezieltes, selbstbewusstes Schreiten zu dem Standort, auf welchem man ruhig und aufrecht verweilt, bringt Aufmerksamkeit und Ruhe in den Raum.

Haltung. Eine aufrechte Körperhaltung signalisiert, dass man hinter dem Gesagten steht und sich seiner Argumente sicher ist. Eine gebeugte Haltung wirkt unsicher und wenig selbstbewusst. Wie sollte da das Publikum von dem Gesagten beeindruckt sein?

Bewegung. Ein Redner, der hektisch durch den Raum eilt oder zappelnd vor der Metaplan-Wand oder der Tafel steht, verhindert, dass sich das Publikum auf den Inhalt konzentrieren kann. Die Bewegungen und der Gang sollten immer ruhig und überlegt sein (vgl. Braun 2008).

Stimme

Auch unsere Stimme hat ganz enormen Anteil an der Kommunikation. Ist Ihnen schon mal aufgefallen, wie sich die Stimme verändert, je nachdem wie wir uns fühlen. Wenn wir aufgeregt sind, dann zittert sie. Wenn wir traurig sind, dann bringt man fast keinen Ton zustande. Wenn wir froh sind, dann überschlägt sie sich manchmal. Für unsere Stimme sind ebenfalls fast 50 Muskeln verantwortlich. So benutzten wir 43 Muskeln, um zu lächeln. Das gesprochene Wort gewinnt erst an Bedeutung durch den Ausdruck unserer Stimme. Man kann mit den gleichen Worten unzählige verschiedene Dinge ausdrücken. Zum Beispiel die Aussage: „Heute siehst du aber gut aus!" Wenn Sie dies freundlich formulieren und mit einem Lächeln sagen, bedeutet dies etwas ganz anderes, als wenn Sie einen abwertenden Tonfall anschlagen. Wenn Sie erschrecken und in Panik geraten, klingt Ihre Stimme automatisch höher. Sprechen Sie aus einer entspannten Position heraus, wird sie tiefer klingen.

Andere optische Zeichen

Haben Sie schon mal Ihre Stars beim Konzert oder in einer Talkshow erlebt? Dann werden Sie schnell zahlreiche Bilder vor Augen haben. Diese Bilder bzw. Bewegungen kann man auch bei nicht prominenten Menschen beobachten. Je nachdem, wie Sie körperlich in Erscheinung treten, erzeugen Sie eine Wirkung auf Ihre Umgebung und diese muss Ihr Erscheinen interpretieren. Wenn Sie aufrecht und stolz mit geradem Rücken einen Raum betreten, wird man vermuten, dass es Ihnen gut geht und Sie selbstbewusst sind. Betreten Sie hingegen den Raum mit hängenden Schultern und gekrümmtem Rücken, so erzeugen Sie die Vermutung, dass Sie traurig sind. Eine aufrechte und straffe Körperhaltung macht frei von Blockaden, ermöglicht eine optimale Konzentration. Sie zeigen sich entgegenkommend, wach und interessiert, was Sie darüber hinaus durch einen offenen Blick nach außen transportieren.

Das schlaffe, in sich zusammengesunkene Sitzen auf einem Stuhl signalisiert Müdigkeit oder Desinteresse. Man könnte auch interpretieren, dass Sie nicht belastbar sind. Nehmen Sie hingegen eine straffe Körperhaltung ein, so setzen Sie Energie frei, sie können sich besser konzentrieren und erzeugen Selbstbewusstsein. Eine überstraffe Körperhaltung signalisiert wiederum Verteidigungsposition. Sie zeigen, dass Sie sich ärgern und signalisieren Ihrem Gegenüber: Vorsicht! Bis hierher und nicht weiter.

Stehen Sie mit beiden Füßen locker auf dem Boden signalisieren Sie Bodenständigkeit und Selbstbewusstsein. Sobald Sie die Füße nach innen verdrehen oder eng zusammenstellen, verlassen Sie Ihre sichere Position und drücken aus: Ich stehe nicht fest im Leben. Sie machen sich klein und man könnte glauben, Sie seien nicht belastbar. Die Art und Weise, wie Sie gehen, stehen, sitzen, gibt Auskunft darüber, wie Ihre momentane Gefühlslage ist. Dies können Sie nicht verhindern, aber beeinflussen.

Die verschiedenen Facetten der Körpersprache können nie isoliert voneinander eingesetzt werden. Mimik ist immer verbunden mit Gestik und anderen optischen Zeichen. Auch der Ausdruck unserer Stimme variiert in zahlreichen Facetten und kann nie losgelöst von den anderen Anteilen betrachtet werden.

Sei immer du selbst

Entscheidend ist, dass die Präsentation immer im Einklang mit der präsentierenden Person ist. Sprache, Körpersprache, Mimik und Gestik müssen echt sein – es soll Stimmigkeit mit der eigenen Persönlichkeit herrschen.

Nur dann, wenn der Präsentator wirklich er selbst sein kann, wird er sich bei seiner Präsentation auch wohlfühlen – und für das Gelingen einer guten Präsentation ist letztendlich immer der durchführende Mensch verantwortlich.

Für die Vortragssprache ist das Wichtigste, dass sie verständlich ist. Zu viel Aufmerksamkeit auf die Rhetorik und Sprechweise zu richten ist eher hinderlich und bringt zusätzliche Nervosität. Zu beachten sind: Intonationswechsel, variierende Geschwindigkeit und Lautstärke der Stimme sowie Sprechpausen.

Vor allem zu vermeiden ist ein monotoner Tonfall, da dadurch das Gesagte wie ein Schlafmittel wirkt. Die Stimme sollte lebendig wirken, dies kann durch körperliche Lockerungsübungen – Bewegung der Arme und Beine – erreicht werden. Eine weitere Möglichkeit, einen monotonen Tonfall zu bekämpfen ist, laut von eins bis zehn zu zählen, wobei man ganz leise beginnt und so laut wie möglich endet.

Mit der Lautstärke der Stimme kann man über längere Zeit die Aufmerksamkeit der Zuhörer an sich binden (Versuch, mit der Stimme zu spielen – leiser werden, bis man kaum mehr verständlich ist – dann laut werden – und normal weitersprechen).

Ein großes Problem kann die Sprechgeschwindigkeit sein. Die normale Sprechgeschwindigkeit liegt bei ca. einhundertzwanzig Wörtern pro Minute, die sich jedoch durch Nervosität erheblich steigert. Sprechpausen bewusst einschalten, z. B. nach wichtigen Aussagen bis fünf zählen, dann erst weiterreden; dadurch wird einerseits die Sprechgeschwindigkeit verringert, andererseits ermöglicht die Pause dem Zuhörer, die Aussage zu verarbeiten.

Versprecher sind kein Problem

Die Zuhörer sind wegen des Themas hier und nicht, um die „ähs" des Vortragenden zu zählen. Sie achten wesentlich weniger auf Versprecher und Füllwörter als der Präsentator selbst.

Man muss Hänger und Blackouts den Zuhörern nicht auf die Nase binden; meist fallen sie den Zuhörern gar nicht auf – wenn doch, tief durchatmen, die letzten Punkte wiederholen und weitersprechen. Gut hilft der rote Faden auf einem Plakat. (Der rote Faden ist der klar erkennbare Aufbau des Vortrags.) Die Präsentation soll kein Irrgarten sein, sondern der Zuhörer soll der Grundstruktur des Vortrags folgen können (vgl. Mayer, 2008).

Ohne Lampenfieber geht es nicht

Vor lauter Aufregung eine zittrige Stimme oder gar den Faden verloren? Für dieses Phänomen gibt es in der deutschen Sprache den treffenden Begriff des Lampenfiebers. Wie können wir das Lampenfieber vom Feind zum Freund wandeln?

1. Lampenfieber ist keine Angst vor dem Reden, sondern eine Angst vor den Menschen: sich zu blamieren, steckenzubleiben, sich lächerlich zu machen.
2. Trainieren Sie das Reden vor einem Publikum, das Ihnen „wohlgesonnen" ist.
3. Lampenfieber ist ein Angstgefühl. Ersetzen Sie dieses Gefühl durch Sicherheit. Sprechen Sie über Themen, bei denen Sie „sattelfest" sind. Das Lampenfieber wird einer wohltuenden Sicherheit Platz machen, wenn Sie gut vorbereitet und vom Gegenstand Ihres Vortrags überzeugt sind.

4. Lassen Sie sich nicht durch Versprecher, grammatikalische Fehler oder den verlorenen Faden irritieren. Oft werden Ihre Zuhörer das Manko gar nicht bemerken. Und wenn Ihre Teilnehmer etwas merken, werden Sie feststellen, dass sie oft viel toleranter mit Ihnen sind als Sie selbst. Perfektion weckt Aggression. Überzeugen Sie also nicht durch Perfektion, sondern lieber durch Ehrlichkeit, Glaubwürdigkeit und Authentizität.
5. Gewinnen Sie durch Üben Sicherheit im Formulieren Ihres Vortrags. Ihre schriftliche Vorbereitung sollte sich auf die Niederschrift von Stichworten beschränken. Lesen Sie nie ein fertiges Manuskript oder Folieninhalte vor. Erst das Ausformulieren im laufenden Vortrag gibt Ihrem Auftritt die nötige Würze.
6. Reden Sie mit den Händen. Überwinden Sie Ihr Vorurteil gegen körperlichen Einsatz zur Unterstreichung Ihrer Worte. Mit richtig eingesetzter Gestik gewinnen Ihre Worte an Klarheit. Können Sie sich vorstellen, dass ein stocksteif dastehender Mensch interessant wirkt?
7. Entspannen Sie sich vor Ihrer Rede. Beschäftigen Sie sich eine Stunde vor Ihrem Einsatz nicht mehr mit Ihrem Vortrag. Stellen Sie sich vor, wie schön es klingt, Beifall zu bekommen.
8. Haben Sie keine Angst vor Fragen. Fragen zeigen Ihnen, dass die Zuhörer Ihren Ausführungen interessiert folgen. Sollten Sie einmal keine Antwort aus dem Stand finden, bieten Sie dem Frager eine Klärung nach dem Vortrag an (vgl. Adler, 2008).

Den Auftritt vorbereiten

Ein gut gestaltetes Manuskript ist laut Dedecek (2008) der Schlüssel für eine erfolgreiche Präsentation! Sie sollten keine Mühen scheuen, Ihr Manuskript sorgfältig und übersichtlich zu erstellen. Gestalten Sie es so, dass Sie jederzeit auf die gerade benötigten Informationen Zugriff haben. Mithilfe von Karten im DIN-A5-Querformat können Sie gut Ihre Nervosität verbergen. Hier gelten folgende Regeln:

1. Nur einseitig ausfüllen (bessere Orientierung)
2. Mit großer Schrift beschriften (Hand – Augenabstand)
3. Mit verschiedenen Farben arbeiten (bessere Übersichtlichkeit)
4. Viel Freifläche einbauen, damit Sie schnell Text und Stichwörter finden, auch hier nichts durchstreichen
5. Karten durchnummerieren (könnten herunterfallen)
6. Den ersten Satz wörtlich ausformulieren, das bietet die nötige Sicherheit
7. Den letzten Satz immer wörtlich formulieren und ihn auch so vortragen (das ist wesentlich für den Erfolg Ihrer Präsentation)
8. Wichtige Schlussfolgerungen ausführlich formulieren (evtl. andere Farbe)
9. Regiehilfen einbauen (Querverweise, Erinnerung zum langsamen Sprechen, Pausenzeichen, Verweis auf Schaubilder ...)

Präsentation nachbereiten

Reflexion des Vortragenden

Die Auswertung einer Präsentation bietet die Chance, Stärken und Schwächen herauszustellen und das eigene Präsentationsverhalten zu verbessern. Zunächst sollte überdacht werden, was während der Präsentation gut gelaufen ist, damit dies für künftige Präsentationen nicht verloren gehen kann. Machen Sie sich Gedanken über ...

- Ablauf der Präsentation
- Ziele der Präsentation (erreicht oder nicht?)
- Beziehung zum Publikum
- Beteiligung des Publikums
- Eigene Reaktionen auf Interesselosigkeit, Angriffe, Fragestellungen oder konträre Positionen des Publikums

Anschließend ist zu überlegen, was während der Präsentation zu den obengenannten Aspekten schlecht gelaufen ist. Diese Punkte sollten unbedingt verbessert werden. Es gilt zum einen, eine Lösung oder einen neuen Weg zu finden, und zum anderen darum, neue Punkte und Informationen in die Präsentation miteinzubauen. Schwachstellen machen sich während der Präsentation häufig z. B. durch Unruhe, mangelnde Konzentration oder Fragen des Publikums bemerkbar.

Eine Alternative besteht allerdings auch im Fallenlassen ähnlicher Punkte, wenn diese bei den Zuhörern schlecht ankommen könnten. Keiner wird dazu gezwungen, alles preiszugeben, wenn dadurch das Ziel verfehlt wird.

Reflexion der Teilnehmer

Besteht neben der Eigenanalyse auch die Möglichkeit, ein Feedback eines Teilnehmers der Präsentation zu bekommen, ist dies ganz besonders wertvoll, da sich die Nachbereitung im Wesentlichen am Publikum orientieren sollte. Eine Meinung eines Teilnehmers dient somit mehr der Intention der Nachbearbeitung als eine alleinige ich-bezogene Analyse. Neben dem Aspekt der persönlichen Verbesserung und der Verbesserung der Präsentation gibt es einen weiteren Punkt, der in der Nachbereitung bearbeitet werden muss. Dieser besteht in der Abarbeitung der während der Präsentation definierten Arbeitspakete, den sogenannten Action Items (Aktionspunkte):

- Vereinbarungen visualisieren
- Präsentationsmaterial an alle Teilnehmer verteilen
- Noch ausstehende Fragen beantworten
- Informationsmaterial austeilen
- Neue Visitenkarten in Datenbank aufnehmen
- Persönliche Kontaktaufnahme im Sinne des Networking planen

Natürlich erfordert eine intensive Nachbereitung einer Präsentation eine Menge Zeit, insbesondere, wenn man diese zum ersten Mal auf diese ausführliche Art durchführt. Jedoch fördert sie auch neben der allgemeinen Verbesserung die Routine der nächsten Präsentationen, sodass die Vorbereitungen sowie auch die Präsentationen selber deutlich leichter von der Hand gehen als zuvor.

Gestaltungsregeln für digitale Präsentationen

1. Passender Folieninhalt

Beim Erstellen von digitalen Präsentationen ist es wichtig, dass der Folientitel zum Inhalt der Folie passt. Der Folientitel sollte nur eine Zeile umfassen. Sehr ansprechend ist es, wenn Sie für den Folientitel einen einheitlichen Sprachstil wählen, z. B. immer als Fragen formulieren.

2. Nichts überladen

Sehr komplexe, umfangreiche Inhalte müssen auf mehrere Folien verteilt werden. Auf keinen Fall dürfen sie in kleiner Schrift zusammengedrängt auf einer Seite vorgestellt werden. Der schlimmste Fehler: eine DIN-A4-Textseite, eng beschrieben, an die Wand projizieren. Das finden zwar viele Redner prima, denn so haben sie ständig ihr Manuskript vor Augen und brauchen nur von der Wand abzulesen, die Zuschauer aber finden das grausam!

3. Wenig Text, viel Bild

Wozu haben Sie eine Präsentationssoftware, wenn Sie nur Texte präsentieren? Ein paar mündliche Informationen und die Sache wird lebendig. Komplexe und abstrakte Themen sollten durch Zeichnungen oder Strukturbilder veranschaulicht werden. Grafiken und Diagramme vereinfachen die Informationsaufnahme. Gut gestaltete Texte und Listen sind optimal lesbar, übersichtlich und verständlich. Ein Bild sagt mehr als tausend Worte. Daher sollten Sie an geeigneter Stelle Bilder einfügen, um die Aufmerksamkeit auf den richtigen Punkt zu lenken. Objekte werden so verteilt, dass der zu Verfügung stehende Raum genutzt wird.

4. Übersichtlich gestalten

Beim Text ist zu beachten, dass nur wichtige Kernaussagen geschrieben und diese einfach und klar formuliert werden (keine ausformulierten Sätze, keine Schachtelsätze). Die Schriftgröße sollte mindestens 16 pt und der Zeilenabstand mindestens 1,5-zeilig sein. Es sind maximal drei Schriftarten und drei Schriftgrößen zu verwenden. Die Schriftart ist entscheidend! Die geeignetste Schriftart ist Arial. Die Folien werden nicht bis zum Rand beschriftet. Bei Aufzählungen sollte der Textumfang auf maximal sieben Infopunkte begrenzt sein. Es sollten höchstens sechs Wörter in einer Zeile stehen.

5. Professionell arbeiten

Interaktive Schaltflächen erleichtern die Navigation innerhalb einer Bildschirmshow. Hyperlinks und interaktive Schaltflächen lösen Aktionen aus. Sie können sie mit Auto-Formen, Grafiken, Tabellen, Texten oder Audio- und Videosequenzen verbinden. Mit ihrer Hilfe gelangen Sie blitzschnell an jede beliebige Stelle in der aktuellen oder in einer anderen Präsentation, zu einer E-Mail-Adresse oder ins Internet.

6. Aufsehen erregen

Zuschauer sollten den Blick nicht mit Grauen von Ihrem Chart abwenden, sondern aufsehen und hinsehen, also den Blick auf das richten, was Sie ihnen angerichtet und zubereitet haben. Die Zuhörer möchten bei Vorträgen, Reden und Präsentationen beeindruckt, unterhalten, angeregt und informiert werden. Also überlegen Sie, was Ihr Publikum beeindrucken könnte! Wenn die Zuschauer hin- und aufsehen sollen, müssen Sie Aufsehen erregen! Aber mit Animationen sollten Sie sparsam umgehen!

7. Vorlesen verboten

Das, was der Zuschauer sieht, und das, was er hört, darf nicht dasselbe sein. Sonst ist es nicht spannend! Also niemals wörtlich vorlesen, was auf der Folie steht. Lautet der Folientext zum Beispiel „Umsätze 1. Quartal" sagen Sie: „Jetzt zu den Umsätzen vom ersten Quartal".

8. Mut zum Humor

Eine witzige Karikatur aus der Morgenzeitung vom Tag, kurz eingescannt und in die Präsentationssoftware eingebaut – schon haben Sie die Lacher auf Ihrer Seite. Entspannte Mienen danken es Ihnen.

9. Mut zur Variation

Sprechen Sie grundsätzlich um die Hälfte lauter und an besonders geeigneten Stellen doppelt so laut wie sonst. Dann klingt Ihre Stimme enthusiastischer und gleichzeitig sicherer. Das überträgt sich auf das Publikum und Ihr Körper baut Spannungen ab. Variieren Sie: Betonen Sie unterschiedlich, als ob Sie das, was Sie zu sagen haben, ganz ohne die Präsentationssoftware vor lauter Blinden erklären müssten.

10. Frei sprechen

Die Folien sind hervorragende Gedächtnisstützen. Ganz Sicherheitsbewusste können zu jeder Folie Kommentare eingeben, die bei der Präsentation auf dem eigenen Bildschirm erscheinen, für die Zuschauer aber unsichtbar bleiben.

11. Keine „Folienschleuder"

Jede Minute eine Folie, das hält kein Publikum aus. Die Folien (Charts) sollen visualisieren und Ihren Vortrag ergänzen, sie sollen ihn nicht ersetzen (vgl. Redenwelt.de, 2008).

© wavebreak3 – stock.adobe.com

Kugellager

Die Intention des Kugellagers ist, dass Sie Ihren Zufallspartnern gegenüber in freier Rede über ein eng abgestecktes Thema berichten, und zwar so, dass jeweils die Hälfte der Klasse für kurze Zeit spricht. Sie sollen durch mehrfachen Partnerwechsel Gelegenheit erhalten, sich zum anstehenden Thema richtiggehend „warmzureden", sprachliche Sicherheit zu gewinnen und Selbstvertrauen zu tanken.

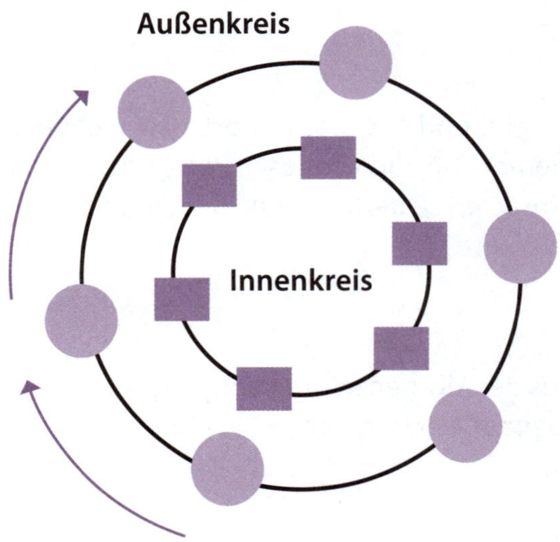

Zuvor bereiten Sie sich in einer kurzen Besinnungsphase auf Ihre themenzentrierten Ausführungen vor. Dann setzen oder stellen Sie sich in Kreisform paarweise gegenüber, sodass ein Innenkreis und ein Außenkreis entstehen (evtl. stehen dazwischen Tische).

Nun erläutern zunächst alle im Außenkreis sitzenden Schüler(innen) ihr Thema. Ihre jeweiligen Gesprächspartner hören zu, machen sich Notizen und fragen eventuell nach. Anschließend rücken die im Innenkreis sitzenden Schülerinnen bzw. Schüler z. B. zwei Stühle nach rechts weiter, sodass neue Gesprächspaare entstehen. Nun werden die Schüler(innen) im Innenkreis aktiv und berichten ihrerseits über das gleiche Thema.

Alsdann rücken die Innenkreis-Vertreter erneut zwei Stühle weiter etc. Diese gegenläufige Bewegung von Innen- und Außenkreis gleicht einer Kugellager-Bewegung, deshalb Kugellager-Methode.

Gruppenpuzzle

Das Gruppenpuzzle ist eine Form von Gruppenunterricht. Sie erarbeiten einen Teil des Themas mit Selbststudienmaterial.

1. Stammgruppe – Informationsmaterial

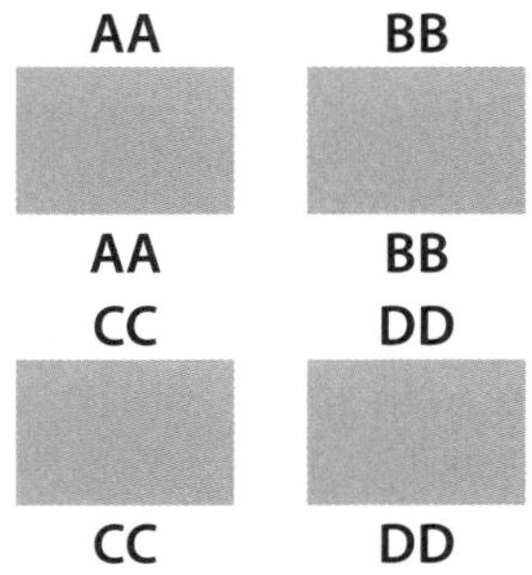

Die Lerninhalte werden in mehrere Gebiete aufgeteilt. Jedes Gruppenmitglied bekommt ein Gebiet. Nach einiger Erfahrung können Sie die Themen auch wählen lassen. Danach gehen Sie in Ihre Expertengruppe.

2. Expertengruppe

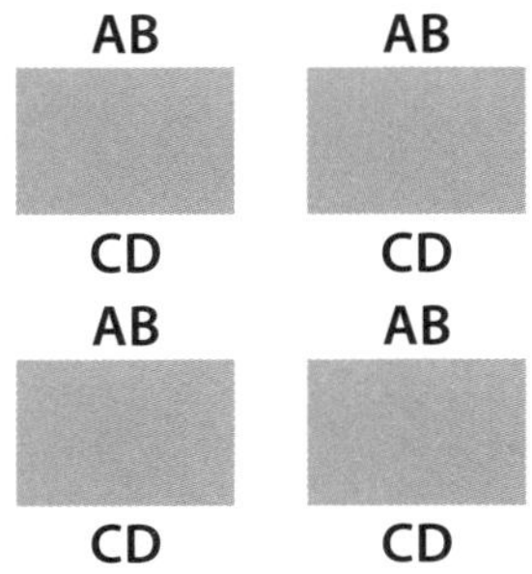

Selbststudium

Sie bearbeiten nun in Einzelarbeit Ihren Teil des Themas. Sie strukturieren Ihre Informationen auf einem Spickzettel oder mit einer MindMap. Es ist wichtig, dass Sie Ihr Thema verstanden haben, um Ihre Informationen korrekt und vollständig an Ihre Mitschüler(innen) weitergeben zu können. Deshalb folgt nach dem Selbststudium die Expertenrunde.

Kontrolle

Nun tauschen Sie sich mit Ihrer Expertengruppe – Mitschüler(innen) mit demselben Thema – aus. Hier besprechen Sie das zuvor Gelernte. Sie beantworten sich gegenseitig offene Fragen. Sie helfen einander, sich zu Experten zu machen.

Vorbereitung

Danach besprechen Sie, wie Sie Ihr Wissen am wirkungsvollsten vermitteln, welche Hilfsmittel Sie einsetzen und wie Sie die Zeit einteilen. Die Lerninhalte sind bekannt. Schließlich überlegen Sie gemeinsam einige Aufgaben, mit denen Sie Ihre Mitschüler(innen) überprüfen wollen.

3. Stammgruppe

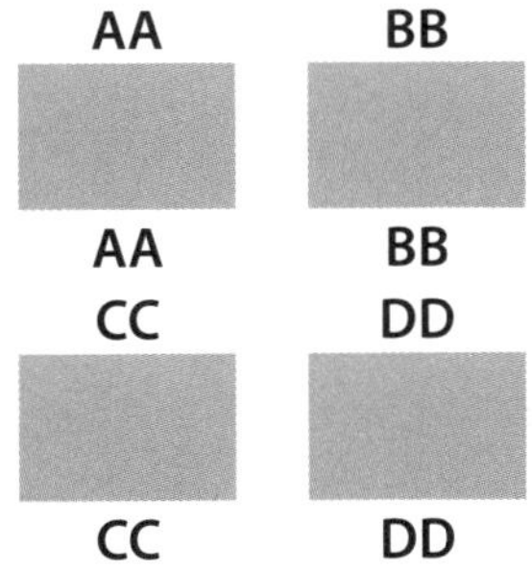

Sie gehen in Ihre Stammgruppe zurück. Reihum erläutern Sie Ihren Mitschüler(innen) Ihr vorbereitetes Thema und kontrollieren den Wissensstand. Nun sollten Sie optimal vorbereitet sein, um das in der Lernaufgabe gestellte Problem zu lösen.

Leittextmethode

Die Leittextmethode bietet vielfältige Möglichkeiten, Sie zu selbstorganisiertem Lernen anzuregen. Leittexte sind meist schriftliche, arbeitsbegleitende Materialsammlungen, die zu Beginn einer Unterrichtsstunde von der Lehrkraft ausgeteilt werden. Sie strukturieren den Lernprozess vor, geben jedoch nicht alle Informationen, die zur Bewältigung der Aufgabe nötig sind. Vorgegeben werden nur solche, die für Sie nicht direkt zugänglich sind oder in den Begleitmaterialien als zu umständlich empfunden wurden. Leittexte sollen Sie zum eigenen Lernen anregen.

Die Leittextmethode basiert auf dem Modell der vollständigen Handlung, das die folgenden Schritte umfasst: Sechs Phasen der vollständigen Handlung

1. **Informieren und Analysieren** *(Beschaffen und Verarbeiten von Informationen)*
2. **Planen** *(Planen von Lösungswegen für Aufgaben und Problemstellungen)*
3. **Entscheiden** *(Gestalten von Entscheidungsprozessen)*
4. **Ausführen** *(Ausführung der Planung)*
5. **Kontrollieren** *(Kontrollieren und Bewerten von Arbeitsergebnissen)*
6. **Auswerten/Bewerten** *(Auswerten und Bewerten des Lernprozesses)*

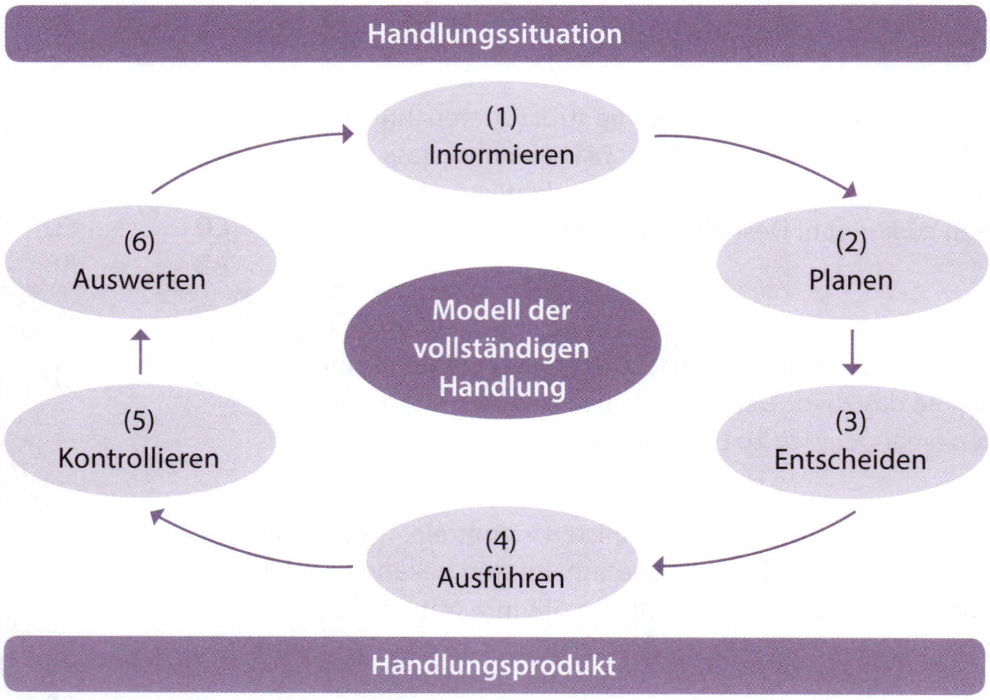

Bei der Leittextmethode führen Sie selbstständig die genannten Schritte aus. Sie erhalten dadurch eine möglichst genaue Vorstellung des Ziels Ihrer Tätigkeit und der möglichen Wege zur Erreichung dieses Ziels. Sie kontrollieren Ihre Vorstellungen und Wege selbst, sollten aber auch der Lehrkraft eine konkrete Rückmeldung zu Ihrer Arbeit geben (vgl. BBS 1 Hannover).

Zielsetzung der Methode

Mit dem Einsatz der Leittextmethode sollen folgende Kompetenzen vermittelt und geübt werden:

Methodenkompetenz: Sie werden durch die Leittexte zum selbstorganisierten Lernen geführt. Sie lernen unterschiedliche Wege des Wissenserwerbs kennen und Sie lernen kreativ und problemlösend zu denken.

Fachliche Kompetenz: Durch die höhere Methodenkompetenz und die damit verbundene höhere Selbstständigkeit und Selbstsicherheit steigt auch Ihre fachliche Kompetenz. Sie lernen, Probleme eigenständig zu lösen, und können dadurch Ihr Wissen auch in neuen Situationen anwenden und in unvorhersehbaren Situationen angemessen reagieren.

Sozialkompetenz: Beim Erarbeiten der Leittexte in Gruppen wird die Teamfähigkeit der Lernenden gefördert. Sie tragen die Verantwortung für Ihr Lernen und erleben Fortschritte, aber auch Rückschläge und Probleme unmittelbar.

Dokument vorbereiten

Startbildschirm

1. Menüband
2. Registerkarte Start
3. Aktuelle Folie
4. Titelleiste
5. Statuszeile – Ansicht-Schaltflächen/Zoom
6. Statuszeile – Seitenzahl
7. Symbolleiste für den Schnellzugriff

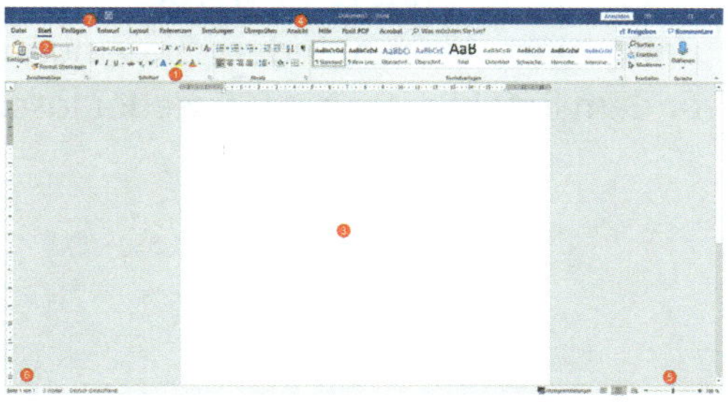

Menüband

1. Aktive Registerkarte (unterstrichen)
2. Befehlsgruppen (Zwischenablage – Schriftart – Absatz)
3. Startprogramm für ein Dialogfeld (Pfeil links von der Befehlsgruppe)

Das Menüband passt sich der Bildschirmbreite an – je nachdem werden große oder kleine Schaltflächen angezeigt.

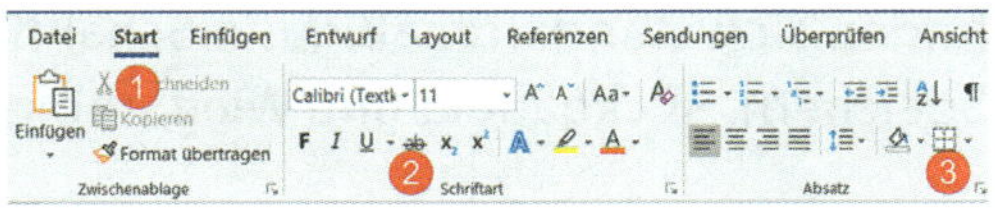

Backstage-Ansicht

Die Registerkarte Datei öffnet die Backstage-Ansicht.

Hier befinden sich die allgemeinen Befehle für die Dateiverwaltung.

Ganz links werden die Befehle angezeigt.

Um zum Dokument zurückzukehren, klicken Sie oben links auf den Pfeil (Zurück).

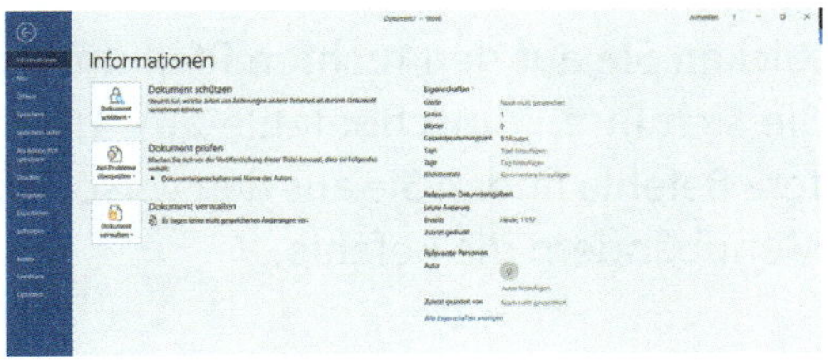

Statuszeile

Am unteren Rand des Fensters befindet sich die Statusleiste, in der Informationen über die aktuelle Datei angezeigt werden. Diese kann konfiguriert werden, indem Sie einen Haken vor dem Befehl setzen oder wieder löschen.

Symbolleiste für den Schnellzugriff

In der Symbolleiste für den Schnellzugriff befinden sich standardmäßig die Schaltflächen Speichern, Rückgängig und Wiederholen.

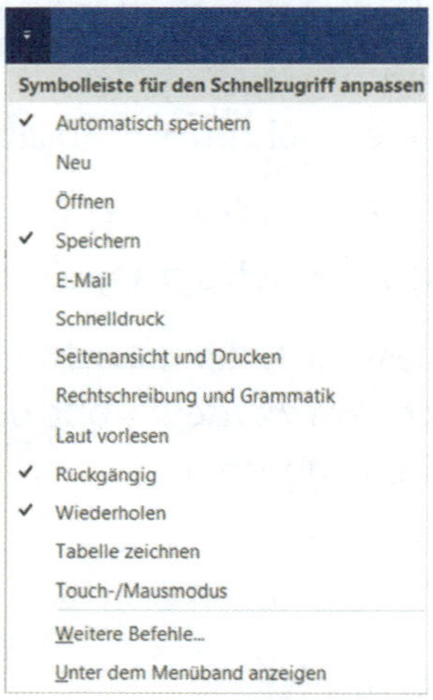

Sie können weitere Befehle einfügen, um einfacher zu navigieren.

Klicken Sie auf den rechten Pfeil und suchen Sie sich Ihre Wunschbefehle aus. Unter weitere Befehle finden Sie aus den verschiedenen Menübändern die Befehle.

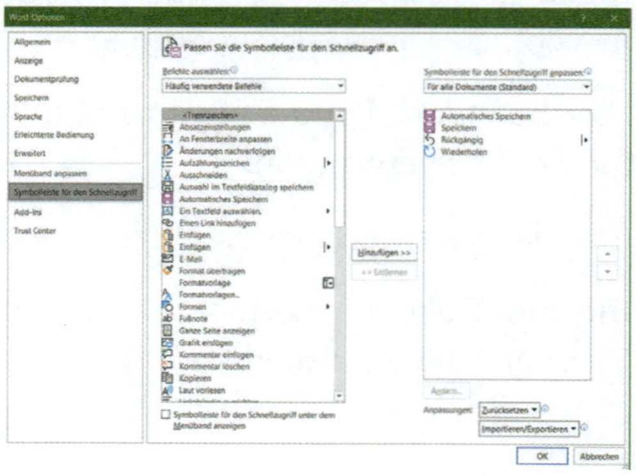

Seite einrichten

Informationsblätter, Bewerbungen oder Geschäftsbriefe werden mit nachfolgenden Seitenränder eingestellt:

Oben: 5,08 cm
Unten: 2 cm
Links: 2,5 cm
Rechts: 2,5 cm

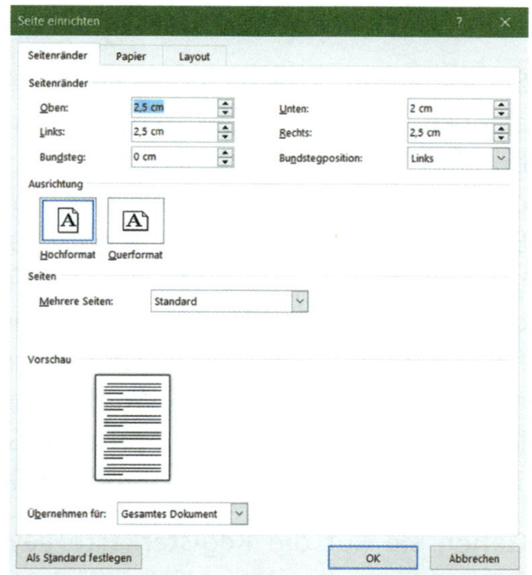

Um die Seitenränder oder das Papierformat zu verändern, gehen Sie auf die Registerkarte Layout – Befehlsgruppe Seite einrichten.

Klicken Sie auf den Pfeil (Dialogfeld) in der rechten unteren Ecke. Nun öffnet sich das nebenstehende Dialogfeld. Im Register Seitenränder geben Sie die neuen Maße ein. Wollen Sie die Maße für alle Dokumente verwenden, klicken Sie Standard an. Die Abfrage beantworten Sie mit ja.

In diesem Register können Sie auch zwischen Hochformat und Querformat wählen.

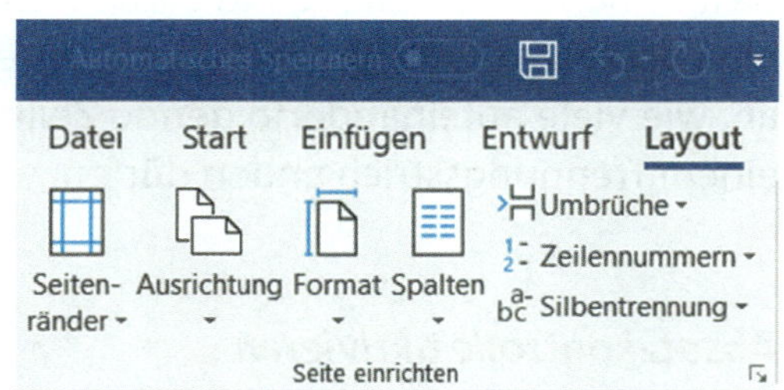

Rechtschreibprogramm

Aktivieren Sie die automatische Rechtschreibprüfung (F7). Dann können Sie sich während der Eingabe sicherer sein, dass Sie bei der Fertigstellung des Dokuments nicht noch viele Rechtschreibfehler korrigieren müssen. Falsch geschriebene Wörter werden während der Arbeit mit einer farbigen Wellenlinie gekennzeichnet, sodass Sie sie leicht entdecken können.

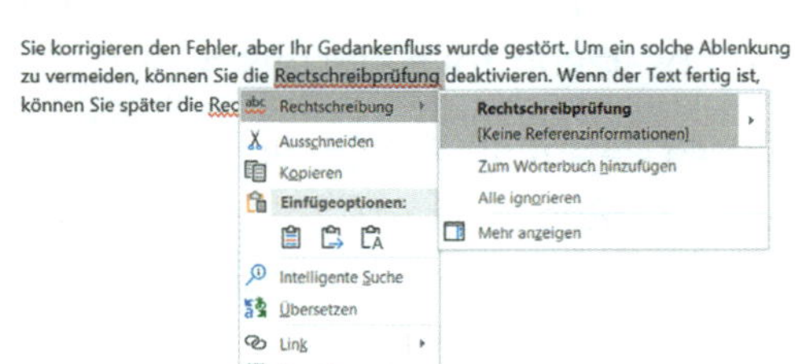

Markieren Sie das Wort und klicken Sie mit der rechten Maustaste, dann werden im Kontextfeld Korrekturvorschläge angeboten.

Silbentrennung aktivieren

Sie sollten grundsätzlich die Silbentrennung aktivieren, damit am rechten Rand in linksbündigen Texten die Zeilen nicht zu unregelmäßig umgebrochen werden oder im Blocksatz zu große Leerräume zwischen den Wörtern eingefügt werden. Überprüfen Sie die Trennungen immer, da sich manchmal falsche Trennungen einschleichen. Wenn Sie eine Wortkopplung wie MS-Word nie am Zeilenende trennen möchten, drücken Sie die Tastenkombination Strg + – (Bindestrich).

Gehen sie auf die Registerkarte Layout – Gruppe Seite einrichten – Schaltfläche Silbentrennung und aktivieren Sie Automatisch.

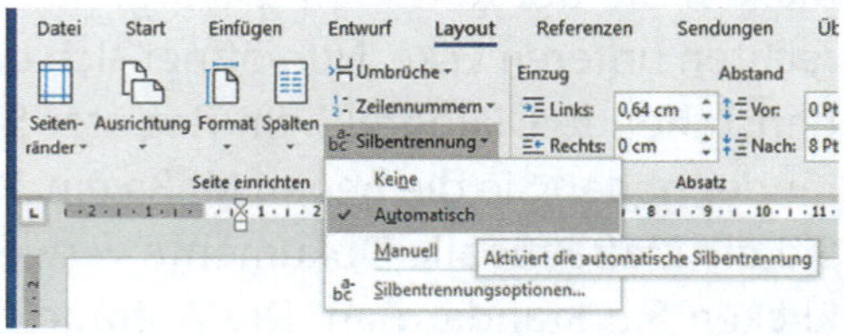

Bestimmen Sie im Dialogfeld Silbentrennung die Position am rechten Rand und geben Sie an, wie viele aufeinanderfolgende Zeilen mit einem Trennungsstrich enden dürfen.

Absatzkontrolle aktivieren

Vermeiden Sie sog. „Hurenkinder" (die letzte Zeile vom Absatz rutscht auf die neue Seite) und „Schusterjungen" (ein Absatz wird direkt nach der ersten Zeile auf eine neue Seite umgebrochen), indem Sie in Ihrem Programm die Absatzkontrolle einstellen.

Gehen sie auf die Registerkarte Start – Gruppe Absatz – Registerkarte Zeilen- und Seitenumbruch – Absatzkontrolle aktivieren.

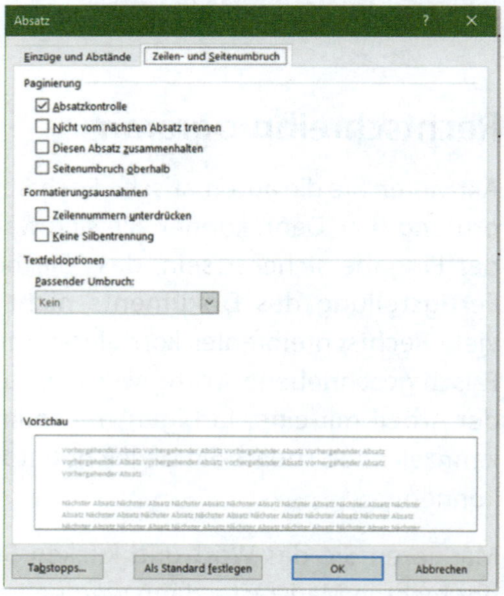

Kopf- und Fußzeilen gestalten

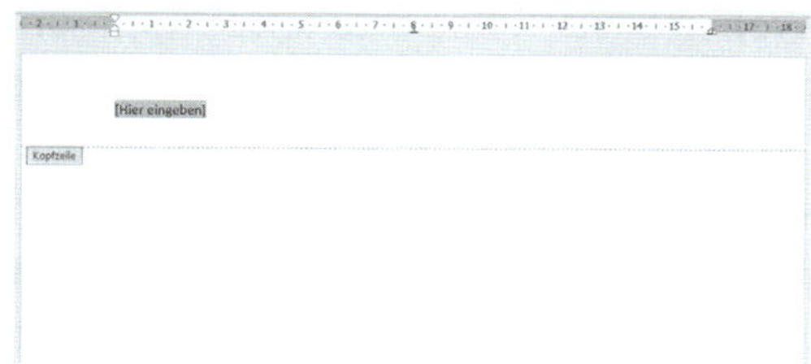

Die Kopf- und Fußzeile werden auf jeder Folgeseite wiederholt, wenn keine weiteren Einstellungen vorgenommen werden. Die Bewerbungsunterlagen bzw. Unternehmensdokumente z. B. werden in einem einheitlichen Design gestaltet. Das Design sollte zu dem Corporate Design des Unternehmens bzw. bei privaten Dokumenten zu Ihnen passen.

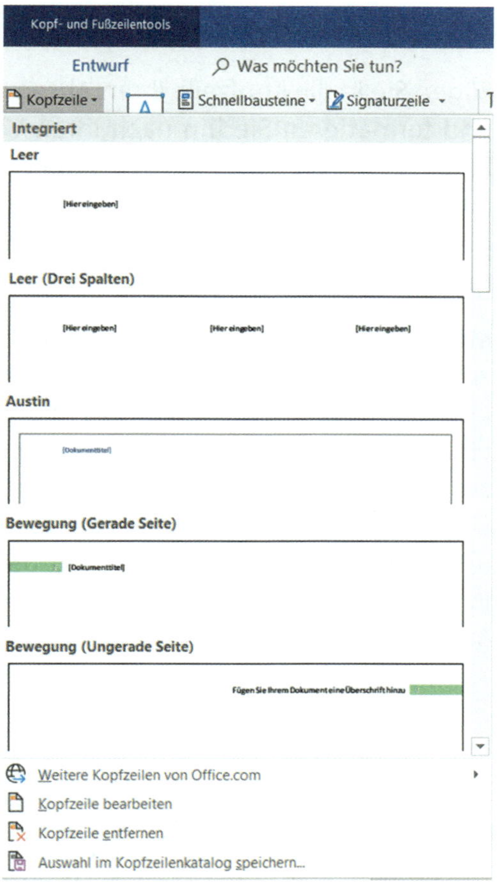

In die Kopfzeile kommen die Absenderangaben und Kontaktdaten. Sie können aber auch die Absenderangaben in die Kopfzeile und die Kommunikationsdaten (Telefon, Handynummer bzw. E-Mail) in die Fußzeile setzen. Bei mehreren Seiten fügen Sie in die Fußzeile auch die Seitennummerierung ein.

Sie finden die Befehle in der Registerkarte Einfügen – Befehlsgruppe Kopf- und Fußzeile. Klicken Sie auf den gewünschten Befehl. Wählen Sie ein Layout aus. Die Einfügemarke befindet sich im Kopfzeilenbereich und die Kopf- und Fußzeilentools – Entwurf werden angezeigt. Außerdem erscheint die Zeichentoolleiste – die sehr nützlich für die individuelle Gestaltung ist.

Geben Sie im Kopfzeilenbereich den gewünschten Text ein, den Sie beliebig formatieren können.

In der Registerkarte Entwurf der Kopf- und Fußzeile stehen Ihnen weitere Befehle (Einfügen von Bildern, Seitenzahlen etc.) zur Verfügung.

Kopf- und Fußzeilen schließen

Nachdem Sie Ihre Kopfzeile fertig erstellt haben, schließen Sie sie, indem Sie einen Doppelklick in das Textfeld vornehmen.

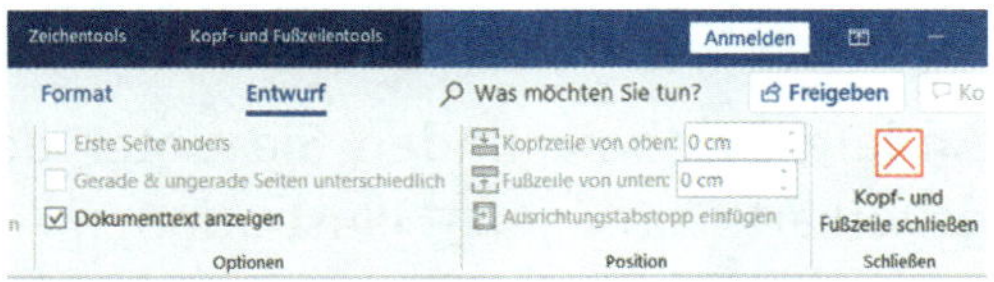

Kopf- und Fußzeilen bearbeiten

Wollen Sie bereits bestehende Kopf- und Fußzeilen weiterbearbeiten, müssen Sie diesen Bereich erneut aktivieren. Doppelklicken Sie dazu im Kopf- bzw. Fußzeilenbereich. Die Überarbeitung findet über die kontextbezogene Registerkarte Kopf- und Fußzeilentools/Entwurf statt.

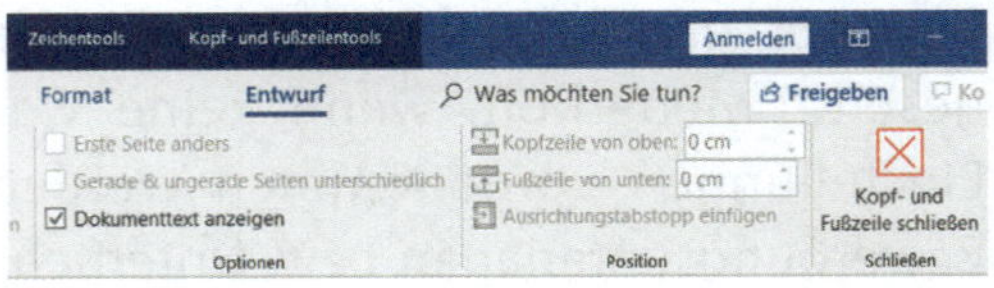

Absender in der Kopfzeile gestalten

Fügen Sie in die Kopfzeile Ihren Absender ein und formatieren Sie Ihn nach Ihren Vorstellungen. Probieren Sie mehrere Möglichkeiten aus, bis Sie sich endgültig entscheiden – bzw. gestalten Sie den Absender des Unternehmens.

Möchten Sie einen waagerechten Strich hinzufügen, so gehen Sie auf die Registerkarte Einfügen – Formen. Wählen Sie die gerade Linie aus und ziehen Sie diese waagerecht zwischen Name und Straße. Markieren Sie die Linie und klicken Sie auf die rechte Maustaste und formatieren Sie anschließend die Linie in Ihrer gewünschten Farbe und Strichstärke oder -form.

Symbole einfügen

Für die Absenderangaben können Sie auch entsprechende Symbole verwenden.

Unter der Registerkarte Einfügen – Symbole – Symbol wählen Sie das gewünschte Zeichen.

Durch Schriftartwechsel z. B. Wingdings werden andere Symbole angezeigt.

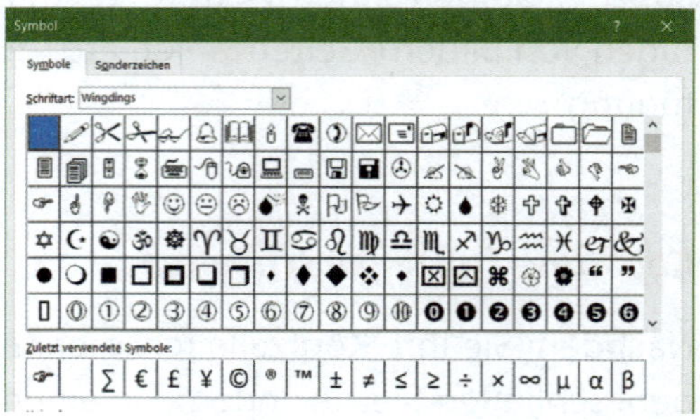

Andere Symbole finden Sie unter der Registerkarte Einfügen – Illustrationen – Piktogramme. Wählen Sie das gewünschte Symbol.

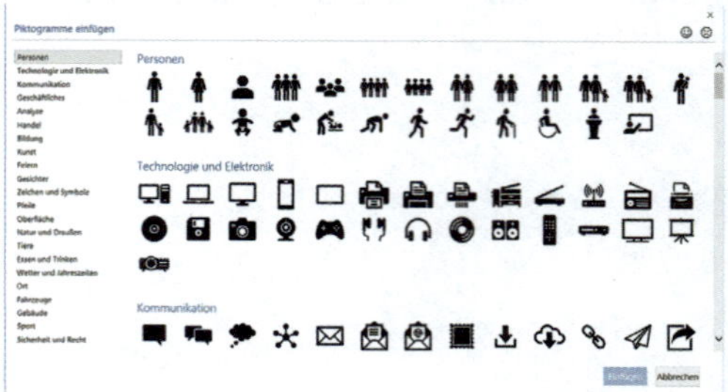

Kopf- und Fußzeilen in Abschnitte einteilen

In Referaten, Projektarbeiten oder sonstigen umfangreichen Dokumenten sollen die Kopfzeilen mit den entsprechenden Abschnittsüberschriften formatiert sein. Dafür müssen Sie für jedes neue Kapitel einen Abschnittswechsel vornehmen.

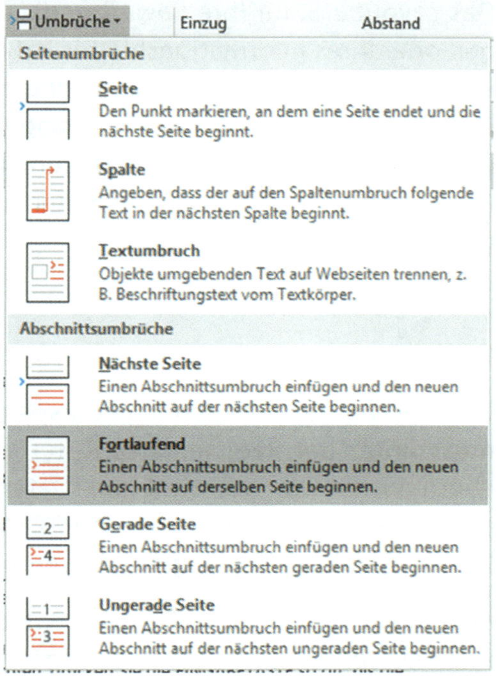

Setzen Sie die Einfügemarke an die Position, an der Sie den Abschnittswechsel vornehmen möchten.

Klicken Sie auf der Registerkarte Layout in der Befehlsgruppe Seite einrichten auf die Schaltfläche Umbrüche. Wählen Sie Ihren gewünschten Abschnittswechsel (Fortlaufend = wenn keine neue Seite angelegt werden soll; Nächste Seite = wenn Sie einen Seitenumbruch wünschen).

Gehen Sie zum gewünschten Abschnitt in Ihrem Dokument und doppelklicken Sie in den Kopf- und Fußzeilenbereich.

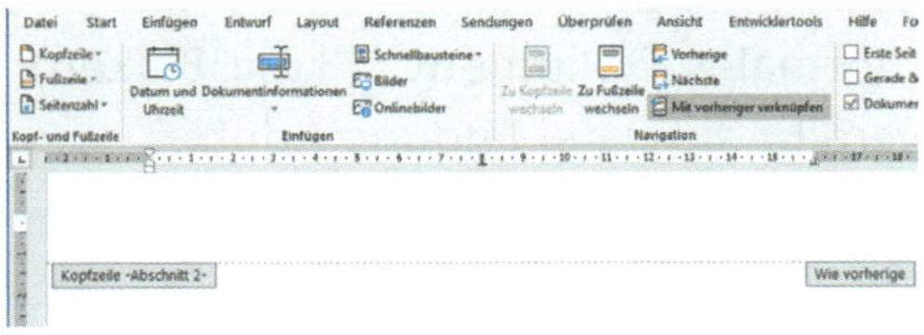

Klicken Sie auf die Befehlsgruppe Navigation – Mit vorheriger verknüpfen, um die Verknüpfung zur Kopf- und Fußzeile des vorherigen Abschnitts aufzuheben. Wenn Sie erneut klicken, wird die Verknüpfung wiederhergestellt.

Erstellen Sie nun für den neuen Abschnitt eine neue Kopf- und Fußzeile.

Aktuelle Abschnittsüberschriften anzeigen

Aktivieren Sie Ihre Kopf- und Fußzeile, gehen Sie auf die Befehlsgruppe Einfügen – Schaltfläche Schnellbausteine und wählen Sie den Eintrag Feld – Kategorie Verknüpfungen und Verweise.

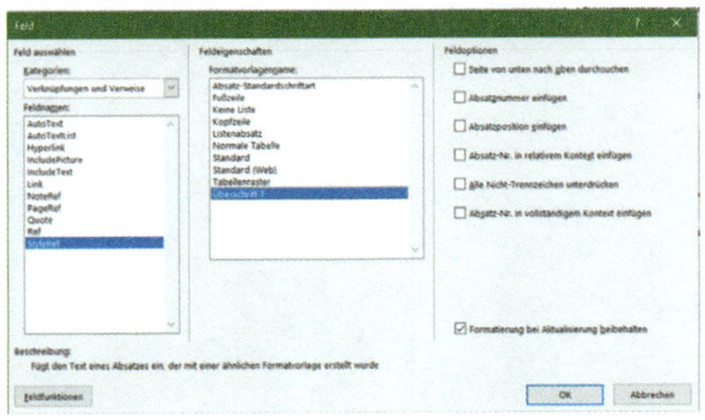

Bevor Sie mit der Formatierung der Kopf- und Fußzeile beginnen, müssen Sie für Ihre Überschriften die Formatvorlage Überschrift 1 zugewiesen haben, ansonsten wird sie unter den Formatvorlagenamen nicht angezeigt.

Klicken Sie im Listenfeld auf den Feldnamen StyleRef und markieren Sie im Listenfeld den Eintrag Überschrift 1, um die Überschrift der höchsten Hierarchie-Ebene in der Kopfzeile wiederzugeben. Deaktivieren Sie das Kontrollfeld und schließen Sie das Dialogfeld mit OK.

Dokumentvorlagen erstellen

Das Layout z. B. für Ihre Bewerbungsunterlagen oder Ihres Informationsblattes haben Sie erstellt. Speichern Sie sie nun in eine eigene Dokumentvorlage unter einem aussagekräftigen Dateinamen ab. Auf diese Dokumentvorlage können Sie dann immer wieder zurückgreifen.

Speichern

Um eine neu erstellte Vorlage zu speichern, muss unter der Registerkarte Datei – Speichern unter wie gewohnt der Dateiname angegeben und zusätzlich der Dateityp Word-Vorlage (.dotx) ausgewählt werden.

Achten Sie darauf, dass die Dokumentvorlage im Benutzerdefinierte-Office-Vorlagen abgespeichert wird, damit sie unter Neu unter Persönlich erscheint.

Der Dateibutton erhält einen blauen Balken (normales Dokument = kein Balken). Word vergibt die Datei-Endung *.dotx.

Öffnen

Die so gespeicherte Vorlage finden Sie unter der Registerkarte Datei – Neu – Persönlich wieder. Sie können Ihre Vorlage nun nicht mehr versehentlich ändern.

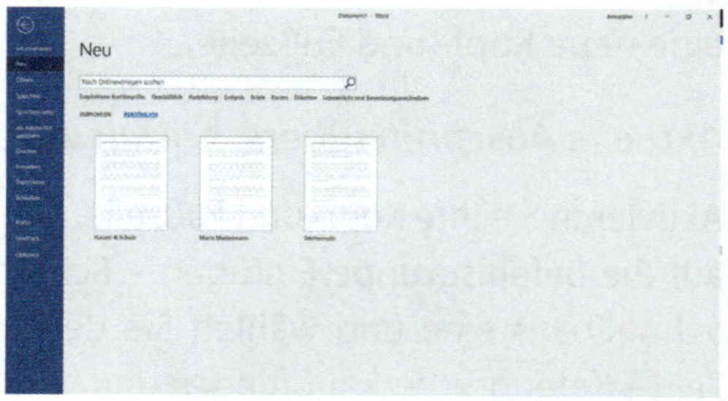

Formatvorlagen einrichten

Gerade bei umfangreichen schriftlichen Arbeiten bietet der professionelle Umgang mit Formatvorlagen eine schnelle und einheitliche Formatierung. Legen Sie für Überschriften, Texte, Aufzählungen, Erläuterungstexte, Fußnoten etc. Ihre entsprechende Formatvorlage an. Die Formatvorlagen werden mit dem jeweiligen Dokument bzw. mit der aktuellen Dokumentvorlage verbunden.

Wird eine definierte Formatvorlage später einem markierten Text oder einem Absatz zugewiesen, so wendet Word alle in der Formatvorlage zusammengefassten Formatierungsanweisungen mit einem einzigen Befehl auf den Text an. Word kennt verschiedene Typen von Formatvorlagen.

Der Formatvorlagentyp Absatz beinhaltet Formatierungsanweisungen, die ganzen Absätzen zugewiesen werden; er kann beliebige Formatierungsanweisungen enthalten.

Der Formatvorlagentyp Zeichen wird markierten Texten zugewiesen und kann ausschließlich Formate aus dem Bereich Zeichen und Sprache (Wörterbücher) aufnehmen. Die Definition erfolgt auf die gleiche Weise wie die Formatierung über das Befehlsmenü. Wird ein formatierter Text markiert, so werden die Formate, bei entsprechender Bestätigung, in die Formatvorlage übernommen.

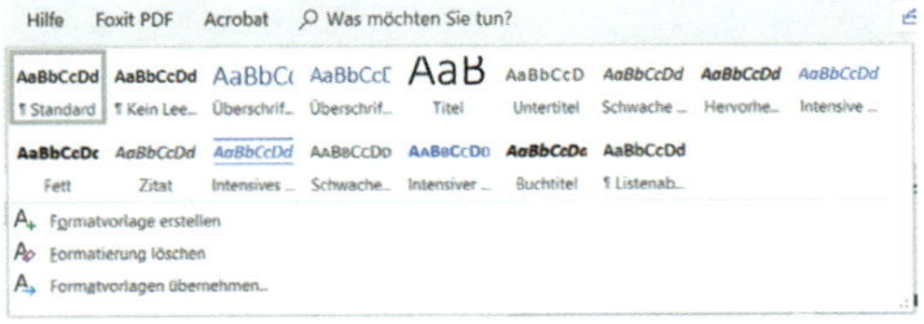

1. Möglichkeit

Markieren Sie den Text, dem Sie eine Formatvorlage zuweisen möchten, und wählen Sie aus den Schnellformatvorlagen der Multifunktionsleiste/des Menübandes eine aus. Weitere Formatvorlagensätze finden Sie unter der Schaltfläche Formatvorlagen ändern – Formatvorlagensatz/Stil-Set.

2. Möglichkeit

Gehen Sie auf die Registerkarte Start – Gruppe Formatvorlagen – Startprogramm für ein Dialogfeld, um den Aufgabenbereich Formatvorlagen einzublenden.

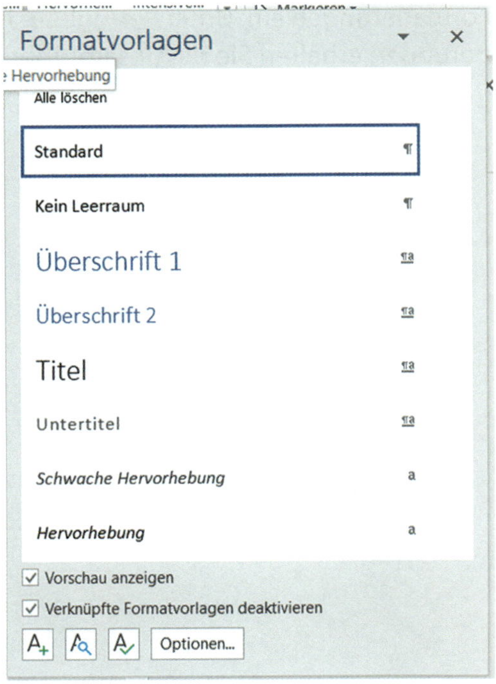

Aktivieren Sie das Kontrollkästchen Vorschau anzeigen, um die Liveschau prüfen zu können. Klicken Sie im Aufgabenbereich auf die gewünschte Formatvorlage.

Unter bestimmten Umständen kann es jedoch sinnvoll sein, die Attribute einer Formatvorlage in den Schnellformatvorlagen zu ändern.

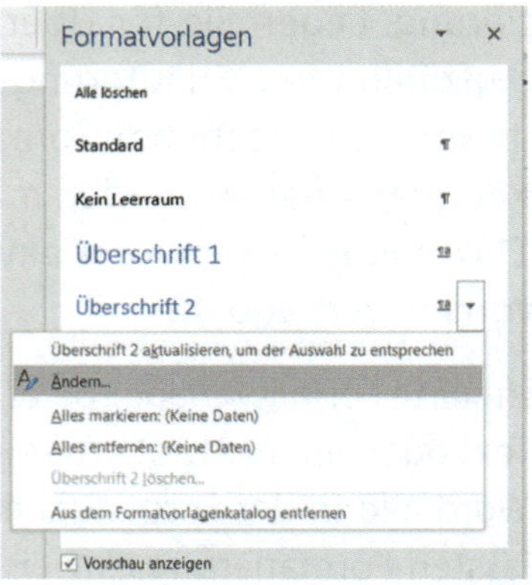

Eine Formatvorlage kann jederzeit verändert werden. Sie gehen in die Befehlsgruppe Formatvorlagen auf das Startprogramm, um das Dialogfeld Formatvorlagen zu öffnen. Sie wählen die entsprechende Formatvorlage aus (z. B. Überschrift 2), klicken rechts mit der Maus auf den Pfeil – Befehl Ändern.

Formatvorlagen zuweisen

Es öffnet sich das Dialogfeld Formatvorlagen ändern. Hier können Sie nun die gewünschten Änderungen vornehmen. Weitere Befehle finden Sie in der linken unteren Ecke unter Format. In der Schnellformatvorlage erscheinen direkt die Veränderungen.

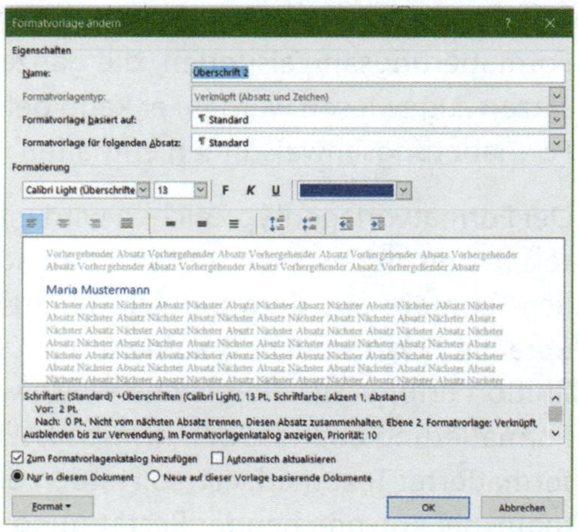

Formatvorlagen anzeigen

Um innerhalb von Dokumenten mehr Übersicht über die Formatvorlagen zu behalten, schalten Sie im Aufgabenbereich „Formatvorlage" ganz unten unter Anzeigen Benutzte Formatierungen ein. Unter Verfügbare Formatierungen erhalten Sie die Gesamtübersicht.

Neue Formatvorlagen anlegen

Unabhängig von den angelegten Formatvorlagen können Sie auch eigene Formatvorlagen erstellen. Dazu gehen Sie auf das Startprogramm für das Dialogfeld Formatvorlagen. Unten in der linken Ecke befindet sich der Befehl Neue Formatvorlage.

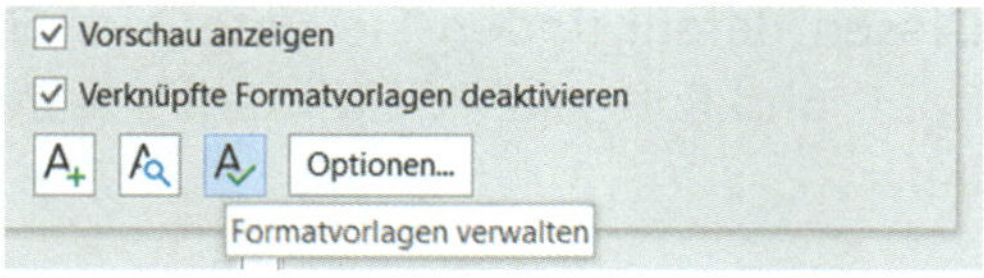

Unter Name tragen Sie einen aussagekräftigen Namen ein, bestimmen den Formatvorlagentyp und stellen dann die entsprechenden Formatierungen ein.

Formatvorlagen verwalten

Es ist wichtig, dass Sie den Überblick über Ihre Formatvorlagen behalten. Klicken Sie im Aufgabenbereich „Formatvorlagen" rechts auf Optionen und legen Sie hier zum Beispiel fest, dass nur die verwendeten Formatvorlagen angezeigt werden.

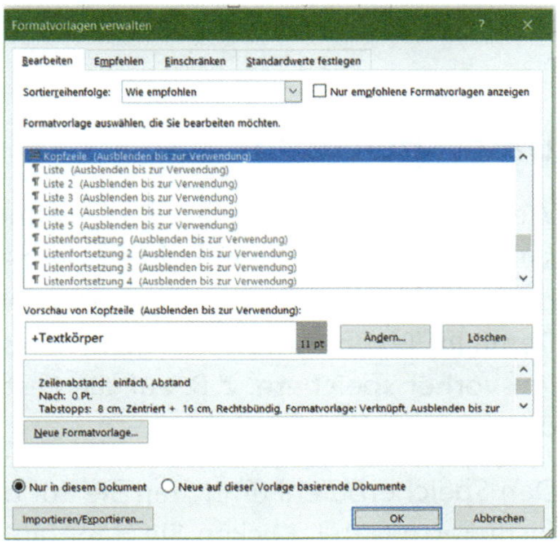

Seitenzahl einfügen

Diesen Befehl finden Sie unter der Gruppe Kopf- und Fußzeile – Seitenzahl – Seitenzahlen.

Klicken Sie auf den Eintrag Seitenende, wählen Sie im Untermenü den Eintrag Einfache Zahl.

Klicken Sie auf die Schaltfläche Kopf- und Fußzeile schließen – oder klicken Sie doppelt in den Textbereich.

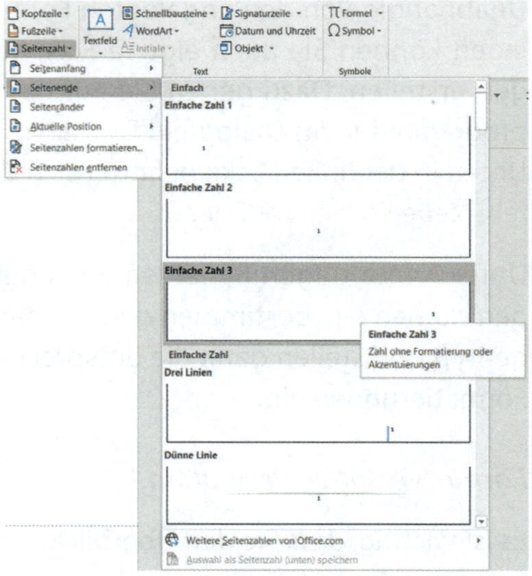

Datei speichern

Wenn Sie einen Text schreiben, befindet er sich zunächst im Arbeitsspeicher, der nach jedem Ausschalten des Rechners gelöscht wird. Damit Ihr Text nicht verloren geht, müssen Sie ihn vorher speichern, z. B. auf die Festplatte oder auf den USB-Stick.

Den Speicherbefehl erreichen Sie auf der Registerkarte Datei. Klicken Sie dann auf Speichern unter oder benutzen Sie die Funktionstaste F12. Nun öffnet sich ein Dialogfenster. Hier können Sie den Speicherort bestimmen (z. B. Festplatte C:, Wechselträger E:) und Ihrer Datei einen Namen geben.

Ihr Dokument können Sie direkt in ein anderes Format (z. B. **PDF-Datei**) abspeichern. Dazu gehen Sie auf Dateityp und klicken auf Ihr gewünschtes Format. Nachdem Sie alle Einstellungen vorgenommen haben, gehen Sie auf Speichern.

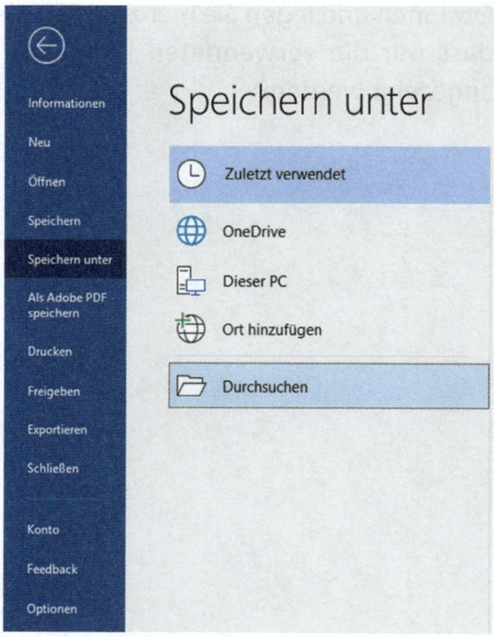

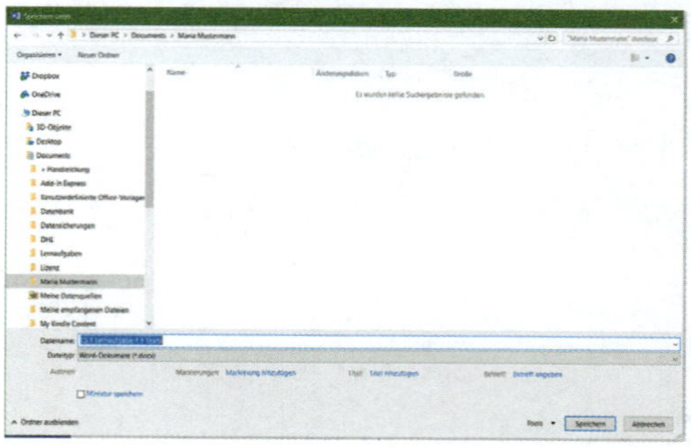

Zwischenspeichern

Speichern Sie Ihren Text nicht erst nach Fertigstellung ab. Durch „Abstürzen" des Rechners oder durch Stromausfall wäre Ihre Arbeit verloren. Sichern Sie deshalb Ihre Arbeit zwischendurch ab. Hier können Sie das Tastenkürzel STRG + S oder das Symbol Speichern in der Symbolleiste für den Schnellzugriff verwenden.

Datei erstellen

Text erfassen

Beginnen Sie nun, Ihren Text einzugeben. Schreiben Sie den Text fortlaufend. Achten Sie darauf, dass Sie nach einem Absatz eine Leerzeile lassen.

Neue Seite einfügen

Wenn Sie eine neue Seite einfügen möchten, drücken Sie die Tastenkombination Strg + Return.

Neuer Abschnitt

Für jedes neue Kapitel sollten Sie einen Abschnittswechsel vornehmen. Setzen Sie die Einfügemarke an die Position, an der Sie den Abschnittswechsel vornehmen möchten.

Klicken Sie auf der Registerkarte Layout in der Gruppe Seite einrichten auf die Schaltfläche Umbrüche. Wählen Sie Ihren gewünschten Abschnittswechsel (Fortlaufend = wenn keine neue Seite angelegt werden soll; Nächste Seite = wenn Sie einen Seitenumbruch wünschen).

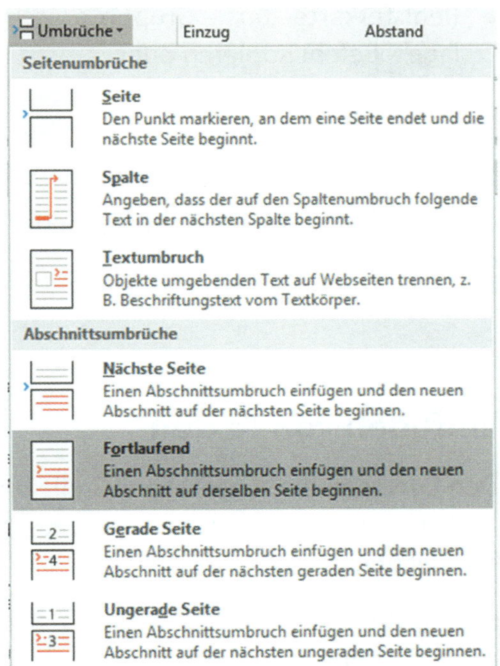

Befehle rückgängig machen

Da Word sämtliche Bearbeitungs- und Formatierungsschritte registriert, besteht für Sie die Möglichkeit, mehrere Befehle bzw. den zuletzt ausgeführten wieder rückgängig zu machen.

Klicken Sie in der Symbolleiste für den Schnellzugriff auf die Schaltfläche Rückgängig oder die Tastenkombination STRG + Z; zum Wiederherstellen benutzen Sie STRG + Y oder die entsprechende Schaltfläche.

Ausschneiden von Texten

Den Textteil markieren und über

- Registerkarte Start – Gruppe Zwischenablage – Befehl Ausschneiden oder
- Shortcut Strg + x oder
- Kontextmenü (rechte Maustaste) Ausschneiden

den Inhalt in den Zwischenspeicher speichern.

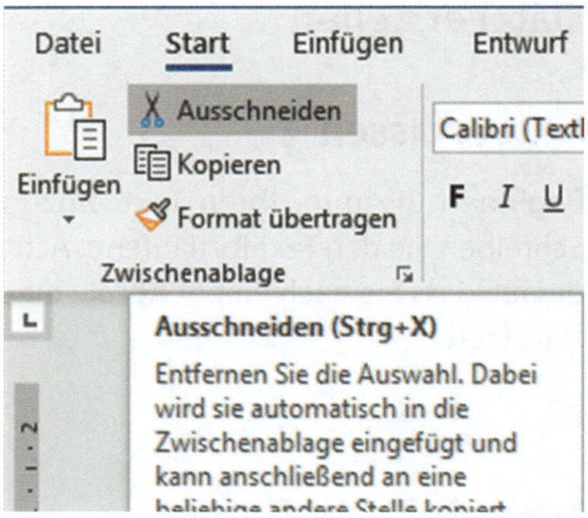

Kopieren von Texten

Den Textteil markieren und über

- Registerkarte Start – Gruppe Zwischenablage – Befehl Kopieren oder
- Shortcut Strg + c oder
- Kontextmenü (rechte Maustaste) Kopieren

den Inhalt in den Zwischenspeicher speichern.

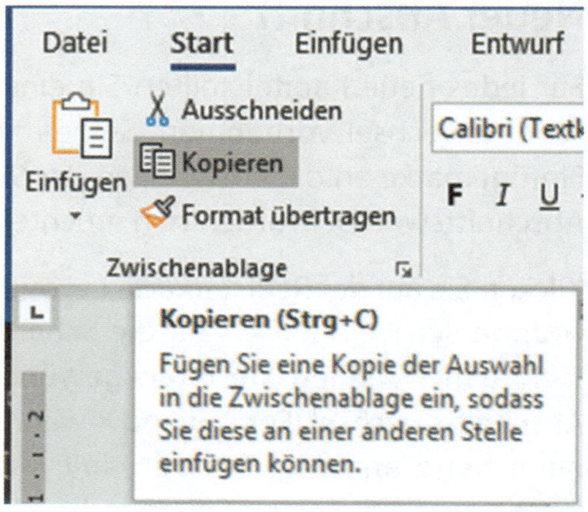

Einfügen von Texten

Den Cursor an die vorgesehene Stelle bringen und den ausgeschnittenen bzw. kopierten Textteil über

- Registerkarte Start – Gruppe Zwischenablage – Befehl Einfügen oder
- Shortcut Strg + v oder
- Kontextmenü (rechte Maustaste) Einfügen

den Inhalt des Zwischenspeichers einfügen.

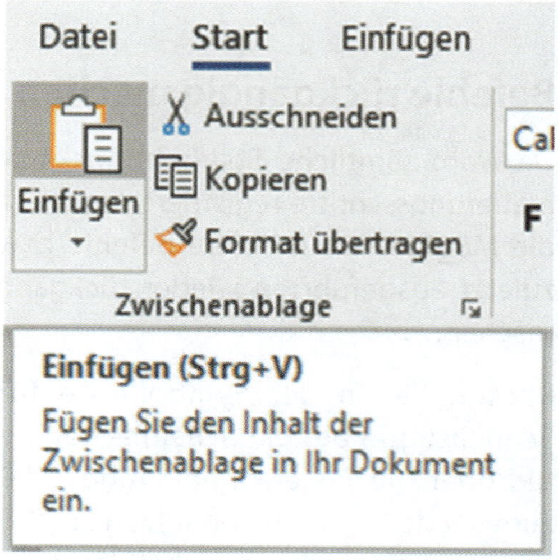

Text suchen

Bei umfangreichen Dokumenten ist es oft schwierig, eine bestimmte Textstelle oder ein bestimmtes Wort im Text schnell zu finden. Word hilft Ihnen dabei mit der Funktion Suchen.

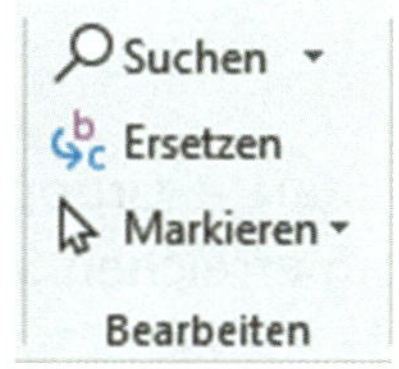

Außerdem bietet Word an, Begriffe, Zeichen oder Sonderzeichen, die in einem Dokument häufiger vorkommen, gezielt zu ersetzen.

Über die Registerkarte Start – Gruppe Bearbeiten – Befehl Suchen öffnet sich rechts der Aufgabenbereich Navigation oder drücken Sie Strg + F. Geben Sie im Textfeld den Suchbegriff ein. Word durchsucht das gesamte Dokument und listet alle Fundstellen im Aufgabenbereich auf.

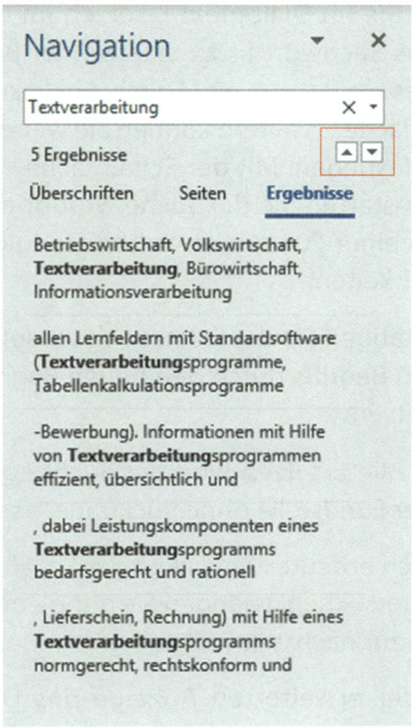

Klicken Sie auf den nach unten bzw. auf den nach oben zeigenden Pfeil, um zu den jeweiligen Fundstellen zu kommen. Sie bekommen die Textstellen sowohl im Aufgabenbereich angezeigt als auch rechts im Dokument selbst.

Weitere Suchmöglichkeiten

Klicken Sie im Aufgabenbereich Navigation auf den rechten Pfeil und öffnen Sie das Dialogfeld Suchoptionen.

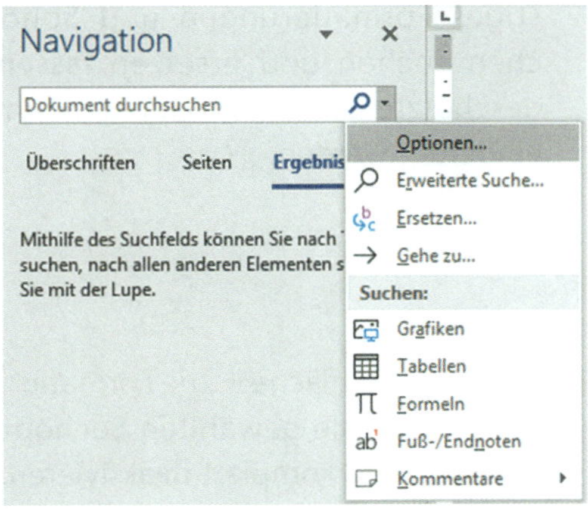

Aktivieren bzw. deaktivieren Sie die gewünschten Optionen. Eine recht häufig verwendete Option ist Platzhalter verwenden. Sie können mit einem „?" oder „*" alle Suchbegriffe mit einem bestimmten Wortstamm finden, z. B. bei „leben*" wird auch lebendig gefunden.

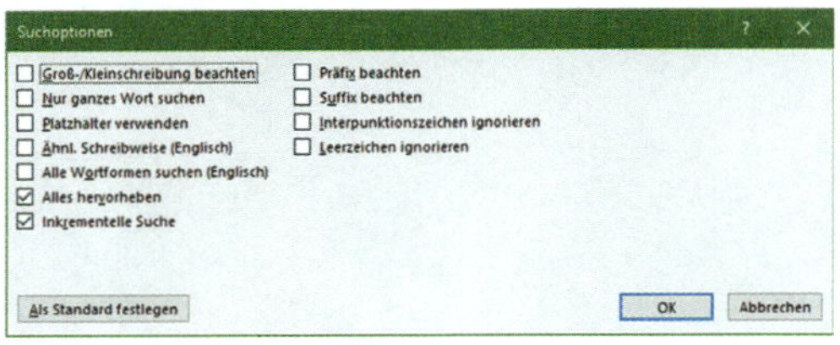

Dokument gestalten

Texte ersetzen

Über die Registerkarte Start – Gruppe Bearbeiten – Befehl Ersetzen erreichen Sie das Dialogfeld Ersetzen.

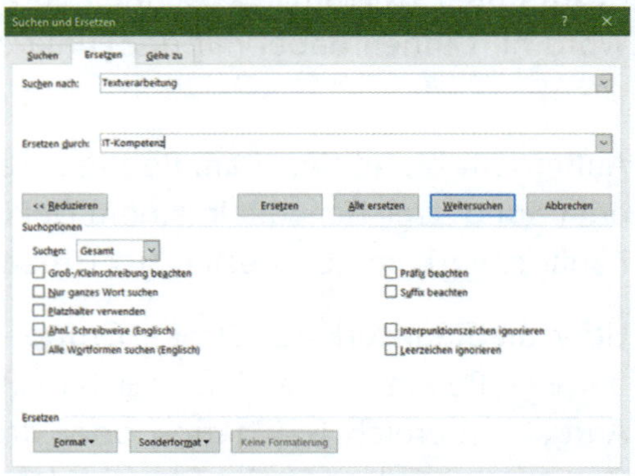

Geben Sie im Dialogfeld Ersetzen im Listenfeld das Suchwort (= zu ersetzender Begriff) und das Ersatzwort ein. Durch Anklicken der Schaltfläche Erweitern können Sie weitere Kriterien festlegen. Mit der Schaltfläche Weitersuchen starten Sie die Suche. Stoppt die Suche an einer Fundstelle, haben Sie folgende Möglichkeiten:

- Bestätigen Sie das Ersetzen des ursprünglichen Begriffs durch den neuen Begriff mit Ersetzen**.**
- Mit Alle Ersetzen wird der Suchbegriff an jeder Fundstelle ohne Rückfrage ersetzt.
- Durch erneutes Anklicken der Schaltfläche Weitersuchen gelangen Sie ohne Änderungen zur nächsten Textstelle.
- In der erweiterten Anzeige des Dialogfeldes Suchen und Ersetzen können Sie über die Schaltflächen Format und Sonstiges Formatierungen und Sonderzeichen suchen und ersetzen lassen, z. B. geschützte Leerschritte können hinterher eingefügt werden.

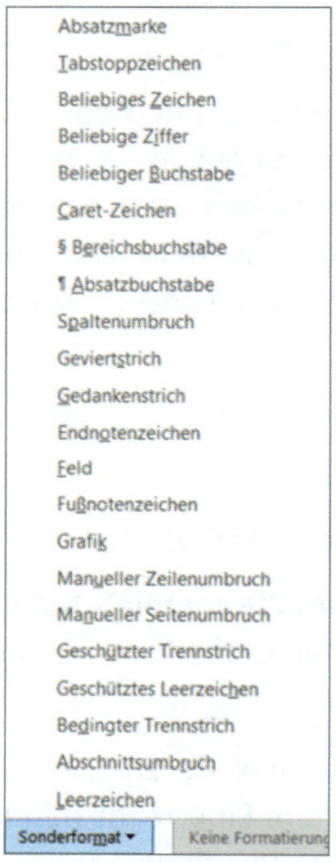

- Mit der Schaltfläche Keine Formatierungen können Sie die gewählten Suchoptionen im Dialogfeld komplett deaktivieren.

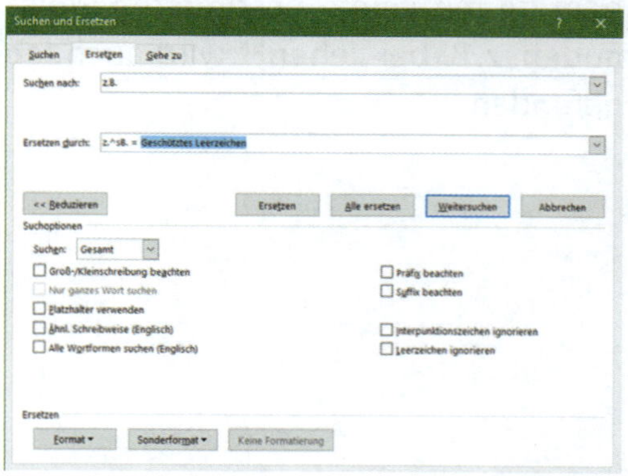

Mathematische Formeln einfügen

Klicken Sie auf die Registerkarte Einfügen – Gruppe Symbol – Schaltfläche Formel.

Wählen Sie aus dem Bereich des Listenfelds die vorgefertigte Formel oder klicken Sie auf den Eintrag Neue Formel einfügen, um eine leere Formel zu erzeugen. Das entsprechende Inhaltselement wird eingeblendet.

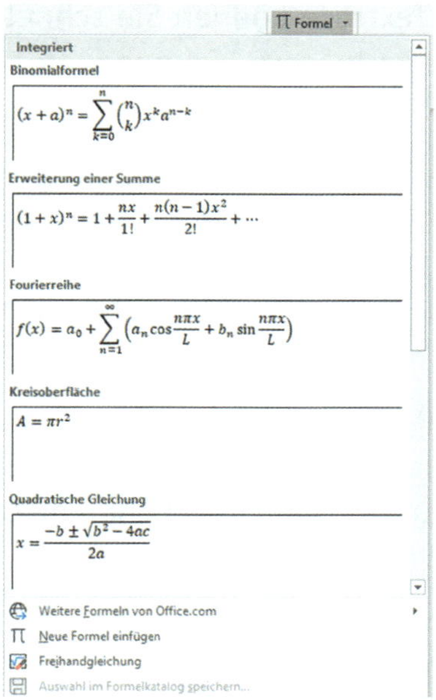

Klicken Sie in die Formel, um sie zu bearbeiten. Geben Sie die Formel ein. In der Gruppe Symbole können Sie dabei weitere Symbole auswählen und der Formel hinzufügen.

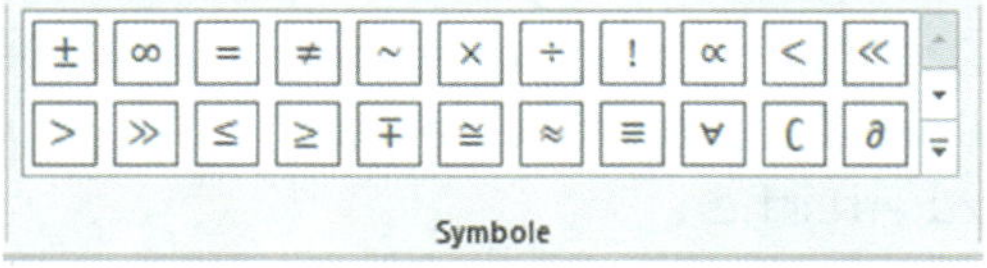

In der Gruppe Strukturen können Sie weitere Formelbestandteile auswählen. Klicken Sie nach Fertigstellung der Formel auf einen freien Bereich außerhalb des Inhaltssteuerelements.

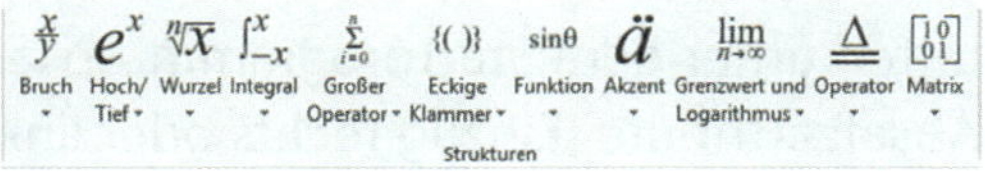

Formatieren Sie Ihre Formel. Die Standardeinstellung ist Professionell. Ansonsten können Sie zwischen Linear oder Normaler Text wählen.

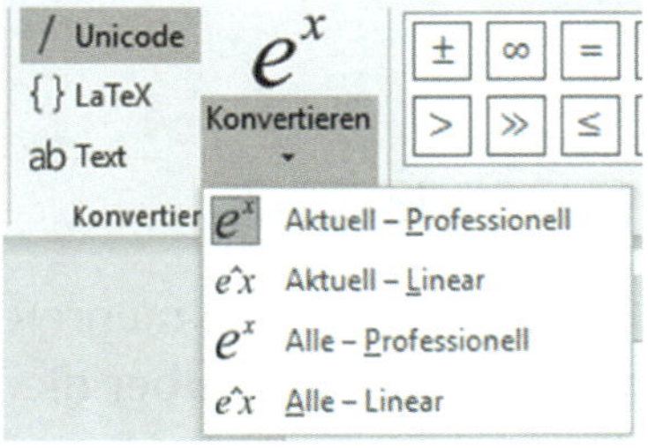

Verschieben oder löschen

Klicken Sie mit der Maus links auf das Symbol Ihrer Formel und ziehen Sie sie an die gewünschte Position. Klicken Sie mit der Maus links auf das Symbol Ihrer Formel. Drücken Sie Entf-Taste.

Zeichenformatierung

Markierte Textteile können Sie schnell über die Registerkarte Start – Gruppe Schriftart gestalten.

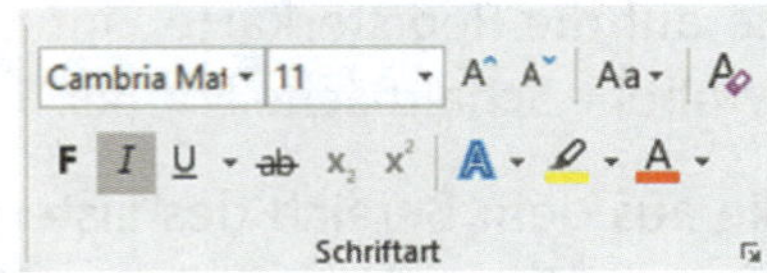

Alle zur Verfügung stehenden Zeichenformatierungen finden Sie unter dem Dialogfeld Schriftart. Dieses wird mit STRG + D geöffnet oder Sie klicken rechts unten auf das Startprogramm.

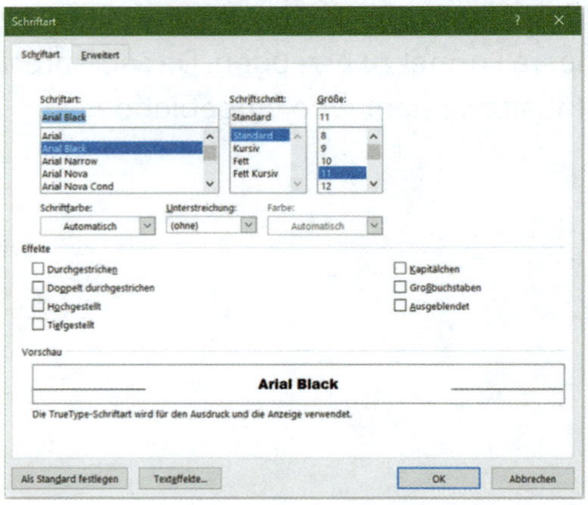

Unter der Registerkarte Zeichenabstand können Sie die Wörter sperren, indem Sie die Laufweite um eine entsprechende pt-Zahl erweitern.

Absatzformatierung

Markierte Textobjekte können Sie auch mit Absatzattributen gestalten. Direkt sind sie über die Registerkarte Start – Gruppe Absatz zu erreichen.

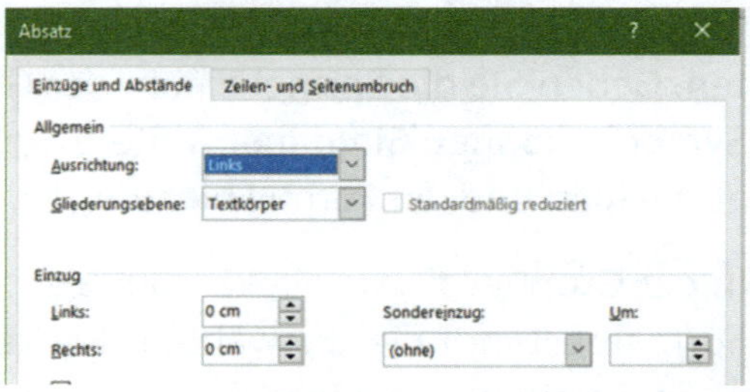

Alle Absatzformatierungen finden Sie rechts unten unter dem Startprogramm Absatz. Die Absatzattribute (Einzug rechts oder links, Zeilenabstand, Absatzabstand) beziehen sich immer auf einen oder mehrere Absätze, also den Textbereich zwischen zwei Absatzschaltungen.

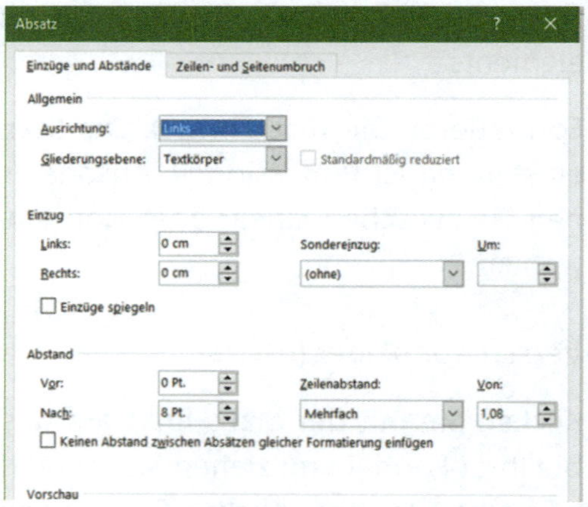

Spaltenformatierung

Markieren Sie den Text, der in mehrere Spalten angeordnet werden soll. Über die Registerkarte Seitenlayout – Gruppe Seite einrichten – Befehl Spalte – Weitere Spalten erreichen Sie das Dialogfeld Spalten.

Tipp: Damit die Spalten gleich lang werden, markieren Sie hinter dem Text nicht die Zeilenschaltung.

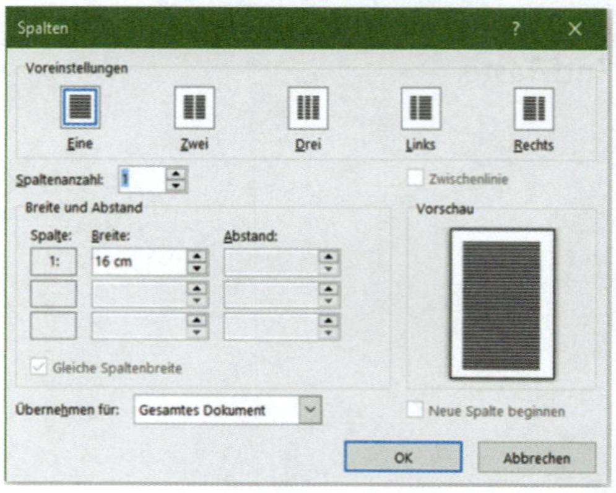

Format übertragen

Wenn mehrere Textstellen gleich formatiert werden, arbeitet man rationell mit dem Befehl Format übertragen. Diesen finden Sie in der Registerkarte Start – Gruppe Zwischenablage – Befehl Format übertragen.

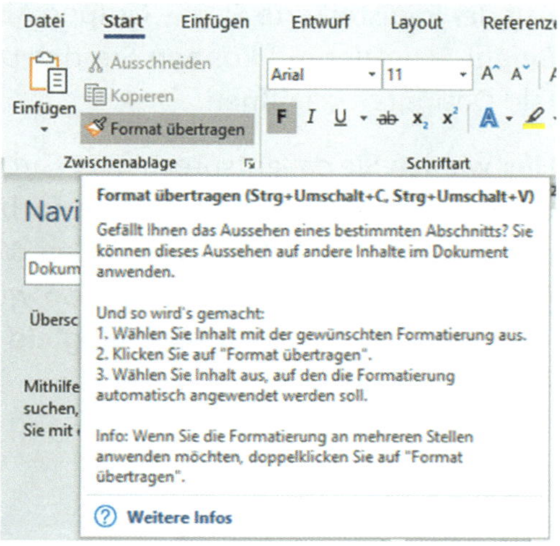

Dazu markiert man die richtig formatierte Textstelle und klickt mit der Maus das Symbol Format übertragen an. Der Mauszeiger wird zu einem Pinsel. Mit diesem Pinsel kann nun die gewünschte Textstelle formatiert werden.

TIPP: Wenn mehrere Textstellen mit diesem Format gestaltet werden sollen, müssen Sie auf das Symbol Format übertragen **doppelt** klicken.

Initial einfügen

Repräsentative Texte werden gerne mit Initialen gestaltet. Über die Registerkarte Einfügen – Gruppe Text – Befehl Initial – Initialoptionen wird das Dialogfeld Initial aufgerufen.

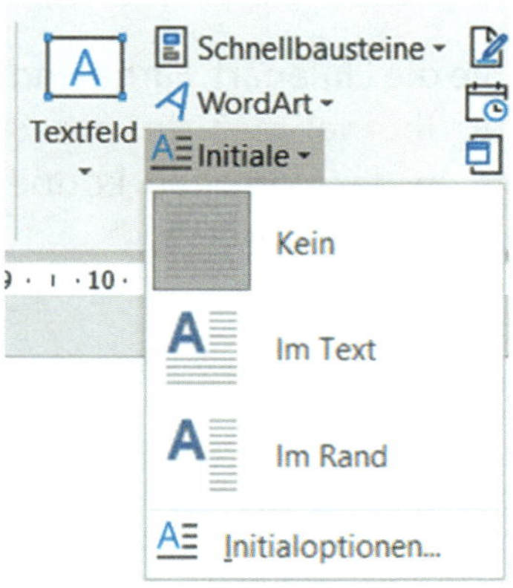

Hier können Sie die Position, Schriftart, Initialhöhe und den Abstand vom Text angeben.

Symbole einfügen

In der Registerkarte Einfügen – Gruppe Symbole – Befehl Symbol – Weitere Symbole finden Sie das Dialogfeld Symbol. Hier können Sie unter der Registerkarte Symbol Zeichen auswählen. Markieren Sie das gewünschte Zeichen und fügen Sie es ein.

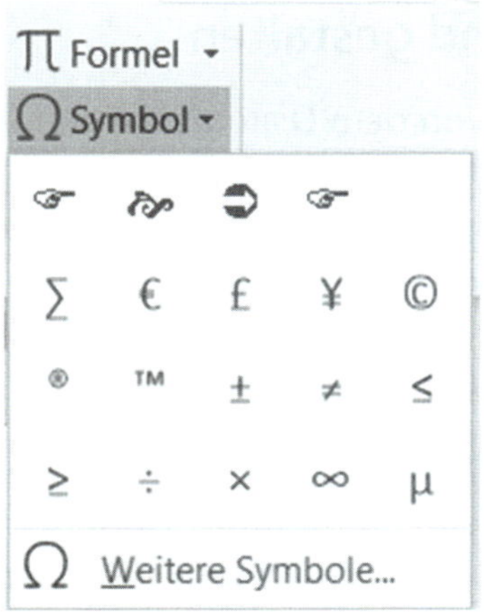

Durch Wechsel der Schriftarten werden andere Symbole angezeigt.

Schattierung einstellen

Auf der Registerkarte Start – Gruppe Absatz – Befehl Schattierung können Sie das Dialogfeld Designfarben öffnen.

Hier wählen Sie die entsprechende Farbschattierung aus. Möchte man andere Farbnuancen, so geht man auf Weitere Farben. Möchte man die Schattierung entfernen, so wird die Textstelle markiert und im Dialogfeld Keine Farbe angeklickt.

Schattierung einstellen

Auf der Registerkarte Start – Gruppe Absatz – Befehl Rahmen – (ganz unten) Rahmen und Schattierung können Sie das Dialogfeld Rahmen und Schattierung öffnen.

Nun wählen Sie die Linienart, Farbe und Breite aus und unter Übernehmen für: den Bereich des Rahmens. In der Vorschau können einzelne Linien angeklickt werden.

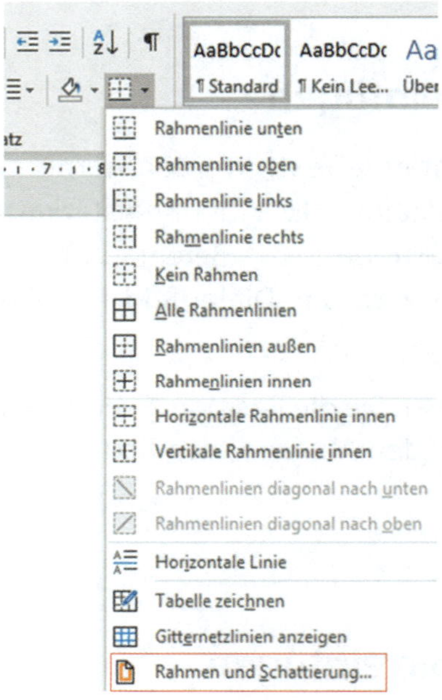

Seitenrand gestalten

Wählen Sie von dem Dialogfeld Rahmen und Schattierung die Registerkarte Seitenrand aus. Hier können Sie für die ganze Seite Ränder mit und ohne Effekte einfügen und rechts unten unter Übernehmen für: den Bereich des Seitenrandes auswählen.

Tipp: Wird beim Ausdruck ein Linienrand nicht angezeigt, kann unter Optionen – gemessen von der Abstand vom Text eingestellt werden.

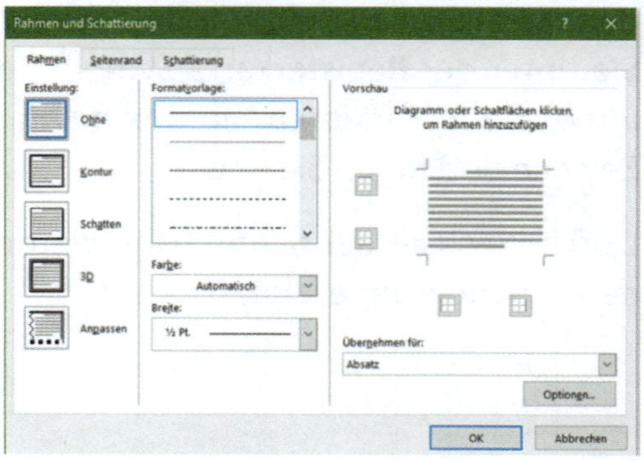

Aufzählung bzw. Nummerierung einfügen

Zur besseren Übersicht sollten Sie z. B. in Ihren Dokumenten wie z. B. im Lebenslauf die Tätigkeiten mit Aufzählungen bzw. Nummerierungen auflisten. Dazu markieren Sie Ihren Text.

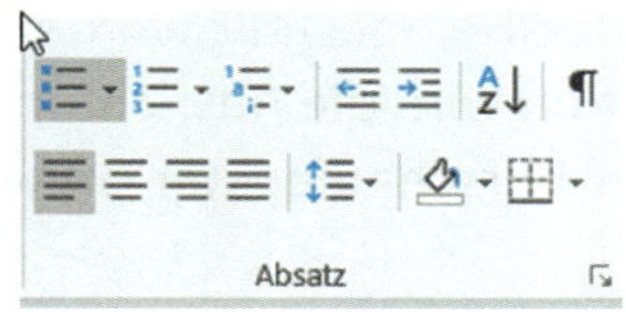

Wählen Sie in der Registerkarte Start – Befehlsgruppe Absatz – entweder den Befehl Aufzählung oder Nummerierung aus.

Ist das Gewünschte eingestellt, so können Sie sehr schnell über das Symbol – auf den rechten Pfeil klicken – Ihre Aufzählung oder Nummerierung aktivieren.

Wünschen Sie für die Nummerierung oder Aufzählung ein anderes Zahlenformat oder ein anderes Symbol, so gehen Sie über den Befehl Nummerierung auf Neues Zahlenformat definieren oder über den Befehl Aufzählung auf Neues Aufzählungszeichen definieren.

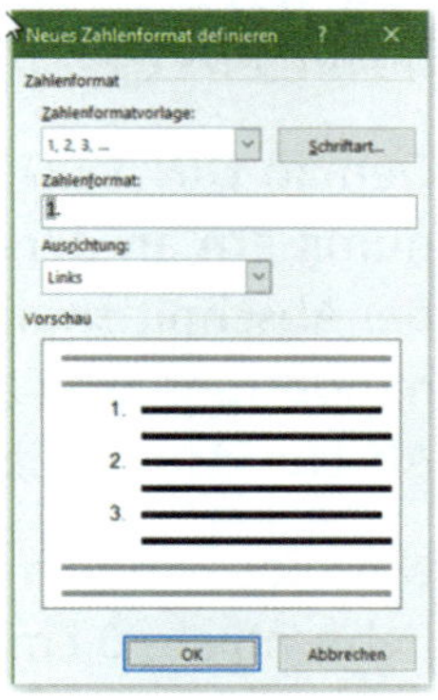

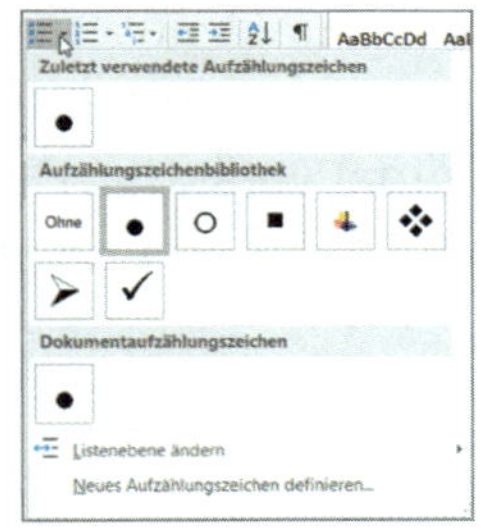

DIN 1421

Nach der DIN 1421 steht die Aufzählung/Nummerierung links an der Fluchtlinie, und Beginn und Ende sind vom folgenden Text jeweils durch eine Leerzeile zu trennen.

Sie setzen eine Leerzeile zwischen die Aufzählungsglieder, indem Sie eine geschützte Zeilenschaltung SHIFT + Return vornehmen.

Klicken Sie mit der rechten Maustaste im Kontextmenü bzw. in der Befehlsgruppe Absatz auf Einzug verkleinern.

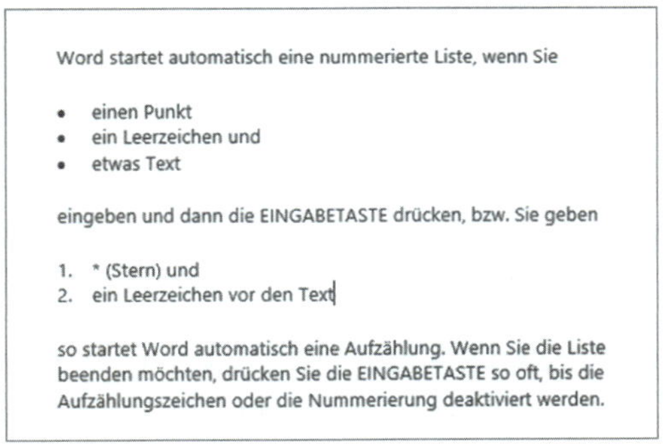
Word startet automatisch eine nummerierte Liste, wenn Sie

- einen Punkt
- ein Leerzeichen und
- etwas Text

eingeben und dann die EINGABETASTE drücken, bzw. Sie geben

1. * (Stern) und
2. ein Leerzeichen vor den Text

so startet Word automatisch eine Aufzählung. Wenn Sie die Liste beenden möchten, drücken Sie die EINGABETASTE so oft, bis die Aufzählungszeichen oder die Nummerierung deaktiviert werden.

Liste neu nummerieren

Klicken Sie mit der rechten Maustaste auf den Listeneintrag, ab dem neu nummeriert werden soll.

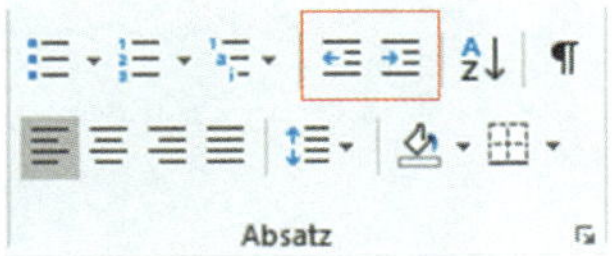

Klicken Sie mit der rechten Maustaste im Kontextmenü auf Neu beginnen mit 1 oder wählen Sie eine andere gewünschte Option aus.

Liste mit mehreren Ebenen

Eine Gliederung besteht aus mehreren Ebenen, die individuell eingestellt werden können. Unter Position wird die Ausrichtung eingestellt, die im Vorschaufenster angezeigt wird.

Zunächst markieren Sie Ihren Text und wählen dann auf der Registerkarte Start – Gruppe Absatz – Befehl Liste mit mehreren Ebenen. Hier suchen Sie sich die gewünschte Gliederung aus bzw. Sie gehen über Neue Liste mit mehreren Ebenen definieren.

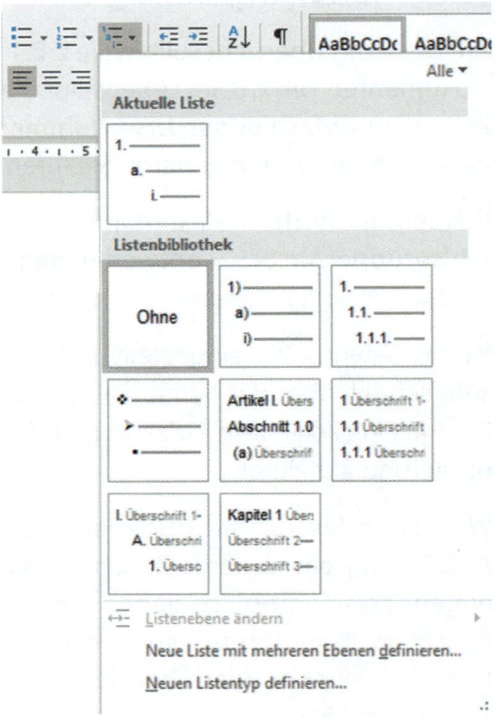

Gemäß DIN 1421 beginnen alle Abschnittsnummern an derselben Fluchtlinie. Nach einer Abschnittsnummer folgt der Abstand von mindestens zwei Leerzeichen. Am Ende einer Abschnittsnummer steht kein Punkt.

Um diese Regeln einzuhalten, wird die Ausrichtung auf 0 cm eingestellt, der Texteinzug entsprechend erweitert (z. B. bei drei Ebenen auf 2 cm) und der letzte Punkt unter Formatierung für Zahl eingeben entfernt. Möchten Sie alle Ebenen auf einmal verändern, gehen Sie auf Für alle Ebenen festlegen und stellen dort Ihre Werte ein.

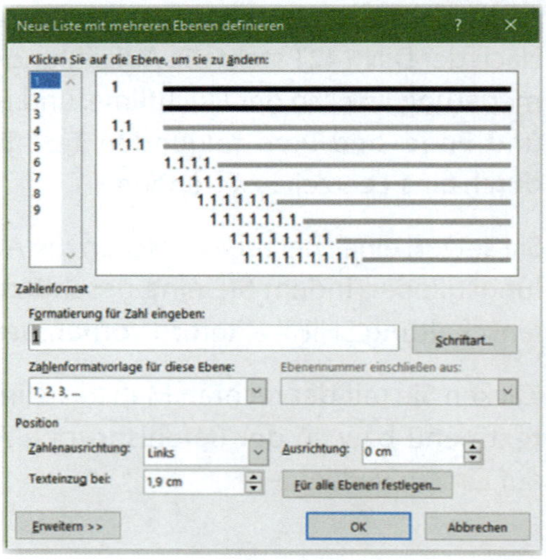

Ebenen einstellen

Während der Texteingabe oder später erstellen Sie die verschiedenen Ebenen über die Symbole Einzug verkleinern – Einzug vergrößern.

- Klicken Sie auf Einzug vergrößern, um von der Ebene 1 auf die Ebene 1.1 zu gelangen.
- Klicken Sie auf Einzug verkleinern, um auf den Gliederungspunkt 2 zu gelangen.

Tabstopp setzen

Natürlich können Sie z. B. Übersichten oder Ihren Lebenslauf auch mit Tabstopps formatieren. Dies ist allerdings umständlicher, und es gibt nicht so vielseitige Gestaltungsmöglichkeiten wie mit der Tabellenfunktion.

Dazu setzen Sie die Tabtaste an Ihre gewünschte Position.

Gehen Sie auf die Registerkarte Start – Gruppe Absatz unten rechts auf das Startprogramm – Tabstopps und geben Sie im Dialogfeld Tabstopps die gewünschte Tabstopp-Position ein.

Weiterhin ist die gewünschte Ausrichtung (links, zentriert, rechts, dezimal) anzugeben und ob Sie den Zwischenraum zwischen den Wort- oder Zahlenkolonnen mit Punkten, Strichen oder einer Linie auffüllen wollen. Bestätigen Sie Ihre Auswahl mit der Schaltfläche Festlegen.

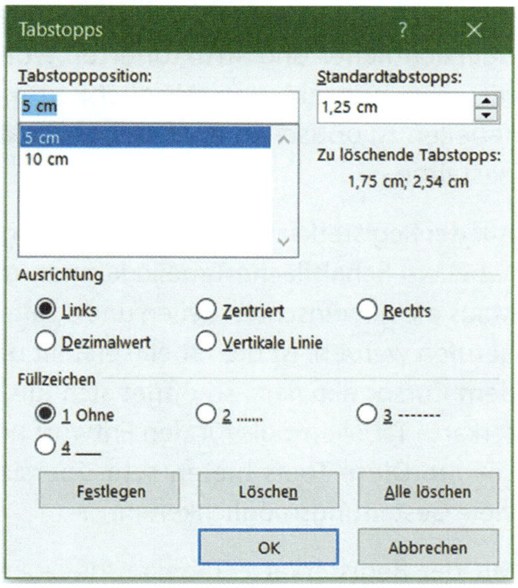

Die Standard-Tabstopps im Abstand von 1,25 cm erscheinen im Zeilenlineal als senkrechte hellgraue Linien.

Arbeiten Sie rationell

Über das Zeilenlineal können Sie die Tabstopps sehr schnell setzen. Klicken Sie am linken Linealende die Schaltfläche an, um die gewünschte Ausrichtung des Tabulatorstopps festzulegen. Setzen Sie anschließend den Mausanzeiger an die gewünschte Position im Zeilenlineal und bestätigen Sie die Position mit der linken Maustaste.

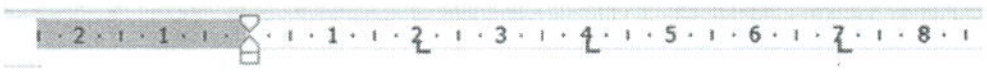

Tabstopp verschieben

Um einen Tabstopp zu verschieben, klicken Sie mit der Maus auf den gesetzten Tabstopp und ziehen ihn anschließend mit gedrückter Maustaste an die gewünschte Position. Um einen Tabstopp millimetergenau zu setzen oder zu verschieben, muss zusätzlich zum Mausanzeiger die Alt-Taste gedrückt werden.

Ein Tabstopp im Zeilenlineal lässt sich einfach löschen, indem man mit dem Mauszeiger auf den Tabstopp klickt und mit gedrückter Maustaste den Tabstopp aus dem Lineal herauszieht und die Taste loslässt.

Tabellen gestalten

Mit dieser Tabellenfunktion formatieren Sie übersichtlicher und strukturierter. Word bietet eine Vielzahl von Möglichkeiten, Ihre Tabellen zu optischen Anziehungspunkten zu gestalten.

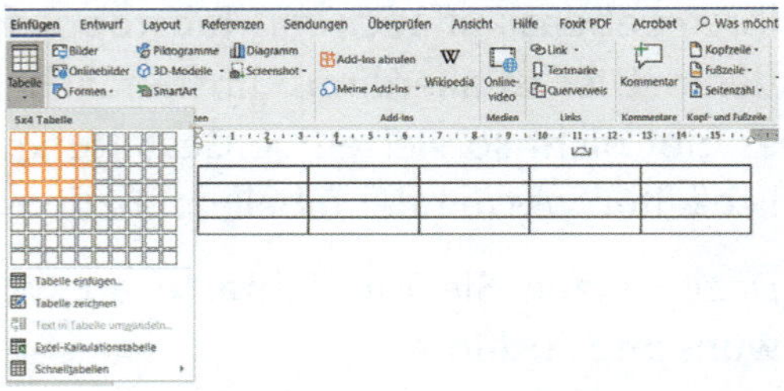

Auf der Registerkarte Einfügen – Befehlsgruppe Tabelle – Schaltfläche Tabelle können mit der Maus die gewünschten Zeilen und Spalten aufgerufen werden. Ist die Tabelle erstellt und mit dem Cursor aktiviert, so öffnet sich die Registerkarte Tabellentools für den Entwurf und das Layout. Diese Tools bieten sehr übersichtlich viele Gestaltungsmöglichkeiten.

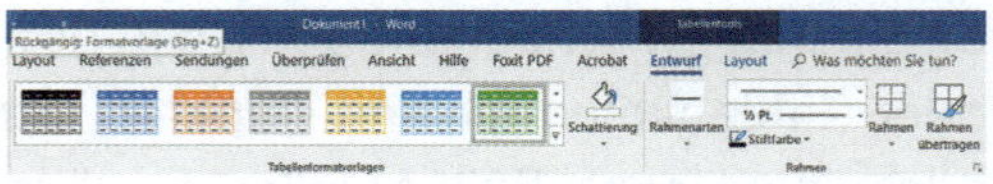

Mit der Registerkarte Tabellentool – Entwurf können Sie viele Tabellen-Formatvorlagen nutzen. Sie müssen einfach nur eine Formatvorlage aussuchen. Die Gruppe Optionen für Tabellenformat ermöglicht es Ihnen, in manchen Fällen die Tabellen lesefreundlicher zu gestalten.

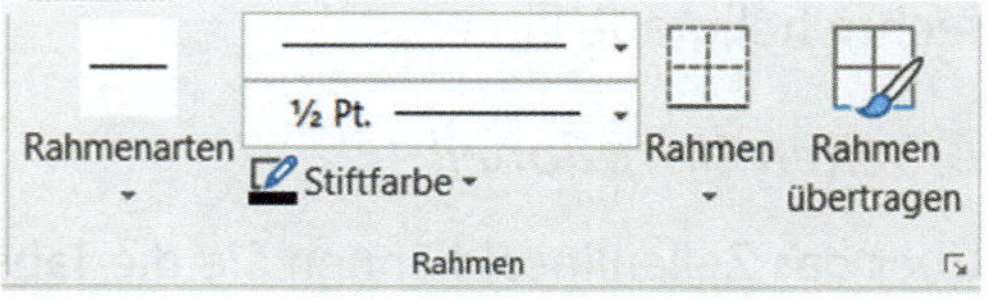

Die Gruppe Rahmenlinien zeichnen ermöglicht, Linien, Linienstärke und Farbe auszusuchen. Mit dem Radierer können Linien entfernt werden. Sie können auch eine komplexe Tabelle zeichnen, die unterschiedliche Zeilen oder unterschiedlich viele Spalten pro Zeile enthält. Wenn Sie auf den rechten unteren Pfeil klicken, so öffnet sich das Dialogfeld Rahmen und Schattierung.

Mit der Registerkarte Tabellentool – Layout stellt Word Ihnen viele Werkzeuge zur Tabellengestaltung zur Verfügung.

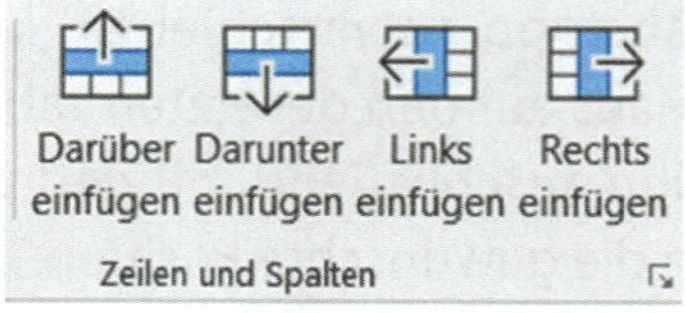

Die Gruppe Zeilen und Spalten ermöglicht, Zeilen und Spalten einzufügen und zu löschen.

Eine Tabelle, in der die Zeilen unterschiedlich hoch sind, wirkt sehr unruhig auf den Leser. Hier bietet die Gruppe Zellengröße an, Zeilen und Spalten gleichmäßig zu verteilen, um Zeilenhöhe und Spaltenbreite einander anzupassen.

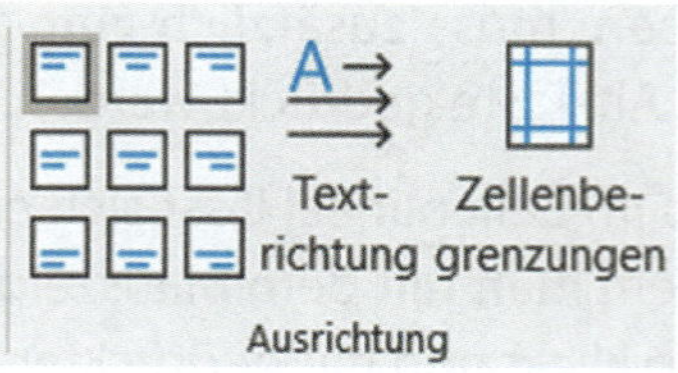

Die Gruppe Ausrichtung ermöglicht, den Text in der Zelle an entsprechende Positionen zu bringen. Außerdem kann der Text in verschiedene Richtungen fließen.

Die Gruppe Zusammenführen bietet Befehle, um Zellen zu verbinden, Zellen zu teilen bzw. die Tabelle zu teilen. Sie können in derselben Zeile bzw. Spalte zwei oder mehrere Zellen zu einer einzigen Zelle verbinden.

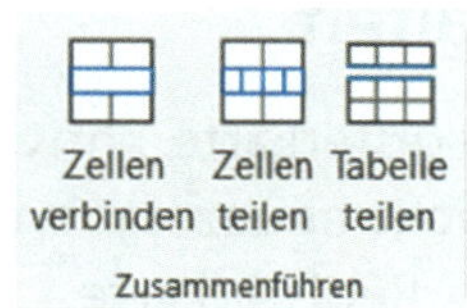

Tabelle positionieren

Zum Anpassen des Tabellenlayouts stehen noch zahlreiche weitere Möglichkeiten zur Verfügung. Um eine ganze Tabelle, bezogen auf die Seitenränder auszurichten, markieren Sie zuerst die gesamte Tabelle und verwenden in der Gruppe Ausrichtung – den Befehl Zellenbegrenzung.

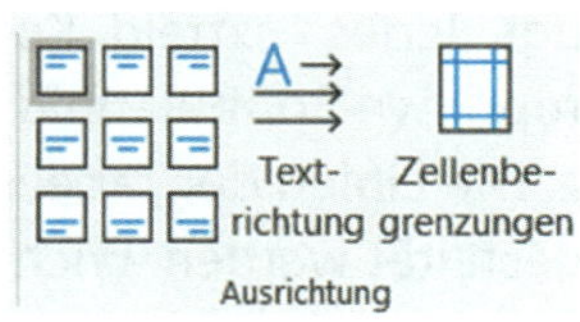

Die Ausrichtung, einen linken Einzug und den Textumbruch um eine Tabelle, können Sie in der Gruppe Tabelle – Befehl – Tabelleneigenschaften festlegen.

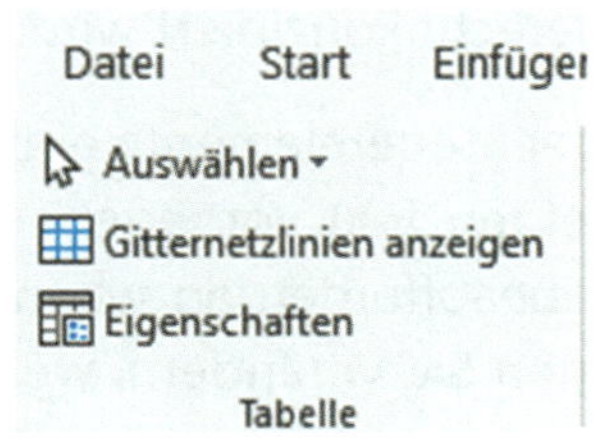

Möchten Sie eine Tabelle an eine bestimmte Position bringen, so aktivieren Sie unter dem Befehl Tabelleneigenschaften – Textumbruch Umgebend und klicken nun auf das Feld Positionierung.

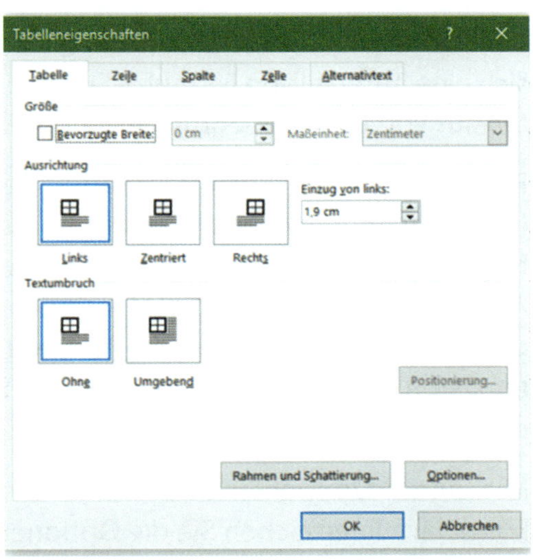

Hier stellen Sie nun Ihre gewünschten Werte ein, z. B. für den Geschäftsbrief mit Bezugzeichenzeile – Form B – die vertikale Position 9,74 cm, gemessen von der ganze Seite.

Um den Text innerhalb einer Tabellenzelle auszurichten, markieren Sie den entsprechenden Bereich und klicken in der Gruppe Ausrichtung auf die gewünschte Zellenausrichtung. Hier können Sie auch den Text vertikal und horizontal ausrichten.

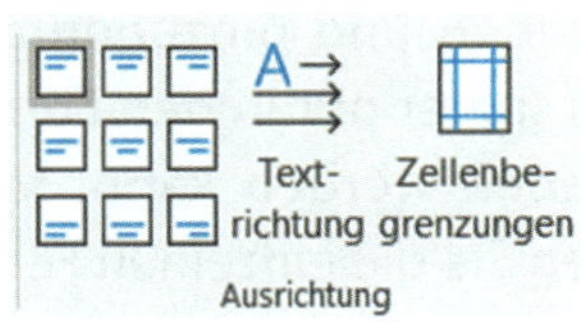

Formulare gestalten

Gehen Sie auf die Registerkarte Entwicklertools. Sollte diese nicht angezeigt werden, müssen Sie über die Registerkarte Datei – Word-Optionen – Menüband anpassen – Entwicklertools aktivieren.

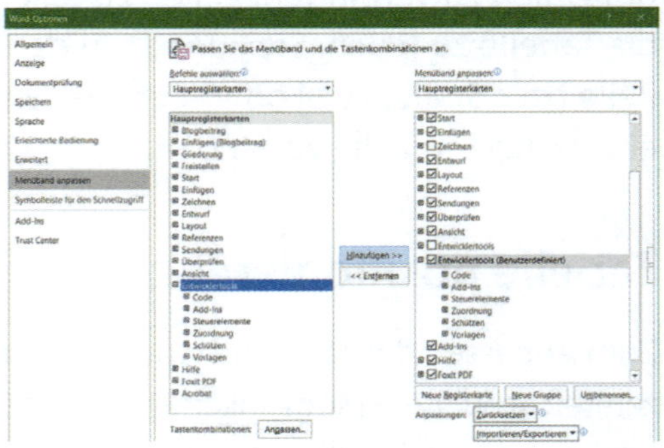

Ein Formular wird grundsätzlich in ein Tabellenraster eingefügt. Jedes Textfeld, Kontrollkästchen oder Dropdown-Formularfeld erhält eine eigene Zelle. Die Linien der Tabelle können ohne Rand gestaltet werden. Wichtig ist, dass das Formular übersichtlich, klar gegliedert und ablaufgerecht konzipiert wird.

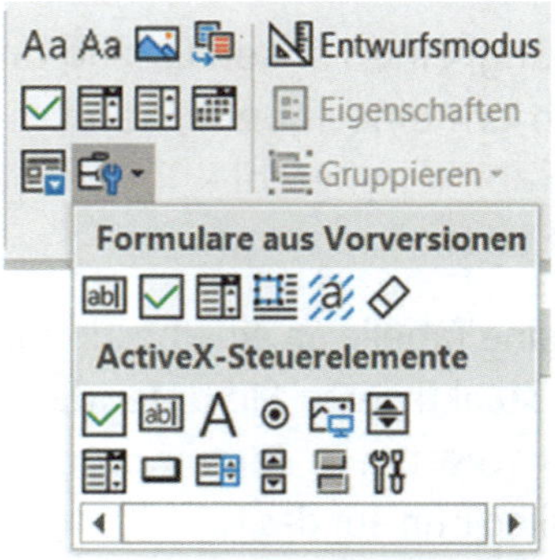

Wenn Sie eines der Steuerelemente einfügen, bekommen Sie einen Text vorgegeben, den der User als Eingabeaufforderung sehen kann. Diesen Text können Sie verändern, wenn Sie den Entwurfsmodus einschalten.

Beim Klicken auf die Vorversionstools öffnet sich eine Auswahl von Formular-Steuerelementen aus Vorversionen (Formularsymbolleiste).

Für einfache Texte wählen Sie das Textfeld (Formularsteuerelement). Für Entscheidungsfragen wählen Sie das Kontrollkästchen. Für Auswahlmöglichkeiten bietet sich das Dropdown-Formularfeld an. Für die Auswahl anderer Daten (Datum und Uhrzeit) klicken Sie auf das entsprechende Steuerelement.

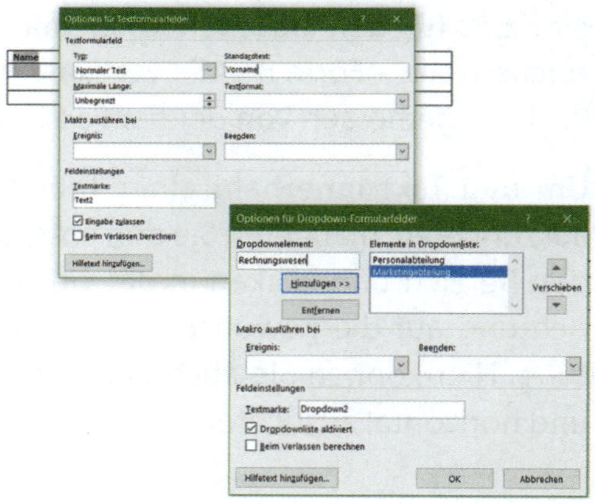

Mit einem Doppelklick auf das Dropdown-Formularfeld erreichen Sie die Optionen. Hier werden die Auswahlbegriffe ins Dropdownelement geschrieben und hinzugefügt. Bedenken Sie, dass später nur in den Formularfeldern geschrieben werden kann. Mit der Tabtaste erreichen Sie die einzelnen Felder.

Damit das Formular ausgefüllt werden kann, muss es nach Fertigstellung geschützt werden. Achten Sie darauf, dass der Entwurfsmodus ausgeschaltet ist. Wenn Sie auf die Gruppe Schützen – Bearbeitung einschränken klicken, öffnet sich der Arbeitsbereich Bearbeitung einschränken. Hier klicken Sie unter 2. Bearbeitungseinschränkungen – Nur diese Bearbeitungen im Dokument zulassen: Ausfüllen von Formularen und Ja, Schutz jetzt anwenden an. Geben Sie ein Passwort an. Testen Sie Ihr Formular.

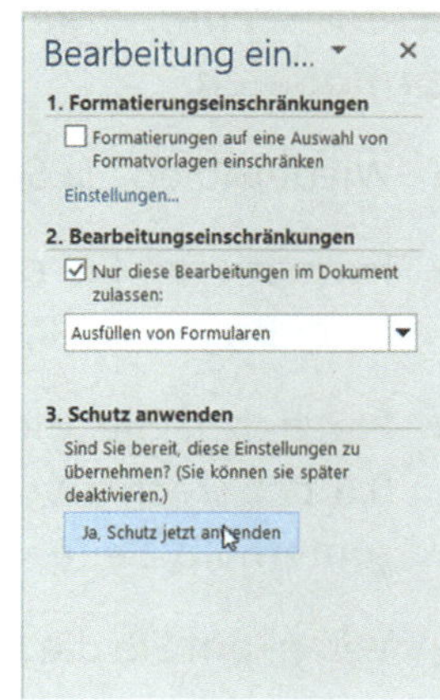

Loch- und Falzmarke einfügen

Falt- und Lochmarken dienen dazu, den fertigen Brief an der richtigen Stelle zu falten bzw. zu lochen. Die Faltmarken werden innerhalb des Kopfzeilenfensters eingesetzt und dann an den linken Rand verschoben. Die genaue Position und Größe der Marken sind in der DIN festgelegt. Gehen Sie schrittweise für den Geschäftsbrief Form B vor:

Schritt 1: Faltmarke 1 – einfügen

- Aktivieren Sie die Kopfzeile.
- Klicken Sie das Symbol Linie an und ziehen Sie bei gedrückter Maus eine waagerechte Linie – Registerkarte Einfügen – Illustrationen – Formen.

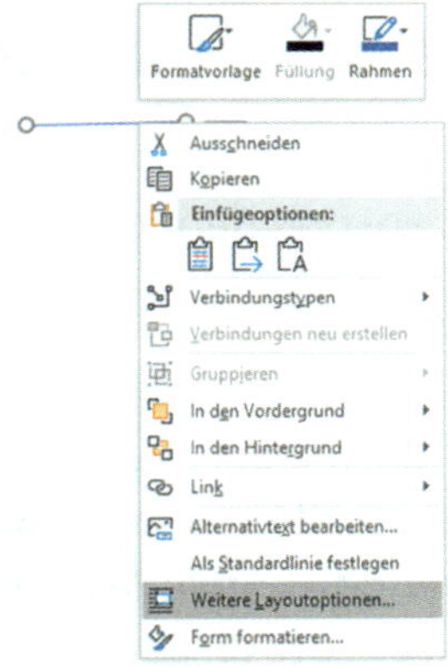

Schritt 2: Faltmarke 1 – formatieren

- Klicken Sie die Linie an.
- Öffnen Sie mit der rechten Maustaste das Kontextmenü – Weitere Layoutoptionen.
- Geben Sie in der Registerkarte Größe die Breite für die Faltmarke mit 0,6 cm an.
- Geben Sie in der Registerkarte Layout/Position die in der Abbildung rechts angegebenen Positionen und Bezugsstellen ein.
- Verankern Sie die Marke.

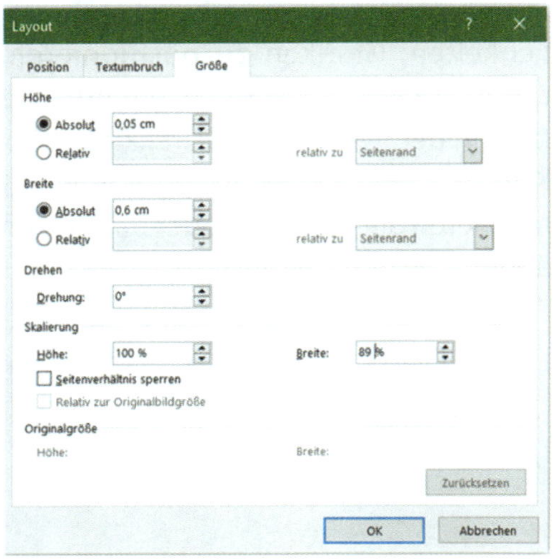

Schritt 3: Faltmarke 2 einfügen – formatieren

- Wiederholen Sie Schritt 1.
- Formatieren Sie die zweite Faltmarke mit einer Breite von 0,6 cm .
- Platzieren Sie die zweite Faltmarke bei 0,6 cm. „rechts von" Seite und bei 21 cm „unterhalb" Seite.
- Verankern Sie die Marke.

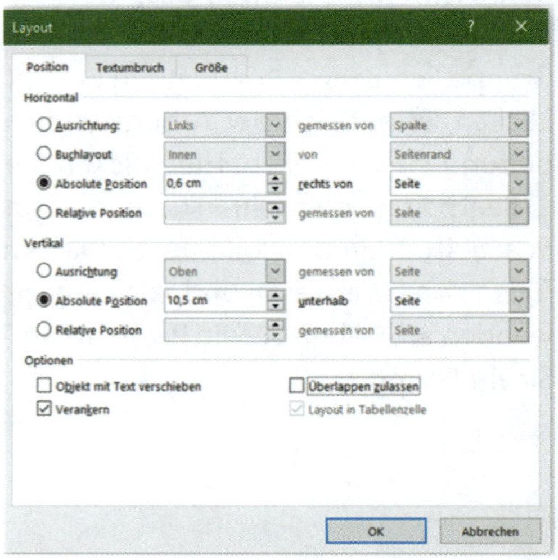

Schritt 4: Lochmarke einfügen – formatieren

- Wiederholen Sie Schritt 1
- Formatieren Sie die Breite mit 0,75 cm
- Platzieren Sie die Lochmarke bei 0,6 cm „rechts von" Seite und bei 14,85 cm „unterhalb" Seite
- Verankern Sie die Marke.

Grafiken und Bilder einfügen

Rechts oben im Lebenslauf oder auf das Deckblatt fügen Sie ein ansprechendes Foto ein.

Auf der Registerkarte Einfügen – Gruppe Illustrationen finden Sie verschiedene Elemente zum Einfügen. Klicken Sie auf das Symbol Grafik, so öffnet sich der Dateimanager, Sie wählen das entsprechende Laufwerk/Verzeichnis und fügen Ihr gewünschtes Bild ein.

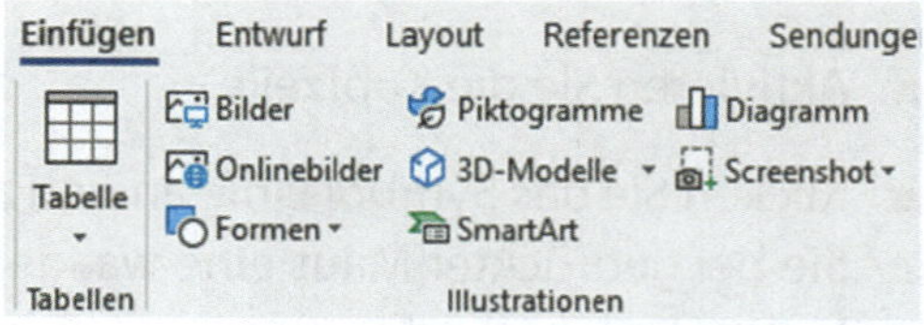

Innerhalb des Textes gibt es mehrere Möglichkeiten, Grafiken zu positionieren. Sehr rationell geht es über die Schaltfläche Textfluss in der Symbolleiste Grafik oder über das Kontextmenü Grafik formatieren – Layout. Markieren Sie die Grafik oder das Bild und verändern Sie den Textfluss auf Oben und unten.

Bildgröße verändern

Markieren Sie Ihre Grafik. Zeigen Sie mit der Maus auf die Ziehpunkte. Der Mauszeiger verändert sich in einen Doppelpfeil. Ziehen Sie mit gedrückter Maustaste einen der Ziehpunkte nach innen bzw. nach außen, um das Bild zu verkleinern bzw. zu vergrößern. Beim Ziehen wird der Mauszeiger als Pluszeichen angezeigt. Lassen Sie die Maustaste los, wenn die gewünschte Größe erreicht ist.

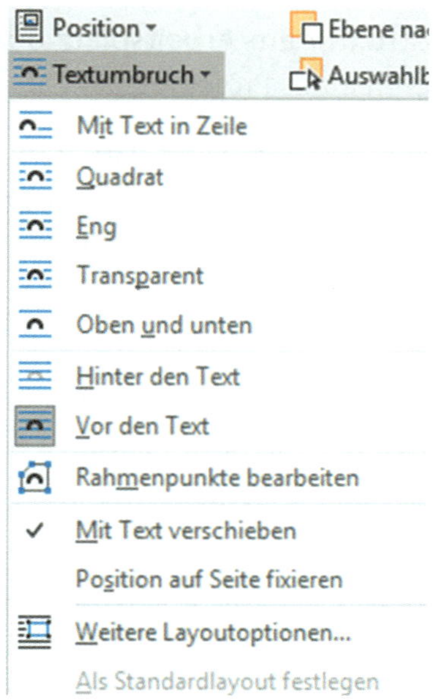

Screenshot erstellen

Bei einem Screenshot handelt es sich um ein Bild, welches den vollständigen Bildschirminhalt enthält, der zum Zeitpunkt der Aufnahme angezeigt wurde.

Die Funktion unter der Registerkarte Einfügen – Gruppe Illustrationen – Screenshot. Dort stehen alle geöffneten Dateien zur Verfügung.

Schaubilder erstellen

In Word, aber auch in PowerPoint lassen sich sehr einfach ansprechende Schaubilder erstellen. Es stehen Ihnen vielfältige Illustrationen zur Verfügung.

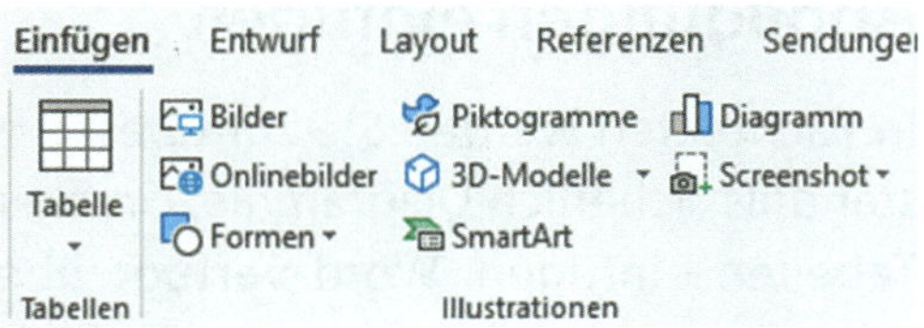

Klicken Sie auf die Registerkarte Einfügen – Gruppe Illustrationen – Schaltfläche Formen. Suchen Sie sich im Katalog die gewünschte Form aus, klicken sie mit der linken Maustaste an und ziehen sie in entsprechender Größe in Ihren Textbereich.

Die Formen lassen sich beschriften, indem Sie mit der rechten Maustaste das Kontextmenü öffnen und auf Text hinzufügen gehen.

Es öffnet sich nun zusätzlich die Registerkarte Format. Damit können Sie nun das Erscheinungsbild (Farben, Strichstärken, Schattierungen) der Form verändern.

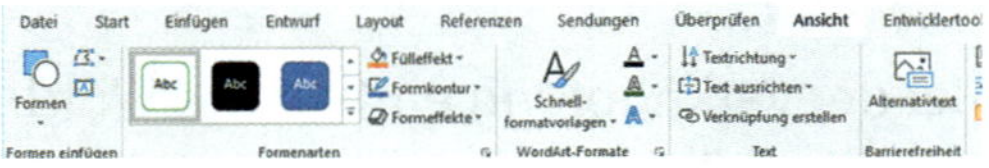

Die SmartArt-Grafik bietet viele Möglichkeiten, ein Thema visuell darzustellen, sei es die Befehlsstruktur am Arbeitsplatz oder ein Flussdiagramm eines Projektes.

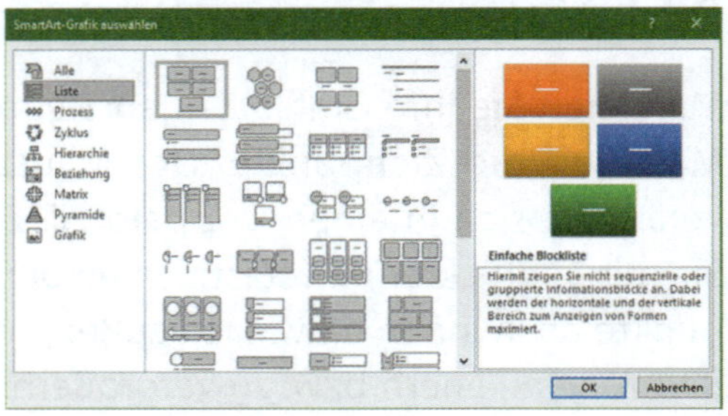

Klicken Sie auf die Registerkarte Einfügen – Gruppe Illustrationen – SmartArt. Wählen Sie den gewünschten Typ aus. Klicken Sie auf die Kategorie, lesen Sie die Beschreibung und klicken Sie auf OK.

Klicken Sie links auf das erste Element im Textbereich und geben Sie den Text ein.

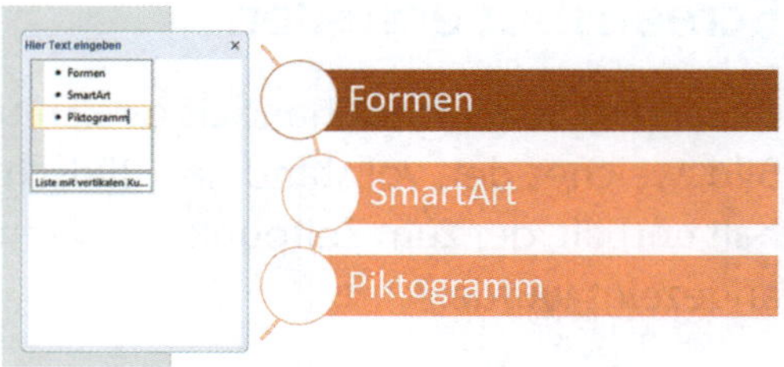

Wird der Textbereich nicht angezeigt, klicken Sie unter der Registerkarte SmartArt-Tools auf die Registerkarte Entwurf – Textbereich. Drücken Sie die Tab-Taste oder den Pfeil nach unten, um zum nächsten Element zu wechseln. Mithilfe der Registerkarte Entwurf können Sie die Optik und den Aufbau verändern.

Ganz rechts in der Multifunktionsleiste bzw. im Menüband können Sie auf die Schaltfläche Grafik zurücksetzen klicken, um alle Änderungen rückgängig zu machen.

Abbildungen einfügen

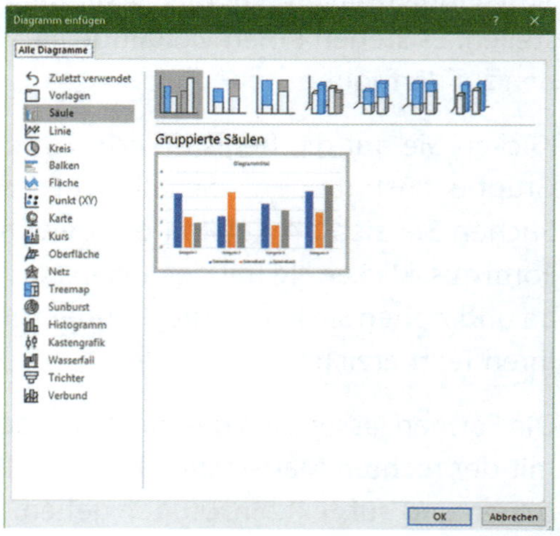

In Fachtexten werden Sie zum besseren Verständnis sicherlich Diagramme, Grafiken bzw. Tabellen einfügen. Word verfügt über verschiedene Möglichkeiten zum Einfügen von Objekten in ein Dokument. Sie können beispielsweise ein Objekt, ein Diagramm oder eine Tabelle auf einfache Weise kopieren.

Sie können eine Tabelle auch als Objekt einfügen oder verknüpfen. Verknüpfen und Einfügen unterscheiden sich im Ort, an dem die Daten gespeichert werden, und in der Art der Aktualisierung nach dem Einfügen in das Dokument.

Bei der Verknüpfung enthält das Word-Dokument lediglich einen Verweis auf die Originaldaten (z. B. einer Excel-Tabelle). Die Verknüpfung ist eine Pfadangabe, die festhält, wo die Datei eines Objektes zu finden ist und welche eingefügt wurde.

Der Vorteil einer Verknüpfung ist zunächst, dass z. B. die Excel-Tabelle, welche in ein Word-Dokument eingefügt wird, dort automatisch aktualisiert wird, wenn sich Änderungen in der Quelldatei ergeben. Ein weiterer Vorteil ist, dass eine Pfadangabe platzsparender ist als die sogenannte Einfügung. Allerdings darf die Quelldatei nicht gelöscht oder zerstört werden.

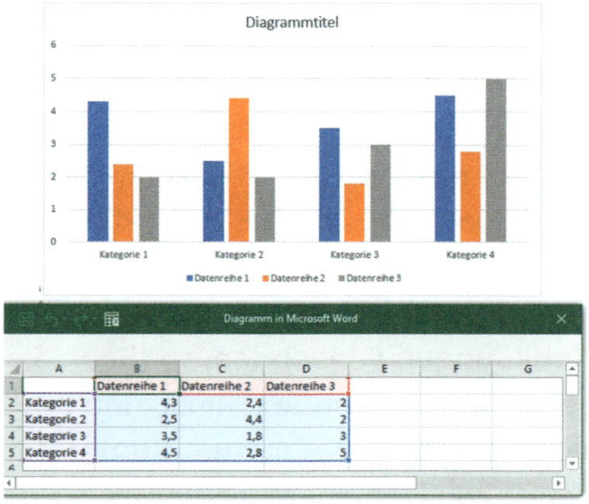

Datei einfügen

Gehen Sie auf die Registerkarte Einfügen – Ordner Text – Befehl Objekt. Hier öffnen Sie das Registerblatt Aus Datei erstellen und suchen Ihre entsprechende Excel-Datei mit einem Doppelklick aus.

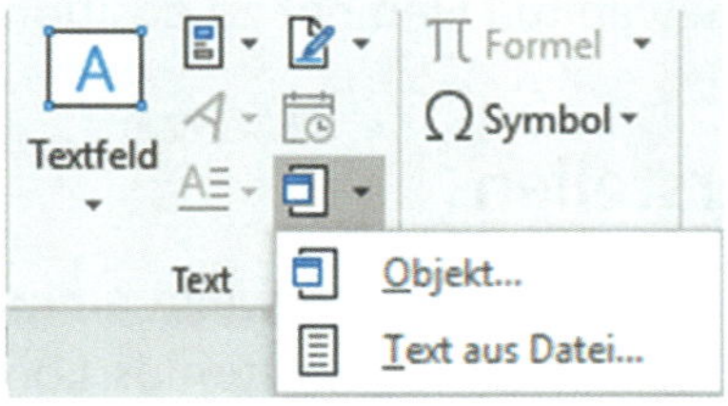

Objekt einfügen

Gehen Sie auf die Registerkarte Einfügen – Ordner Text – Befehl Objekt. Hier öffnen Sie das Registerblatt Aus Datei erstellen und suchen Ihre entsprechende Excel-Datei mit einem Doppelklick aus.

Aktivieren Sie Verknüpfen und klicken auf OK.

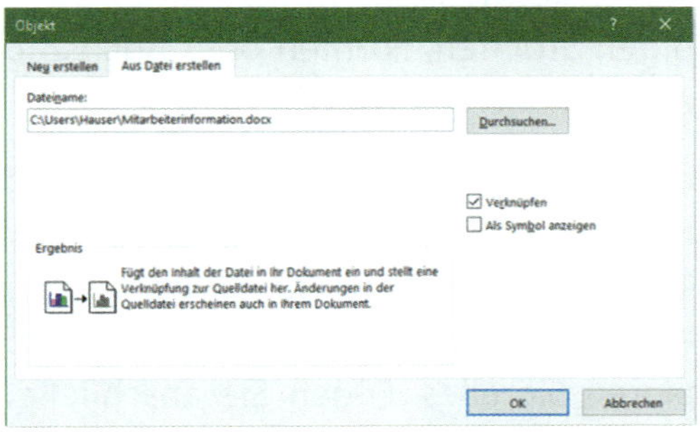

Bildgröße verändern

Markieren Sie Ihre Grafik. Zeigen Sie mit der Maus auf die Ziehpunkte. Der Mauszeiger verändert sich in einen Doppelpfeil. Ziehen Sie mit gedrückter Maustaste einen der Ziehpunkte nach innen bzw. nach außen, um das Bild zu verkleinern bzw. zu vergrößern. Beim Ziehen wird der Mauszeiger als Pluszeichen angezeigt. Lassen Sie die Maustaste los, wenn die gewünschte Größe erreicht ist.

Abbildungen beschriften

Klicken Sie auf die rechte Maustaste und wählen Sie Beschriftung einfügen. Ergänzen Sie die Beschriftung – wählen Sie die Bezeichnung und die Position Über dem ausgewählten Element. Möchten Sie eine andere Bezeichnung bzw. die Abkürzung von Abbildungen verwenden, so fügen Sie unter Bezeichnung Ihren Text hinzu und positionieren den Titel der Abbildung unter dem ausgewählten Element. Wiederholen Sie den Vorgang, um die Quelle anzugeben und sie unter dem ausgewählten Element zu positionieren.

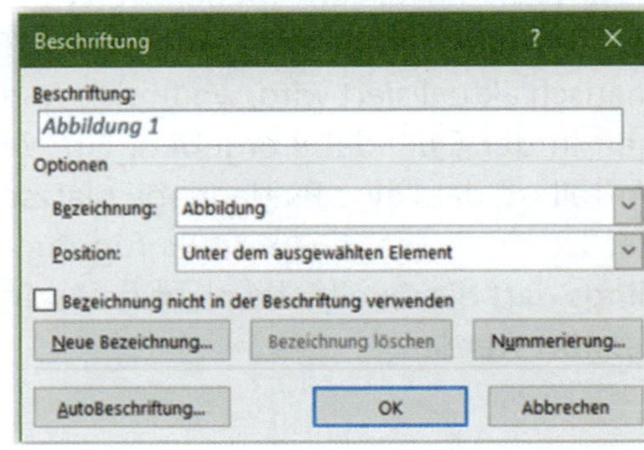

Logo erstellen

Im Internet gibt es mittlerweile einige Programme, mit denen Sie kostenlos Logos erstellen können. Allerdings können Sie mit wenigen Strichen, Formen oder Buchstaben Ihr eignes Logo gestalten.

Unter Einfügen – Illustrationen finden Sie die Formen. Stellen Sie ein Logo zusammen. Markieren Sie die Formen, Striche oder Buchstaben. Klicken Sie auf die rechte Maustaste und gruppieren Sie alles. Fügen Sie anschließend die Grafik z. B. unter Windows-Zubehör in Paint ein und speichern Sie Ihr Logo unter *.jpg ab. Nun können Sie unter Einfügen – Grafik Ihr Logo einfügen. Nun können Sie an den Seiten diagonal ziehen, um es in die richtige Größe zu bringen.

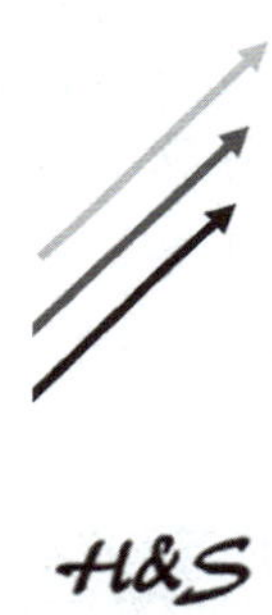

Bevor Sie damit beginnen, sollten Sie sich Gedanken über die Farbgestaltung machen. Für ein Unternehmen, das mit Pflanzen handelt, würde sich sehr gut Grün eignen, dagegen für eine Feuerlöscherfirma eher Rot. Auch sollte darauf geachtet werden, dass auch eine Schwarz-Weiß-Wiedergabe (Darstellung in Graustufen) möglich ist.

Dokument rationell erstellen

Bausteine erstellen

Wenn Sie dasselbe Wort oder dieselbe Wendung wieder und wieder eingeben, sparen Sie eine Menge Zeit, wenn Sie den Eintrag als Schnellbaustein speichern. Er bekommt einen kurzen Namen, mit mindestens vier Buchstaben. Sie tippen nur den Kurznamen ein und rufen den Baustein dann aus dem Speicher ab.

Die Funktion ist nicht auf Text beschränkt, sondern nimmt alles auf, was auch im Dokument Platz findet – Tabellen, Bilder oder komplette Seiten. Bausteine werden in verschiedenen Katalogen gespeichert, die jeweils in mehrere Kategorien geteilt werden können.

Textbausteine definieren

Markieren Sie im Dokument die Information, die Sie als Schnell bzw. Textbaustein speichern möchten.

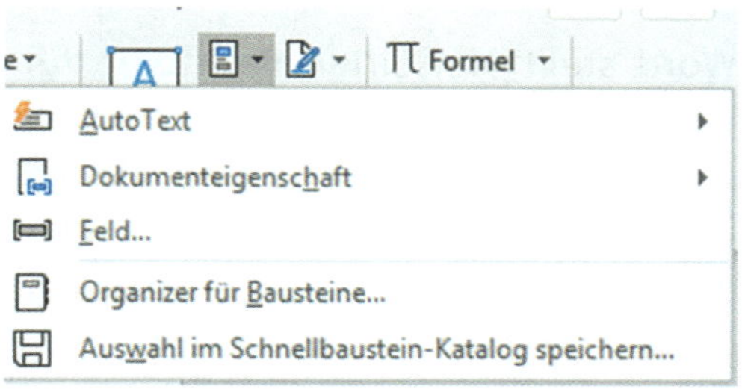

Klicken Sie auf die Registerkarte Einfügen – Befehlsgruppe Text – Schnellbausteine und dann auf Auswahl im Schnellbaustein-Katalog speichern (oder drücken Sie Alt + F3), um das Dialogfeld Neuen Baustein erstellen zu öffnen. Übernehmen Sie den vorgeschlagenen Namen oder geben Sie einen neuen ein.

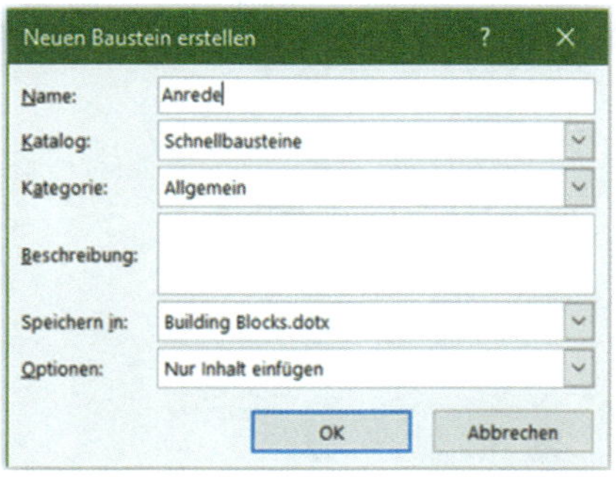

Wenn das Element zukünftig angezeigt werden soll, wählen Sie Schnellbausteine in der Liste Katalog aus. Wählen Sie eine Kategorie aus oder klicken Sie auf Neue Kategorie und legen z. B. eine Kategorie Mahnung an.

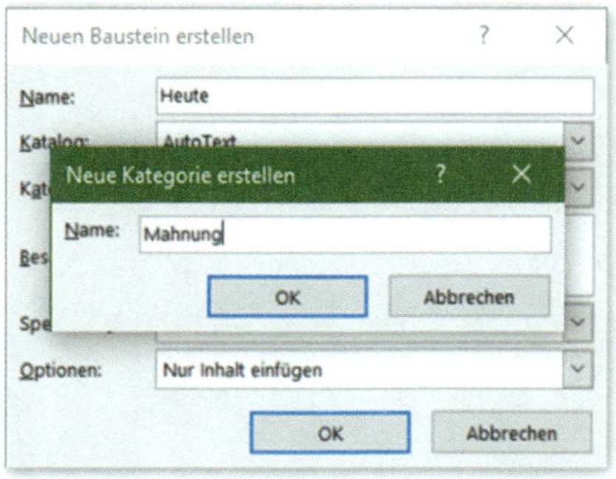

Legen Sie den Speicherort des Eintrags fest – die aktuelle Vorlage oder eine der globalen Vorlagen Normal oder Building Blocks.

Die Schnellbausteine der globalen Vorlage Building Blocks stehen immer zur Verfügung, egal mit welcher Dokumentvorlage Sie arbeiten. Geben Sie an, auf welche Art der Eintrag eingefügt werden soll und klicken Sie auf OK.

Schnellbausteine einfügen

1. Möglichkeit: Setzen Sie die Einfügemarke an die Stelle, an der Sie den Baustein einfügen möchten, geben Sie den Namen ein und drücken Sie F3.

2. Möglichkeit: Klicken Sie auf die Registerkarte Einfügen Befehlsgruppe Text – Autotext. Scrollen Sie ggf. in der Liste, um den gesuchten Eintrag zu finden und führen Sie einen dieser Schritte aus:

- Klicken Sie auf den Eintrag, um ihn an der Einfügemarke im Dokument einzufügen.
- Klicken Sie mit der rechten Maustaste auf den Eintrag und wählen Sie die Einfügeposition.

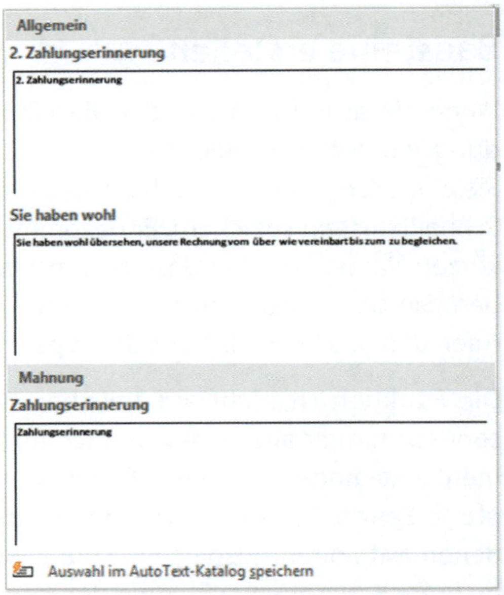

Bausteine organisieren

Word stellt vielseitige Bausteine für Auto-Texte, Deckblätter, Kopf- und Fußzeilen usw. zur Verfügung. Alle Bausteine, die Sie in Ihre Dokumente einfügen können, werden an einer zentralen Stelle, dem sogenannten Organizer für Bausteine, verwaltet.

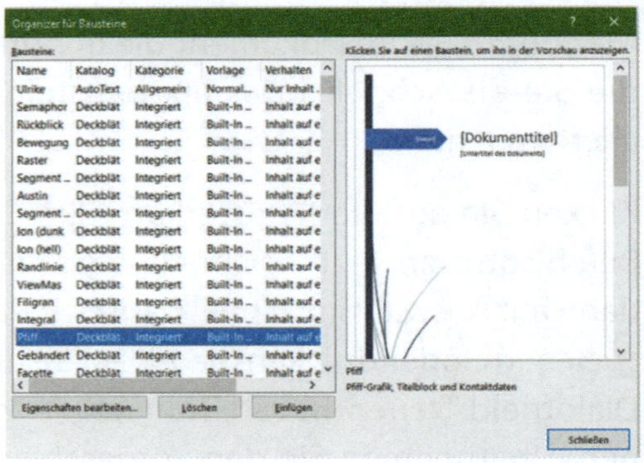

Seriendruck

Erstellen Sie den Brief (Hauptdokument) wie üblich, aber lassen Sie die Stellen frei, an denen Daten aus einer Adressliste eingesetzt werden. Speichern Sie den Brief.

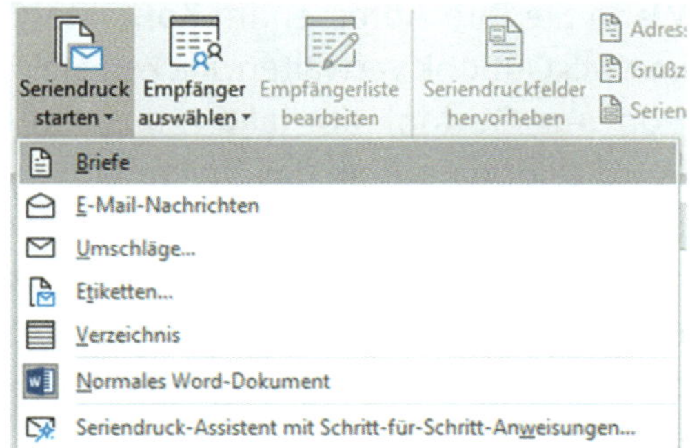

Klicken Sie in der Registerkarte Sendungen – Gruppe Seriendruck starten – Seriendruck starten und im Dropdown-Menü auf Briefe. Anschließend klicken Sie auf die Schaltfläche Empfänger auswählen.

Neue Datenquelle erstellen

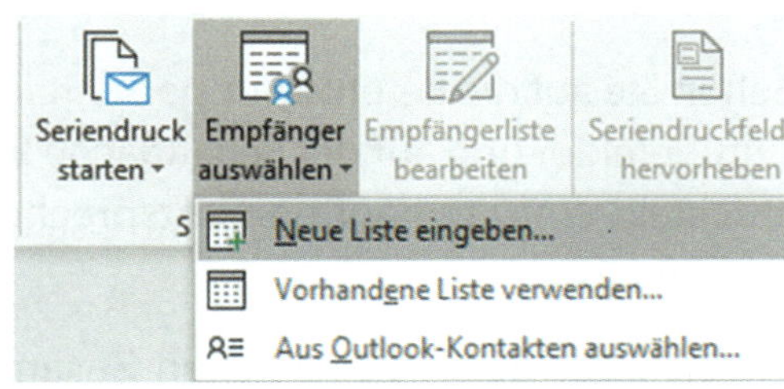

Wenn Sie bisher noch keine Datenquelle erstellt haben, die Sie für den Seriendruck verwenden wollen, dann wählen Sie die Option Neue Liste eingeben. Word zeigt daraufhin ein Formular an, in dem Sie die Adressdaten eingeben können.

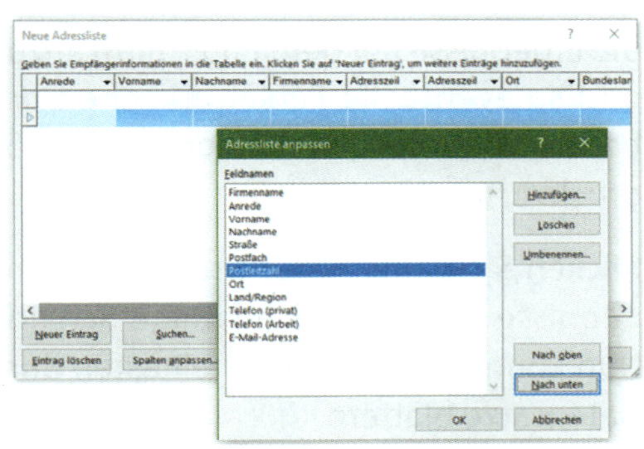

Klicken Sie zunächst auf Spalten anpassen und geben Sie entsprechend Ihrer Datenquelle die Feldnamen ein. Dazu löschen Sie die unnötigen und ergänzen die fehlenden Feldnamen. Berücksichtigen Sie für das rationelle Arbeiten die richtige Reihenfolge der Datenbank.

Um einen weiteren Listeneintrag zu erstellen, klicken Sie die Schaltfläche Neuer Eintrag an. Wenn Sie im Formular auf OK klicken, wird das Dialogfeld Adressliste speichern angezeigt.

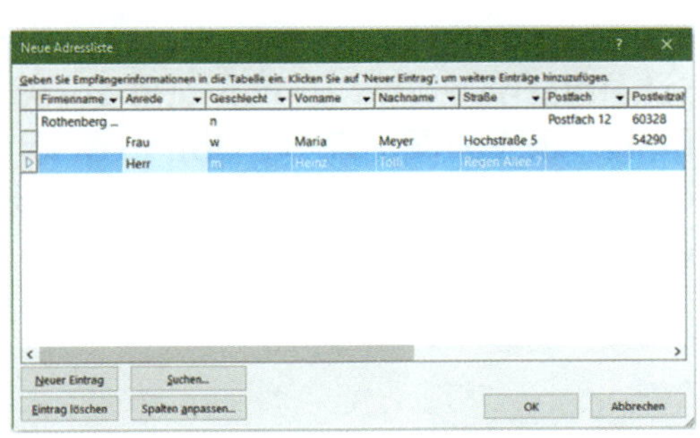

Geben Sie dort einen aussagekräftigen Namen für die Liste ein. Achten Sie unbedingt darauf, an welcher Stelle/Speicherort Sie die Datei ablegen und klicken Sie dann auf Speichern.

Vorhandene Datenquelle öffnen

Wählen Sie unter der Registerkarte Sendungen – Gruppe – Seriendruck starten – Empfänger auswählen die Option Vorhandene Liste verwenden aus. Öffnen Sie Ihre Datenquelle. Klicken Sie auf Empfängerliste bearbeiten. Aktivieren Sie die Kontrollkästchen der Personen, die das Schreiben erhalten sollen.

Adressen aus Outlook

Wenn Sie Ihre Adressen im Kontakte-Ordner von MS Outlook verwalten, klicken Sie die Option Aus Outlook-Kontakten auswählen an. Word zeigt daraufhin das Dialogfeld Kontakte auswählen an, in dem alle Kontaktordner aufgeführt werden, die in Ihrem Outlook-Profil enthalten sind. Klicken Sie in der Liste zuerst die Kontakte an, die Sie verwenden wollen, und dann auf OK.

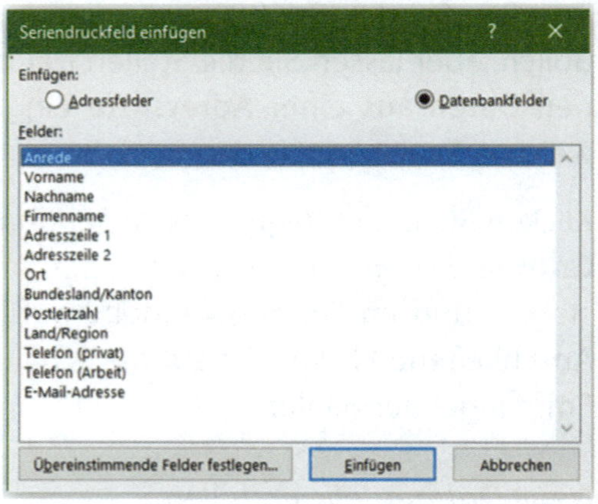

Klicken Sie nun im Dokument auf die Stelle, an der Daten aus der Datenquelle eingefügt werden sollen.

Gehen Sie auf die Befehlsgruppe Schreib- und Einfügefelder und auf der Schaltfläche Seriendruckfeld einfügen auf den entsprechenden Feldnamen.

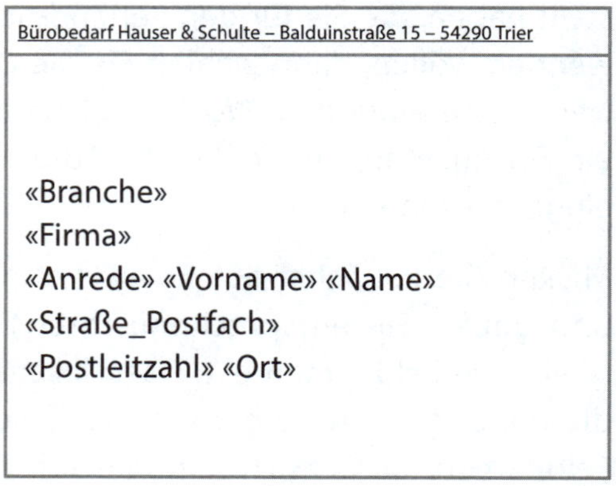

Um sich vor dem tatsächlichen Zusammenführen von Hauptdokument und Datenquelle die Ergebnisse auf dem Bildschirm anzusehen und so eventuelle Fehler erkennen und beheben zu können, verwenden Sie die Seriendruckvorschau.

Klicken Sie dafür in der Gruppe Vorschau Ergebnisse auf die gleichnamige Schaltfläche. Nun können Sie mit den Pfeiltasten durch die Datensätze blättern.

Zusammenführen und Drucken

Klicken Sie in der Gruppe Fertig stellen die Schaltfläche Fertig stellen und zusammenführen an. Wählen Sie die Option Dokumente drucken. Hier können Sie die Datensätze auswählen, die zusammengeführt werden.

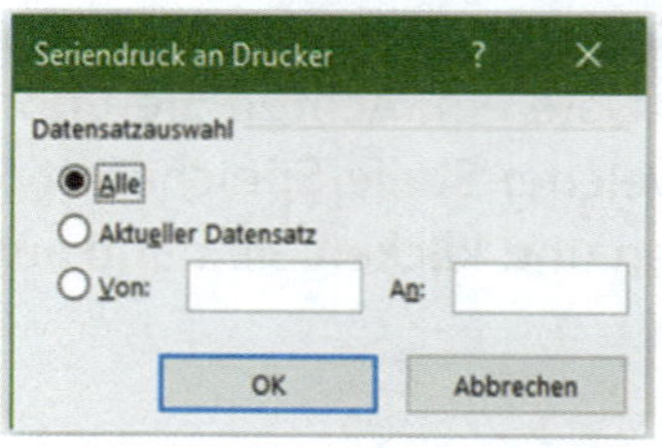

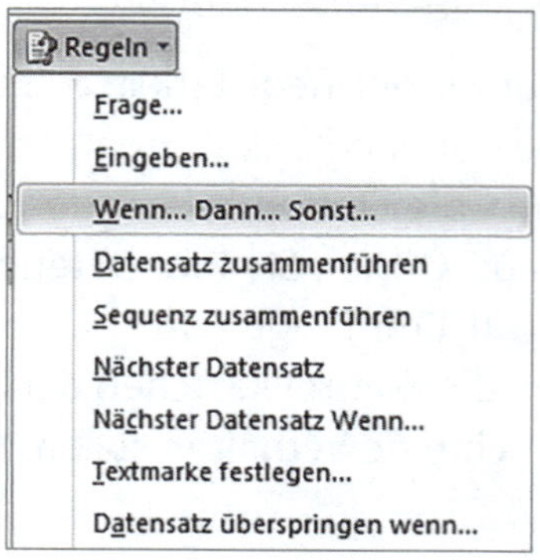

Seriendruck – Bedingungsfeld

Bei der persönlichen Anrede ergibt sich einmal das Problem, dass bei weiblicher Anrede „Sehr geehrte" und bei männlicher Anrede „Sehr geehrter" zu schreiben ist. Zudem werden die männlichen Briefempfänger mit „Herr" angesprochen, in der Datenquelle befindet sich aber in der Regel im Seriendruckfeld „Anrede" der Begriff „Herrn" (im Anschriftfeld erforderlich). Dieses Problem löst das Einfügen eines Bedingungsfeldes.

Positionieren Sie den Cursor an die Stelle, an der das Bedingungsfeld eingefügt werden soll. Wählen Sie über die Registerkarte Sendungen den Ordner Schaltfläche Regeln die Option Wenn ... Dann ... Sonst ...

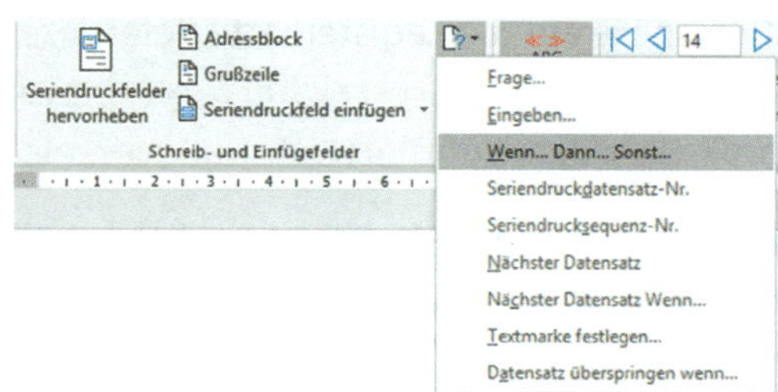

Geben Sie die folgenden Daten ein; achten Sie darauf, dass Sie hinter den Eintragungen kein Leerzeichen setzen! Fügen Sie hinter der Anrede das Seriendruckfeld Nachname – mit einem Leerzeichen abgesetzt – ein. Denken Sie an das Komma nach der Anrede!

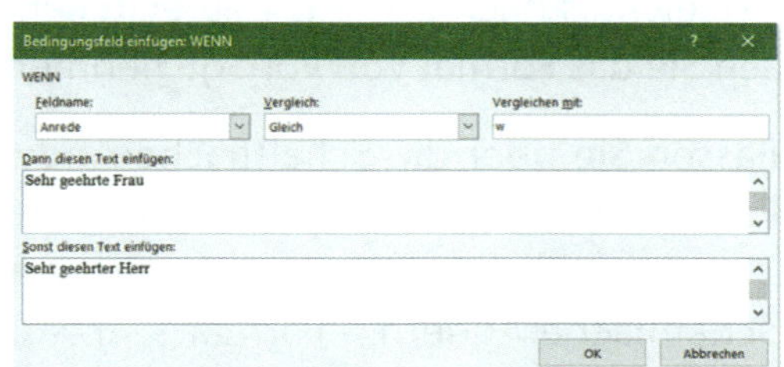

Seriendruck – Filtern von Daten

Im Serienbrief kann eine Auswahl bestimmter Empfänger getroffen werden. Wenn Sie z. B. aus der Datenquelle nur die Empfänger aus einer bestimmten Stadt anschreiben möchten, dann wählen Sie ...

In der Registerkarte Sendungen – Ordner Seriendruck starten – Schaltfläche Empfängerliste bearbeiten. Markieren Sie unten links die Datenquelle, damit die Funktionen unter Empfängerliste verfeinern aktiviert werden.

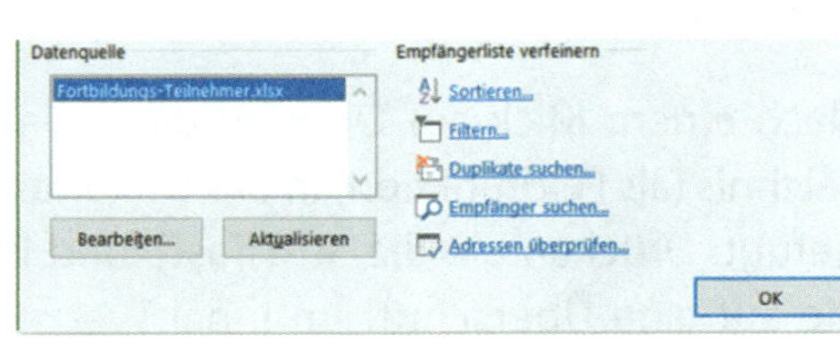

Legen Sie nun unter Empfängerliste verfeinern – Option Filtern die Kriterien fest, die für den Filter verwendet werden sollen.

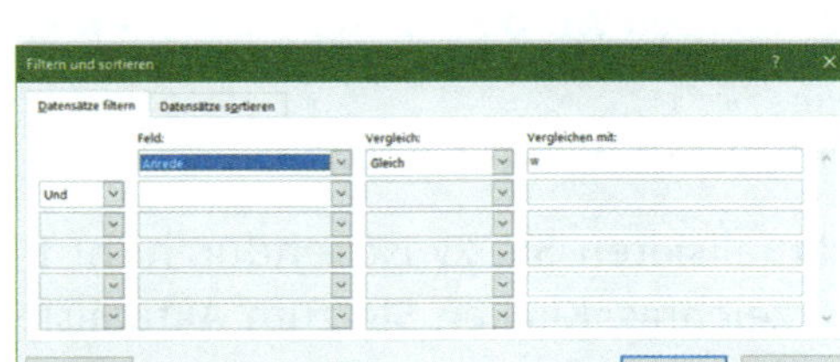

Inhaltsverzeichnis

Word bietet die überaus praktische Funktion, ein Inhaltsverzeichnis automatisch zu erstellen. Voraussetzung dafür ist, dass Sie allen Überschriften die speziellen Formatvorlagen zugewiesen haben und somit eine Gliederungsstruktur des Dokumentes vorhanden ist. Positionieren Sie die Einfügemarke an jener Stelle, an der das Inhaltsverzeichnis eingefügt werden soll.

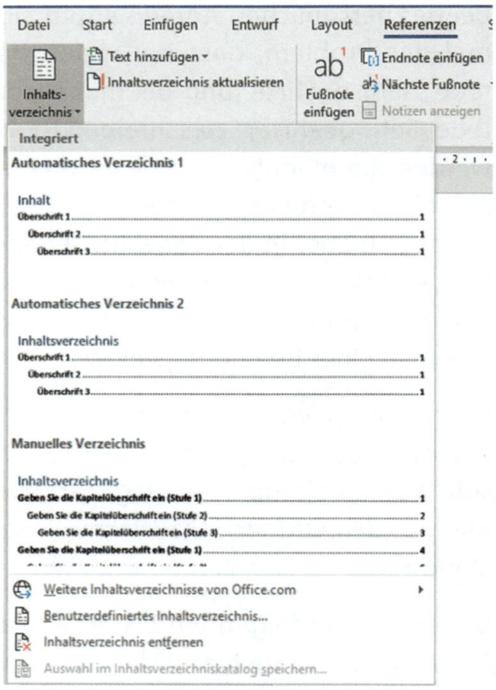

Inhaltsverzeichnis erstellen

Klicken Sie auf die Registerkarte Referenzen – Befehlsgruppe Inhaltsverzeichnis – Inhaltsverzeichnis – Benutzerdefiniertes Inhaltsverzeichnis.

Zunächst legen Sie die Anzahl der Ebenen fest, die in das Inhaltsverzeichnis übernommen werden. Um ein normgerechtes Inhaltsverzeichnis nach DIN 1421 zu erstellen, müssen Sie das Format Von Vorlage nehmen.

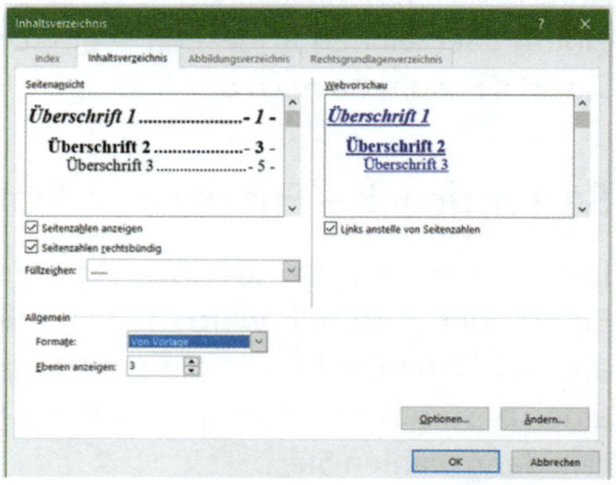

Passen Sie über die Schaltfläche Ändern die Formatierung der Formatvorlagen Verzeichnis 1 bis 3 an. Klicken Sie dazu wiederum auf die Schaltfläche Ändern – Format – Absatz. Den Einzug links setzen Sie auf 0.

Klicken Sie auf OK. Anschließend klicken Sie auf Format – Tabstopp und setzen zwei Tabstopps. (1. Tabstopp 2 cm, Ausrichtung links – 2. Tabstopp z.B. 16 cm, Ausrichtung rechts, Füllzeichen). Ebenso passen Sie die Schriftart Ihrem Text an.

Nach einem Klick auf OK wird das Inhaltsverzeichnis (als Feldfunktion) in das Dokument eingefügt. Drücken Sie die Strg-Taste und klicken Sie auf eine Überschrift im Inhaltsverzeichnis, so wechselt Word zu dieser Stelle im Text.

Inhaltsverzeichnis aktualisieren

Aktualisieren Sie zwischendurch Ihr Inhaltsverzeichnis. Klicken Sie zum Aktualisieren in das Inhaltsverzeichnis und drücken Sie F9 oder wählen Sie im Kontextmenü Felder aktualisieren. Entscheiden Sie, ob Sie nur die Seitenzahlen aktualisieren oder das gesamte Inhaltsverzeichnis neu erstellen möchten.

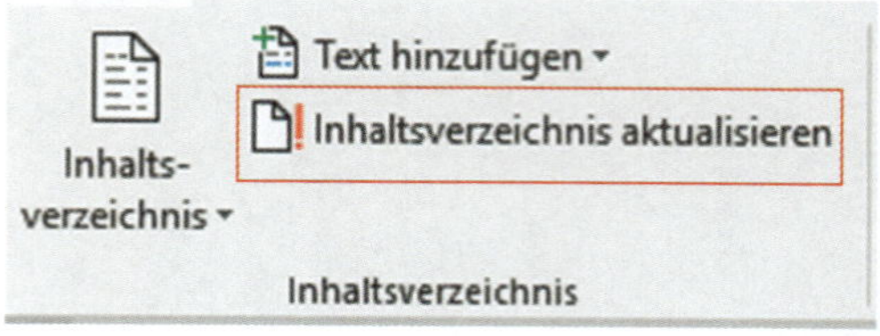

Abbildungsverzeichnis

Wenn Sie Ihre Abbildungen und Ihre sonstigen Elemente wie Formeln, Tabellen oder Schaubilder einheitlich beschriftet haben, können Sie sehr schnell ein Verzeichnis automatisch erstellen.

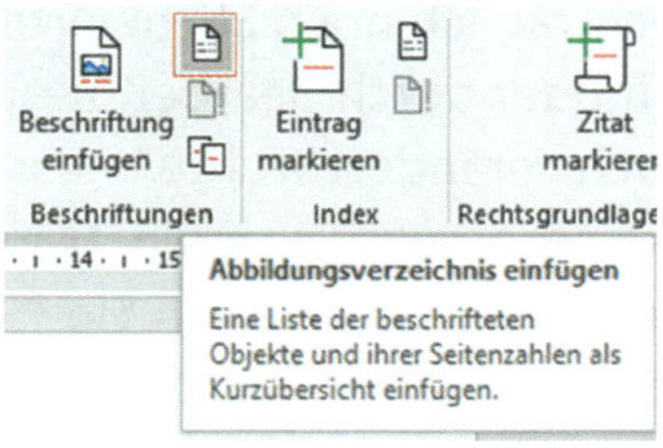

Klicken Sie in Ihrem Dokument an die Stelle, wo Sie das Abbildungsverzeichnis einfügen möchten. Gehen Sie auf der Registerkarte Referenzen – Befehlsgruppe Beschriftungen – Schaltfläche Abbildungsverzeichnis einfügen.

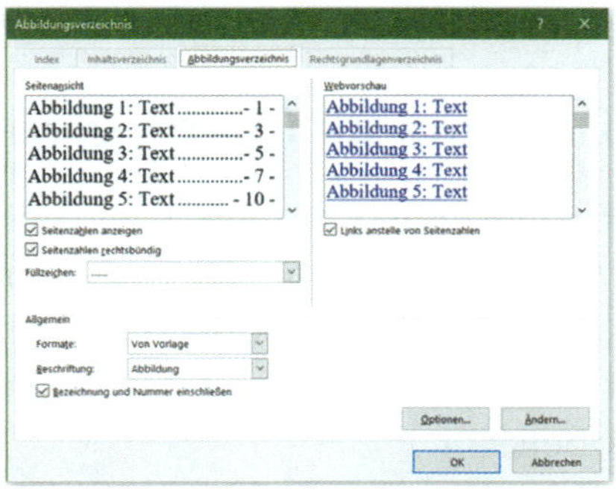

Index erstellen

In umfangreichen Dokumenten sind Stichwortverzeichnisse sehr wichtige Hilfsmittel für die Leser. Bei einem gedruckten Dokument wird dadurch das rasche Auffinden einer bestimmten Textstelle wesentlich erleichtert.

Als ersten Schritt müssen Sie bestimmen, welche Wörter Ihres Textes in das Stichwortverzeichnis aufgenommen werden sollen. Markieren Sie dazu ein Wort oder nur einen Wortteil oder auch mehrere Wörter und drücken Sie Alt + Shift + X. Der markierte Text erscheint nun unter „Haupteintrag". Ändern Sie eventuell diesen Eintragungstext und klicken Sie auf Festlegen.

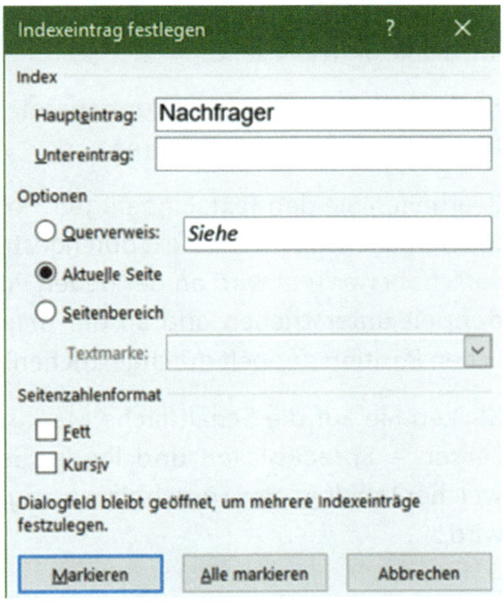

Dadurch wird im Text ein Indexeintrag eingefügt. Das Dialogfeld Indexeintrag festlegen bleibt im Vordergrund. Markieren Sie im Text das nächste Stichwort und klicken Sie in das Feld Haupteintrag. Wenn Sie auf Markieren bzw. Alle markieren klicken, wird das Wort/Wörter überall im Text als Stichwort gekennzeichnet.

Klicken Sie auf die Registerkarte Referenzen – Index einfügen, um das Dialogfeld Index einfügen anzuzeigen. Wählen Sie Format, Typ und Position der Seitenzahl aus. Geben Sie die Anzahl der Spalten ein. Klicken Sie auf OK.

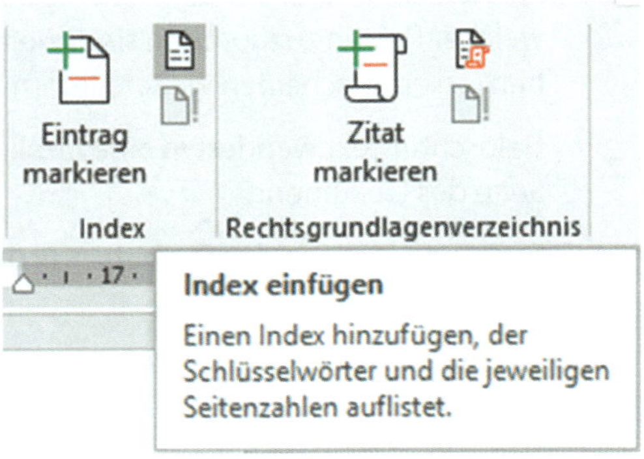

Index aktualisieren

Wenn Sie nachträglich noch Stichwörter festgelegt haben oder durch Bearbeitungen der Seitenumbruch verändert wurde, müssen Sie das Indexverzeichnis aktualisieren. Markieren Sie dazu den Index und drücken Sie F9 oder wählen Sie im Kontextmenü Felder aktualisieren.

Dokumente überprüfen

Ein einziges Dokument wird oft mehrmals von vielen verschiedenen Personen gelesen, überprüft und geändert. Mit der Überarbeitungsfunktion behält man ganz leicht die Übersicht.

Aktivieren Sie auf der Registerkarte Überprüfen – Befehlsgruppe Nachverfolgung die Schaltfläche Änderungen nachverfolgen.

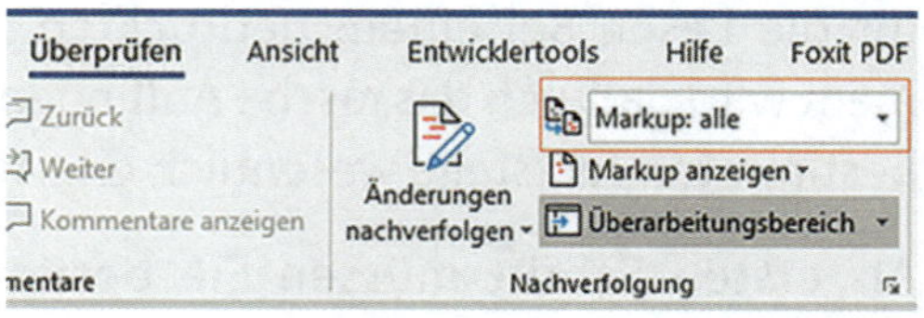

Um die Änderungen anzuzeigen, muss Markups: alle aktiviert sein.

Klicken Sie auf Überarbeitungsbereich, um Ihre Aktionen zu protokollieren.

Bearbeiten Sie den Text. Eingefügter Text wird unterstrichen, gelöschter Text durchgestrichen; verschobener Text wird an der neuen Position doppelt unterstrichen und an der ursprünglichen Position doppelt durchgestrichen.

Klicken Sie auf die Schaltfläche Markups anzeigen – Sprechblasen und legen Sie fest, welcher Inhalt in den Sprechblasen angezeigt wird.

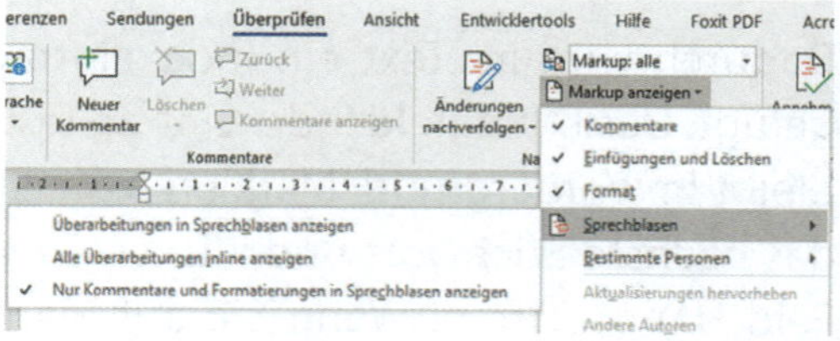

1.	Eingefügter Text wird durch farbliche Kennzeichnung vom restlichen Text unterschieden. Word weist jeder Person, die am Dokument arbeitet, eine andere Farbe zu (bis zu acht Personen/Farben). Damit sehen Sie auf einen Blick, welche Kommentare und Änderungen welcher Person zuzuordnen sind. Wenn Sie den Mauspfeil über dem eingefügten Text ruhen lassen, erscheinen weitere Informationen.
2.	Gelöschter Text wandert in eine farblich gekennzeichnete Kommentarblase an der rechten Seite des Dokuments.
3.	Auch Änderungen des Formats, z. B. der Schriftart, werden in der Kommentarblase erwähnt.

Kommentar einfügen

Das Einfügen von Kommentaren funktioniert in Word genauso wie mit Papier und Bleistift, wo Sie Ihre Notizen am Rand des Dokuments machen. In Word erscheinen diese Notizen rechts vom Text zusammen mit weiteren Informationen in einer Kommentarblase, die ebenfalls in der persönlichen Farbe der jeweiligen Person gehalten ist.

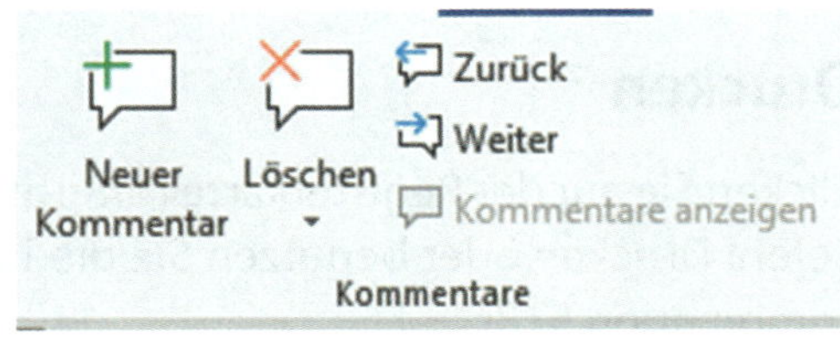

Wählen Sie den Text aus, den Sie kommentieren möchten, oder klicken Sie ans Ende des betreffenden Textabschnitts. Klicken Sie auf die Registerkarte Überprüfen – Neuer Kommentar. Geben Sie Ihren Kommentar direkt in die Kommentarblase ein.

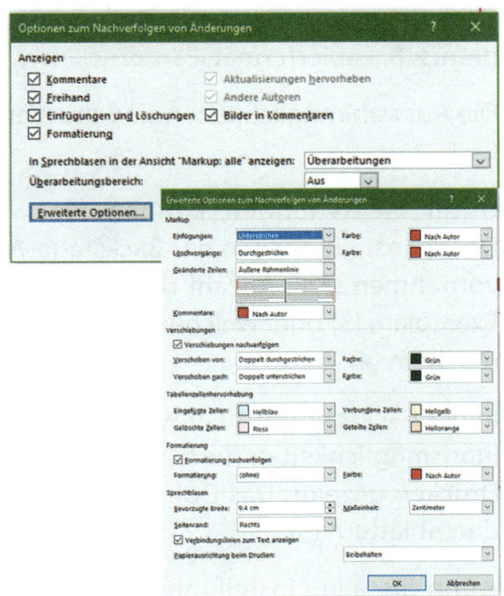

Änderungen bearbeiten

Nachdem alle Bearbeiter über das betreffende Dokument gegangen sind, können Sie die Änderungen begutachten, akzeptieren oder auch individuell ablehnen.

Öffnen Sie das Dokument mit den Änderungen. Deaktivieren Sie ggf. auf der Registerkarte Überprüfen – Nachverfolgung die Funktion Änderungen nachverfolgen. Klicken Sie auf das Feld Einfaches Markup.

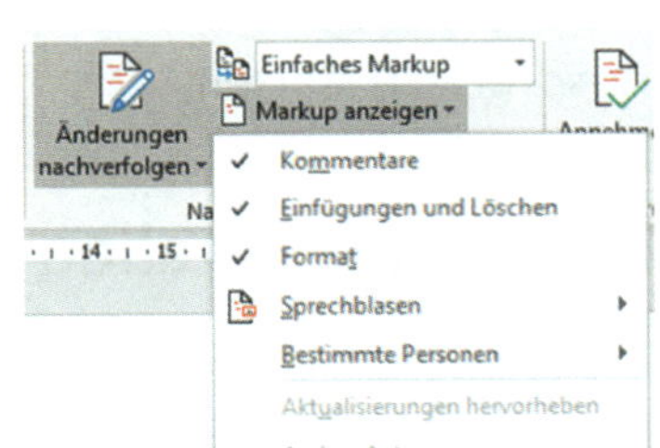

Klicken Sie auf Markup anzeigen und wählen Sie aus, welche Änderungen angezeigt werden sollen. Geben Sie ggf. den Bearbeiter an, dessen Änderungen Sie prüfen möchten.

Klicken Sie in der Gruppe Änderungen auf Weiter, um die nächste Änderung anzuzeigen.

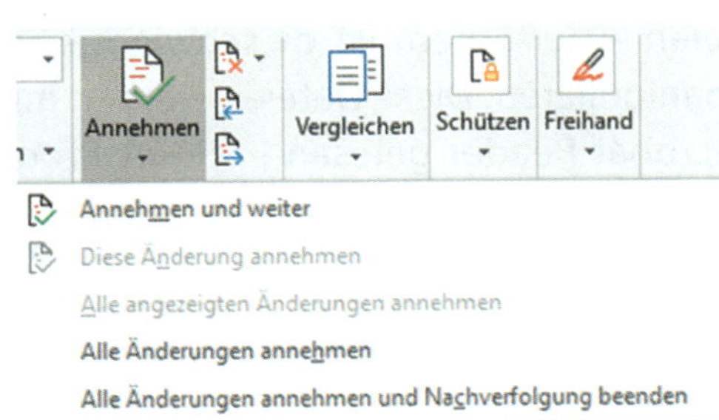

Klicken Sie auf Annehmen, um die Änderung zu integrieren, oder auf Ablehnen, um sie zu verwerfen. Um alle Änderungen zu übernehmen, klicken Sie auf den Pfeil der Schaltfläche Annehmen und dann auf Alle Änderungen im Dokument annehmen. Um Änderungen zu verwerfen, klicken Sie auf den Pfeil der Schaltfläche Ablehnen und dann auf Alle Änderungen im Dokument ablehnen.

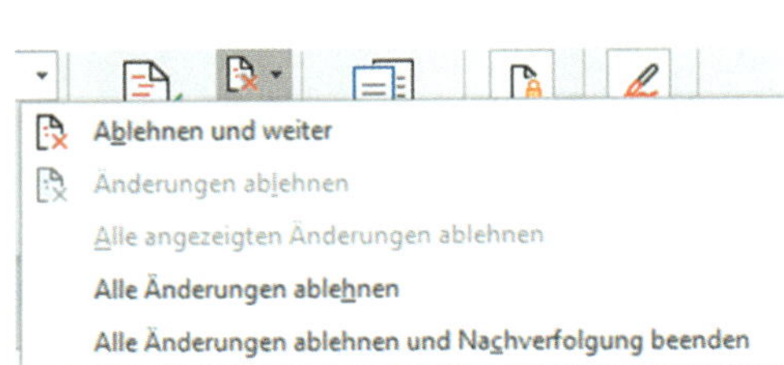

Wechseln Sie zum Schluss zur Ansicht Endgültig/Abgeschlossen, prüfen Sie das Dokument abschließend noch einmal auf Fehler, speichern und schließen Sie es.

Dokument Drucken

Drucken

Klicken Sie auf der Registerkarte Datei auf den Befehl Drucken oder benutzen Sie die Tastenkombination STRG + P.

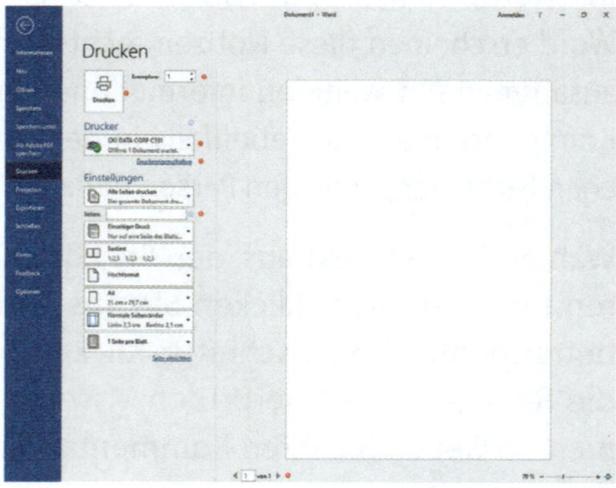

Wählen Sie den gewünschten Drucker (1).

Danach können Sie die Einstellungen (2) ändern, z. B. Papierformat, Farbdruck usw.

Die Auswahlmöglichkeiten sind druckerspezifisch.

Unter Einstellungen können Sie weitere Druckeinstellungen in der Backstage-Ansicht vornehmen (z. B. Anzahl der zu druckenden Exemplare (3) oder welche Seiten Sie drucken möchten (4).

In der Backstage-Ansicht werden alle Einstellungsmöglichkeiten für den Drucker und das Drucken gezeigt. Das Dokument können Sie durchblättern (5).

Wenn Sie alle Einstellungen vorgenommen haben, gehen Sie auf Drucken (6), um den Ausdruck zu starten.

PDF-Datei erstellen

Unterlagen, die per E-Mail versandt werden, bzw. eine Online-Bewerbung versenden Sie am besten in den kilobytesparenden PDF-Dateien – außerdem ist es schwieriger, sie zu manipulieren. Diese Dateien werden mit dem Acrobat Reader gelesen – dieses Programm befindet sich auf fast allen Rechnern.

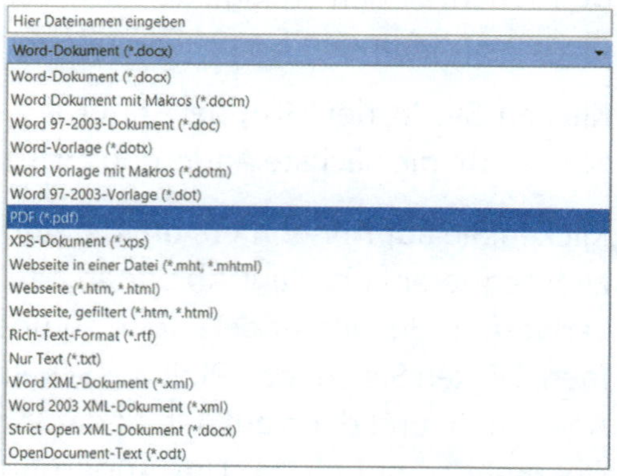

Erstellt werden die PDF-Dateien mit einem PDF Creator. Diese Programme können Sie kostenlos downloaden bzw. sind sie schon standardmäßig installiert.

Speichern Sie Ihre Datei unter dem Dateityp PDF ab.

Excel-Funktionen

Neben der Textverarbeitung ist die Tabellenkalkulation im Bürobereich eine der am häufigsten verwendeten Anwendersoftware. Für kaufmännische Tätigkeiten sind Softwarekenntnisse in diesem Bereich unerlässlich.

In vielen Unternehmen wie auch bei Prüfungen wird das Tabellenkalkulationsprogramm Excel eingesetzt. Die Software findet Anwendungsmöglichkeiten bei Produktionsplanung, Vertriebssteuerung, Lohnabrechnung, Lagerverwaltung usw. Mit diesem Programm können Sie äußerst zeitsparend arbeiten, da jederzeit Tabellen und Diagramme aktualisiert werden können.

Excel-Bildschirm

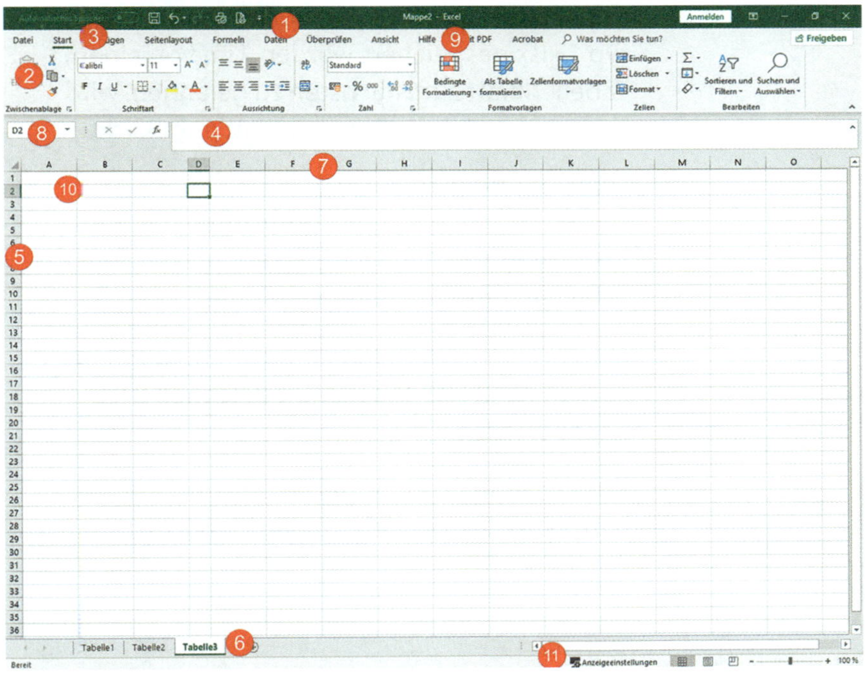

1. Programmleiste
2. Menüband
3. Registerkarten
4. Bearbeitungsleiste
5. Zeilenkopf
6. Tabellenblätter
7. Spaltenkopf
8. Namensfeld
9. Hilfe
10. Aktive Zeile
11. Seitenansicht

Ein Tabellenkalkulationsprogramm basiert auf Tabellen, die wiederum aus einer Vielzahl von einzelnen Zellen bestehen. Eine Excel-Tabelle kann maximal 65 536 Zeilen und 256 Spalten enthalten. Das ergibt über 16 Millionen Zellen. Eine Zelle kann bis zu 32 000 Zeichen für Text oder 10 240 Zeichen für den Formelinhalt enthalten.

Die Zellen können unterschiedliche Inhalte ausweisen. Ebenso können sie logische (z. B. <, >) und arithmetische (z. B. +, *) Operationen miteinander verknüpfen.

Anwendungsfenster

Daten eingeben. Die Bearbeitungsleiste dient zur Eingabe von Daten in die ausgewählte Zelle. Änderungen können mit der Eingabetaste bestätigt oder mit der Taste Esc abgebrochen werden. Im Namenfeld wird die Adresse der Zelle angezeigt, in der die Daten eingegeben werden. Die Eingabe der Daten kann auch direkt in der Zelle erfolgen.

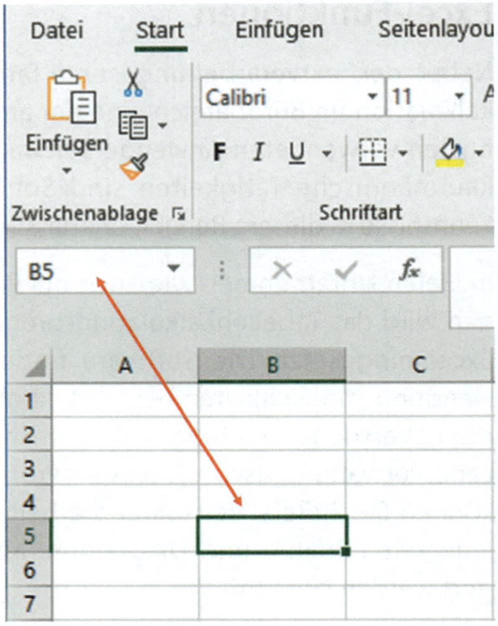

Tabellenblätter, deren Daten zusammenhängen, können in einer Arbeitsmappe als Dateityp *.xlsx gespeichert werden. Um von einem Tabellenblatt zum nächsten zu gelangen, wird das entsprechende Tabellenblatt angeklickt.

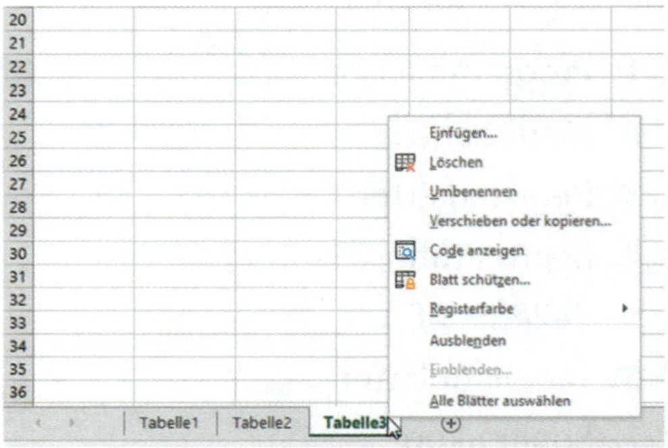

Über die Registerkarte Start – Zellen – Einfügen – Blatt einfügen oder über das Kontext-Menü zum Tabellenblatt können einzelne Tabellenblätter eingefügt werden.

Durch einen Doppelklick auf den Tabellennamen kann das Tabellenblatt schnell umbenannt werden.

Zum Navigieren in einer Arbeitsmappe stehen folgende Symbole zur Verfügung.

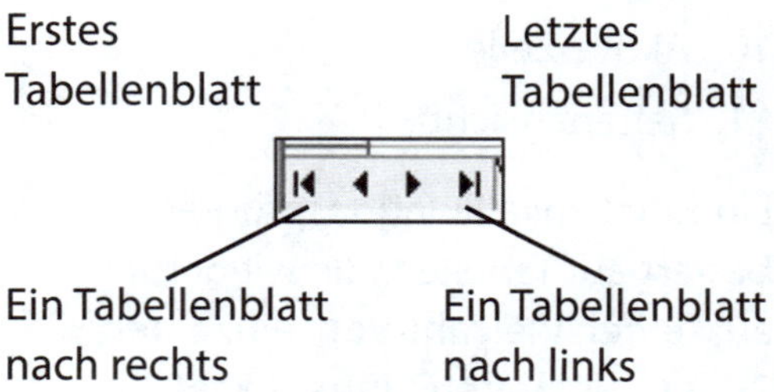

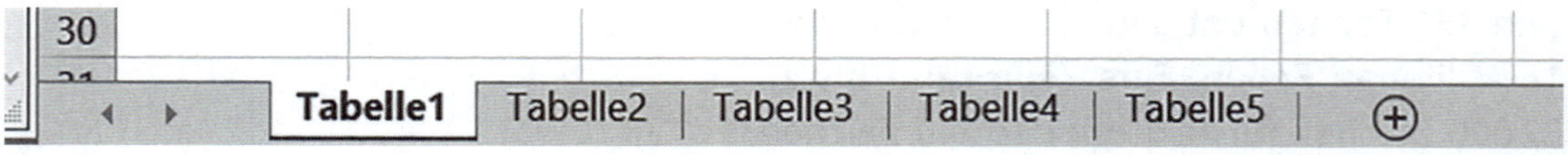

Daten eingeben

Nachdem die gewünschte Zelle markiert ist, kann mit der Eingabe von Daten (Texten, Zahlen, Formeln) direkt in die Zelle oder in die Bearbeitungszeile begonnen werden. Die Texteingabe wird standardmäßig linksbündig geschrieben und die Zahlen rechtsbündig ausgerichtet.

Werden die Zeichen "#######" in einer Zelle angezeigt, dann ist die Spalte für die eingegebenen Zahlen zu klein. Mit einem Doppelklick im Spaltenkopf zwischen der Spalte D und E wird die optimale Breite erreicht.

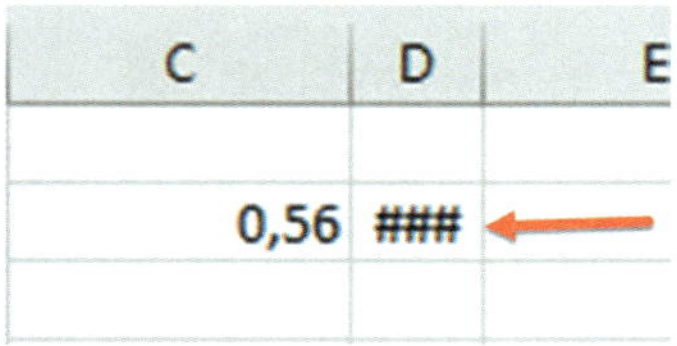

Reicht eine Spalte für den eingegebenen Text nicht aus, wird die rechte Nachbarzelle mit verwendet. Ist diese Zelle nicht leer, wird der Text abgeschnitten und nur von der Bearbeitungszeile komplett angezeigt. Der Text kann durch das Tastenkürzel Alt + ⇒ (Return) entsprechend aufgeteilt werden oder unter der Gruppe Ausrichtung – Startmenü – Zellen formatieren – Textsteuerung – Zeilenumbruch aktivieren. Alternativ kann im Spaltenkopf die Spalte erweitert werden.

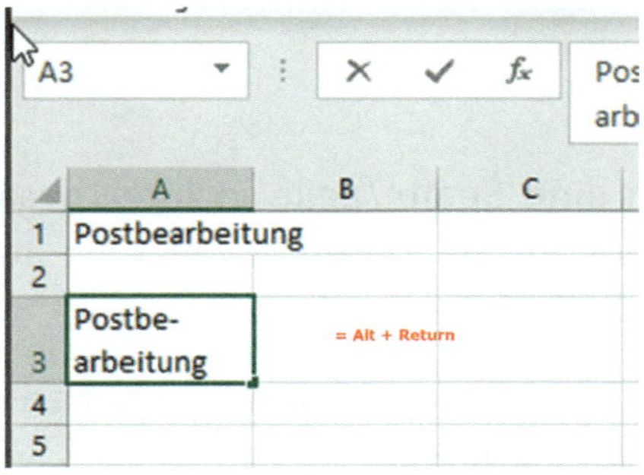

Soll die Zahl als Text (linksbündig) erkannt werden, muss die Eingabe mit einem Apostroph beginnen. Mit dieser Zahl kann dann allerdings in einer Formel nicht gerechnet werden.

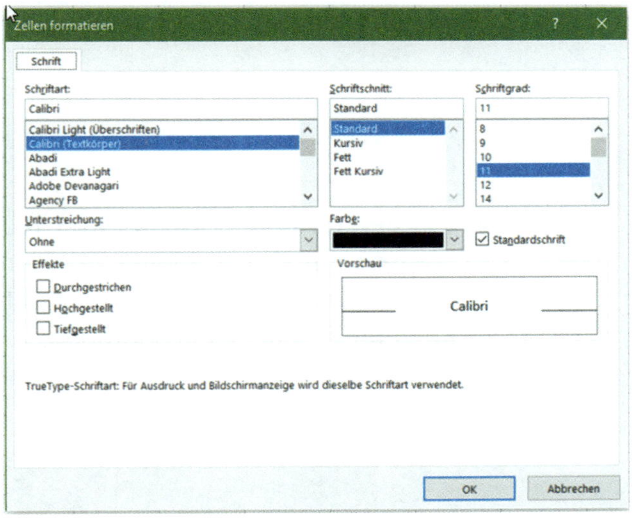

Zelleninhalte löschen

Markieren Sie die Zelle und drücken Sie die Entfernen-Taste oder Rücklöschtaste.

Wird die Löschung über die Leertaste vorgenommen, entsteht ein leerer Eintrag in der Zelle. Dies kann bei späteren Aufgabenstellungen zu Problemen führen.

Markieren von Zellen

Markiert ist die Zelle oder der Bereich, der von einem schwarzen Rahmen umgeben ist und in dessen rechter unterer Ecke sich ein kleines Quadrat (Anfasser) befindet.

Markierte Zelle (A1)

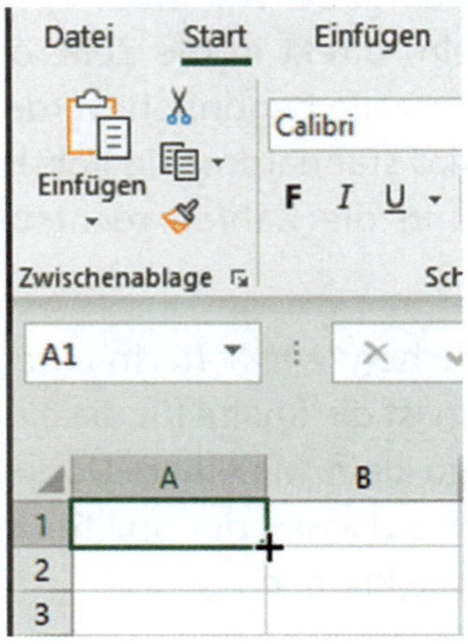

- Um eine Spalte/Zeile in ihrer gesamten Länge zu markieren, klicken Sie auf den Spalten-/Zeilenkopf.
- Mit Strg können Sie voneinander entfernte Zellen markieren.

Markierter Bereich (A1 bis C8)

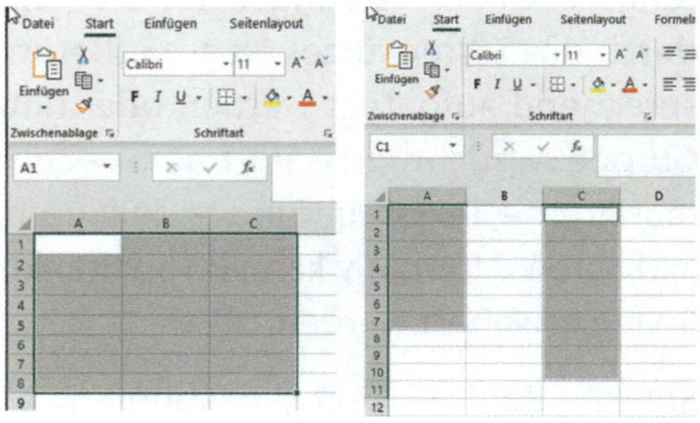

- Um den gesamten Inhalt eines Tabellenblattes schnell zu kopieren, markieren Sie das gesamte Tabellenblatt sowohl beim Kopieren als auch beim Einfügen.

Markiertes Tabellenblatt

Schaltfläche zum Markieren des gesamten Tabellenblattes

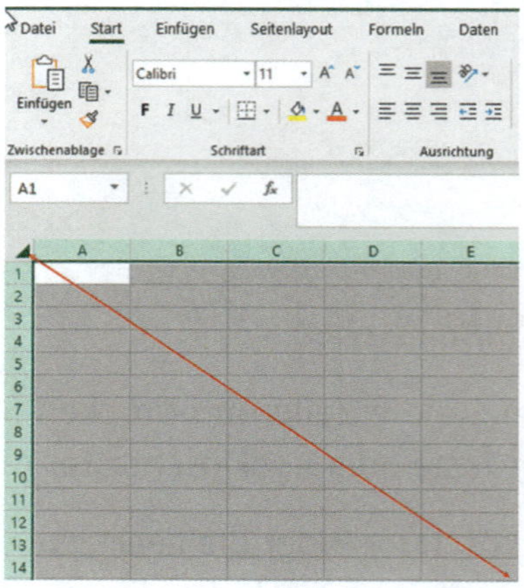

AutoAusfüllen von Zellen

Ausgehend von einem Eintrag lassen Sie eine Reihe von vorgegebenen Einträgen automatisch folgen. Wenn der Mauszeiger auf dem Anfasser steht, wird der AutoAusfüllen-Mauszeiger (Fadenkreuz) angezeigt. Der Ausgangswert bzw. die Ausgangswerte müssen markiert sein, damit die Systematik der Aufzählung durch Ziehen mit dem AutoAusfüllen-Mauszeiger erkannt wird.

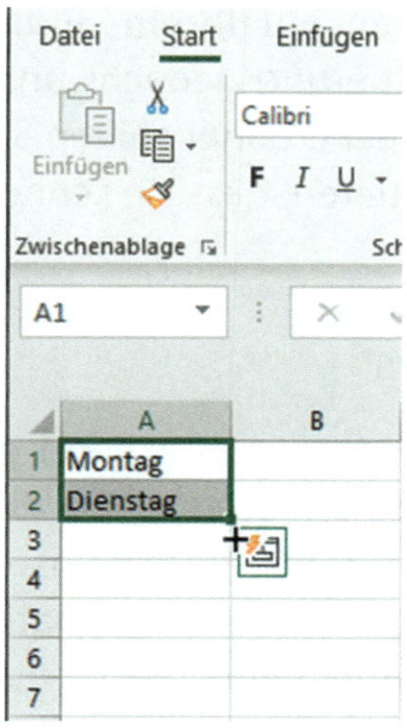

Die Schaltfläche AutoAusfülloptionen wird unmittelbar unterhalb der Füllauswahl eingeblendet, nachdem Sie ein Tabellenblatt mit Text oder Zahlen gefüllt haben. Wenn Sie auf die Schaltfläche klicken, wird eine Liste angezeigt, die Optionen für den Umgang mit dem Text oder den Daten beim Ausfüllen enthält.

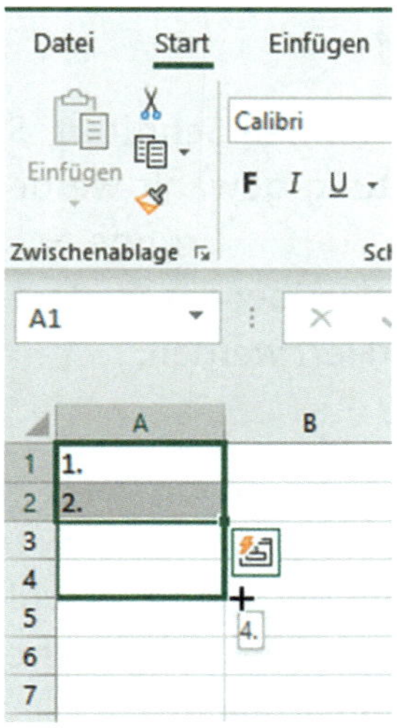

Wird AutoAusfüllen-Mauszeiger (Fadenkreuz) mit der Strg-Taste gezogen, wird immer der gleiche Textinhalt kopiert. Anders ist es beim Kopieren von Zahlenreihen. Hier muss die Strg-Taste gedrückt werden, ansonsten wird die eingegebene Zahl kopiert.

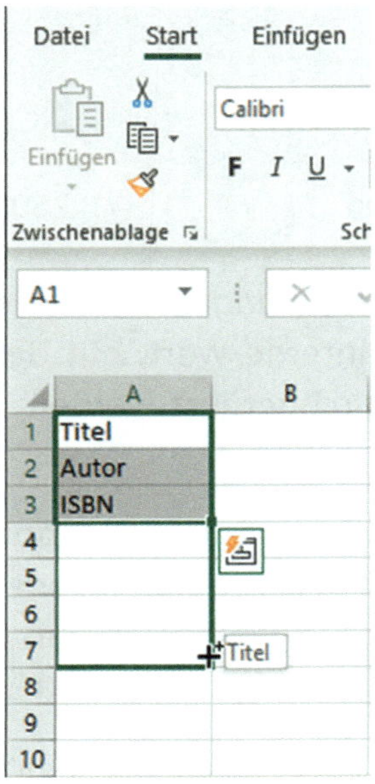

Formatierungsmöglichkeiten

Die Gitternetzlinien auf Ihrem Bildschirm sind nur als Orientierung gedacht und werden nicht mitgedruckt. Daher sollten Sie Ihre Tabellen so formatieren, dass sie schnell verstanden werden.

Zellen formatieren

Auch Tabellen werden ansprechend gestaltet. Dazu müssen Formatierungen (Schriftart, Farbe, Rahmen, Zahlenformate usw.) vorgenommen werden. Vor jeder Formatierung müssen die zu bearbeitenden Zellen markiert werden.

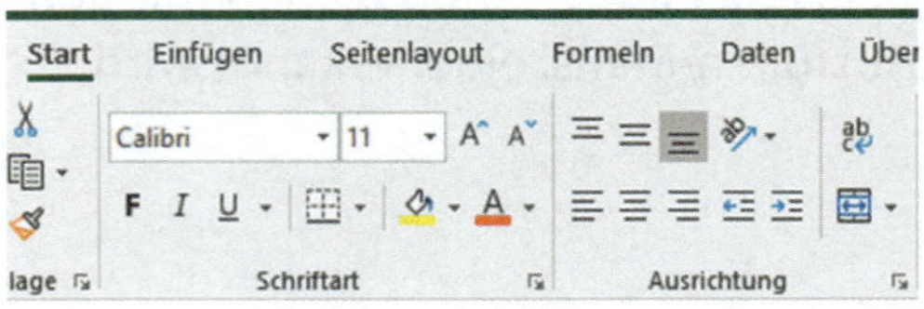

Texte formatieren

Mit Textformaten können Schriftart, Schriftgrad und Ausrichtung gewählt werden. Auf der Registerkarte Start – Gruppe Schriftart und Ausrichtung oder über das Kontext-Menü können Zellen markiert werden.

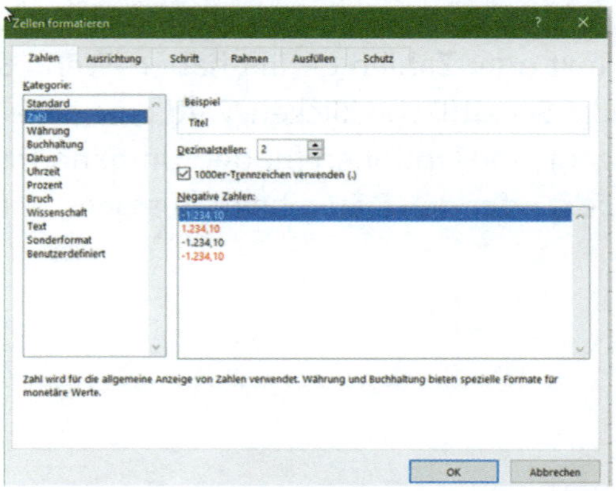

Zahlen formatieren

Tabellenkalkulationssprogramme bieten die Möglichkeit, Zahlen optisch unterschiedlich zu formatieren (1 000er-Trennzeichen, als Währung, Nachkommastellen).

Standard	2 500
1000er-Teilung	2 500
Währungsformat	2 500 €
Nachkommastellen	2 500,00 €

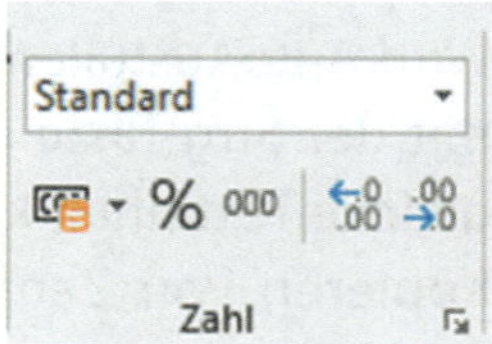

Durch Zahlenformatierungen ändert sich nur die Ansicht, der interne Wert, mit dem die Berechnungen durchgeführt werden, bleibt gleich.

Über die Registerkarte Start – Gruppe Zahl klicken Sie auf das Startprogramm, oder über das Kontext-Menü Zellen formatieren haben Sie die Möglichkeit, Zahlen zu formatieren.

In der Kategorie Benutzerdefiniert können Sie ein eigenes Zahlenformat, z. B. zum Rechnen mit Mengenangaben (Liter, Stück) kreieren.

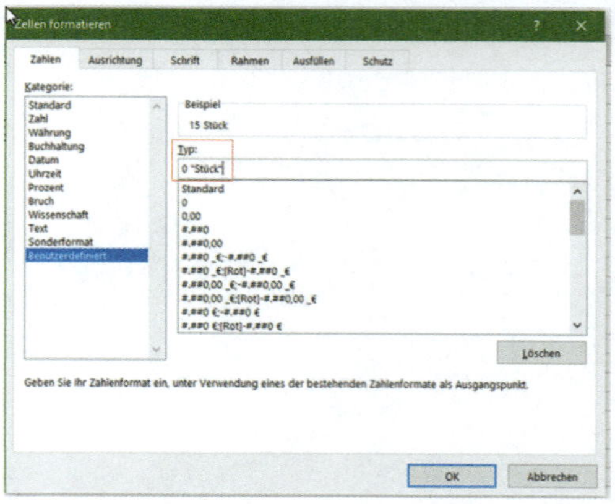

- Um Text mit Zahlen in einer Zelle darzustellen, setzen Sie den Text in Anführungszeichen.
- Um Zahlen mit Dezimalstellen darzustellen, fügen Sie Ziffernplatzhalter ein.
  - # = zeigt nur bedeutende Ziffern an
  - 0 = zeigt nichts bedeutende Nullen an

Hintergrundfarben

Das Verwenden von Hintergrundfarben für einzelne Zellen und Zellbereiche ist zum Beispiel dann sinnvoll, wenn zwischen Eingabefeldern und Ergebnisfeldern unterschieden wird. Der Nutzer dieser Excel-Tabelle sieht dann sofort, in welchen Zellen Formeln oder Funktionen hinterlegt wurden, die durch Eingaben von neuen Werten gelöscht würden. Unter Zellen formatieren – Ausfüllen können Sie die verschiedensten Farben auswählen.

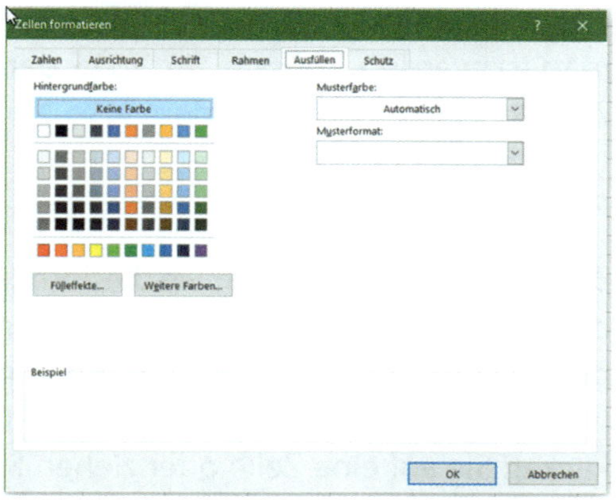

Zellausrichtung

Standardmäßig werden Zahlen rechts- und Texte linksbündig formatiert. Diese Einstellung können Sie schnell über die Symbole abändern.

Über das Dialogfenster Zellen formatieren werden Register Ausrichtung weitere Möglichkeiten der Zellausrichtung angeboten. Die Textausrichtung kann Horizontal und Vertikal verändert werden, ebenso kann bei der Ausrichtung nach links ein Einzug gesetzt werden. Unter Orientierung können Texte auch senkrecht eingerichtet werden. Dazu wird mit der Maus ein beliebiger Winkel festgelegt. Unter Textsteuerung können Sie den Zeilenumbruch und die Spaltenbreite bestimmen. Mehrere Zellen können zu einem Zellbereich verbunden werden, wenn Sie an entsprechender Stelle einen Haken setzen.

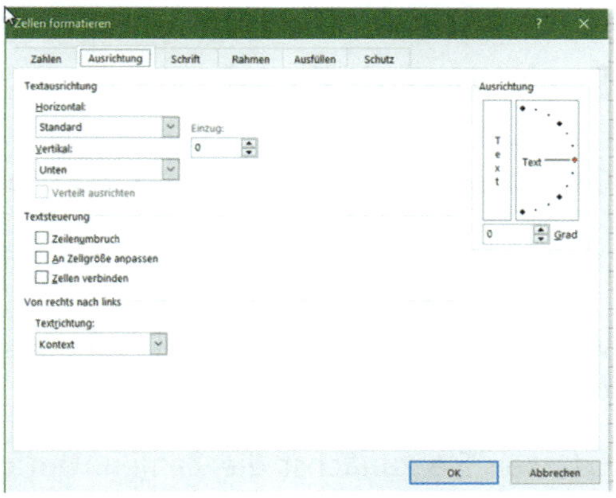

Befehl Wiederholen/Rückgängig machen

Über den Befehl Rückgängig bzw. dem Shortcut Strg + Z machen sie den letzten Befehl rückgängig um fehlerhafte Eingaben zu beheben.

Über den Befehl Wiederholen oder dem Shortcut Strg + Y kann der zuletzt eingegebene Befehl beliebig oft wiederholt werden.

In der Symbolleiste für den Schnellzugriff können die gewünschten Befehle aktiviert werden.

Zellen mit Prozent formatieren

Anders ist es, wenn die Zelle auf das Format Prozent formatiert wird. Der eingegebene Wert erhält automatisch als Erweiterung das Prozentzeichen (%). Zunächst werden die Zellen markiert und dann das Prozentformat zugewiesen.

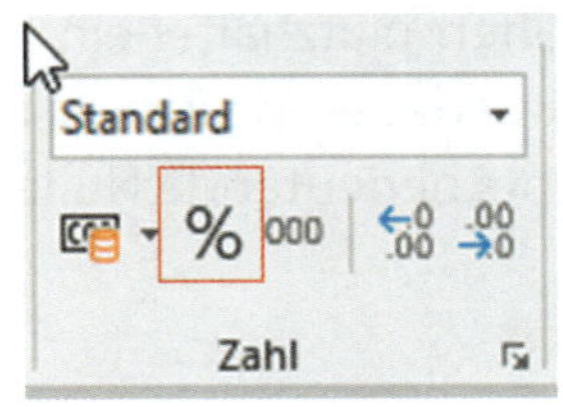

Wenn die Zellen erst später auf Prozent formatiert werden, müsste für 25 % dann die Zahl 0,25 eingegeben werden.

Format übertragen

Besonders schnell können Sie die Formate mit dem Pinsel kopieren. Markieren Sie zunächst die Zelle mit dem zu kopierenden Format – klicken Sie auf das Symbol mit dem Pinsel – klicken Sie auf eine Zelle oder ziehen Sie den Pinsel über den Bereich, auf den das Format übertragen werden soll.

Rechnen mit Excel

Grundrechenarten, Prozent und Potenz

Operatoren mit Zellbezügen

Verwenden Sie in der Formel Zellbezüge anstelle von konstanten Werten (Zahlen).

Erfassen Sie zunächst die Zahlen. Um das Ergebnis zu errechnen, beginnt die Formel immer mit einem Gleichheitszeichen. Klicken Sie bei der Formeleingabe mit der Maus auf die gewünschte Zelle, um die Zellbezüge herzustellen.

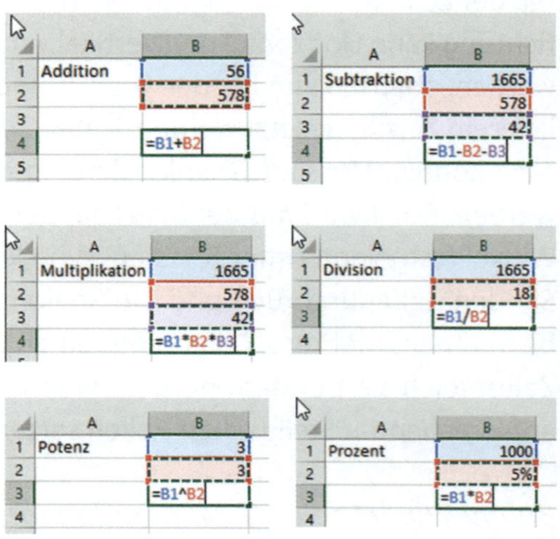

56	schreiben Sie in Zelle B1
578	schreiben Sie in Zelle B2
581	schreiben Sie in Zelle B3
Ergebnis	=
Addition	klicken Sie auf Zelle B1 + klicken Sie auf Zelle B2 + klicken Sie auf Zelle B3
Summe	klicken Sie auf Return

Rationelles Arbeiten mit Excel (LA 3.2.4)

Kopieren von Formeln

Beim Kopieren von Formeln mit Zellbezügen wird die Zelle, in der die zu kopierende Formel steht, markiert. Der Mauszeiger wird dann auf den Anfasser platziert, und mit dem Auto-Ausfüllen-Mauszeiger wird die Formel in die gewünschten Zellen kopiert. Dabei ist es wichtig, zwischen relativen und absoluten Bezügen zu unterscheiden.

Relative Adressierung (Zellbezüge)

Ein relativer Bezug berechnet Zellen relativ zu seiner Position. Werden Zellen mit relativem Bezug kopiert, wird der Bezug angepasst.

Wird die Formel von der Zelle D2 in die Zelle D3 und D4 kopiert, wird der Bezug angepasst.

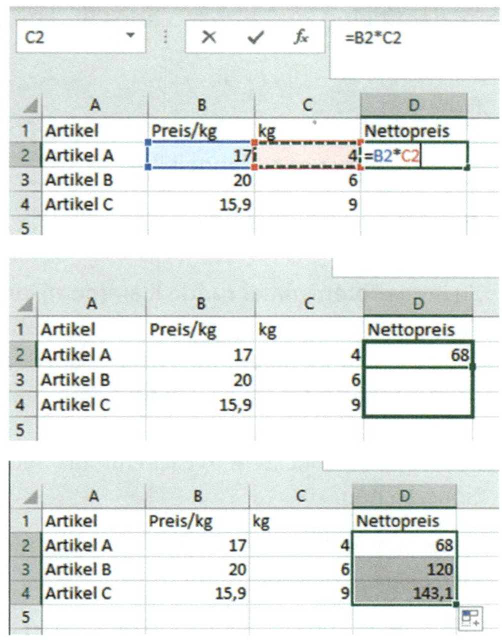

Absolute Adressierung (Zellbezüge)

Wollen Sie verhindern, dass ein Bezug beim Kopieren einer Formel angepasst wird, müssen absolute Bezüge verwendet werden. Ein $-Zeichen vor einer Zeile/Spalte verhindert deren Veränderung. Dies erreichen Sie auch mit der Taste F4.

Wird die Formel von der Zelle E2 in die Zellen E3 und E4 kopiert, wird der absolute Bezug $B$5 nicht angepasst. Also es wird immer Bezug auf Zelle B5 genommen.

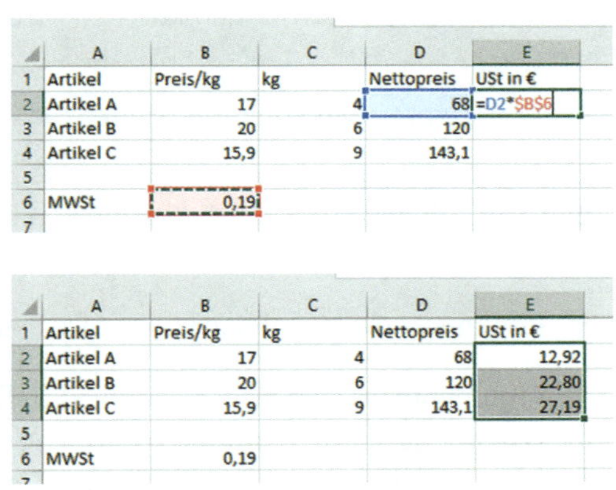

Syntax von Excel-Funktionen

Eine Funktion muss immer in einer bestimmten Form, der sogenannten Syntax, geschrieben werden. Zusätzlich sind einige Regeln einzuhalten, damit eine Funktion fehlerlos und gültig ist.

Funktion	Syntax
Sie wird immer mit = eingeleitet.	=E2+E4
Sie hat immer einen Funktionsnamen.	=HEUTE()
Zu ihr gehören immer runde Klammern. Innerhalb dieser Klammern können Argumente (Werte, Zahlen etc.) stehen. Einige Funktionen benötigen innerhalb der Klammern keine Argumente. Trotzdem müssen die Klammern vorhanden sein.	Funktion ohne Argumente: =HEUTE() Funktion mit Argumenten: =SUMME(28;50;41)
Der Doppelpunkt steht in Excel für „bis" nicht aber als Divisionszeichen.	=SUMME(B3:B12)
Zwischen Funktionsname und der öffnenden Klammer darf kein Leerzeichen sein.	=SUMME(28;50;41)
Wenn sie Argumente besitzt, so werden die Argumente mit einem Semikolon (;) getrennt.	=SUMME(28;50;41).
Sie kann mit weiteren mathematischen Formeln verknüpft werden.	=MITTELWERT(28;54;89)+15
Als Argumente einer Funktion können Sie Zahlen eingeben.	=MITTELWERT(24;50)
Als Argumente einer Funktion können Sie Zellbezüge eingeben. Die Zahlen in den Zellen werden von Excel automatisch ausgelesen.	=MITTELWERT(A2;A5)
Als Argumente einer Funktion können Sie eine Formel eingeben.	=MITTELWERT(A2+A7;A9-A16)
Als Argumente werden nicht nur Zahlen, Zellbezüge oder Formeln benötigt, sondern oftmals zusätzliche Informationen über die Berechnung. Beispielsweise möchten Sie den Wert einer Zelle runden. Excel braucht die Anzahl der Nachkommastellen, nach denen gerundet werden soll, als Argument. Die Zelle A2 wird in diesem Beispiel nach der dritten Nachkommastelle gerundet. Die Zahl 3 steht für die Anzahl der Nachkommastellen.	=RUNDEN(A2;3)
Sie können auch mehrere Funktionen verschachteln. Beachten Sie dabei, dass jede Funktion sein Klammerpaar behält. In diesem Beispiel haben wir zwei Funktionen sowie 2 Klammerpaare. Mit dieser Funktion wird das Ergebnis vom Mittelwert (B2;B3) auf die zweite Nachkommastelle gerundet.	=RUNDEN(Mittelwert(B2;B3);2)
Argumente können auch Textkonstanten sein. Diese müssen in Anführungszeichen geschrieben sein. Bei dieser Funktion wird geprüft, ob in der Zelle F4 der Text „MwSt" steht. Soll keine Zahl und kein Text erscheinen, sondern die Zelle leer bleiben, werden doppelte Anführungszeichen gesetzt.	=WENN(F4=„MwSt";1;0) =WENN(F4=„MwSt";1;"")

Funktionen

SUMME, MAX, MIN, MITTELWERT

Die Funktion Summe veranlasst Excel, markierte Zellen automatisch zu addieren.

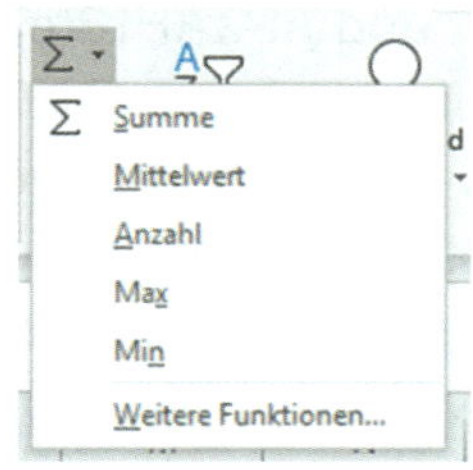

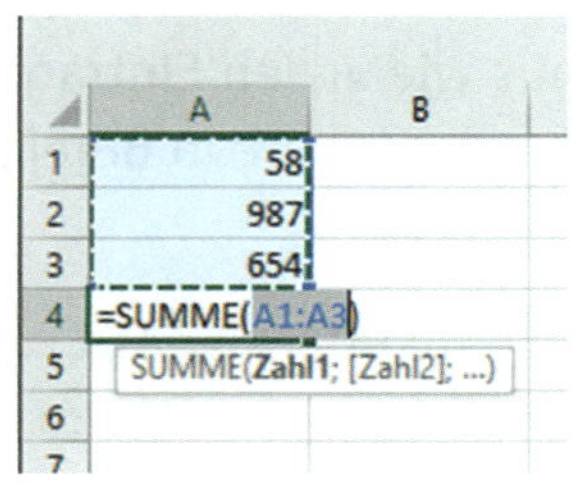

Die Funktion Mittelwert bewirkt, dass die Werte in zuvor markierten Zellen addiert werden. Das Ergebnis wird durch die Anzahl der markierten Zellen dividiert, um den Durchschnitt zu ermitteln.

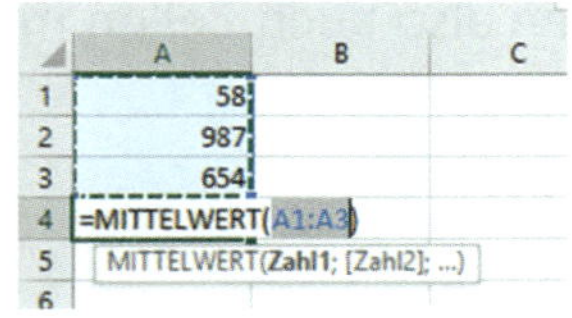

Der Doppelpunkt [= Summe (A1:A3)] steht in Excel für „bis“, nicht aber als Divisionszeichen.

Syntax	Bedeutung	Ergebnis
=SUMME (Zahl1:Zahl2 ...)	Summe	bildet die Summe des angegebenen Bereiches
=MITTELWERT (Zahl1:Zahl2 ...)	Durchschnitt	bildet den Durchschnitt des angegebenen Bereiches
=MIN ((Zahl1:Zahl2 ...)	kleinster Wert	ermittelt den minimalen Wert aus dem angegebenen Bereich
=MAX (Zahl1:Zahl2 ...)	größter Wert	ermittelt den maximalen Wert aus dem angegebenen Bereich
=HEUTE()		gibt das aktuelle Datum aus
=JETZT()		gibt das Datum sowie die aktuelle Uhrzeit aus

Auf- und Abrunden, Ganzzahl und Kürzen

Mit diesen Funktionstasten können Zahlen mit Dezimalstellen auf die gewünschte Art gerundet werden oder Sie gehen unterhalb von AutoSumme auf Weitere Funktionen und geben unter Funktion suchen die gewünschte Funktion ein.

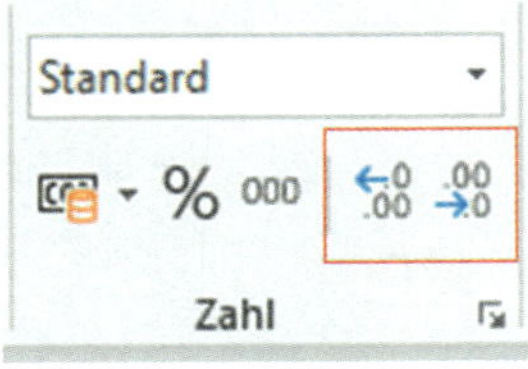

Markieren Sie die Funktionen und bestätigen Sie mit OK.

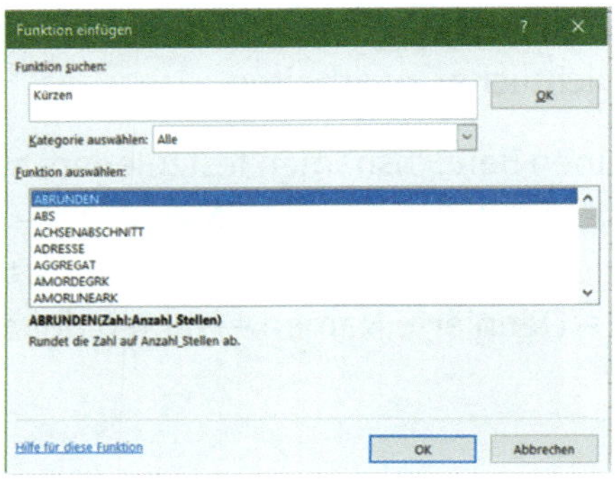

ANZAHL und ANZAHL2

Die Funktion ANZAHL und ANZAHL2 gibt an, wie viele Zahlen sich in einem vorgegebenen Zellbereich befinden. Zellen, die keinen Zahlenwert enthalten, werden nicht mitgezählt. Ebenso kann auch gezählt werden, wie oft eine bestimmte Zahl vorkommt.

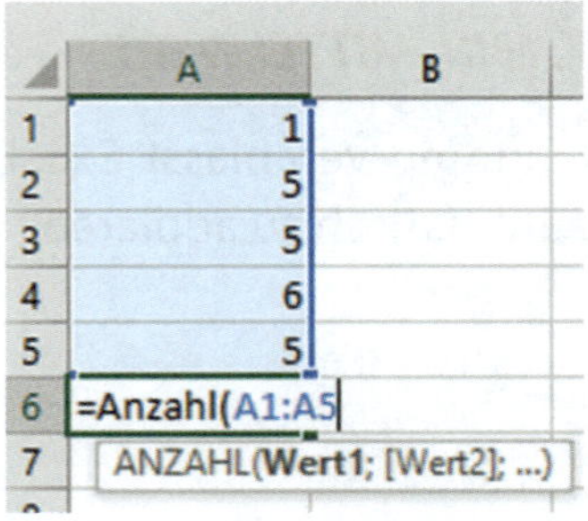

Verwenden Sie die Funktion ANZAHL, um herauszufinden, aus wie vielen Einträgen ein Zahlenfeld besteht, das in einem Bereich gespeichert ist.

Verwenden Sie die Funktion ANZAHL2, wenn Sie herausfinden möchten, wie viele zu einem Bereich gehörende Zellen Daten enthalten. In diesem Fall werden also auch Zellen mit Text gezählt.

Daten sortieren

Oft müssen umfangreiche Tabellen nachträglich sortiert werden. Markieren Sie zunächst die komplette Tabelle, die sortiert werden soll. Klicken Sie das entsprechende Symbol an, um die Tabelle entweder absteigend oder aufsteigend zu sortieren.

Über Benutzerdefiniert haben Sie die Möglichkeit, nach einem oder mehreren Sortierschlüsseln bzw. auch einer individuellen Reihenfolge zu sortieren.

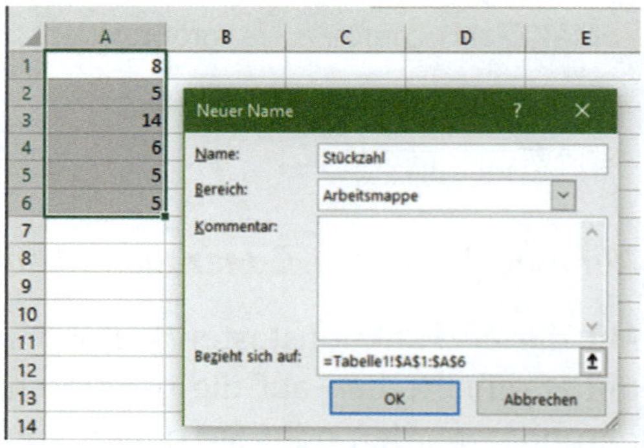

Bereichsnamen vergeben

Für umfangreiche Tabelle ist es sinnvoll, für einzelne Bereiche Namen zu vergeben, um übersichtlicher zu arbeiten.

Um einen Bereichsnamen festzulegen, markieren Sie die Zellen – rechte Maustaste – Name definieren oder unter der Registerkarte Formeln – Definierte Namen – Namen definieren.

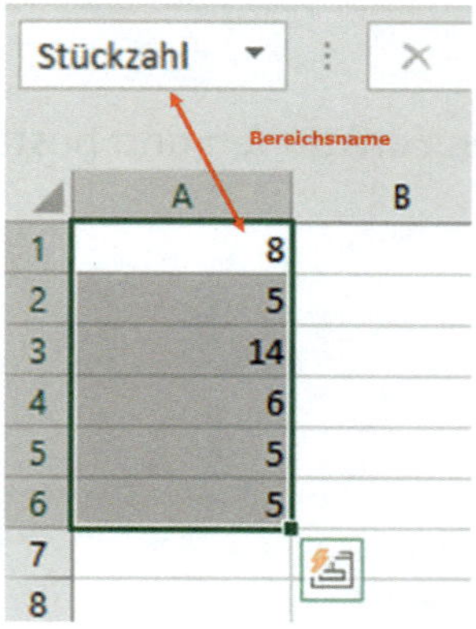

Einfache WENN-Funktion

Die WENN-Funktion wird benötigt, wenn z. B. mit Provisionen gearbeitet wird. Ein Außendienstmitarbeiter erhält 3 % Provision – wenn der Umsatz 200.000 € überschreitet erhält er 4 % Provision.

Der Provisionssatz wird mit dem Umsatz multipliziert.

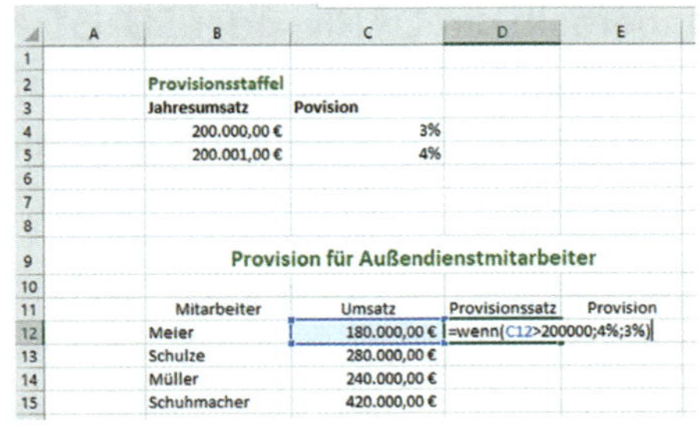

	A	B	C	D	E
1					
2		Provisionsstaffel			
3		Jahresumsatz	Povision		
4		200.000,00 €	3%		
5		200.001,00 €	4%		
6					
7					
8					
9		Provision für Außendienstmitarbeiter			
10					
11		Mitarbeiter	Umsatz	Provisionssatz	Provision
12		Meier	180.000,00 €	=wenn(C12>200000;4%;3%)	
13		Schulze	280.000,00 €		
14		Müller	240.000,00 €		
15		Schuhmacher	420.000,00 €		

=WENN(Aussage;DANN-Anweisung;SONST-Anweisung)	=WENN
Zu prüfende Aussage: Ist der Umsatz größer als 200.000 €?	=WENN(C12>200000;
DANN-Anweisung: Der Provisionssatz beträgt 4 %.	=WENN (C12>200000;4%;
SONST-Anweisung: Ist die Bedingung > (größer) nicht erfüllt, beträgt die Provision **3 %.**	=WENN (C12>200000;4%;3%)

Verschachtelte WENN-Funktion

Als weiteren Anreiz bekommen die Außendienstmitarbeiter bei einem Umsatz von 400.000 € 5 % Provision.

In diesem Fall wird mit einer verschachtelten WENN-Funktion gearbeitet.

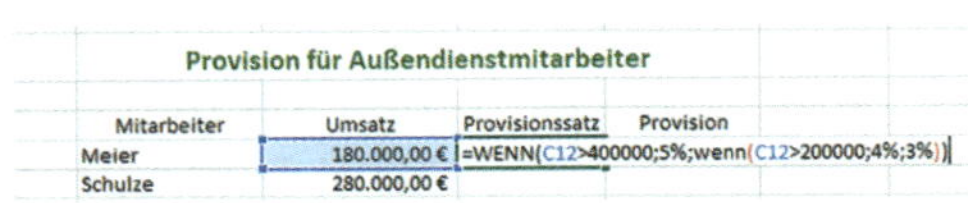

Provision für Außendienstmitarbeiter

Mitarbeiter	Umsatz	Provisionssatz	Provision
Meier	180.000,00 €	=WENN(C12>400000;5%;wenn(C12>200000;4%;3%))	
Schulze	280.000,00 €		

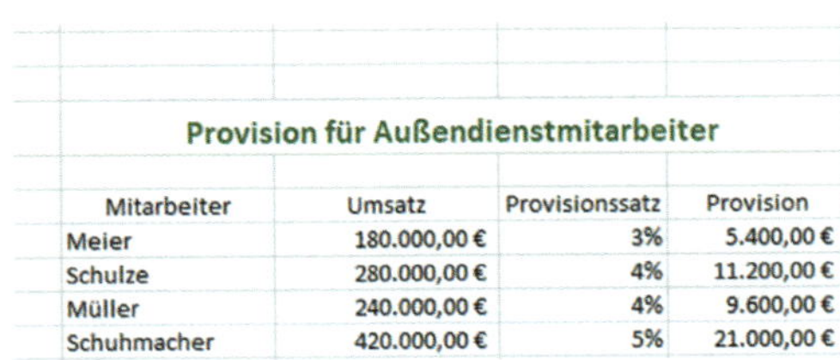

Provision für Außendienstmitarbeiter

Mitarbeiter	Umsatz	Provisionssatz	Provision
Meier	180.000,00 €	3%	5.400,00 €
Schulze	280.000,00 €	4%	11.200,00 €
Müller	240.000,00 €	4%	9.600,00 €
Schuhmacher	420.000,00 €	5%	21.000,00 €

WENN-Funktion	=WENN
1. Zu prüfende Aussage: Ist der Umsatz größer als 400.000 €?	=WENN(C9>400000;
DANN-Anweisung: Der Provisionssatz beträgt 5 %.	=WENN (C12>400000;5%;
2. Zu prüfende Aussage: Ist der Umsatz größer als 200.000 €?	=WENN (C12>400000;5%;WENN(C12>200000;4%
DANN-Anweisung: Der Provisionssatz beträgt 4 %.	=WENN (C12>400000;5%;WENN (C12>200000;4%;3%))
SONST-Anweisung: Ist die Bedingung > (größer) nicht erfüllt, beträgt die Provision **3 %.**	=WENN (C12>400000;5%; WENN(C12>200000;4%;3 %)

Erweiterte WENN-Funktion

1. Innerhalb der DANN- oder SONST-Anweisung kann auch eine Rechnung erfolgen (z. B. A3 + B3). Das Ergebnis wird direkt in die gewünschte Zelle geschrieben.
2. Statt Zahlen können auch Texte als Ergebnis herauskommen. Der Text muss in Anführungszeichen geschrieben werden.

Provision für Außendienstmitarbeiter

Mitarbeiter	Umsatz	Provisionssatz	Provision
Meier	180.000,00 €	keine	
Schulze	280.000,00 €	4%	11.200,00 €
Müller	240.000,00 €	4%	9.600,00 €
Schuhmacher	420.000,00 €	4%	16.800,00 €

WENN-Funktion	=WENN
Zu prüfende Aussage: Ist der Umsatz größer als 200.000 €?	=WENN(C12>200000;
DANN-Anweisung: Der Provisionssatz beträgt 4 %.	=WENN (C12>200000;4%;
SONST-Anweisung: Ist die Bedingung > (größer) nicht erfüllt, gibt es **keine** Provision.	=WENN (C12>200000;4%;„keine")

Funktionsassistent

Die Arbeit mit dem Funktionsassistenten vereinfacht das Handling und es verringert die Fehlerquote. Rufen Sie den Assistenten auf (f_x) und wählen Sie die WENN-Funktion. Geben Sie in das jeweils dafür vorgesehene Feld die einzelnen Funktionsargumente ein:

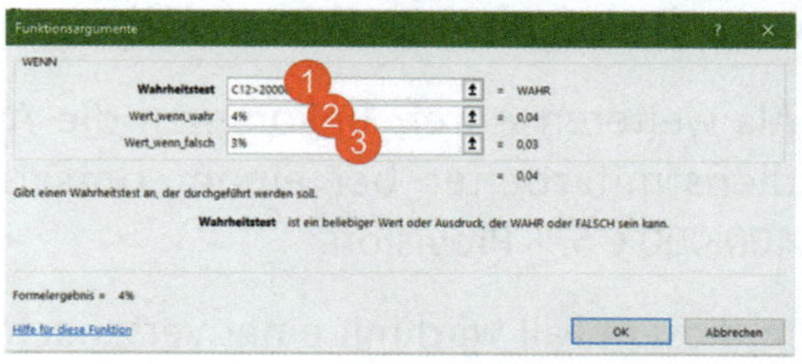

1. Prüfende Aussage
2. DANN-Anweisung
3. SONST-Anweisung

WENN-UND-Funktion

Die WENN-UND-Funktion wird benötigt, wenn z. B. mit Provisionen gearbeitet wird, die aber zwischen zwei Beträgen liegen. Ein Außendienstmitarbeiter erhält 4 % Provision – wenn der Umsatz zwischen 200.000 € und 300.000 € liegt, andernfalls erhält er 3 %.

8				
9	**Provision für Außendienstmitarbeiter**			
10				
11	Mitarbeiter	Umsatz	Provisionssatz	Provision
12	Meier	180.000,00 €	3%	5.400,00 €
13	Schulze	280.000,00 €	4%	11.200,00 €
14	Müller	240.000,00 €	4%	9.600,00 €
15	Schuhmacher	420.000,00 €	4%	16.800,00 €
16	Schnitzius	295.000,00 €	4%	11.800,00 €
17	Holzaprfel	165.000,00 €	3%	4.950,00 €

WENN-UND-Funktion(Aussage1;Aussage2;...) Die Funktion liefert das Ergebnis „wahr".	=WENN(UND(C12>=200000;C12<=300000);4%;3%)

WENN-ODER-Funktion

Hier muss mindestens eine Aussage „wahr" sein. In diesem Beispiel bleibt die Spalte leer, ansonsten soll mit den Mitarbeitern ein Gespräch geführt werden.

8				
9	**Provision für Außendienstmitarbeiter**			
10				
11	Mitarbeiter	Umsatz	Provisionssatz	Provision
12	Meier	180.000,00 €	4%	7.200,00 €
13	Schulze	280.000,00 €	Gespräch	
14	Müller	240.000,00 €	Gespräch	
15	Schuhmacher	420.000,00 €	3%	12.600,00 €
16	Schnitzius	295.000,00 €	Gespräch	
17	Holzaprfel	165.000,00 €	3%	4.950,00 €
18				

WENN-ODER-Funktion(Aussage1;Aussage2;...)	=WENN(ODER(C12<=200000;C12>=300000);3%;"Gespräch")

WENN-NICHT-Funktion

Hier wird der Wahrheitswert umgedreht. Wenn die Provision nicht kleiner ist als 300.000 € werden 4 %, ansonsten 3 % gezahlt.

Provision für Außendienstmitarbeiter

Mitarbeiter	Umsatz	Provisionssatz	Provision
Meier	180.000,00 €	3%	5.400,00 €
Schulze	280.000,00 €	3%	8.400,00 €
Müller	240.000,00 €	3%	7.200,00 €
Schuhmacher	420.000,00 €	4%	16.800,00 €
Schnitzius	295.000,00 €	3%	8.850,00 €
Holzaprfel	165.000,00 €	3%	4.950,00 €
	1.580.000,00 €		

WENN-NICHT-Funktion(Aussage)	=WENN(NICHT(C12<=300000);4%;3%)

ZÄHLENWENN-Funktion

Die Funktion ZÄHLENWENN beantwortet zum Beispiel die Frage: „Wie häufig wurde der Umsatz überschritten?"

Dazu zählt die Funktion „Jede Position, bei der die Mitarbeiter die Provision von 250.000 EUR überschritten haben". Zu beachten ist hierbei, dass das Suchkriterium in Anführungszeichen gesetzt werden muss.

Provision für Außendienstmitarbeiter

Mitarbeiter	Umsatz	Provisionssatz	Provision
Meier	180.000,00 €	3%	5.400,00 €
Schulze	280.000,00 €	3%	8.400,00 €
Müller	240.000,00 €	3%	7.200,00 €
Schuhmacher	420.000,00 €	4%	16.800,00 €
Schnitzius	295.000,00 €	3%	8.850,00 €
Holzaprfel	165.000,00 €	3%	4.950,00 €
	1.580.000,00 €		
Die Anzahl der Mitarbeiter über 250.000 € beträgt			3

=ZÄHLENWENN(Suchbereich;Suchkriterium)	=ZÄHLENWENN(C12:C17;"<250000")

SUMMEWENN-Funktion

Im Gegensatz zur ZÄHLENWENN-Funktion addiert die Funktion =SUMMEWENN noch die Werte, welche dem Suchkriterium entsprechen.

Die erreichten Provisionen werden addiert.

Provision für Außendienstmitarbeiter

Mitarbeiter	Umsatz	Provisionssatz	Provision
Meier	180.000,00 €	3%	5.400,00 €
Schulze	280.000,00 €	3%	8.400,00 €
Müller	240.000,00 €	3%	7.200,00 €
Schuhmacher	420.000,00 €	4%	16.800,00 €
Schnitzius	295.000,00 €	3%	8.850,00 €
Holzaprfel	165.000,00 €	3%	4.950,00 €
	1.580.000,00 €		
Die Anzahl der Mitarbeiter über 250.000 € beträgt			3
Der Gesamtumsatz der erfolgreichsten Mitarbeiter beträgt			585.000,00 €

=SUMMEWENN(Suchbereich;Suchkriterium)	=SUMMEWENN(C12:C17;"<250000")

RANG-Funktion

Diese Funktion wird genutzt, um z. B. die Reihenfolge festzulegen.

Wer hat den höchsten, wer den niedrigsten Umsatz?

Provision für Außendienstmitarbeiter

Mitarbeiter	Umsatz	Rang	Provisionssatz	Provision
Meier	180.000,00 €	2	3%	5.400,00 €
Schulze	280.000,00 €	4	4%	11.200,00 €
Müller	240.000,00 €	3	4%	9.600,00 €
Schuhmacher	420.000,00 €	6	4%	16.800,00 €
Schnitzius	295.000,00 €	5	4%	11.800,00 €
Holzaprfel	165.000,00 €	1	3%	4.950,00 €

=RANG(Zahl;Bezugbereich;Reihenfolge	=RANG(C12;$C$12:$C$17;1)

Ist Reihenfolge mit 0 (Null) belegt oder nicht angegeben, bestimmt Excel den Rang von Zahl so, als wäre Verweis eine in absteigender Reihenfolge sortierte Liste (vom höchsten Wert zum kleinsten Wert. Beispiel: =Rang(B1;$B$1:$B$8)

Ist Reihenfolge mit einem Wert ungleich 0 belegt, bestimmt Excel den Rang von Zahl so, als wäre Verweis eine in aufsteigender Reihenfolge sortierte Liste (vom kleinsten Wert zum höchsten Wert. Beispiel: =Rang(B1;$B$1:$B$7;1)

SVERWEIS

Neben der verschachtelten WENN-Funktion kann auch die Suchfunktion SVERWEIS gewählt werden. Bei umfangreichen Werten ist dies viel bequemer.

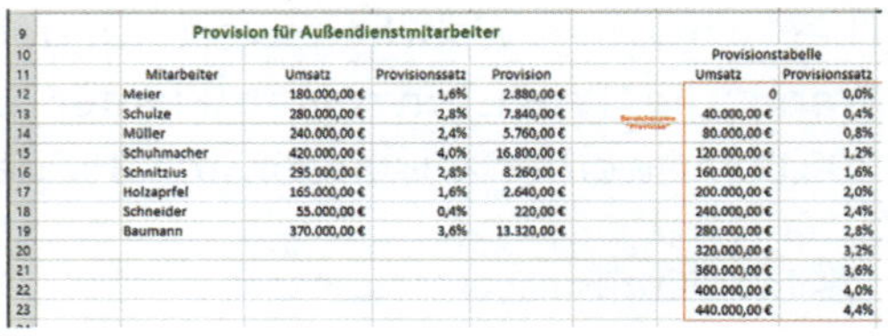

9	Provision für Außendienstmitarbeiter					
10					Provisionstabelle	
11	Mitarbeiter	Umsatz	Provisionssatz	Provision	Umsatz	Provisionssatz
12	Meier	180.000,00 €	1,6%	2.880,00 €	0	0,0%
13	Schulze	280.000,00 €	2,8%	7.840,00 €	40.000,00 €	0,4%
14	Müller	240.000,00 €	2,4%	5.760,00 €	80.000,00 €	0,8%
15	Schuhmacher	420.000,00 €	4,0%	16.800,00 €	120.000,00 €	1,2%
16	Schnitzius	295.000,00 €	2,8%	8.260,00 €	160.000,00 €	1,6%
17	Holzaprfel	165.000,00 €	1,6%	2.640,00 €	200.000,00 €	2,0%
18	Schneider	55.000,00 €	0,4%	220,00 €	240.000,00 €	2,4%
19	Baumann	370.000,00 €	3,6%	13.320,00 €	280.000,00 €	2,8%
20					320.000,00 €	3,2%
21					360.000,00 €	3,6%
22					400.000,00 €	4,0%
23					440.000,00 €	4,4%

Für die Außendienstmitarbeiter wurden detailliertere Provisionssätze ausgearbeitet. Für jede Steigerung um 40.000 € gibt es 0,4 % mehr Provision.

=SVERWEIS(Suchwert;Suchbereich;Ergebnisspalte	
Beispiel für Herrn Meier: Suchwert ❶ (180.000 €)	= SVERWEIS(C12;
Suchbereich ❷ (Provisionstabelle und Provisionssatz, die erste Zelle links und die letzte Zelle rechts)	= SVERWEIS(C12; $G$12:$H$23
Ergebnisspalte ❸ (in der 2. Spalte des Suchbereichs stehen die zu ermittelnden Ergebnisse)	= SVERWEIS(C12; $G$12:$H$23;2)
Der Suchbereich kann statt den Zellbezügen ($G$9:$H$2) auch mit einem Bereichsname festgelegt werden. Dadurch werden die Formeln übersichtlicher.	= SVERWEIS(C12; Provision;2)

Der SVERWEIS sucht **senkrecht** nach dem Suchwert in der ersten Spalte des Suchbereichs.

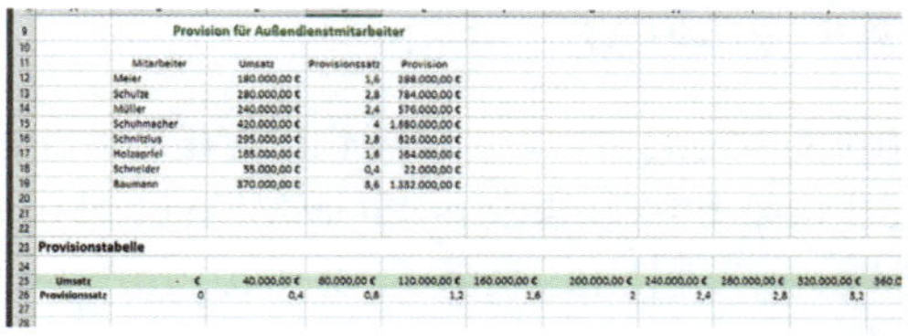

9		Provision für Außendienstmitarbeiter								
11		Mitarbeiter	Umsatz	Provisionssatz	Provision					
12		Meier	180.000,00 €	1,6	288.000,00 €					
13		Schulze	280.000,00 €	2,8	784.000,00 €					
14		Müller	240.000,00 €	2,4	576.000,00 €					
15		Schuhmacher	420.000,00 €	4	1.680.000,00 €					
16		Schnitzius	295.000,00 €	2,8	826.000,00 €					
17		Holzaprfel	165.000,00 €	1,6	264.000,00 €					
18		Schneider	55.000,00 €	0,4	22.000,00 €					
19		Baumann	370.000,00 €	3,6	1.332.000,00 €					
23	Provisionstabelle									
25	Umsatz	- €	40.000,00 €	80.000,00 €	120.000,00 €	160.000,00 €	200.000,00 €	240.000,00 €	280.000,00 €	320.000,00 €
26	Provisionssatz	0	0,4	0,8	1,2	1,6	2	2,4	2,8	3,2

WVERWEIS

Der WVERWEIS sucht waagerecht nach dem Suchwert in der ersten Spalte des Suchbereichs.

=WVERWEIS(Suchwert;Suchbereich;Ergebnisspalte)	
Beispiel für Herrn Meier: Suchwert ❶ (180.000 €)	= WVERWEIS(C12;
Suchbereich ❷ (Provisionstabelle und Provisionssatz,die erste Zelle links und die letzte Zelle rechts)	= WVERWEIS(C12; $B$25:$M$26;
Ergebnisspalte ❸ (in der 2. Spalte des Suchbereichs stehen die zu ermittelnden Ergebnisse)	= WVERWEIS(C12; $B$25:$M$26;2)
Der Suchbereich kann statt den Zellbezügen ($G$9:$H$2) auch mit einem Bereichsname festgelegt werden. Dadurch werden die Formeln übersichtlicher.	= WVERWEIS(C12; Provision;2)

Diagramm

Um ein Diagramm zu erstellen, müssen die Daten zuerst in einem Tabellenblatt erstellt sein. Excel stellt zur Erzeugung von Diagrammen einen Assistenten zur Verfügung. Sie werden in Dialogfenstern schrittweise zum fertigen Diagramm geführt. Zunächst müssen Sie den in Form eines Diagramms darzustellenden Be-

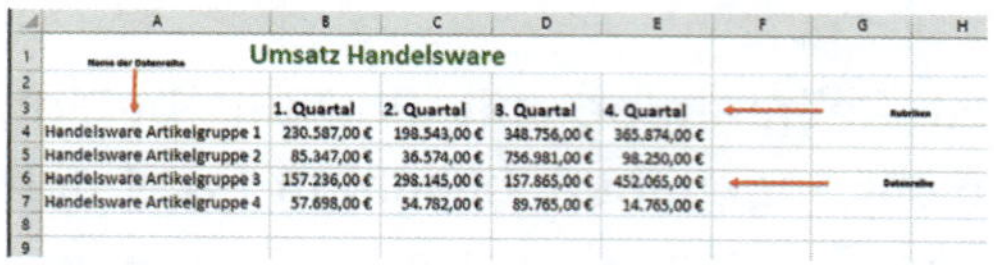

	A	B	C	D	E
1	Umsatz Handelsware				
3		1. Quartal	2. Quartal	3. Quartal	4. Quartal
4	Handelsware Artikelgruppe 1	230.587,00 €	198.543,00 €	348.756,00 €	365.874,00 €
5	Handelsware Artikelgruppe 2	85.347,00 €	36.574,00 €	756.981,00 €	98.250,00 €
6	Handelsware Artikelgruppe 3	157.236,00 €	298.145,00 €	157.865,00 €	452.065,00 €
7	Handelsware Artikelgruppe 4	57.698,00 €	54.782,00 €	89.765,00 €	14.765,00 €

reich markieren. Dann klicken Sie auf die Registerkarte Einfügen – Gruppe Diagramme. Sie können nun einen passenden Diagrammtyp (z. B. Balkendiagramm, Liniendiagramm) auswählen. Es besteht die Möglichkeit, den gewählten Diagrammtyp im Nachhinein noch zu verändern. Excel fügt das neue Diagramm dann direkt auf dem aktuellen Arbeitsblatt ein.

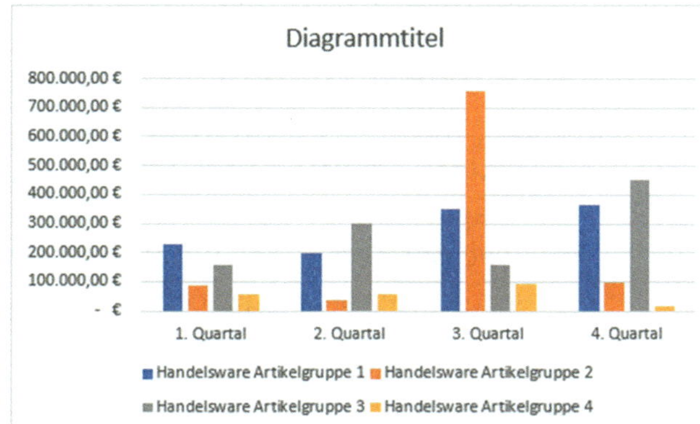

Beachten Sie, dass in der Multifunktionsleiste drei neue Registerkarten aufgetaucht sind. Schieben Sie das Diagramm an eine geeignete Position auf dem Blatt. Mit dem Anfasser lassen sich die Diagramme vergrößern und verkleinern.

Diagrammlayout. Jedes Excel-Diagramm besteht aus verschiedenen Elementen wie zum Beispiel einem Titel, einer Legende, Beschriftungen usw. Jedes Element kann separat bearbeitet werden. Oft ist es jedoch gar nicht nötig, da das Programm mit den Diagrammlayouts eine ganze Palette fertiger Alternativdarstellungen anbietet. Markieren Sie das Diagramm und gehen Sie über die Registerkarte Entwurf auf die Gruppe Diagrammlayout. Wählen Sie Ihr gewünschtes Layout aus. Die farbliche Gestaltung lässt sich am einfachsten über die Gruppe Diagrammformatvorlage erledigen.

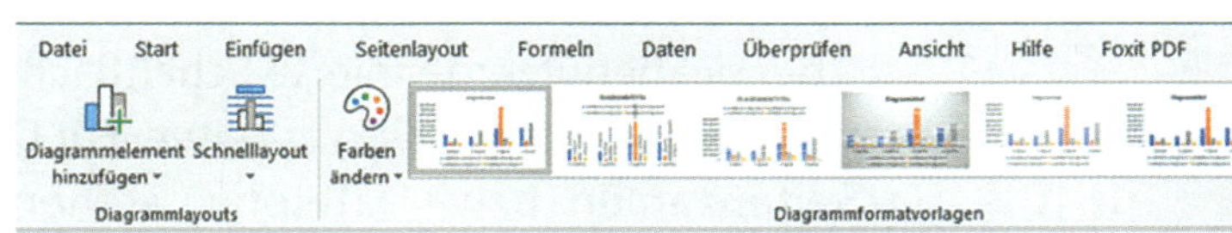

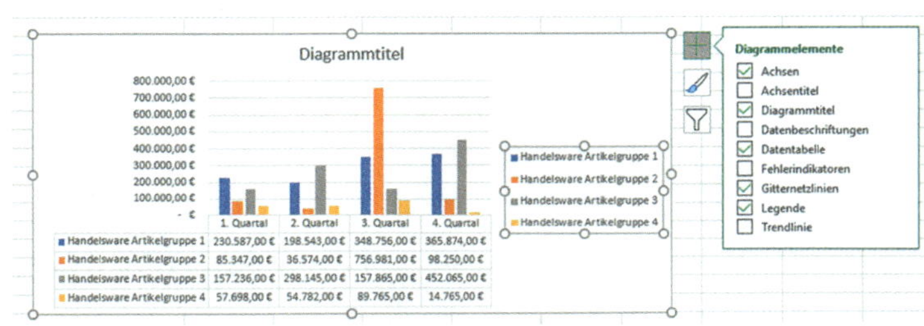

Beschriftung ändern. Die Beschriftungen in einem Diagramm können Sie individuell positionieren und formatieren. Auf der Registerkarte Layout – Gruppe Beschriftung finden Sie Funktionen für den Diagrammtitel, den Achsentitel, die Datenbeschriftung und um die Legende zu verändern oder zu ergänzen. Die einzelnen Werte einer Datenreihe werden als Datenbeschriftung bezeichnet.

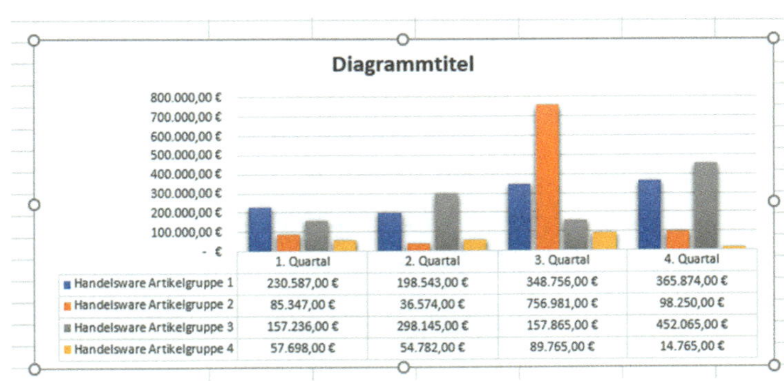

Falls Excel nicht alle Elemente optimal positionieren konnte, klicken Sie die Elemente an und ziehen Sie sie dann mit der Maus an die gewünschte Stelle.

Drucken

Beim Drucken müssen Sie sich genau überlegen, was gedruckt werden soll (Tabellenblatt oder Arbeitsmappe). Das Seitenlayout, das Papierformat, die Seitenränder, der Seitenwechsel, Kopf- und Fußzeile und evtl. der Drucktitel werden eingerichtet.

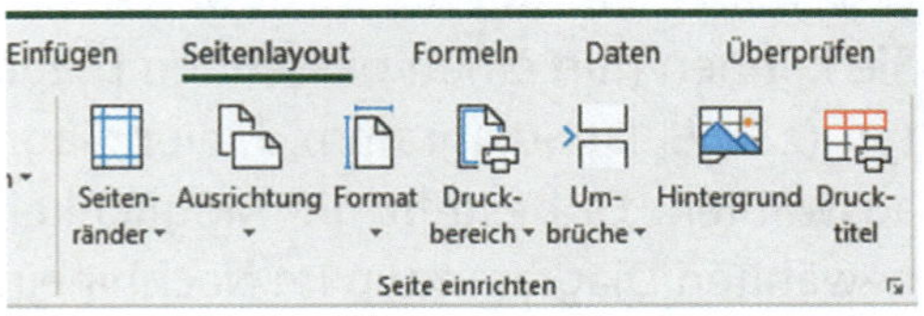

Über die Registerkarte Seitenlayout – Startprogramm Seite einrichten kommen Sie auf die Registerkarten: Papierformat, Kopf- und Fußzeile, Seitenränder und Tabelle.

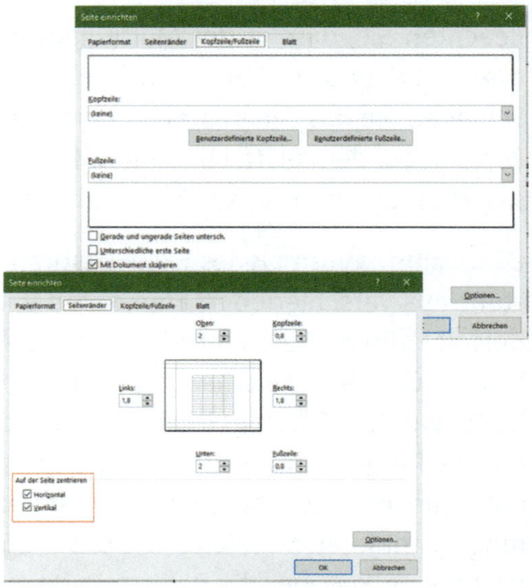

Kopf- und Fußzeile. Die Einstellungen für die Kopf- und Fußzeilen sind sehr komfortabel. Über die benutzerdefinierte Schaltfläche können Sie direkt dreispaltig arbeiten. Für Datum, Seitenzahlen bzw. Dateipfad stehen dort Icons zur Verfügung.

Tabelle zentrieren. Damit die Tabelle auf dem A4-Blatt genau in der Mitte steht, muss das Kontrollkästchen Horizontal und Vertikal aktiviert sein.

Seitenumbruch. In der Registerkarte Ansicht finden Sie die Gruppe Arbeitsmappenansichten. Unter Umbruchvorschau können Sie mit der Maus Ihre Tabelle auf eine Seite schieben. Unter Seitenlayout können Sie den Originalausdruck kontrollieren.

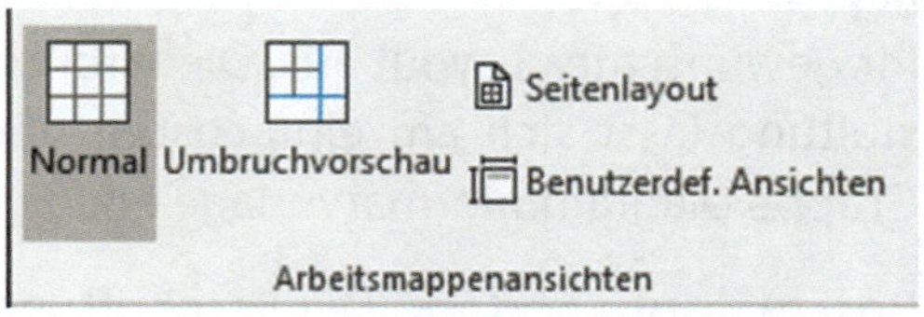

Drucken. Haben Sie alles eingestellt, so können Sie unten auf die Schaltfläche Drucken klicken. Folgende Optionen stehen Ihnen zur Verfügung:

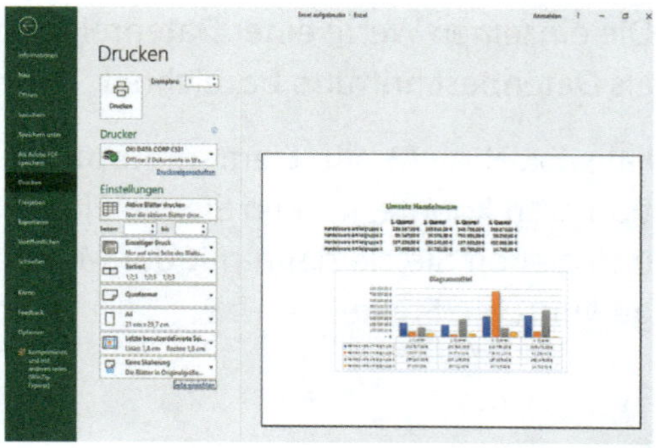

Druckbereich	Erläuterung
Alles	Standardmäßig aktiviert, Tabellenblatt wird komplett gedruckt
Seiten	Bestimmte Seiten drucken
Ausgewählte Blätter	Druckt ausgewählte Tabellenblätter innerhalb einer Arbeitsmappe
Gesamte Arbeitsmappe	Gesamte Arbeitsmappe mit allen Tabellenblättern wird gedruckt

Barreth, A. et al. (1998). *Simulierte Geschäftskorrespondenz im handlungsorientieren Unterricht*. Darmstadt: Winklers-Verlag.

BBS 11 Hannover (2002). *Mit Methoden lernen. Ein Angebot für Interessierte.*

Bierle, K. (2002). *Grundlagen der Betriebswirtschaftslehre*. Saarbrücken: Alpha-Verlag GmbH.

Brämer U. & Blesius K. (2012). *Fit für die Büroorganisation – Arbeitsbuch mit Lernarrangements für Büropraxis- und Textverarbeitungskompetenz.* Düsseldorf: SOL-Verlag GmbH.

Brämer U. & Blesius K. (2012). *Fit fürs Büro – Arbeitsbuch mit Lernarrangements für die professionelle Textverarbeitungskompetenz.* Düsseldorf: SOL-Verlag GmbH.

Braun, R. (2007) *Die Macht der Rhetorik*. München, Piper-Verlag.

Brämer, U. et al. (2013). *Fit für die kaufmännische Praxis – Arbeitsbuch mit Lernarrangements für fachtheoretische und fachpraktische Kompetenz.* Düsseldorf: SOL-Verlag GmbH.

Bürgerliches Gesetzbuch (BGB) (2002) – (BGBl. I S. 42, 2909; 2003 I S. 738), zuletzt geändert durch Art. 6 G v. 28.8.2013 I 3458.

Dedecek, R. (2008). *Vorüberlegungen zur Präsentation.* Gefunden am 5. Februar 2008. unter www.magic-point.net/fingerzeig/praesentation/praesentation-ausfuehrlich/vorueberlegungen/vorueberlegungen.html; und: *Formen des Manuskripts.* Gefunden am 8. Februar 2008. unter www.magic-point.net/fingerzeig/praesentation/praesentation-ausfuehrlich/manuskript/manuskript.html.

DIN Deutsches Institut für Normung e. V. (2013). *DIN-Formate.* Gefunden am 14. Januar 2013. www.din.de/sixcms_upload/media/2896/DIN_Formate_2.pdf.

DIN e. V. (2013). *Normen erarbeiten*. Gefunden am 14.01.2013. http://www.din.de.

DIN (2011). *Schreib- und Gestaltungsregeln für die Textverarbeitung – Sonderdruck von DIN 5008:2011 (5 Aufl.).* Berlin: Beuth Verlag GmbH.

Domschke, W. & Scholl, A. (2008). *Grundlagen der Betriebswirtschaftslehre: Eine Einführung aus entscheidungsorientierter Sicht*. Berlin: Axel Springer Verlag AG.

Duden (2002). *Duden – das Fremdwörterbuch.* Augsburg: Weltbild Verlag.

Gerichtsverfassungsgesetz in der Fassung der Bekanntmachung vom 09. 05.1975 (BGBl. I S. 1077), zuletzt geändert durch Artikel 5 Absatz 1 des Gesetzes vom 10.10.2013 (BGBl. I S. 3799).

Martin, P. & Rundnagel, R. (2004). *Gute Arbeit im Büro. Hrsg. Industriegewerkschaft Metall, Vorstand.* Frankfurt (Main). Gefunden am 12.03.2014. http://library.fes.de/pdf-files/netzquelle/igm/ah20_bueroarbeit_0015256.pdf.

Mattes, W. (2002). *Methoden für den Unterricht.* Paderborn: Schöningh.

May, H. & May, U. (2009). *Wirtschaftsbürgertaschenbuch – wirtschaftliches und rechtliches Grundwissen.* München: Oldenbourg Verlag.

Metzger, Ch. (2008). *Wie lerne ich? Eine Anleitung zum erfolgreichen Lernen für Mittelschulen und Berufsschulen.* Oberentfelden: SauerländerVerlage AG.

Michelsen, J. (2013). *Kaufvertrag*. Gefunden am 04.02.2013 unter www.buerokauffrau-online.de/Downloads/Lernskripte/Wiso/Kaufvertrag.pdf.

O. A. (2012). *Geld und Geldpolitik,* Frankfurt am Main: TH. Mann Verlag & Co. KG.

Palandt, Heinrichs. *Bürgerliches Gesetzbuch*: BHB mit Nebengesetzen, insbesondere mit Einführungsgesetz (Auszug) einschließlich Rom I-, Rom II- und Rom III-Verordnungen sowie Haager Unterhaltsprotokoll und EU-Erbrechtsverordnung, Allgemeines Gleichbehandlungsgesetz (Auszug), ..., Gewaltschutzgesetz (2014): München: Verlag C. H. Beck OHG.

PZ Rheinland-Pfalz. (2009). *Handreichung zur höheren Berufsfachschule.* Pädagogisches Zentrum Rheinland-Pfalz.

Ringelsiep, M. (2013). *Normen, DIN & Co. – Sinn und Unsinn der Normung*. Gefunden am 14.01.2013. unter www.planet-wissen.de/politik_geschichte/wirtschaft_und_fnanzen/ geburt_normen.jsp.

Schierenbeck, H. & Wöhle, C. (2008). *Grundzüge der Betriebswirtschaftslehre*. München: Oldenbourg Wissenschaftsverlag GmbH.

Schmidt, N. (2010). *Auswirkungen des Strukturwandels der Wirtschaft auf den Bildungsstand der Bevölkerung in Wirtschaft und Statistik*. Ausgabe 06/2010. Wiesbaden: Statistisches Bundesamt.

Seifert, J. (2000). *Visualisieren/Präsentieren/Moderieren*. (15. Aufl.). Offenbach: Gabal Verlag.

Springer Gabler Verlag (2013). Gabler Wirtschaftslexikon (Hg.), *Stichwort: Zahlungsverkehr*. Gefunden am 21.07.2013. Online im Internet: www.wirtschaftslexikon.gabler.de/Archiv/398/zahlungsverkehr-v6. html.

Tille, B. (2008). *Schlüsselqualifikationen werden im Beruf immer wichtiger*. Gefunden am 07.05.2008 unter www.nlp-trainings-tille.de/nlp/blog/schluesselqualifikationen-werden-im-beruf-immer-wichtiger-397.html.

Tietz, B. (1993). *Der Handelsbetrieb: Grundlagen der Unternehmenspolitik*. München: Verlag Franz Vahlen GmbH.

Vahs, D. & Schäfer-Kunz, J. (2012). *Einführung in die Betriebswirtschaftslehre*. Stuttgart: Schäffer-Poeschel.

Wagner, E. (1994). *Vertragliche Abtretungsverbote im System zivilrechtlicher Verfügungshindernisse*. (Tubinger Rechtswissenschaftliche Abhandlungen). Tübingen: Verlag Mohr Siebeck Gmbh & Co. KG.

Winter, F. (2004). *Leistungsbewertung. Eine neue Lernkultur braucht einen anderen Umgang mit den Schülerleistungen*. Hohengehren: Schneider Verlag.

Wöhe, G. & Döring, U. (2010). *Einführung in die Betriebswirtschaftslehre*. München: Verlag Franz Vahlen GmbH.

Zivilprozessordnung in der Fassung der Bekanntmachung vom 05.12.2005 (BGBl. I S. 3202; 2006 I S. 431; 2007 I S. 1781), zuletzt geändert durch Artikel 1 des Gesetzes vom 10.10.2013 (BGBl. I S. 3786)

A
Abbildung beschriften 177
Absatzkontrolle 150
Abschluss 133
Abschnittswechsel 153, 159
Absender in der Kopfzeile gestalten 152
Absolute Adressierung (Zellbezüge) 197
Absoluter Zellbezug 197
Action Item 132, 141
Aktionspunkt 132
Aktuelle Abschnittsüberschriften anzeigen 153
Allgemeine Geschäftsbedingungen (AGB) 71
Amtsgericht XIII
Analyse-Checkliste 122
Andere optische Zeichen 138
Anfrage 63
Anfrage (LA 1.2) 63
Anfrage (LA 1.3) 63
Anfrage und ihre Arten 4
Angebot 47
  unverlangtes 66
  verlangtes 66
Angstgefühl 139
Animation 143
Anlagen- und Verteilvermerk 50
Annahme 76
Anrede 47
Anschauungsmaterial 135
Anschriftfeld 4, 42
Antrag 76
Arbeitstechnik
  Checklistentechnik 122
  Markieren 118
  MindMap erstellen 120
  Strukturieren 119
  Visualisieren 119
Art der Ware 66
Aufbau des Geschäftsbriefes (LA 1.2) 41
Aufmerksamkeit wecken 136
Aufsehen erregen 143
Auftragsbestätigung 8, 65
Auftragsbestätigung - Vordruck 65
Auftritt vorbereiten 140
Aufzählungspunkt 134
Auswertung einer Präsentation 141
Authentizität 140
Autoausfüllen von Zellen 193
Auto-Ausfülloption 193

B
Balkendiagramm 205
Bankverbindung XIII
Barverkaufspreis 86
Bearbeitungszeile 191
Befehle wiederherstellen 159
Bereichsname 204
Bereichsnamen 200
Beschaffenheit der Ware 66
Beschaffungskosten 66
Beschaffungsobjekte 63
Beschränkt geschäftsfähig 80
Beschriftung ändern 205
Besitz 69
Besitzer 69
Bestellungsannahme (Auftragsbestätigung) (LA 1.4) 63
Bestellung u. Ihre Gültigkeit (Bindung) 8
Betreff 47
Bewegung 137
Beziehungsnetz 119
Bezugspreis 85
Bezugsquellenermittlung 66
Bilder einfügen 173
Bildschirm schwarz schalten 136
Brainstorming 125
Briefabschluss 4, 50
Briefe kundenorientiert formulieren (LA 2.3) 52
Briefformulierung 53
Brief inhaltlich gliedern/strukturieren 54
Brief kurz und prägnant formulieren 55
Brief mit Folgeseite 51
Bühnenbild 136
Building Blocks 179
Bürgerlicher Kauf 78

C
Checklistentechnik (LA 3.1) 122
Corporate Design 123
Corporate Designs 123

D
Dateityp 154, 158
Datenbeschriftung 205
Dateneingabe 191
Diagrammformatvorlage 205
Diagrammlayout 205
Dienstvertrag 78
DIN 1421 167
Dokumentvorlage 154
Drehbuch 132
Dreisatz 56
Dreisatz- und Prozentrechnung 8
Dropdown-Formularfeld 172

E
Eigenanalyse 141
Eigentum 70, 77
Eigentümer 70
Eigentumsvorbehalt 69
Einstieg 132
Einwilligung 80
Einzug vergrößern 168
Einzug verkleinern 168
Elektronische Signatur 61
E-Mail-Abschluss 61
E-Mail (LA 1.4) 8, 60
  Elektronische Signatur 61
  E-Mail-Kopf (Header) 60
  Inhalt (Body) 60
E-Mail-Netiquette 8, 61
Endgültig/Abgeschlossen 187
End-Meilenstein 130
Entscheidungs-Matrix 119
Entwicklungsportfolio erstellen 125
Entwurfsmodus 172
Erfüllungsgeschäft 77
Erfüllungsort 68
Erinnerungs-Checkliste 122
Excel 189
  Absolute Zellbezüge 197
  Anwendungsfenster 190
  Autoausfüllen von Zellen 193
  Bildschirm 189
  Dateneingabe 191
  Drucken 206
  Kopieren von Formeln 197
  Markieren von Zellen 192
  Relative Zellbezüge 12, 13, 197
Excelfunktionen
  Bereichsname 204
  Bereichsnamen 200
  SVERWEIS 204
  WVERWEIS 204
Excel-Tabelle verknüpfen 176
Expertengruppe 145

F

Fachliche Kompetenz 146
Feldnamen 181
Firmenporträt XIII
Flipchart 126
  Einsatzmöglichkeiten 126
  Regeln 126
Fluchtlinie 167
Flussdiagramm 176
Folienschleuder 143
Form A 41
Formatierungsmöglichkeiten 194
Formatvorlage einrichten 155
Formatvorlagentyp 155
Formatvorlagen verwalten 157
Form B 41
Formel einfügen 163
Formen 175
Formfreiheit 75
Formular gestalten 8, 172
Frei sprechen 143

G

Gefahrenübergang 70
Gegenstand 135
Genehmigung 80
Gerichtsstand 71
Geschäftsbrief 41
  Anrede 47
  Anschriftfeld 42
  Betreff 47
  Briefabschluss 50
  Briefkopf 41
  Brieftext – Form 48
  Fußzeile 42
  Informationsblock 41, 44
  Textfeld 41
Geschäftsbrief nach DIN 5008:2011 41
Geschäftsfähigkeit 18, 79
Geschäftsunfähig 79
Geschäftsvordruck 45
Gesellschafter XIII
Gestalteter Informationsblock (LA 1.2) 46
Gestaltung 133
Gestaltungsregeln für digitale Präsentationen 142
Gestik 135, 137, 138
Glaubwürdigkeit 140
Gliederung 168
Grafik 173, 176
Grafische Mittel (LA 1.4) 119
Grundrechenarten 12, 196
Gruppenpuzzle 145
  Expertengruppe 145
  Stammgruppe 145
Güte der Ware 66

H

Haltung 137
Handelskauf
  einseitiger 78
  zweiseitiger 78
Handelsregister XIII
Hauptteil 133
Herrschaftsbereich 76
Hervorhebung 123
Hierarchie 119
Hochformat 149
Hurenkinder 150
Hyperlink 142

I

Ideen vergleichen 119
Illustrationen 174, 175
Index 186
Informationen sammeln 132
Informationsblätter erstellen (LA 1.1) 123
Informationsblock 4, 44
Informierende Präsentation 132
Inhalte strukturieren und visualisieren 119
Inhaltsverzeichnis 184
Initialoptionen 165
Innenkreis 144
Interaktive Schaltfläche 142

J

Juristische Person des öffentlichen Rechts 79
Juristische Person des privaten Rechts 79

K

Kartenabfrage 126
Kaufmännische Rechenarten (LA 1.4) 56
Kaufvertrag 78
Kernaussagen 142
Kommentar einfügen 187
Komprimieren 132
Kopf- und Fußzeile 151, 206
Körperhaltung 135
Körpersprache 135, 138
Kugellager 144
Kundenverzeichnis XV

L

Lampenfieber 139
Layout 123
Legende 205
Leittextmethode 145
Lernprozess 133
Lernprozess planen 124
Lernzuwachs reflektieren 124
Lesekurve 52
Lieferantenverzeichnis XVI
Lieferschein 12, 73
Liefer- und Zahlungsbedingungen 67
Liste 119
Logo erstellen 178

M

Manueller Seitenwechsel 51
Markieren 118
Markieren von Zellen 192
Markups anzeigen 187
Mathematische Formeln einfügen 163
Matrix 119
Maximalwert 199
Medien gestalten 128
Meine Vorlagen 154
Menge der Ware 66
Metapher 135
Methodenkompetenz 146
Mietvertrag 77
Mimik 135, 137, 138
MindManager-Software 121
MindMap 119, 120, 121
Minimalwert 199
Mittelwert 199
Mittlere Hervorhebung 123
Modell der vollständigen Handlung 146
  Ausführen 146
  Bewerten 146
  Entscheiden 146
  Informieren 146
  Kontrollieren 146
  Planen 146
Moderatorenteam 126
Mut zum Humor 143
Mut zur Variation 143

N

Namenfeld 190
Natürliche Lesekurve eines Briefes 52
Navigation 153, 161
Netiquette (LA 1.4) 61
Nettoverkaufspreis 85, 87
Normgerechte Gestaltung des Geschäftsbriefes (LA 1.3) 42
Normgerechte Gliederung 134
Notarielle Beurkundung 75
Nummerierung 167

O

Öffentliche Beglaubigung 75
Organigramm 119, 176

P

Pinnwand 126
Placemat 127
Plakat 128
  Einsatzmöglichkeiten 128
  Gestalten 128
  Regeln 128
Platzhalter 161
Portfolio erstellen 125
Positionierung 171
Postskriptum 51
Potenz 196
Präsentation gestalten 132
Präsentation nachbereiten 141
Präsentation planen 130
Präsentation vorbereiten 136
Preis der Ware 66
Preisnachlass 49
Preisnachlässe 66
Preis, Preisnachlässe und Beschaffungskosten der Ware 66
Privatkauf 78
Programmablauf 132
Pro und Kontra 119
Provozieren 136
Prozent 196
Prozentrechnen 12, 57
Prozessablauf 119
Publikum 131
Publikumsanalyse 131

Q

Querformat 149
Querverweis erstellen 175

R

Rahmenlinien zeichnen 170
Randbemerkung 118
Randkommentar 118
Rationelles Arbeiten mit Excel 12, 197
Rechenarten 8, 56
Rechnen mit Excel 196
Rechnung 12, 74
Rechte und Pflichten aus einem Vertrag 16, 76
Rechtschreibprogramm 149
Rechtsfähig 18, 79
Rechtsfähigkeit 79
Rechtsfolgen 75
Rechtsform XIII
Rechtsgeschäft 79
  einseitiges 76
  mehrseitiges 76
Rechtsgeschäft und Willenserklärung 16, 75
Rechtssubjekt 18
Rechtssubjekte und ihre Fähigkeiten 79
Reduktion der Inhalte 134
Reflektieren 124
Relative Adressierung (Zellbezüge) 197
Rücksendeangaben 42

S

Schenkung 77
Schnellformatvorlage 155, 156
Schriftform 75
Schusterjungen 150
Schützen 173
Schwächen 141
Screenshot 175
Sei immer du selbst 138
Seite einrichten 149, 150
Seitenlayout 149, 164
Seitenrand 149
Seitenumbruch 206
Seitenzahl 158
Selbstkostenpreis 85
Selbstpräsentation 136
Selektieren 132
Sender und Empfänger 131
Sendungen 183
Seriendruck 181
  Bedingungsfeld 183
  Feldnamen 181
  Filtern von Daten 183
Seriendruckfeld einfügen 182
Silbentrennung 150
Slogan 61
SmartArt 176
So aktivieren Sie Ihr Publikum 136
Sonstiger einseitiger Handelskauf 78
Sortierkriterien 126
Sozialkompetenz 146
Sprache 130
Sprechgeschwindigkeit 139
Sprechpausen 139
Stammgruppe 145
Standardinformationsblock (LA 1.2) 41
Standpunkt 137
Starke Hervorhebung 123
Stärken 141
Steuerelement 172
Stimme 135, 138, 140
Strukturieren 119
Stufen der Geschäftsfähigkeit (LA 4.2.2) 18, 80
Suchoptionen 161
SVERWEIS 204
Symbole einfügen 152

T

Tabelle 170
Tabellenblatt 190
Tabelleneigenschaften 171
Tabellentool 170
Tabelle zentrieren 206
Tabstopp 169
Taschengeldparagraf 80
Teilbetreff 48
Texte markieren 118
Text formatieren 194
Text markieren 118
Textumbruch 171
Tipps zur digitalen Präsentation 142
Typografie 123
Typografische Mittel 119
Typografische Regeln 123

U

Überarbeitungsfenster 186
Übersichtlich gestalten 142
Überzeugende Präsentation 132
Umbruch 153, 159
Unternehmer 78

V
Verbraucher 78
Verbraucherkauf 94
Verbrauchsgüterkauf 78
Verknüpfung von Objekten 12
Verknüpfung von Objekten (z. B. Excel) 176
Verpflichtungsgeschäft 77
Vertrag 75, 79
Verträge rechtsgültig abschließen 75
Vertragsarten und ihre Bestandteile 16, 77
Vertragsfreiheit 71
Vertragspartner 16, 80
Visualisieren 119, 132
Visuelle Anker 136
Vorbehaltsrecht 69
Vortragssprache 139

W
Werkvertrag 78
Wiederherstellen 159
Willenserklärung 63, 75
Wordfunktionen
  Abbildungen beschriften 177
  Abbildungsverzeichnis 185
  Bilder einfügen 174
  Bildgröße verändern 175
  Dokumentvorlagen erstellen 154
  Formatvorlagen einrichten 155
  Formulare gestalten 172
  Fußzeile gestalten 151
  Grafiken einfügen 173
  Inhaltsverzeichnis 184
  Kopfzeile gestalten 151
  Nummerierung 167
  Rechtschreibprogramm 149
  Screenshot erstellen 175
  Seite einrichten 149
  Seitenzahl einfügen 158
  Serienbrief 181
  Serienbrief – Bedingungsfeld 183
  Silbentrennung 150
  SmartArt-Grafik 176
Word-Vorlage 8
WVERWEIS 204

Z
Zahlen formatieren 12, 194
Zahlungsbedingung 67
Zeilenlineal 169
Zeitaufwand 130
Zellausrichtung 171
Zellenbegrenzung 171
Zellen formatieren 194
Zellengröße 170
Zellen verbinden 171
Zielgruppenanalyse 131
Zielverkaufspreis 87
Zuhörer murmeln 136
Zustandekommen von Verträgen 16, 76
Zustimmung 80
Zwischenspeichern 158